交通职业教育教学指导委员会推荐教材
全国交通高级技工学校、技师学院公路工程机械使用与维修专业教学用书

全国交通技师培训教材

公路工程机械发动机构造与修理

Gonglu Gongcheng Jixie Fadongji Gouzao Yu Xiuli

主编　张宏春
主审　孙珍娣

人民交通出版社

内 容 提 要

本书是全国交通技师培训教材，由交通职业教育教学指导委员会公路（技工）专业指导委员会组织编写。主要内容包括：发动机工作原理与总体构造，曲柄连杆机构，配气机构，柴油机机械式燃油系统，柴油机电子控制喷射系统，润滑系统，冷却系统，发动机检测与故障诊断，柴油机拆装与试验，柴油机零件修复技术。

本书是全国交通高级技工学校、技师学院公路工程机械使用与维修专业教学用书，也可作为职业培训和技能鉴定教材，或供从事工程机械使用与维修的技术人员学习参考。

图书在版编目（CIP）数据

公路工程机械发动机构造与修理/张宏春主编 .—北京：人民交通出版社，2007.8

ISBN 978-7-114-06622-1

Ⅰ.公…　Ⅱ.张…　Ⅲ.道路工程－工程机械－发动机　Ⅳ.U415.5

中国版本图书馆 CIP 数据核字（2007）第 083729 号

书　　名： 全国交通技师培训教材
公路工程机械发动机构造与修理
著 作 者： 张宏春
责任编辑： 富砚博
出版发行： 人民交通出版社股份有限公司
地　　址：（100011）北京市朝阳区安定门外外馆斜街 3 号
网　　址： http://www.ccpress.com.cn
销售电话：（010）59757973
总 经 销： 人民交通出版社股份有限公司发行部
经　　销： 各地新华书店
印　　刷： 北京市密东印刷有限公司
开　　本： 787×1092　1/16
印　　张： 19.75
字　　数： 471 千
版　　次： 2007 年 8 月　第 1 版
印　　次： 2020 年 1 月　第 6 次印刷
书　　号： ISBN 978-7-114-06622-1
定　　价： 35.00 元

前言
QIANYAN

交通行业是一个劳动密集型行业，全行业约有4000万从业人员，其中90%以上是在交通建设、养护和运输服务等一线工作的，处于交通工程建设、养护和交通运输服务的终端环节，其素质和能力在很大程度上决定了交通发展的质量和效益。目前，各个专业和工种都普遍缺乏技能型人才，特别是高技能人才，公路施工与养护、筑路机械操作与维护等工种都属于交通行业技能型紧缺人才。

为了配合“交通行业技能型紧缺人才培养培训工程”的实施，加快高技能人才的培养培训步伐，交通职业教育教学指导委员会公路（技工）专业指导委员会组织全国交通类高级技工学校、技师学院的教师编写了《公路施工与养护》和《公路工程机械使用与维修》两个专业工种的技师培训教材。编写人员进行了广泛的一线走访，听取了工程施工与养护生产一线高技能人员的意见，使本套教材具有良好的实用性和先进性。本套教材填补了我国在公路施工与养护和公路工程机械使用与维修方面技师培养培训教材的空白，既可作为技师学院教学用书，又可作为在职培训技师用教材，对本行业高技能人才的培养培训具有重要的现实意义。

本套教材具有以下特点：

1. 教材内容与技师等级标准、考核标准相衔接，适应现代公路工程机械化施工与养护的要求。
2. 教材全部采用最新的标准和规范，符合先进性、科学性和实用性的要求。
3. 教材编写满足理实一体化和模块式的教学方式，体现职业教育特色，重点培养学生的实际操作技能。
4. 每个单元后均附有思考题，力求提高学生思考问题、解决实际问题的能力，以达到技师标准的要求。

《公路工程机械发动机构造与修理》是全国交通高级技工学校、技师学院公路工程机械使用与维修专业通用教材之一，内容包括：公路工程机械发动机的结构与工作原理、发动机检测与故障诊断、柴油机零件修复技术等。

参加本书编写工作的有：江苏省交通技师学院张宏春（编写单元六、七、八），浙江公路机械技工学校李庭斌（编写单元三、四、九），山西省交通技师学院杜西岭（编写单元二、五），新疆交通职业技术学院李震（编写单元一、十）。全书由张宏春担任主编，新疆交通职业技术学院孙珍娣担任主审。

本套教材在编写过程中得到了全国20余所交通类职业院校领导、工程施工养护领域的专家及一线高技能人员的大力支持和帮助，共有70余名专业教师参与了教材的编审工作，在此表示感谢。

由于我们的业务水平和教学经验有限，编审人员工作繁忙、时间仓促，书中难免有不妥之处，恳切希望使用本书的教师和读者批评指正。

交通职业教育教学指导委员会

公路（技工）专业指导委员会

二〇〇七年四月

目录

MULU

Danyuanyi

单元一

发动机工作原理与总体构造

知识点

1. 内燃机的定义；
2. 内燃机的分类；
3. 内燃机的型号及其含义；
4. 四冲程发动机的工作原理；
5. 发动机的性能指标。

课题一　概　　述

一、内燃机的定义与分类

1. 内燃机的定义

发动机是一种把自然界蕴藏的丰富能量资源，如燃料(木柴、煤、原油等)、风力、水力等转换为机械能的机器。根据使用能源的不同，它分为热力发动机(简称热机)、风力发动机、水力发动机、电动机等。根据热能转换为机械能所处的位置不同，热机又分为外燃机与内燃机两大类。当燃料在锅炉中燃烧，将锅炉中的水烧成水蒸气，再将蒸汽送到汽缸中驱动机械运转(如火车用的蒸汽机、发电机组用的蒸汽气轮机)，这种发动机称为外燃机。将燃料送入汽缸内燃烧，通过燃气膨胀驱动机械运转(如柴油机、汽油机、煤气机等)，这种发动机称为内燃机。

本课程主要讲述内燃机。在本教材后面的内容中，如果没有特别指出，发动机就是指内燃机。

2. 内燃机的分类

内燃机有很多结构形式，其分类如下：

(1)按内燃机使用的燃料可分为柴油机、汽油机、天然气机和煤气机等。

(2)按内燃机完成一个工作循环的冲程数可分为四冲程式内燃机和二冲程式内燃机。

四冲程式：发动机完成一个工作循环，活塞往复4个行程，曲轴旋转720°。

二冲程式：发动机完成一个工作循环，活塞往复2个行程，曲轴旋转360°。

(3)按燃料在汽缸内的着火方式可分为压燃式内燃机和点燃式内燃机。

压燃式：内燃机利用汽缸内被压缩的空气所产生的高温高压使燃料自行着火燃烧。柴油机就是属于这种着火方式。

点燃式：内燃机利用外界热源(如电火花)点燃燃料使其着火燃烧。汽油机、天然气机和煤气机就是属于这种着火方式。

(4)按进气方式可分为增压式内燃机和非增压式内燃机。

非增压式：内燃机不装增压器，利用活塞的抽吸作用将空气吸入汽缸。

增压式：内燃机安装增压器，空气经过增压器后进入汽缸。

(5)按汽缸冷却方式可分为风冷式内燃机和水冷式内燃机。

风冷式：内燃机利用空气作为冷却介质。

水冷式：内燃机利用水作为冷却介质。

(6)按汽缸排列方式可分为直列式内燃机、卧式内燃机和V型内燃机。

直列式：内燃机所有汽缸中心线在同一垂直平面内。

卧式：内燃机所有汽缸中心线在同一水平平面内。

V型：内燃机汽缸中心线分别在两个平面内，且两平面相交呈字母“V”的形状。

(7)按内燃机转速分：高速(1 000r/min以上)、中速(600～1 000r/min)、低速(600r/min以下)。

(8)按汽缸数目分：单缸式、多缸式。

二、内燃机产品名称和型号编制规则

1. 我国内燃机的型号编制规则

为了便于内燃机的生产管理和使用，我国于1991年重新制定了《内燃机产品名称和型号编制规则》(GB/T 725—91)，其标准如下：

1)内燃机产品名称和型号编制规则

(1)内燃机产品名称均按所采用的燃料命名，例如柴油机、汽油机、煤气机、沼气机等。

(2)内燃机型号由阿拉伯数字(以下简称数字)、汉语拼音字母(以下简称字母)和GB/T 1883—89中关于汽缸布置所规定的象形字符号组成。

(3)内燃机型号依次包括下列4部分(图1-1)：

首部：为产品特征代号，由制造厂根据需要自选相应字母表示，但需经过行业标准化归口单位核准、备案。产品特征代号包括产品的系列代号、换代符号和地方、企业代号3部分。产品的系列代号为系列产品的代号。产品的换代符号是指产品的缸径不变，但其技术及结构与原产品有很大差异的产品标志符号。地方、企业代号是标志产品具有本地方或本企业特点的代号，每种符号用一个或两个字母表示。

中部：由缸数符号、汽缸排列形式符号、冲程符号和缸径符号组成。汽缸数和缸径用数字表示，汽缸布置用形式符号表示。

后部：结构特征符号和用途特征符号。

尾部：区分符号。同系列产品因变型需要区分时，按规定选用适当符号表示。

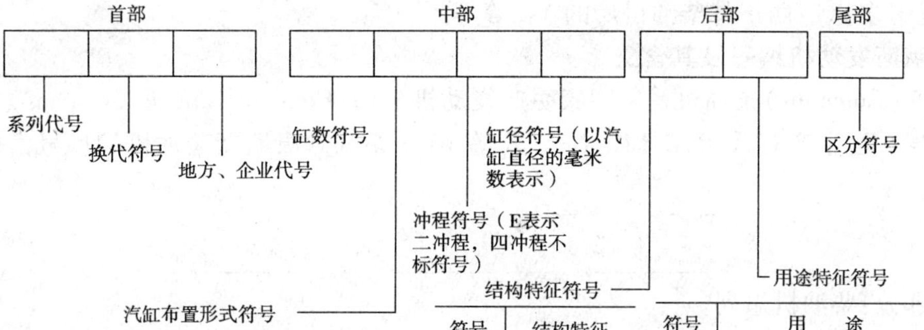

符号	含　义
无符号	多缸直列及单缸卧式
V	V型
P	平卧型

符号	结构特征
无符号	水冷
F	风冷
N	凝气冷却
S	十字头式
D_Z	可倒转
Z	增压
Z_L	增压中冷

符号	用　途
无符号	通用型及固定动力
T	拖拉机
M	摩托车
G	工程机械
Q	汽车
J	铁路机车
D	发电机组
C	船用主机，右机基本型
C_Z	船用主机，左机基本型
Y	农用运输车
L	林业机械

图　1-1

2）型号编制示例

柴油机型号：

（1）165F——单缸、四冲程、缸径65mm、风冷、通用型。

（2）R175A——单缸、四冲程、缸径75mm、水冷、通用型（R为175产品换代符号、A为系列产品改进的区分符号）。

（3）S195——单缸、四冲程、缸径95mm、水冷、通用型，S表示采用双轴平衡系统。

（4）495A——4缸、四冲程、缸径95mm、直列水冷、通用型，A为系列产品改进型。

（5）12V135ZG——12缸、V型、四冲程、缸径135mm、水冷、增压、工程机械用。

（6）R175ND——单缸、四冲程、缸径75mm、凝气冷却、发电机用（R含义同上）

（7）X4105——4缸、直列式、四冲程、缸径105mm、水冷（这里X表示系列代号）

（8）12VE230ZC_Z——12缸、V型、二冲程、缸径230mm、水冷、增压、船用主机左机基本型。

（9）6120Q——6缸，直列式；四冲程，缸径120mm，水冷，车用。

（10）4120F——4缸，直列式；四冲程，缸径120mm，风冷，通用。

汽油机型号：

（1）1E40F——单缸、二冲程、缸径40mm、风冷、通用型。

（2）492QA——4缸、直列、四冲程、缸径92mm、水冷、汽车用（A为区分符号）。

在地方、企业代号中有扬州柴油机厂的YZ、湖南滨湖柴油厂的BH、山东华丰机器厂的HF、山东莱阳动力机厂的LD、江苏江淮柴油机厂的ZH、中国第一拖拉机工程机械公司的LR

(洛阳—里卡多)、广西玉林柴油机厂的 YC 等等。

2. 康明斯发动机编号及其含义

康明斯(Cummins)柴油机是美国康明斯发动机公司(Cummins Engine Company)生产的柴油机。到现在已生产有 A、B、C、L10、N、V、K 等 10 个系列。康明斯柴油机的型号由以下 6 个部分组成。

1	2	3	4	5	6

第 1 部分:柴油机系列。

用字母 B、C、N、V、L、K 等表示发动机系列。其中对 B、C 系列须加上汽缸数,如"4B"、"6C"。

第 2 部分:吸气方式。

用字母组表示:T——增压;TA——增压并中冷;TT——两极增压;TTA——两极增压并中冷。无字母为自然吸气。

第 3 部分:工作总容量(总排量)。

柴油机工作总容积用数字表示,单位为 L 或 in^3。

第 4 部分:应用符号。

用字母表示柴油机的用途。如 A——农业;B——公共汽车;C——工程;F——消防;G——发电机组;G_0——连续发电机组;G_S——备用发电机组;L——机车;N——船舶;P——发电站。

第 5 部分:额定功率。

用数字表示,有以下两种情况:

(1)对于汽车、公共汽车、农业、工程、发电站,可用马力表示其额定功率,也可省略。

(2)对于消防泵、发电机、机车和船用柴油机,可用马力、千瓦或数字(1、2 或 3)表示其额定功率。

第 6 部分:特殊符号。

用字母表示特殊汽车的特征。

示例:

NTA-855-C360:N 指发动机系列;T 表示涡轮增压;A 为中冷;855 为总排量 855in^3,(14L);C 指工程机械用;360 即最大额定功率为 360hp(269kW)。

3. 道依茨发动机编号及其含义

道依茨(DEUTZ)公司是世界著名的柴油机独立制造厂商,由历史上著名的四冲程发动机的发明者奥托于 1864 年创建。道依茨公司素以其风冷柴油机闻名于世,而于 20 世纪 90 年代初,公司又开发研制出了崭新的水冷发动机(1011、1012、1013、1015 等系列,功率范围从 30kW 到 440kW)。

道依茨发动机的编号含义如图 1-2 所示。

例如:

(1)F5L413FR 表示非增压、5 缸、4 系列、活塞行程 130mm、缸径 125mm、直列、直喷式燃烧室。

(2)BF6L413F 表示增压、汽车和设备用、6 缸、风冷、4 系列、活塞行程 130mm、加大缸径(缸径 125mm)、无中冷、V 型、直喷式燃烧室。

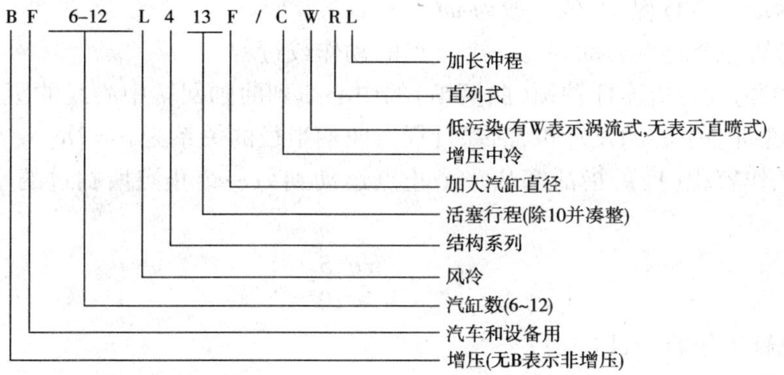

图 1-2

课题二　发动机工作原理与总体构造

一、发动机的基本名词和术语

图 1-3 所示为单缸往复活塞式内燃机结构。其主要由排气门、进气门、汽缸、活塞、连杆、曲轴和汽缸盖等组成。活塞在汽缸内做往复运动,通过活塞销、连杆推动曲轴转动。汽缸盖上设有排气门和进气门,用于吸入新鲜气体和排出废气。

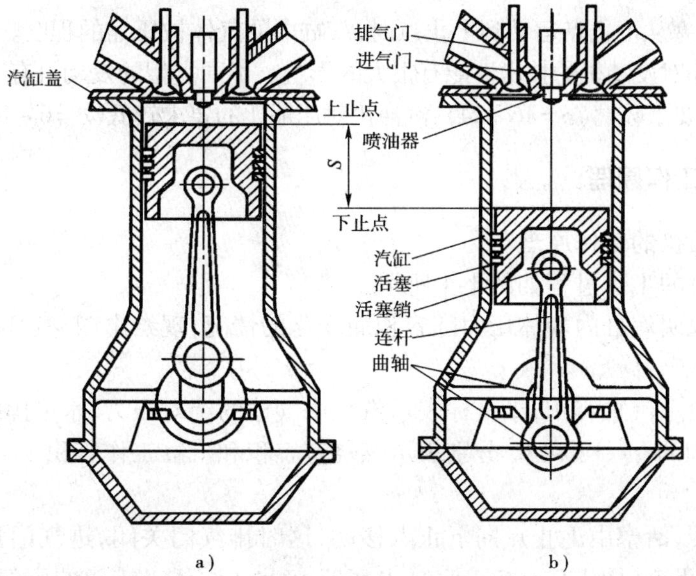

图 1-3　单缸往复活塞式内燃机结构

a)活塞处于上止点;b)活塞处于下止点

(1)上止点:活塞在汽缸中运动,当活塞离曲轴中心最远时,活塞顶所处的位置。

(2)下止点:活塞在汽缸中运动,当活塞离曲轴中心最近时,活塞顶所处的位置。

(3)活塞行程(S):是指活塞从一个止点运动到另一个止点所经过的距离。曲轴每转半圈(180°),活塞运动一个行程,单位一般为 mm。

冲程:活塞从一个止点运动到另一个止点的动作或过程。

(4)曲柄半径(R):指连杆轴颈(曲柄销)的中心线到曲轴回转中心线的距离(mm)。对于汽缸中心线通过曲轴中心的发动机,活塞行程与曲柄半径的关系为 $S=2R$。

(5)汽缸工作容积(V_h):指活塞从一个止点运动到另一个止点所扫过的空间容积。其计算公式为:

$$V_h = \frac{\pi D^2 S}{4 \times 10^6} \tag{1-1}$$

式中:V_h——汽缸工作容积,L(升);

D——汽缸直径,mm;

S——活塞行程,mm。

(6)发动机工作容积(V_L):指发动机所有汽缸工作容积的总和,也称发动机的排量。若发动机的汽缸数为 i,则 $V_L = i \cdot V_h$。

(7)燃烧室容积(V_c):指活塞在上止点时,活塞上方的空间容积,单位 L。

(8)汽缸总容积(V_a):指活塞在下止点时,活塞上方的空间容积(L),它等于汽缸工作容积与燃烧室容积之和,即 $V_a = V_h + V_c$。

(9)压缩比(ε):指汽缸总容积与燃烧室容积的比值,即

$$\varepsilon = \frac{V_a}{V_c} = \frac{V_h + V_c}{V_c} = 1 + \frac{V_h}{V_c} \tag{1-2}$$

压缩比表示活塞从下止点运动到上止点时,汽缸内的气体被压缩的程度。压缩比是一个很重要的概念,它的大小对发动机的技术性能有很大的影响。不同类型的发动机有不同的压缩比要求。如柴油机对压缩比要求较高($\varepsilon=16\sim24$);汽油机对压缩比的要求较低($\varepsilon=6\sim10$)。

二、发动机的工作原理

1. 四冲程柴油机的工作原理

四冲程柴油机的工作过程如图 1-4 所示。

为了进一步说明汽缸内气体压力随容积而变化的情况,现绘出四冲程柴油机的示功图,如图 1-5 所示。

图中横坐标表示汽缸容积,纵坐标表示汽缸中气体的绝对压力,水平虚线表示绝对压力为 1 个大气压(101.3kPa)。V_c 和 V_h 分别表示燃烧室容积和汽缸工作容积。

1)进气行程

由于曲轴旋转,活塞由上止点向下止点移动,这时排气门关闭,进气门打开。进气过程开始时,活塞位于上止点(图 1-5,r 点),汽缸内残留有上一循环未排净的废气,因此汽缸内的压力稍高于大气压力。随着活塞下移,汽缸内部容积增大,压力减小。当压力低于大气压力时,新鲜空气被吸入汽缸,直至活塞移至下止点。

在进气过程中,受空气滤清器、进气管道、进气门等阻力的影响,进气终了时(图 1-5,a 点)

汽缸内的压力略低于大气压力，约为78.5～93.2kPa。示功图上 $r-a$ 线表示进气过程汽缸内压力随容积变化的情况。

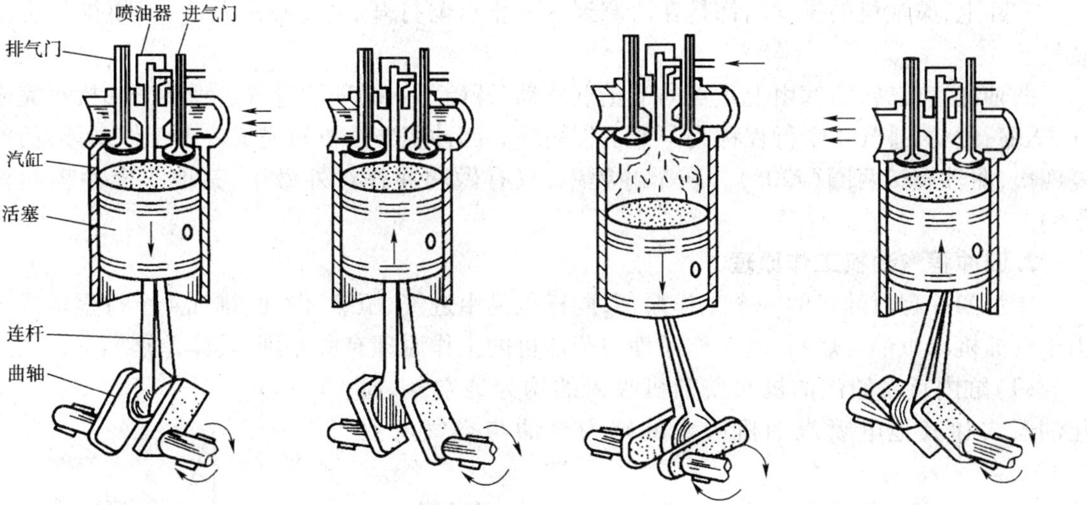

图1-4　单缸四冲程柴油机的工作过程

a)进气行程；b)压缩行程；c)做功行程；d)排气行程

实际上，柴油机的进气门都是在活塞到达上止点前打开，并且延迟到下止点以后关闭，以便吸进更多的新鲜空气。

2)压缩行程

曲轴继续旋转，活塞由下止点向上止点移动，这时进、排气门都关闭。汽缸内的气体受到压缩，压力和温度不断升高。压缩行程终了时，气体的压力达2 900～4 900kPa，温度达750～1 000K。示功图上 $a-c$ 线表示压缩行程中汽缸内气体压力随容积变化的情况。

为了充分利用燃料燃烧的热能，要求燃烧过程在活塞到达上止点略后的位置完成，以使气体充分膨胀做功。由于柴油喷入汽缸后要经过着火准备阶段，因此实际柴油机都在压缩行程结束前(上止点前10°～35°)喷油。示功图上1点表示喷油开始。

3)做功行程

这时进、排气门都关闭。由于燃料燃烧放出热能，使汽缸内的气体压力急剧升高，最高压力达5 900～8 800kPa，温度升高到1 800～2 200K。高温高压的气体迅速膨胀，推动活塞从上止点向下止点移动做功，并通过连杆使曲轴作旋转运动。做功行程终了时，气体压力下降到290～580kPa，温度降至1 000～1 200K。示功图上 $c-z-z'-b$ 线表示做功行程中汽缸内气体压力与容积的变化关系。

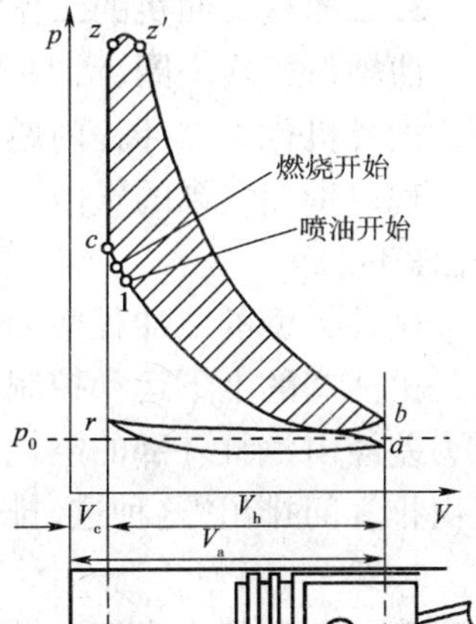

图1-5　四冲程柴油机的示功图

4)排气行程

曲轴继续旋转，活塞由下止点向上止点移动，此时进气门关闭，排气门打开。因为废气压力高于大气压力，并在活塞的推动下，使废气经排气门排出。排气终了时，汽缸内气体压力约为

103～123kPa，温度约700～800K。示功图上 $b-r$ 线表示排气过程中汽缸内气体压力随容积变化的关系。

实际上，柴油机的排气门都是在活塞到达下止点前打开、上止点后关闭，以便排除更多的废气。

曲轴继续旋转，活塞由上止点向下止点移动，开始下一循环的进气过程。柴油机每完成进气、压缩、做功、排气4个行程称为一个工作循环。四冲程柴油机每完成一个工作循环，活塞往复四次，曲轴旋转两圈（720°）。四个冲程中，只有做功冲程对外做功，其他3个冲程起辅助作用。

2. 四冲程汽油机工作原理

单缸四冲程汽油机的一个工作循环，同样也是由进气、压缩、做功、排气4个行程构成。但由于汽油机以汽油为燃料，其工作原理与柴油机的工作原理有所差别，具体差别如下：

（1）缸内直喷的汽油机与柴油机吸入的均为纯空气，而化油器式和其他电喷汽油机吸入的则为汽油与空气的混合气。

（2）汽油机中混合气的着火燃烧是通过火花塞强制点火实现的，而不是通过压燃实现的。

（3）在一个工作循环中，汽油机汽缸内的压力和温度与柴油机不同。

（4）在工作循环进行的过程中，汽油机汽缸内的气体状态也与柴油机不同。

从图1-6所示的四冲程汽油机示功图可看出，同柴油机相比，汽油机气体压缩程度小，在压缩行程即将终了时，电火花点燃混合气，燃烧速度极快，持续时间很短，气压几乎直线上升。而活塞下行时，汽缸内气压很快下降，这些都与柴油机的示功图有区别。

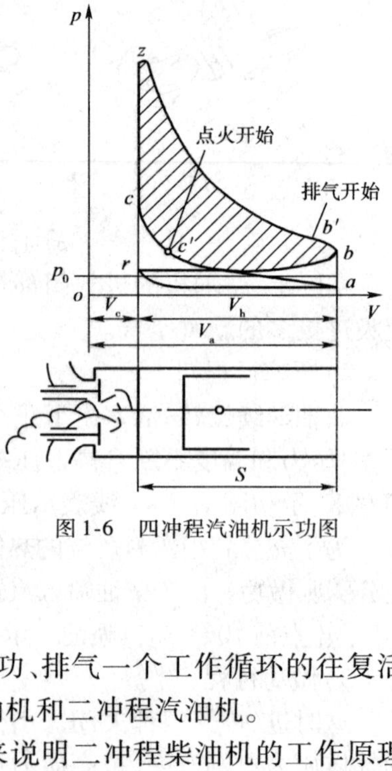

图1-6　四冲程汽油机示功图

3. 二冲程柴油机的工作原理

曲轴每旋转一圈，活塞往复运动二次，完成进气、压缩、做功、排气一个工作循环的往复活塞式内燃机称为二冲程内燃机。根据燃料不同，有二冲程柴油机和二冲程汽油机。

现以带扫气泵的气门—气孔式直流二冲程柴油机为例，来说明二冲程柴油机的工作原理（见图1-7）。

这种类型的二冲程柴油机没有进气门，而是在汽缸或汽缸套壁上设有一组进气孔，其开、闭是由活塞的上下运动控制的，汽缸盖上设有排气门。新鲜空气通过扫气泵提高压力后，依靠压力差经由汽缸外部的空气室和汽缸壁上的进气孔进入汽缸，并把前一循环汽缸中残留的废气由排气门排出，这种进、排气同时进行的过程称为扫气行程。

1）第一行程

第一行程即为换气—压缩行程。

在这一行程开始时，进气孔和排气门均打开（见图1-7a），活塞随曲轴由下止点向上运动，完成上述的进气和扫气行程。当活塞继续上移并越过进气孔后，进气孔被活塞关闭，同时配气系统也将排气门关闭,于是汽缸内的空气被压缩(见图 1-7b),直至活塞移动到上止点,第一行程完成。

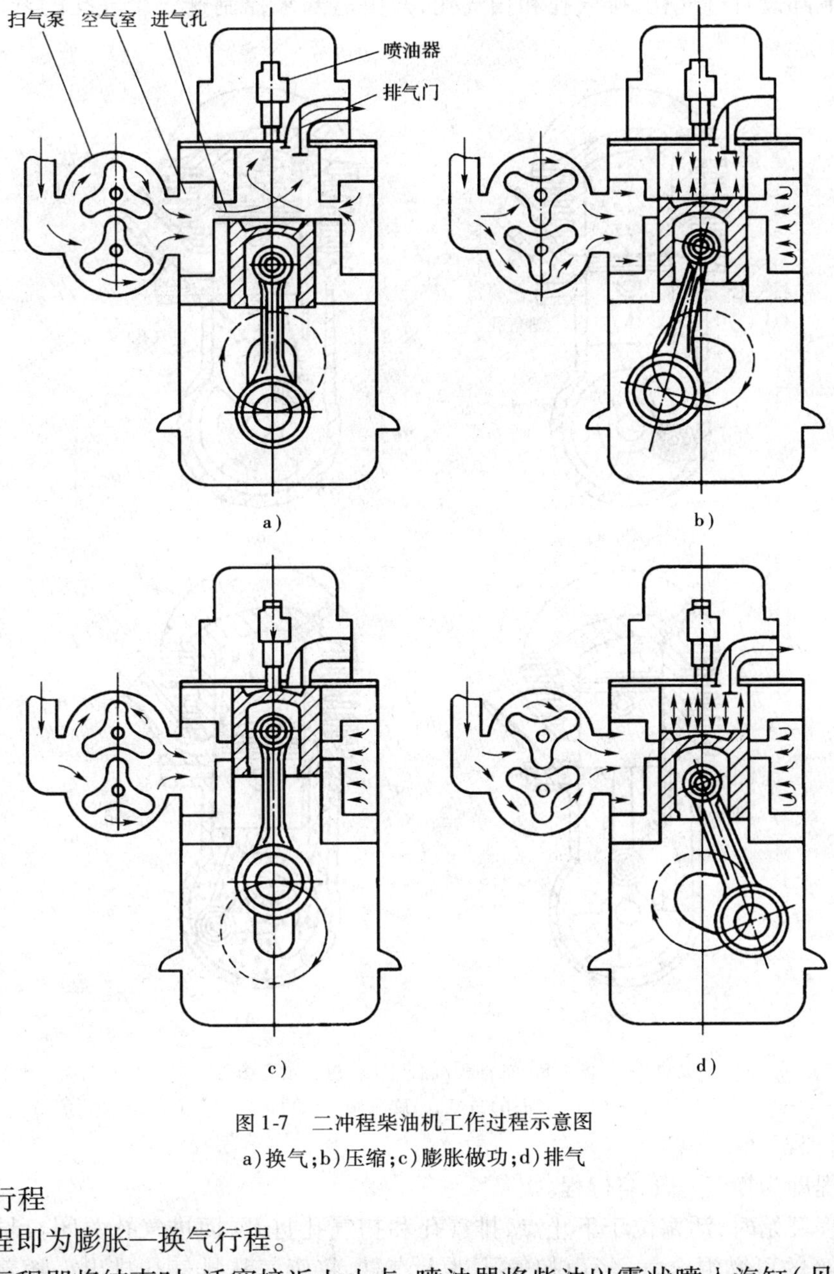

图 1-7　二冲程柴油机工作过程示意图

a)换气;b)压缩;c)膨胀做功;d)排气

2)第二行程

第二行程即为膨胀—换气行程。

在第一行程即将结束时,活塞接近上止点,喷油器将柴油以雾状喷入汽缸(见图 1-7c),使其与高温、高压气体相遇,并迅速自行着火燃烧。在燃气压力的作用下,活塞向下止点移动,通过连杆带动曲轴旋转而对外做功。当活塞下行至某一时刻时,排气门打开(见图 1-7d),废气排出,活塞继续向下移动,进气孔随之打开,扫气泵再次将外界新鲜空气压入汽缸,开始扫气行程。直至活塞移动到下止点,第二行程完成。

4. 二冲程汽油机的工作原理

图 1-8 所示为二冲程汽油机工作原理示意。这种类型的汽油机没有进气门和排气门，而是在汽缸的下部设有进气孔、排气孔和扫气孔，并由活塞来控制这 3 个气孔的开闭，以实现换气行程。

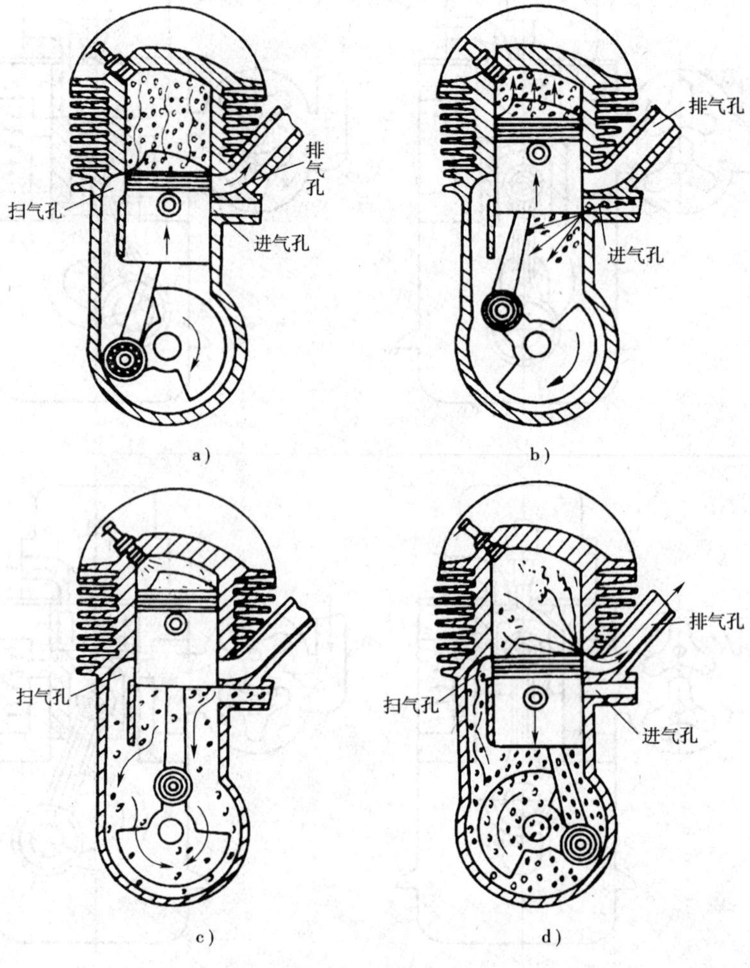

图 1-8　二冲程汽油机工作过程示意图

a）压缩；b）进气；c）膨胀做功；d）排气

1）第一行程

第一行程即为换气—压缩行程。

这一行程开始时，活塞位于下止点，排气孔和扫气孔打开，而进气孔关闭。早已由进气孔被吸入曲轴箱的可燃混合气，经由扫气孔进入汽缸，将废气从排气孔排出。随着活塞继续上行，扫气孔被活塞关闭，扫气结束。但是，此时排气孔还没有关闭，混合气和一些废气仍经排气孔排出。直到排气孔也被不断上行的活塞关闭，汽缸内的混合气才开始被压缩，直至活塞移动到上止点（见图 1-8a）。

在活塞上行的同时，曲轴箱容积增大，形成了一定的真空度。进气孔被活塞裙部开启，空气和汽油的混合气依靠压力差进入曲轴箱，开始进气（见图 1-8b）。在曲轴箱内，空气和汽油进一步混合形成可燃混合气。

2)第二行程

第二行程即为膨胀—换气行程。

在第一行程即将结束的压缩终了时，火花塞产生电火花，点燃汽缸内被压缩的可燃混合气(见图1-8c)。燃烧的气体膨胀推动活塞向下运动并对外做功。此时进气孔仍然开启，空气和汽油的混合气也仍继续由进气孔被吸入曲轴箱，直至进气孔被活塞裙部关闭。随着活塞继续下行，曲轴箱容积减小，其中的混合气被预压缩。随后排气孔开启，废气排出，做功行程结束，开始预先排气。接着扫气孔开启，曲轴箱内的预压缩混合气经由扫气孔进入汽缸，开始换气行程(见图1-8d)，直至扫气孔再一次被关闭。

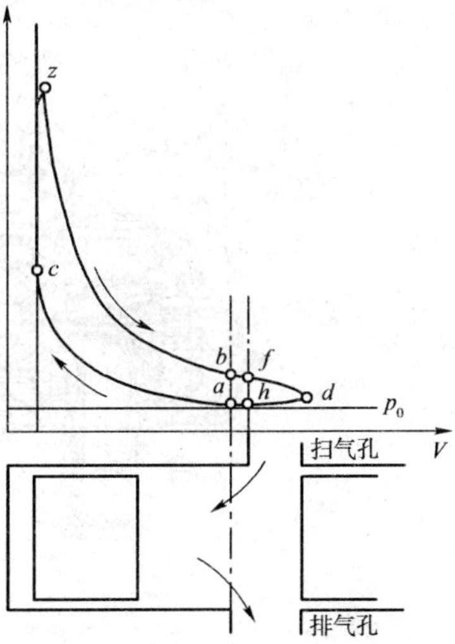

图1-9　二冲程内燃机示功图

现在再来看一下二冲程内燃机的示功图(见图1-9)，在 a 点时排气门关闭，曲线 ac 表示压缩行程，曲线 czb 表示做功行程。在 b 点时排气孔开启，曲线 bf 表示预先排气阶段。在 f 点时扫气孔开启，曲线 fdh 表示扫气行程。在 h 点扫气孔关闭，曲线 ha 表示继续排气阶段。曲线 bda 表示换气行程，即从排气孔开始开启到完全关闭的这段过程。

5. 二冲程内燃机的主要特点

二冲程内燃机与四冲程内燃机相比较，有以下特点：

(1)曲轴每旋转一周就有一个做功行程，所以当二冲程内燃机与四冲程内燃机的工作容积、转速及压缩比相同时，其功率在理论上应为四冲程内燃机功率的2倍。

但由于结构上的原因，二冲程内燃机的换气质量比较差，废气不易彻底排除，且换气行程使有效工作行程缩短，故其功率约为四冲程内燃机功率的1.5～1.7倍。

(2)二冲程内燃机的曲轴每旋转一周就有一个做功行程，故其在转速相同的情况下，工作循环次数多，输出转矩均匀，运转平稳。

(3)由于大多数二冲程内燃机均部分或全部采用气孔换气，配气结构简单。因此，二冲程内燃机具有质量小、结构简单、使用和维修方便等优点。

(4)二冲程内燃机的换气时间短，换气效果差。尤其是二冲程汽油机在换气行程中，有部分混合气随废气被排出，故经济性较差。

(5)二冲程内燃机，尤其是化油器式二冲程汽油机的燃油消耗率较大，排放污染严重，故除一些摩托车外，一般车辆都不应用二冲程汽油机。而二冲程柴油机在大型船用低、中速柴油机和某些军用车辆上应用较多，但也不如四冲程柴油机应用广泛。

三、柴油机的总体构造

公路工程机械使用的往复活塞式柴油机的构造及其布置各有差异，但基本构造都由下列两个机构和4个系统组成，如图1-10所示。

1. 曲柄连杆机构

曲柄连杆机构是柴油机产生并输出动力的主要机构，由汽缸盖、汽缸体、曲轴箱、活塞、连

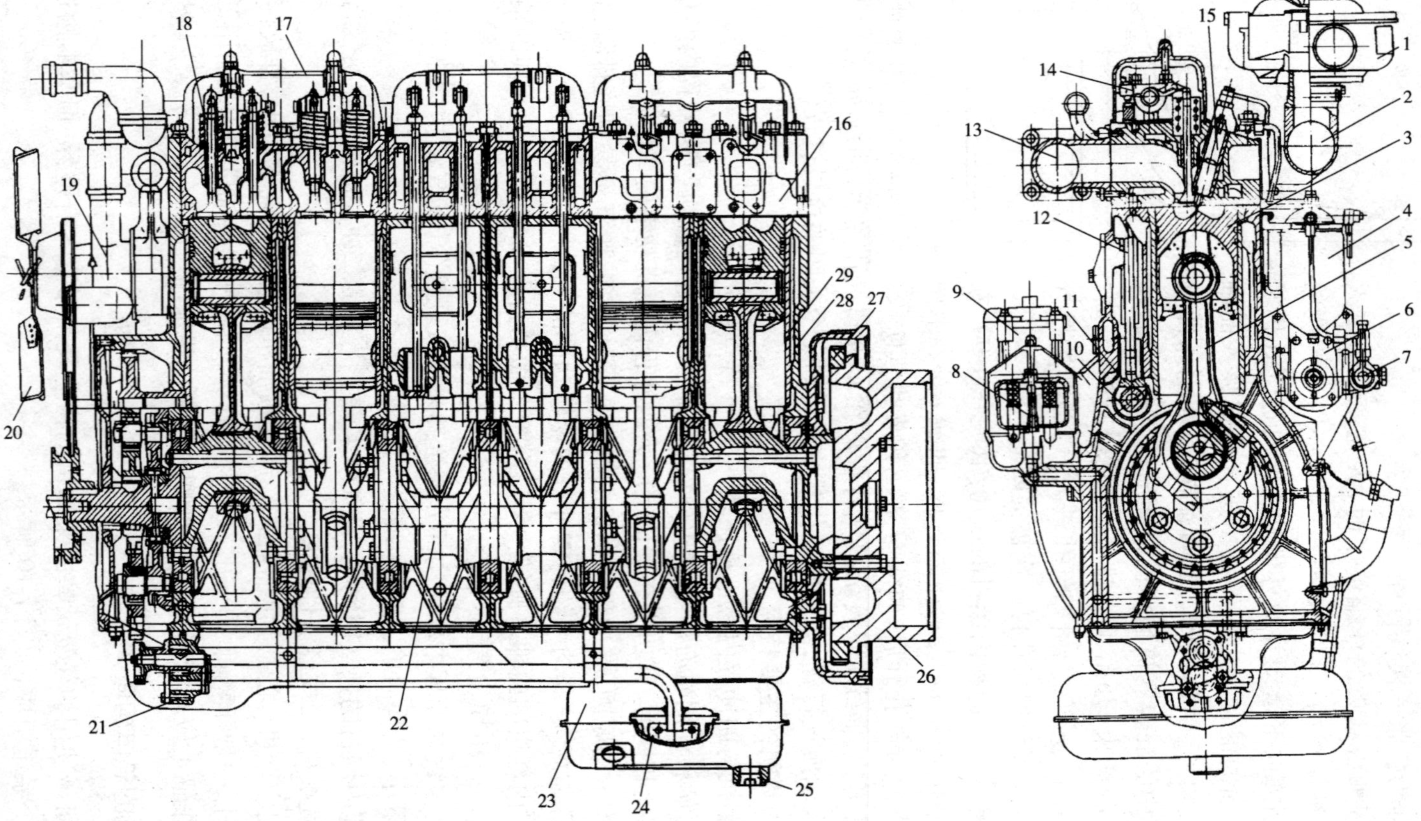

图 1-10　6135Q 型柴油机的构造

1-空气滤清器;2-进气管;3-活塞;4-柴油滤清器;5-连杆;6-喷油泵;7-输油泵;8-润滑油粗滤器;9-润滑油细滤器;10-凸轮轴;11-挺柱;12-推杆;13-排气管;14-摇臂;15-喷油器;16-汽缸盖;17-气门室罩;18-气门;19-水泵;20-风扇;21-润滑油泵;22-曲轴;23-油底壳;24-润滑油集滤器;25-放油螺塞;26-飞轮;27-齿圈;28-机体;29-汽缸套

杆、曲轴与飞轮等主要零件组成。

2. 配气机构

配气机构是按照工作循环的需要定时地向汽缸供应充足的新鲜空气，并将燃烧后的废气排出汽缸。它由进气门、排气门、气门弹簧、凸轮轴等主要零件组成。

3. 供给系

供给系是按照柴油机工作循环的要求向汽缸提供适量的燃油与空气，并引导废气排入大气。柴油机供给系一般由燃油供给系统和进、排气系统组成。其中燃油供给系统由低压油路和高压油路两部分所组成。低压油路由输油泵使柴油从油箱流向柴油滤清器、喷油泵。高压油路由喷油泵提供高压油，喷油器再以雾状将油喷入燃烧室。

4. 润滑系

润滑系是将洁净的润滑油以一定压力不间断地送入柴油机各摩擦副的摩擦表面，以减少其摩擦阻力和磨损，并带走摩擦产生的热量和金属磨屑，保证运动零件的工作可靠性和耐久性。柴油机润滑系由润滑油泵、润滑油滤清器、润滑油道等组成。

5. 冷却系

柴油机冷却系是对高温零件进行适当冷却，以保持柴油机正常的工作温度，不仅保证柴油机能够连续运转，而且使柴油机具有良好的动力性和经济性。

6. 起动系

起动系是使静止的柴油机转入自行运转状态，它包括起动机（电动机或汽油机）及附属装置。

课题三　发动机主要性能指标

发动机的主要性能指标有动力性指标（有效转矩、有效功率、转速等），经济性指标（耗油量、燃油消耗率），运转性能指标（排气品质、噪声和起动性能等）。

一、动力性指标

1. 有效转矩

发动机通过飞轮对外输出的转矩，以 T_e 表示，单位为 N·m。有效转矩与外界施加于发动机曲轴上的阻力矩相平衡。

2. 有效功率

发动机通过飞轮对外输出的功率称为有效功率，用 P_e 表示，单位为 kW。它等于有效转矩与曲轴角速度的乘积。发动机的有效功率可以用台架试验方法测定，也可用测功器测定有效转矩和曲轴转速，然后运用下面的公式计算发动机的有效功率（kW）。

$$P_e = T_e \frac{2\pi n}{60} \times 10^{-3} = \frac{T_e n}{9\,550} \tag{1-3}$$

式中：T_e——有效转矩（N·m）；

n——曲轴转速（r/min）。

发动机产品铭牌上标明的功率及相应的转速称为标定功率和标定转速。按发动机台架试验国家标准规定，发动机标定功率分为：15 分钟功率、1 小时功率、12 小时功率和持续功率 4 种。

15min 功率：发动机连续正常运转 15min 所能发出最大的有效功率。在每 3h 内只允许以该功率运转 1 次。

1h 功率：发动机连续正常运转 1h 所能发出最大的有效功率。在每 6h 内只允许以该功率运转 1 次。

12h 功率：发动机连续正常运转 12h 所能发出最大的有效功率。其中允许有任何 1h 在同转速下超过该功率 10% 运转，在每 24h 内允许以上述功率运转 1 次。

持续功率：发动机保持长期连续正常运转所能发出最大的有效功率，一般为同转速下 12h 功率的 90%。

一般通用汽油机在铭牌上标出 12h 功率或 15min 功率；柴油机一般按 12h 功率或持续功率标定（用于工程机械上的柴油机按 1h 功率和 12h 功率标定）。当给定任一功率时，必须同时给出相应的转速，如 6 135G 型柴油机 12h 的标定功率 120/1 500（hp/r/min）。

二、经济性指标

发动机每发出 1kW 有效功率，在 1h 内所消耗的燃油质量（以 g 为单位），称为燃油消耗率，用 b_e 表示。很明显，燃油消耗率越低，经济性越好。

燃油消耗率[g/(kW·h)]按下式计算：

$$b_e = \frac{B}{P_e} \times 10^3 \tag{1-4}$$

式中：B——发动机在单位时间内的耗油量（kg/h），可由试验测定；

P_e——发动机的有效功率（kW）。

三、发动机运转性能指标

发动机的运转性能指标主要指排气品质、噪声、起动性等。由于这些性能不仅与使用者利益相关，更关系到人类的健康，因此，世界各国都制定了相应的标准，并给予严格控制。

1. 排气品质

发动机的排气中含有对人体有害的物质，它对大气的污染已形成公害。柴油机主要排放一氧化碳（CO）、碳氢化合物（HC）、氮氧化物（NO_x）和颗粒污染物等。

柴油机排放的污染物及其在大气中二次反应生成的污染物对人体健康和生态环境会造成不良影响。随着经济、技术水平的提高，国家将不断严格柴油机污染物排放控制的要求，逐步降低柴油机污染物的排放水平，保护人体健康和生态环境。与汽油机相比，柴油发动机燃烧效率高，采用先进技术的柴油发动机污染物排放量较低。

2. 噪声

噪声会刺激神经，使人心情烦躁，反应迟钝，甚至耳聋，诱发高血压和神经系统的疾病。发动机是一个包括各种不同性质噪声的综合噪声源，其中主要包括：燃烧噪声、机械噪声、排气噪声和风扇噪声等。

3. 起动性能

起动性能好的发动机在一定温度下能可靠起动，起动迅速，起动消耗的功率小，起动期磨损小。发动机起动性能的好坏除与发动机结构有关外，还与发动机工作过程相联系，它直接影响机械车辆的机动性、操作者的安全和劳动强度。我国标准规定，不得采用特殊的低温起动措施，汽油机在 -10℃、柴油机在 -5℃以下的气温条件下起动发动机，15s 以内发动机要能自行运转。

4. 振动

发动机中的振动，包括因汽缸内燃气压力的周期变化和因曲柄连杆机构产生的机械不平衡、运动部分惯性力等引起的复杂振动。它除产生发动机本身和与之配合的工作机械的振动和噪声问题外，还会造成驾驶员的疲劳并污染环境。

思考题

1. 为什么工程机械上广泛使用四冲程柴油机？

2. 图 1-5、图 1-6 为什么称为示功图？对比四冲程柴油机与汽油机的示功图，两者有何区别？为什么？

3. 为什么喷油或点火要在压缩上止点前的一个角度？早一点与晚一点有什么影响？

4. 如何比较两种不同型号发动机的经济性能？

5. 为什么二冲程发动机的排放比四冲程发动机严重？

Danyuaner

单元二 曲柄连杆机构

知识点

1. 曲柄连杆机构的功用；
2. 曲轴连杆机构的受力分析；
3. 机体组的结构；
4. 活塞的结构特征；
5. 非矩形环的结构特点与安装注意事项；
6. 飞轮的功用；
7. 曲轴的定位方法与检查方法；
8. 发动机的工作循环表。

技能点

1. 进行汽缸的测量；
2. 更换汽缸垫；
3. 拆装汽缸套；
4. 进行缸体的检验与试验；
5. 进行连杆的检验；
6. 进行活塞连杆组的拆卸与组装；
7. 进行曲轴的检验与校正；
8. 鉴定和更换发动机滑动轴承；
9. 进行曲轴的测量。

课题一 概 述

一、曲柄连杆机构的功用与组成

1. 曲柄连杆机构的功用

曲柄连杆机构是往复活塞式发动机将热能转变为机械能的主要机构，其功用是将燃气作用在活塞顶上的压力转变为曲轴的旋转力矩，对外输出动力。

发动机产生的动力大部分经由曲轴后端的飞轮传给机械和车辆的传动系统及其他机构，还有一部分通过曲轴前端的齿轮和带轮驱动本机的其他机构和系统。

2. 曲柄连杆机构的组成

曲柄连杆机构主要由机体组、活塞连杆组和曲轴飞轮组3部分组成。

1）机体组

机体组主要由汽缸体、曲轴箱、汽缸盖、汽缸套和缸垫等不动件组成。

2）活塞连杆组

活塞连杆组主要由活塞、活塞环、活塞销和连杆等运动件组成。

3）曲轴飞轮组

曲轴飞轮组主要由曲轴和飞轮等机件组成。

对于不同的发动机，因汽缸布置形式、冷却方式、燃烧室结构等不同，曲柄连杆机构的组成件及其结构也有一定的不同。

二、曲柄连杆机杆的受力分析

曲柄连杆机构是在高温、高压、高速和有化学腐蚀的条件下工作的。发动机工作时，运动件在高压下作变速运动，受力情况很复杂。其中主要有气体压力、往复运动件的惯性力、旋转运动件的离心力以及运动件接触面所产生的摩擦力等。

1. 气体作用力

在每个工作循环的4个行程中，气体压力始终存在。但由于进、排两个行程气体压力较小，对机件影响不大。所以，这里主要分析做功行程和压缩行程气体压力的作用。

1）做功行程

在做功行程中，气体压力推动活塞向下运动（见图2-1a），设活塞所受的总压力为 F_p，其传到活塞销上可分解为 F_{p1} 和 F_{p2}。分力 F_{p1} 通过活塞销传给连杆，并沿连杆方向作用在连杆轴颈上。F_{p1} 还可以分解为两个分力 F_R 和 F_S。分力 F_R 沿曲柄方向使曲轴主轴颈与主轴承间产生压紧力；分力 F_S 垂直于曲柄，其除了使主轴颈和主轴承之间产生压紧力外，还对曲轴产生转矩 T，驱动曲轴旋转。F_{p2} 把活塞压向汽缸壁，形成活塞与缸壁间的侧压力，有使机体翻倒的趋势，故机体下部的两侧应支撑在车架上。

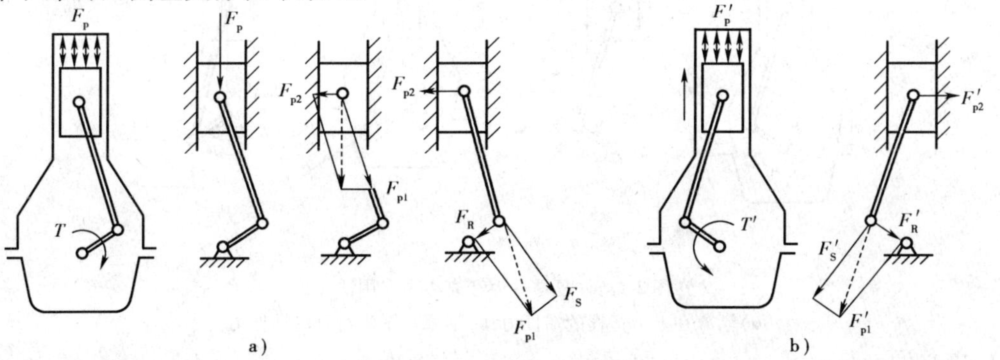

图2-1　气体压力作用情况

a）做功行程；b）压缩行程

做功行程中气体压力越大，发动机动力也越大。但气体压力又是造成机件损坏的主要因素。

2）压缩行程

在压缩行程中，气体压力是阻碍活塞向上运动的阻力。这时作用在活塞顶上的气体总压力也可分解为 F'_{p1} 和 F'_{p2}（见图 2-1b），F'_{p1} 又可分解为 F'_R 和 F'_S。分力 F'_S 对曲轴形成一个旋转阻力矩 T'，企图阻止曲轴旋转；而 F'_{p2} 则将活塞压向汽缸的另一侧壁。

从发动机前方看，曲轴是顺时针旋转的，在发动机工作过程中，由于燃气的爆发压力大于压缩终了的压力（通常为两倍以上），所以，汽缸左侧的侧压力也就大于右侧的侧压力。

2. 往复惯性力与离心力

往复运动的物体，当运动速度变化时，将产生往复惯性力。物体绕某一中心作旋转运动时，就会产生离心力。这两种力在曲柄连杆机构的运动中都存在。

1）往复惯性力

当活塞从上止点向下止点运动时，其速度变化规律是：从零开始，逐渐增大，临近中间达最大值，这一段活塞作加速运动；然后又逐渐减小至零，这一段活塞作减速运动。

从物理学的知识知道：物体作直线加速运动时，惯性力的方向与运动方向相反；作直线减速运动时，惯性力的方向与运动方向相同。

为了便于理解和记忆，我们将活塞运动行程分为上半行程（靠近上止点）和下半行程（靠近下止点）。当活塞从上止点向下止点运动时，上半程是加速运动，惯性力向上（如图 2-2a）；下半程是减速运动，惯性力向下（见图 2-2b）。同理，当活塞从下止点向上止点运动时，下半程是加速运动，惯性力向下，上半程为减速运动，惯性力向上。所以，不论活塞是作向下还是作向上的运动，当活塞在上半行程时，惯性力方向向上；当活塞在下半行程时，惯性力的方向向下。

由于往复惯性力和气体压力都可以认为作用于汽缸中心，只是上下方向有时不同，因此，惯性力分解后引起各传动机件的受力情况和气体压力相同。但惯性力不作用于汽缸盖，它在单缸发动机内部是不平衡的，会引起发动机上下振动，多缸发动机的惯性力可能在各缸之间相互平衡，引起振动的倾向大为减小。

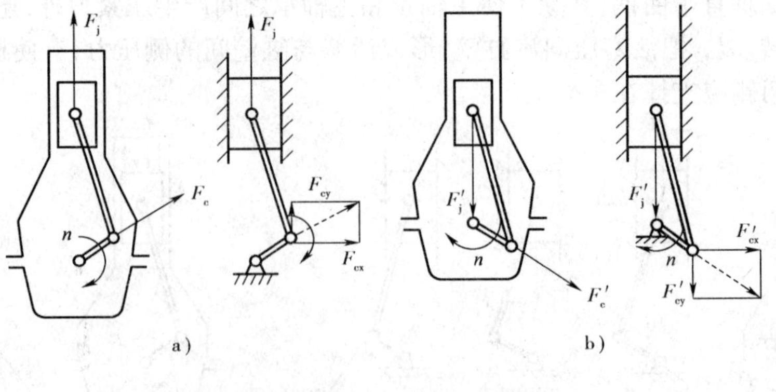

图 2-2　往复惯性力和离心力作用情况

a）活塞在上半行程的惯性力；b）活塞在下半行程的惯性力

2）离心力

偏离曲轴轴线的曲柄、连杆轴颈和连杆大头在绕曲轴轴线旋转时，将产生离心力 F_c（见图

2-2)，其方向沿曲柄向外。F_c 在垂直方向上的分力 F_{cy} 与往复惯性力 F_j 的方向总是一致的，因而加剧了发动机的上下振动。而水平方向的分力 F_{cx} 则使发动机产生水平方向的振动。另外，离心力使连杆大头的轴承和轴颈、曲轴主轴承和轴颈受到又一附加载荷，增加了它们的变形和磨损。

3. 摩擦力

曲柄连杆机构中互相接触的表面作相对运动时都存在摩擦力，其大小与正压力和摩擦系数成正比，其方向总是与运动方向相反。摩擦力的存在是造成配合表面磨损的原因。

上述各种力，作用在曲柄连杆机构的有关零件上，使它们受到拉伸、压缩、弯曲和扭转等不同形式的载荷。为了保证工作可靠，减少磨损，减轻振动，在结构上应采取相应的措施。

课题二　机　体　组

机体组主要由汽缸体、汽缸盖、曲轴箱、飞轮壳和油底壳等组成。

一、机体组的结构

1. 汽缸体和曲轴箱

1)汽缸体的作用及性能要求

汽缸体是发动机各个机构和系统的安装基体，并由它来保持发动机各运动件相互之间的准确位置关系。为满足复杂的工作条件，对汽缸体有如下要求：

(1)有足够的刚度和强度。

(2)有良好的导热性能和热稳定性。

(3)有良好的耐磨性和耐腐蚀性。

(4)有良好的吸振性能。

(5)体积小、质量也小。

缸体一般采用铸铁材料铸造而成，也有采用铝合金材料的。

2)汽缸体的基本结构

汽缸体中加工出圆柱形空腔，称为汽缸。多个汽缸组成一体即为汽缸体。为了便于汽缸散热，在汽缸的外面制有水套(水冷式)或散热片(风冷式)。曲轴箱有前后壁和中间隔板，其上制有主轴承孔，大多数柴油机还制有凸轮轴轴承座孔。为了这些轴承的润滑，在侧壁上设有主油道，前后壁和中间隔板上设有分油道。

水冷式发动机多采用整体汽缸体，如图 2-3 所示。整体式汽缸有上下两个平面，用以安装汽缸盖和油底壳。这两个平面也是汽缸修理的加工基准，因此在拆装时应注意保护。

风冷式发动机则多采用分体式汽缸体，如图 2-4 所示。分体式的汽缸下部有一凸缘和止口，曲轴箱有支撑汽缸体的平面和止口，用它来保证二者之间的正确定位，在支撑面之间用金属垫片来调整活塞顶和汽缸盖间的间隙。

3)汽缸的排列形式

根据汽缸的排列方式，可分为直列式、V 型和水平对置 3 种形式，如图 2-5 所示。V 型汽缸体两列之间的夹角一般为 60°、90°或 120°。

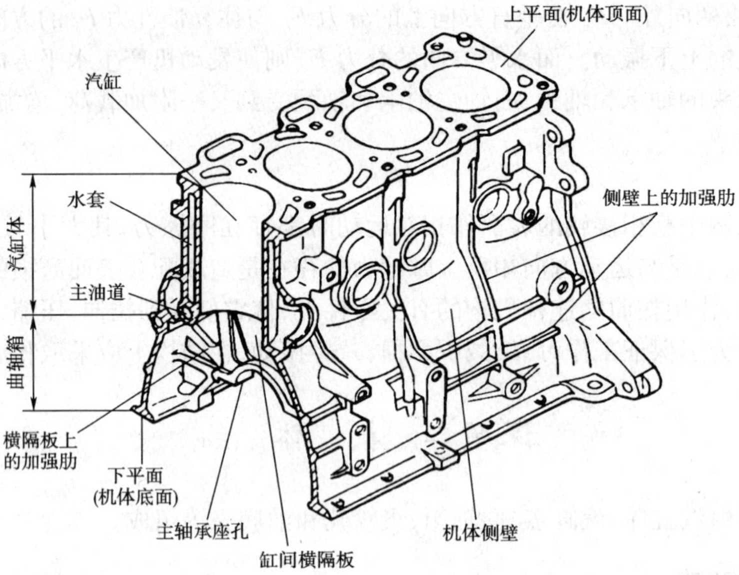

图 2-3　水冷发动机的机体

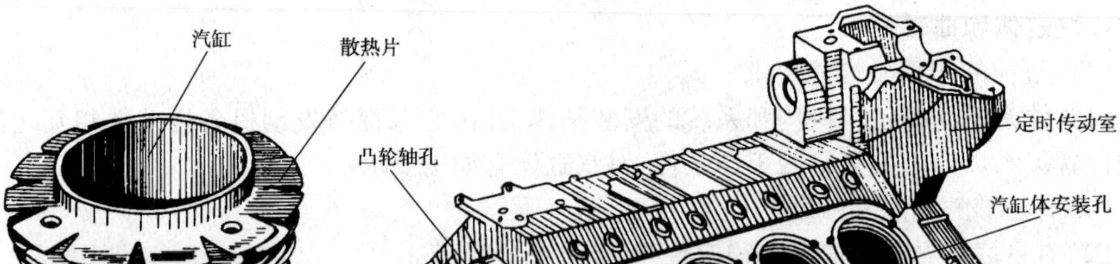

图 2-4　风冷发动机汽缸体与曲轴箱

a)汽缸体;b)曲轴箱

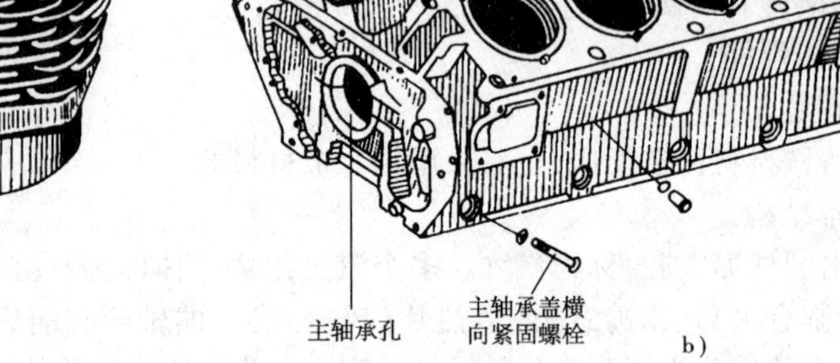

图 2-5　汽缸体的排列形式

a)直列式；b)V 型;c)对置式

4）汽缸体与曲轴箱的结构形式

水冷式发动机的曲轴箱和汽缸体做成一体，有3种基本结构形式，如图2-6所示。

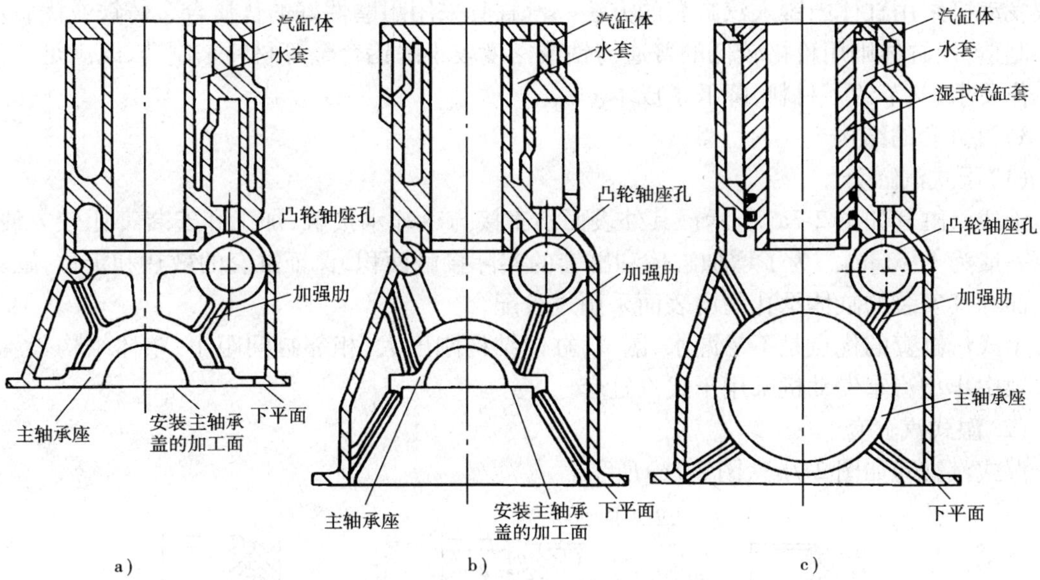

图2-6　汽缸体与曲轴箱的结构形式

a）一般式；b）龙门式；c）隧道式

（1）一般式

曲轴轴线与汽缸体下平面在同一平面上为一般式。这种结构便于加工，但刚度小，且前后端呈半圆形，与油底壳接合面的密封较困难，多用于中小型发动机。

（2）龙门式

曲轴轴线高于汽缸体下平面的为龙门式。这种结构刚度较高，且下曲轴箱前后端为同一平面，其密封简单可靠，维修方便，但工艺性较差，大中型发动机广泛使用。

（3）隧道式

这种形式的上曲轴箱主轴承座孔不分开，其结构刚度最大，主轴承同轴度易保证，但拆装较困难，多用于机械负荷较大、主轴承采用滚动轴承的发动机。

2. 汽缸与汽缸套

1）汽缸的工作条件及材料

由于汽缸工作表面直接与高温、高压燃气接触，而且活塞在汽缸内作高速往复运动时，缸壁工作表面既要承受很大的侧压力和摩擦力，又要承受着交变载荷的周期作用，因此要求汽缸壁表面必须耐磨、耐高温、耐腐蚀及较高的耐疲劳强度。为了满足上述要求，一般采用优质材料制造汽缸体，提高缸壁表面加工精度，采用表面强化工艺，改进结构等措施来实现。

2）汽缸的结构形式

汽缸的结构形式也有两大类，即无汽缸套式和有汽缸套式，汽缸套又有干式汽缸套和湿式汽缸套两种。

无汽缸套式机体即不镶汽缸套的机体，在机体上直接加工出汽缸。机体一般由耐磨合金铸铁制造。汽缸内表面经研磨加工成深度4～6μm的网纹，以改善汽缸的润滑性和磨合性。

这种结构多在轿车发动机上采用。

汽缸体若全部采用优质耐磨耐热材料制造其制造成本较高。为了节约材料、降低成本，大多数发动机采用缸体内镶入汽缸套的方法。汽缸套采用耐磨性好的优质合金铸铁或优质灰铸铁来制造，而缸体则用价格较低的普通铸铁或密度较小的铝合金等材料来制造，既满足了汽缸的工作要求，又节约了材料，降低了成本。

3）汽缸套的结构

（1）干式汽缸套

干式汽缸套如图 2-7a）所示。其外表面不直接与冷却水接触，加工和安装都比较方便，其壁厚一般为 1～3mm。为了增加缸体和缸套的实际接触面积，保证缸套的散热和定位，缸套的外表面和其安装的缸体承孔的内表面采用过盈配合。

干式汽缸套的优点是不易漏水、漏气，缸体结构刚度大、相邻缸间距小，整体结构紧凑，目前多数中小型汽车发动机采用干式汽缸套。

（2）湿式汽缸套

湿式汽缸套如图 2-7b）、图 2-7c）所示。

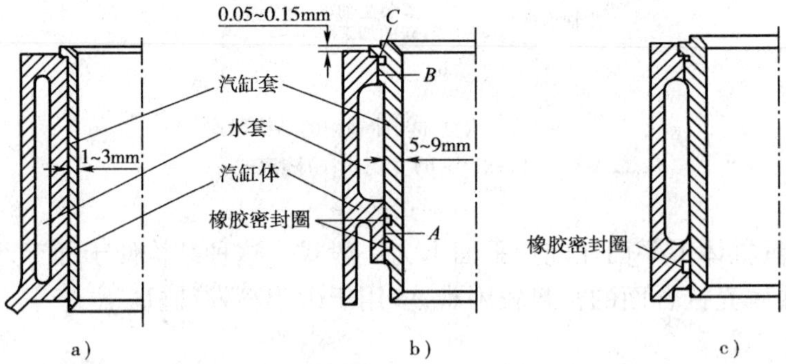

图 2-7　汽缸套

a）干式汽缸套；b）、c）湿式汽缸套

湿式汽缸套直接与冷却水接触，冷却效果较好，其壁厚一般为 5～9mm。为了防止漏水，湿式汽缸套的定位、密封和安装均有严格要求。

缸套的定位包括径向定位和轴向定位两部分，如图 2-7b）所示，依靠缸套外表面上的圆环带 A 和 B 来实现径向定位，B 称之为上支承定位带，A 称为下支承密封带。利用缸套上部凸缘的下平面 C 实现轴向定位。为了防止漏气、漏水，有的缸套凸缘平面处（C 处）还加有紫铜垫片。

为了便于装配，缸套上支承定位带直径略大，与承孔配合较紧；而下支承密封带直径略小，与座孔配合较松。为了防止漏水，下支承部位（A 处）必须加装 1～3 道橡胶密封圈来密封，其密封形式有涨封式和压封式两种，如图 2-8 所示。其中使用较广泛的为涨封式，少数柴油机汽缸体在两道密封圈之间设有漏水孔，如图 2-8a）所示，用以观察密封圈工作情况是否良好。

随着柴油机强化程度的提高，湿式汽缸套的穴蚀已成为一个突出问题，所以某些柴油机汽缸套上有 3 道密封圈（图 2-8c），最上一道的上半部分与冷却水接触，既能防止配合面生锈，便于拆装，又能借其吸振，减轻穴蚀。有的上、中二道采用乙丙合成橡胶密封圈，以密封冷却液，下面一道用硅酮材料制成以密封润滑油，二者不可错装。还有的把密封圈装在汽缸体上，因为汽缸套上没有开槽，汽缸套的刚度得以提高(图 2-8d)。

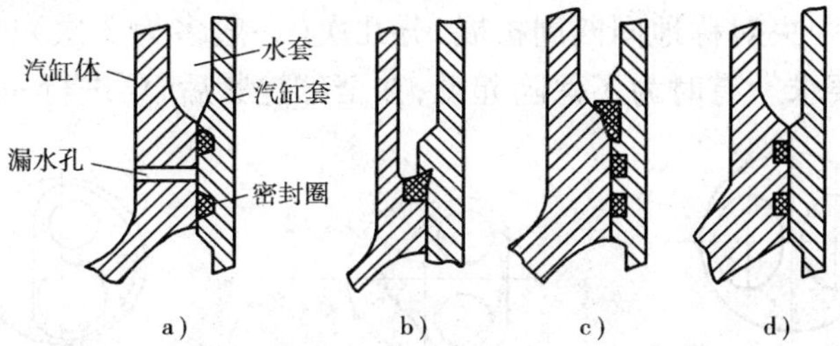

图 2-8 缸套下端的密封形式

a)、b)、c)涨封式；d)压封式

湿式汽缸套的优点是简化了缸体结构，散热效果好，维修中便于更换。缺点是降低了缸体的刚度，易出现漏水、漏气现象。

3. 汽缸盖与汽缸垫

1)汽缸盖

汽缸盖的主要作用是封闭汽缸上部并与汽缸和活塞顶部共同构成燃烧室。缸盖内有冷却水套，水套与缸体上的水套相通，以利用循环水来冷却燃烧室等高温部分。

汽油机缸盖上加工有火花塞安装座孔，柴油机缸盖上则加工有喷油器安装座孔。

在缸径较大、缸数较多的发动机上，为了便于制造、避免产生翘曲变形累积以及方便维修，多采用分段式汽缸盖。而缸径较小、缸数少的发动机则采用整体式汽缸盖，如图 2-9 所示。

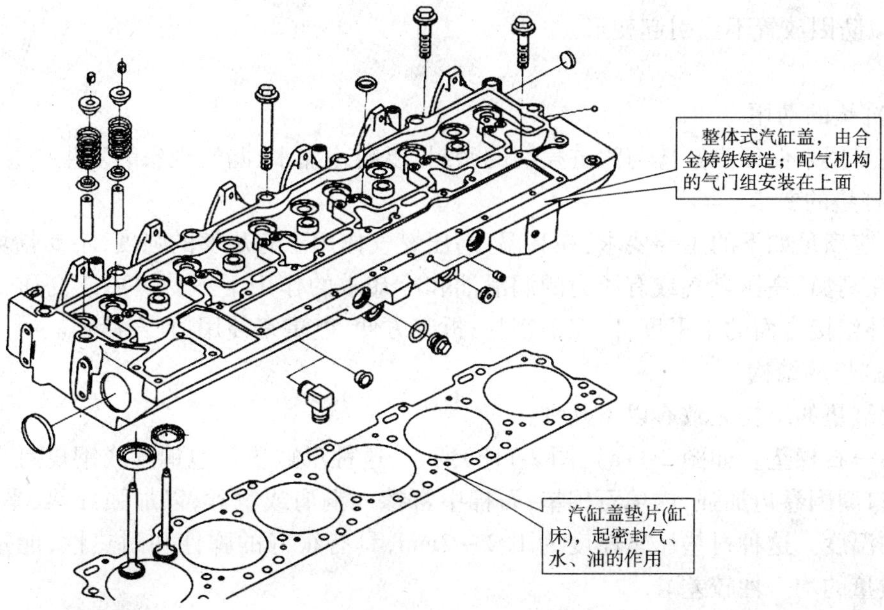

图 2-9 康明斯柴油机整体式汽缸盖

汽缸盖由于形状复杂，一般都采用灰铸铁或合金铸铁铸造。由于可燃混合气的形成和燃烧过程不同，汽油机和柴油机的燃烧室，在技术要求和结构上有较大差别。汽油机燃烧室是由活塞顶部和汽缸盖上相应的凹坑组成,如图 2-10 所示。柴油机燃烧室结构见本教材单元四。

汽缸盖用螺栓紧固在汽缸体上,为了保证汽缸盖与汽缸体各处都能紧密贴合、压紧均匀,在拧紧螺栓时,必须由中央对称地向四周扩展,分几次(一般多为 3 次)进行,最后一次的拧紧力应符合工厂规定的要求。有时为了保险起见,在全部拧紧后,再进行一次复查。

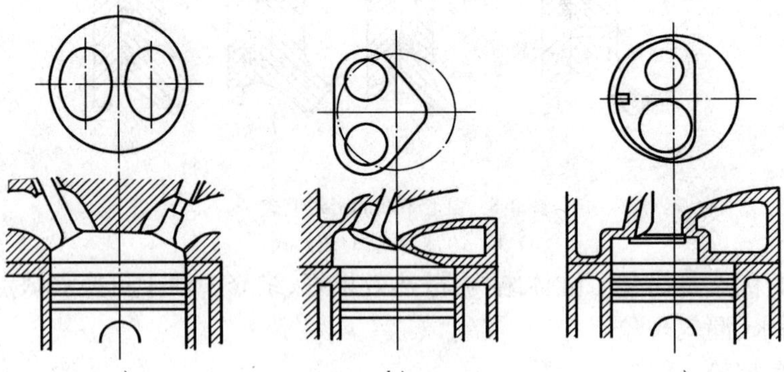

图 2-10　汽油机燃烧室
a)半球形燃烧室;b)楔形燃烧室;c)盆形燃烧室

个别发动机有时还要求在发动机热态时拧紧,方法是:在完成发动机整机装配竣工后,发动机器,当发动机水温正常后停机,拆下配气机构的部分部件,趁热再进行一次拧紧,达到规定力矩。

汽缸盖螺栓拆卸顺序可与拧紧的顺序相反进行,最好也是分次拧松。拆下后的缸盖应以侧面立放,以防因放置不当引起变形。

2)汽缸垫

(1)汽缸垫的功用

汽缸垫是用来保证汽缸体与汽缸盖间的密封,以防止漏水、漏气现象的发生。

(2)汽缸垫的要求

汽缸垫应满足如下的主要要求:在高温、高压燃气作用下有足够的强度,不易损坏;耐热和耐腐蚀,即在高温、高压燃气或有压力的润滑油和冷却水的作用下不易烧损或变质;具有一定的弹性,能补偿接合面的不平度,以保证密封;拆装方便,能重复使用,且寿命长。

(3)汽缸垫的结构

目前汽缸垫的结构大致有以下几种:

①金属—石棉垫。如图 2-11a)、图 2-11b)所示,这种汽缸垫外包铜皮或钢皮且在汽缸口、水孔、油道口周围卷边加强,内填石棉垫,石棉中常掺入铜屑或铜丝,以加强导热,平衡汽缸体与汽缸盖的温度。这种衬垫压紧厚度为 1.2 ~ 2mm,具有很好的弹性和耐热性,能重复使用,但厚度和质量的均一性较差。

另一种是金属骨架石棉垫,用编织的钢丝网(见图 2-11c)或有孔钢板(冲有带毛刺小孔的钢板,见图 2-11d)为骨架,外覆石棉及橡胶黏结剂压成垫片,表面涂以石墨粉等润滑剂,只在汽缸口、油道口及水孔处用金属片包边。这种汽缸垫弹性更好,但易黏结,一般只能使用一次。还有的汽缸垫既有金属骨架、石棉,又有金属包皮。

为了提高汽缸口处的抗烧蚀能力，有的镶以抗高温氧化能力较强的镍边，有的汽缸口部分没有石棉，只有几层薄钢片。

②纯金属垫。某些强化柴油机采用纯金属汽缸垫，由单层或多层金属片（铜、铝或低碳钢）制成的，如图2-11e）所示。为了加强密封，在汽缸口、水孔、油道口处，冲有弹性凸筋。

国外一些柴油机开始使用耐热密封胶，以取代汽缸垫。使用耐热密封胶和纯金属垫的柴油机，对汽缸体和汽缸盖结合面均要求有较高的加工精度。

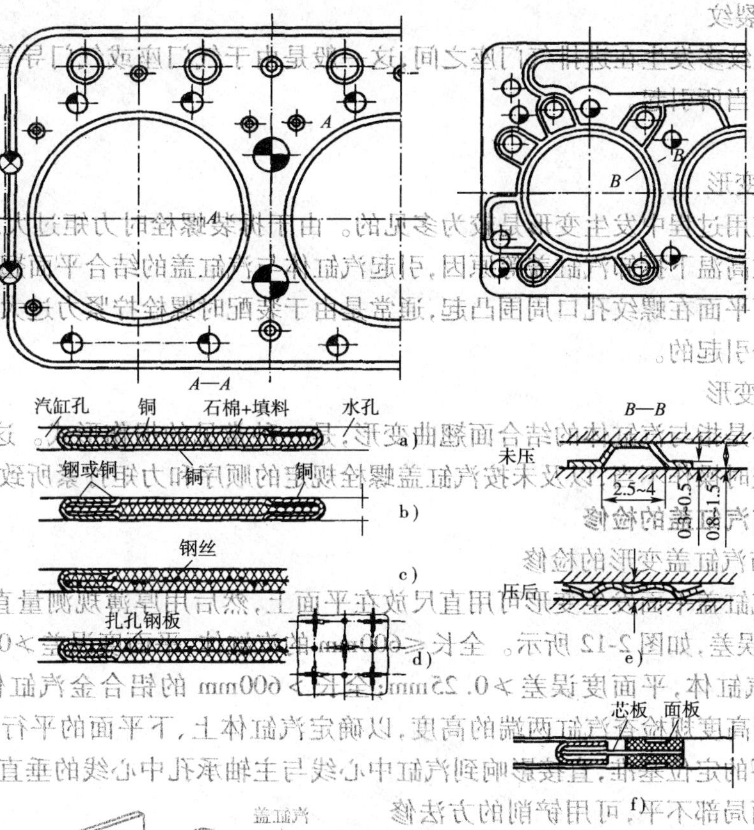

图2-11 汽缸垫结构

a)、b)、c)、d)金属—石棉垫；e)纯金属垫；f)无石棉缸垫

（4）汽缸垫的安装方向

金属—石棉垫（金属皮的），由于汽缸口卷边一面高出一层，对与它接触的平面会造成单面压痕变形，因此卷边应朝向易修整的接触面或硬平面，例如汽缸盖和汽缸体同为铸铁时，卷边应朝向缸盖（易修整面）；铝合金汽缸盖、铸铁汽缸体，卷边应朝向汽缸体（硬平面）；汽缸体和汽缸盖同为铝合金时，卷边应朝向汽缸体，即朝向湿式汽缸套的凸缘（硬平面）。

二、机体组的检修

1. 汽缸体与汽缸盖的常见损伤

汽缸体与汽缸盖的常见损伤主要有裂纹、磨损和变形等。

1）裂纹

(1)汽缸体裂纹

汽缸体产生裂纹的原因主要有:曲轴高速转动时的振动载荷,使汽缸体的薄弱部位产生裂纹;发动机高温时突然加入大量冷水,致使冷热不均而产生应力,或因水垢积聚过多而散热不良,使水道壁产生裂纹;在低温环境下未加注防冻液,班后未能放出冷却水,致使发动机水道冻裂;镶换汽缸套时过盈量选择过大或压装工艺不当造成汽缸局部裂纹;安装螺栓时拧紧力矩过大,或镶套修复损坏的螺纹孔时过盈量选择过大等,使螺孔裂损。

(2)汽缸盖裂纹

汽缸盖的裂纹多发生在进排气门座之间,这一般是由于气门座或气门导管配合过盈量过大与镶换工艺不当所引起。

2)变形

(1)汽缸体变形

汽缸体在使用过程中发生变形是较为多见的。由于拆装螺栓时力矩过大或不均,或不按顺序拧紧以及在高温下拆卸汽缸盖等原因,引起汽缸体与汽缸盖的结合平面翘曲变形。

汽缸体上下平面在螺纹孔口周围凸起,通常是由于装配时螺栓拧紧力过大,或装配时螺纹孔中未清理干净引起的。

(2)汽缸盖变形

汽缸盖变形是指与汽缸体的结合面翘曲变形,是一种常见的损伤形式。这种损伤通常是由于拆装汽缸盖时操作不当,以及未按汽缸盖螺栓规定的顺序和力矩拧紧所致。

2. 汽缸体与汽缸盖的检修

1)汽缸体与汽缸盖变形的检修

汽缸体与汽缸盖平面发生变形可用直尺放在平面上,然后用厚薄规测量直尺与平面间的间隙,即平面度误差,如图2-12所示。全长≤600mm的汽缸体,平面度误差≯0.15mm;全长>600mm的铸钢汽缸体,平面度误差≯0.25mm;全长>600mm的铝合金汽缸体,其平面度误差≯0.35mm。用高度规检查汽缸两端的高度,以确定汽缸体上、下平面的平行度。在镗缸时,这些平面是主要的定位基准,直接影响到汽缸中心线与主轴承孔中心线的垂直度。

汽缸体平面局部不平,可用铲削的方法修平。平面变形较大时,可采用平面磨床进行磨削加工修理,但总切削量不宜过大,约0.24~0.50mm,否则,将影响汽缸的压缩比。

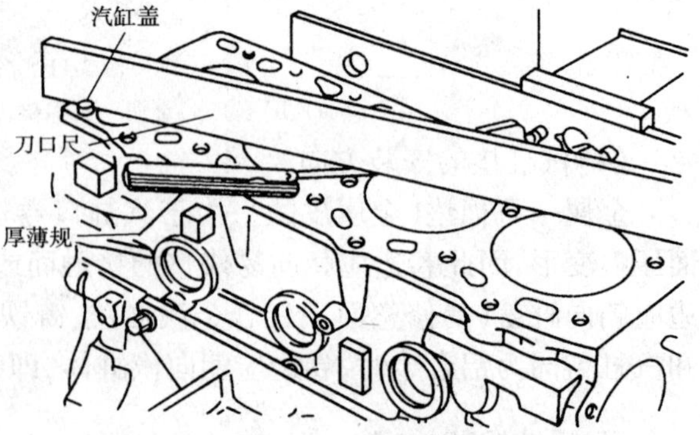

图2-12 汽缸体与汽缸盖平面度的检查

汽缸盖可根据情况采用磨削等方法予以修平。汽缸盖平面度要求:在100mm长度上应不大于0.03mm,全长上应不大于0.10mm。

2)汽缸体与汽缸盖裂纹的检修

汽缸体裂纹的检查一般采用水压试验法,如图2-13所示。试验时,应用专用的盖板封住汽缸体水道口,用水压机将水压入缸体水道中,要求在0.3~0.4MPa的压力下,保持约5min,应没有任何渗漏现象。

当需要镶换汽缸套(干式)时,应在镶好汽缸套后再进行一次水压试验。汽缸在焊接修理后，也应进行水压试验。

汽缸裂纹的修理方法有黏结法、焊接法等几种。在修理中，应根据裂纹的大小、部位、损伤的程度，以及技术能力、设备条件等情况，灵活而适当地选择。

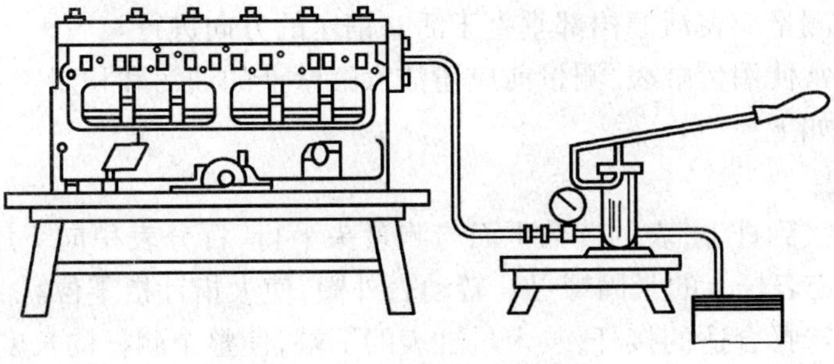

图 2-13　汽缸体水压试验

汽缸盖出现裂纹一般应予以更换。

3. 汽缸的磨损与检修

汽缸的磨损程度是衡量发动机是否需要大修的重要依据之一。

1）汽缸磨损的特点

在正常磨损的情况下，汽缸磨损是不均匀的，汽缸沿工作表面在活塞环运动区域内呈上大下小的圆锥形。磨损的最大部位是活塞在上止点位置时第一道活塞环相对应的汽缸壁，而活塞环接触不到的上口几乎没有磨损而形成了明显的“台肩”。汽缸沿圆周方向的磨损形成不规则的椭圆形。其最大磨损部位往往随汽缸结构、使用条件不同而异，一般是前后或左右方向磨损最大。常见的汽缸磨损特征如图 2-14 所示。

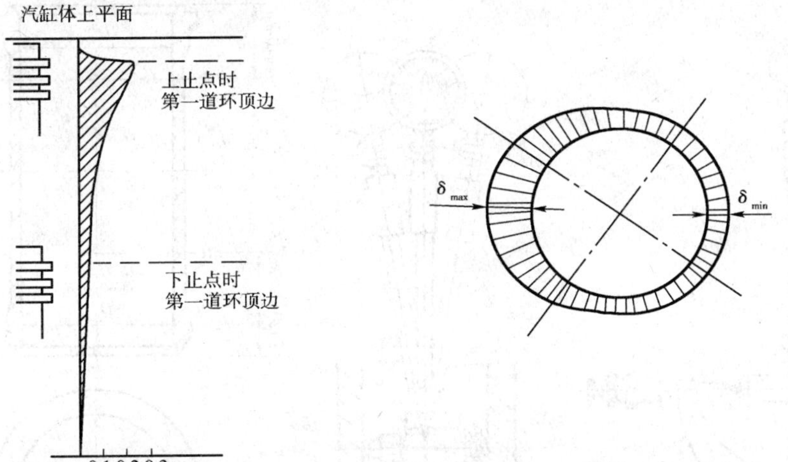

图 2-14　汽缸磨损特征

a）缸套沿高度方向磨损；b）缸套沿直径方向磨损

2）汽缸磨损的原因

汽缸是在润滑不良、高温、高压、交变负荷和腐蚀性物质作用的恶劣环境下工作的，同时由于活塞、活塞环在汽缸内高速往复运动，使汽缸工作表面发生磨损。

3)汽缸磨损的测量

测量汽缸的磨损程度是确定发动机技术状况的重要手段。通过测量,可确定汽缸磨损后的圆度、圆柱度及汽缸的磨损程度,从而确定发动机是否需要进行大修,以及确定修理尺寸。

☆汽缸间隙的测量应在活塞裙部垂直于活塞销座的方向进行。

汽缸的测量通常使用量缸表,测量前应清洁汽缸壁上的油污和积炭。

汽缸测量方法如下:

(1)组装量缸表

将百分表头装接到杆上,表的读数平面与测量头平行,百分表稍向下压,使大指针转半圈(压缩0.5mm),固定表杆上的紧固螺母。转动表外圈,使大指针指零位。

根据缸径尺寸选择合适的接杆,装入量缸表的下端,使整个测杆的长度与被测汽缸的尺寸相适应。

(2)校量缸表尺寸

将外径千分尺校准到被测汽缸的标准尺寸,再将量缸表校准到外径千分尺的尺寸,并使伸缩杆有1mm的压缩行程,紧固接杆上的锁紧螺母,旋转表盘使表针对准零位。此时,处于压缩状态的量杆的长度与汽缸标准尺寸相等,而自由状态量杆的长度则为标准尺寸加1mm。

☆校准尺寸后的量缸表在使用过程中,应注意不得碰动刻度盘、锁紧螺母及扭动百分表体,否则应重新校对。

(3)汽缸测量

测量时,应将量杆倾斜,使活动量头先放入缸套,轻轻移到测量位置,然后将表杆竖直在缸套内测量。为了得到准确的读数,应稍微左右摆动表杆,如图2-15b)所示。百表分指针最小

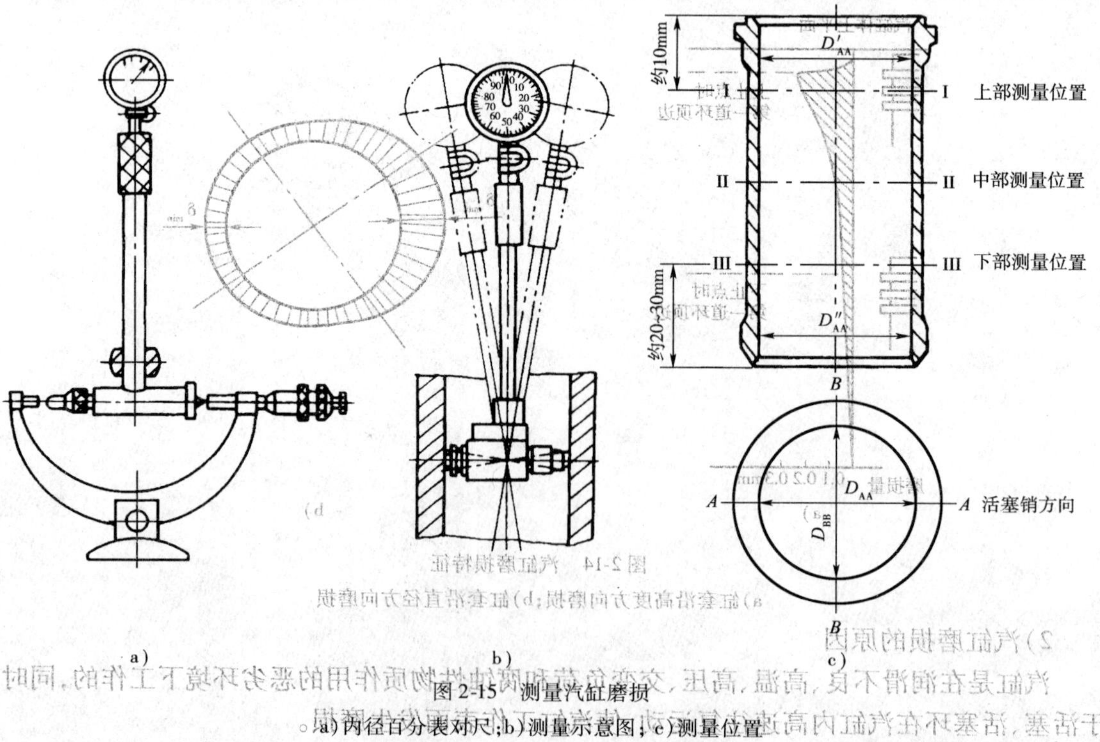

图2-15　测量汽缸磨损

a)内径百分表对尺;b)测量示意图;c)测量位置

读数即为所测得的实际偏差。测量位置如图 2-15c）所示。测量数据记入表 2-1 中，并计算出圆度、圆柱度和最大磨损量。

汽缸测量检测报告表

表 2-1

测量值 \ 缸数 测量部位		一	二	三	四	五	六
I—I	A—A						
	B—B						
II—II	A—A						
	B—B						
III—III	A—A						
	B—B						
D_{min}							
D_{max}							
圆度							
圆柱度							

在测量直径时，有时根据需要，还可在除了图中所示位置以外测量，找出最大的磨损部位，给汽缸的修理提供依据。

最大磨损量 = 第 I 位置测得最大直径 − 汽缸未磨损时的直径（原始直径）；

圆度 = 垂直于活塞销方向的直径 − 平行于活塞销方向直径（同一位置上）；

圆柱度 = 第 I 位置上测得的直径 − 第 III 位置上测得的直径（同一方向上）。

柴油机汽缸圆度规定值一般为 0.01 ~ 0.03mm，允许不修值为 0.01 ~ 0.1mm；圆柱度规定值一般为 0.01 ~ 0.04mm，允许不修值为 0.05 ~ 0.1mm。如超出范围，则应进行修理。各种不同发动机应参照具体的修理标准执行。

4）汽缸的修理

汽缸直径除标准尺寸外，通常还有 6 级修理尺寸，每加大 0.25mm 为一级。

汽缸修理尺寸按以下公式确定：

汽缸修理尺寸 = 磨损最大汽缸的最大直径 + 加工余量

其数值再与修理尺寸对照，如计算出的修理尺寸与某一级数相近，可按该级修理。

汽缸的镗磨由专业人员根据送修发动机的原始尺寸、检测报告、修理级的划分来进行。

5）汽缸套的更换

发动机中采用缸套的占绝大多数，而在工程机械水冷式柴油中，大量使用的是湿式汽缸套。所以这里主要介绍湿式汽缸套的更换。

（1）拆去旧汽缸套

湿式汽缸套与机体采用间隙配合，拆卸时只需用软金属棒或硬木棒敲击缸套的下端即可将其拆下，但有时缸套比较紧，可以自制拉器将其拉出。

拆下旧缸套后，清除汽缸体承孔结合面上的铁锈、污物，并用砂布擦至露出金属光泽。特别是与密封圈接触的部位必须光滑平整，以防漏水。

(2)试验新汽缸套

将未装密封圈的汽缸套装入汽缸内,压紧后检查汽缸套端面高出汽缸体平面的距离。如不符合尺寸要求,可在汽缸套台肩下选装适当厚度的铜垫片调整,相邻汽缸凸出量误差不得大于0.04mm。

(3)阻水圈安装

阻水密封圈在安装前应修平两边残余棱角及毛边,装入槽后松紧度应适当,并检查高出槽外的高度,如图2-16所示。如不合适,应修理阻水圈(用砂布或锉刀)或更换合适的阻水圈。

装好水封的缸套,在装入缸体之前,可在阻水圈处涂以润滑油或肥皂水垂直装入。由于缸体的上凸肩处比下凸肩处的孔径大,所以阻水圈通过上凸肩较易。当阻水圈到下凸肩处时应四周放平,以手稍加压力即可装入。如果装不进去,应取出查明原因,不得强制压入。

一般难装的原因都是阻水圈外缘凸出槽外过高所致。若阻水圈过高,应取出修整。高度 h 一般为 0.80 ~ 1.50mm, a 值则为 0.5 ~ 1.00mm,以能用双手压入为合格。

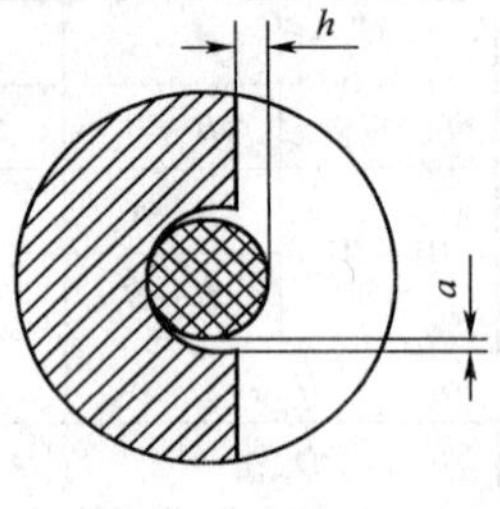

图2-16 阻水圈的高出量及预留量

h-高出量;a-预留间隙

(4)缸套安装后的检查

缸套安装后应用量缸表在两个垂直方向再次进行检查,以检验缸套有无因安装而引起变形,检查部位是缸套上凸缘及下阻水圈处的缸径。当检查结果证明缸套已变形,应取出缸套重新安装。一般缸套上凸肩处变形多是紫铜垫挤入缸套与缸套安装孔间所致,下阻水圈处变形多是阻水圈扭曲并跑出槽外或有脏物所致。

缸套安装后应进行水压试验(见图2-13),检查阻水圈的密封性。

三、发动机的支承

发动机一般通过汽缸体及飞轮壳(或曲轴箱)支承在车架上,图2-17a)为三点支承,前端两点通过曲轴箱支承在车架上;后端一点通过变速器壳支承在车架上。图2-17b)为一种四点式支承,前端两点与上一种相似,后端两点是通过飞轮壳支承在车架上。

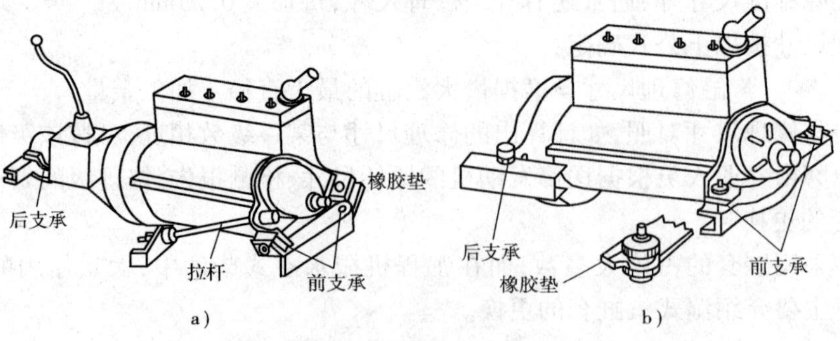

图2-17 发动机支承

a)三点支承;b)四点支承

为了减小发动机传到车架上的振动及工程机械行驶在不平场地上时因车架的弹性变形对发动机引起的应力,发动机在车架上的支承都是弹性的。但是,这将使得运行中的发动机可能发生横向角振动。因此,与发动机连接的管子均采用软管连接。其他连接杆件的结构也必须保证在发动机振动时不致破坏其正常工作。为了防止车辆制动、加速以及踩踏离合器踏板时发动机通过弹性元件的变形而发生纵向位移,造成离合器分离不开或风扇碰撞水箱等故障,采用了专门拉杆(图 2-17a),一端与车架连接,另一端与发动机连接,两端连接处都有橡胶垫块。

课题三 活塞连杆组

活塞连杆组由活塞、活塞环、活塞销和连杆等主要机件组成,如图 2-18 所示。

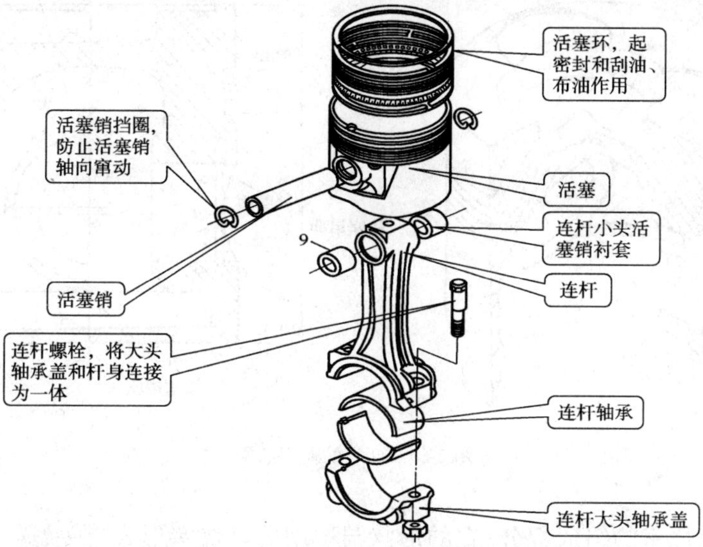

图 2-18 活塞连杆组

一、活塞连杆组的结构

1. 活塞

1)活塞的功用及要求

活塞的主要功用是与汽缸盖、汽缸共同构成燃烧室,并将所承受的燃气压力,通过活塞销和连杆传给曲轴。

活塞在工作中要承受燃气压力、摩擦力、惯性力及侧压力等交变载荷的作用,同时活塞在工作中接触高温燃气和润滑油。因此要求活塞要具有足够的强度和刚度、较轻的质量、小的热膨胀量、良好的导热性、耐磨、耐腐蚀等性能,并且要求在各种工况下都能与汽缸壁之间有合适的间隙。

2)活塞的材料

为了满足上述要求,活塞的材料应具有以下特点:

(1)密度小。

(2)足够的机械强度和热强度。

(3)在高温下耐磨性好。

(4)热膨胀系数小。

(5)导热性好。

目前,发动机活塞广泛采用铝合金材料。有的柴油机上也采用合金铸铁或耐热钢制造活塞。

3)活塞的结构

活塞的基本结构分为顶部、头部和裙部3个部分,活塞的典型结构及其各部分名称如图2-19所示。

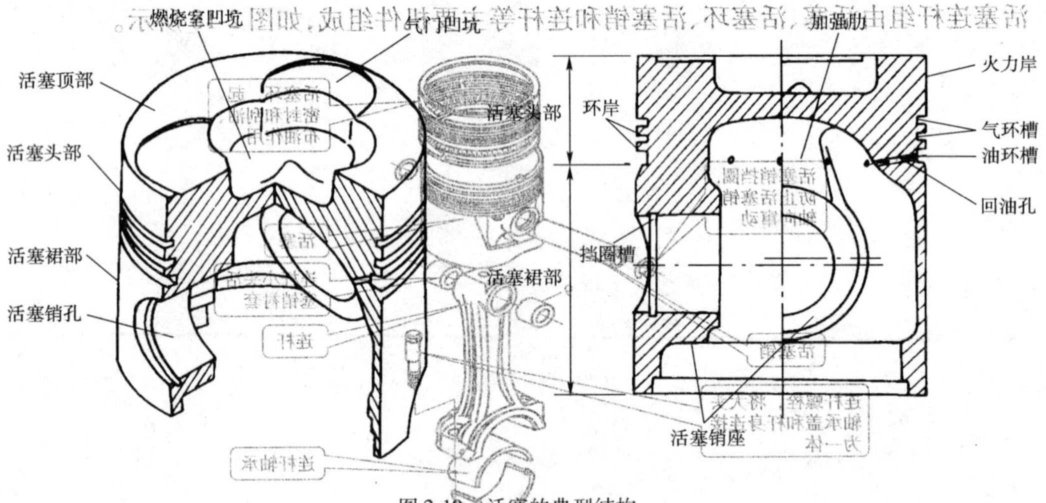

图2-19 活塞的典型结构

(1)活塞顶部

活塞顶部是燃烧室的组成部分,它的形状与选用的燃烧室形式有关,通常有平顶、凹顶、凸顶等形状,如图2-20所示。

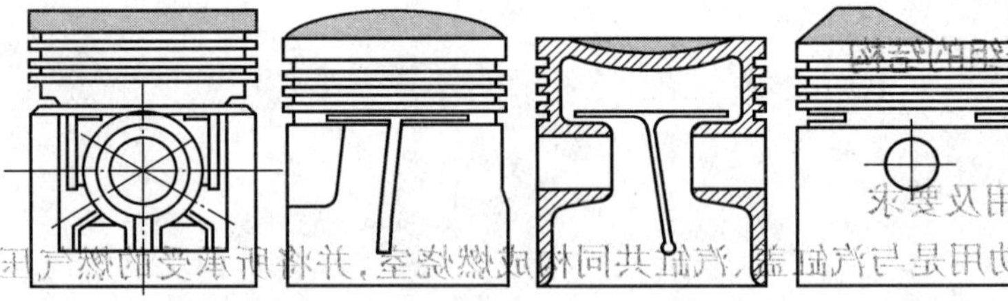

a) b) c) d)

图2-20 活塞顶面的各种形状

a)平顶;b)、d)凸顶;c)凹顶

柴油机活塞的顶部多为凹坑,如图2-19所示。这个凹坑是柴油机燃烧室的重要组成部分,其形状是多种多样的,依据不同的燃烧室而不同,具体内容见第四单元。

☆有些活塞顶打有各种记号,用以显示活塞及活塞销的安装和选配要求,应严格按要求进行,详见后述内容。

(2)活塞头部

活塞头部是指活塞环槽及以上的部分(图2-19)。其主要作用是承受气体压力,并传给连杆;与活塞环一起实现对汽缸的密封;将活塞顶所吸收的热量通过活塞环传给汽缸壁。

从活塞头部切有用以安装活塞环的环槽。现代柴油机一般使用两道气环(也有三道气环的)和一道油环,所以活塞头部的环带区,上面两道为气环槽,下面一道为油环槽。环槽形状与活塞环结构有关,多数是矩形截面的环槽,在油环槽底面上钻有许多径向的回油小孔,以使油环从汽缸壁面上刮下的多余润滑油通过这些小孔流回油底壳。

由于活塞头部热负荷高,为保证活塞环(特别是第一道环)工作的可靠性,在活塞头部常采取一些结构上的特殊措施:有的活塞头部环区做的比较厚(图 2-21),以便较多的热流通过;有的则在第一道环槽以上部位切出一道较窄的隔热槽(图 2-22),以改变热流通路,将原来集中在第一道环和环槽的热量分散给其他环和环槽。有的活塞在火力岸(环槽以上部位)上还制有浅的沟槽,目的是用来储存润滑油和容留积炭,以提高工作的可靠性。

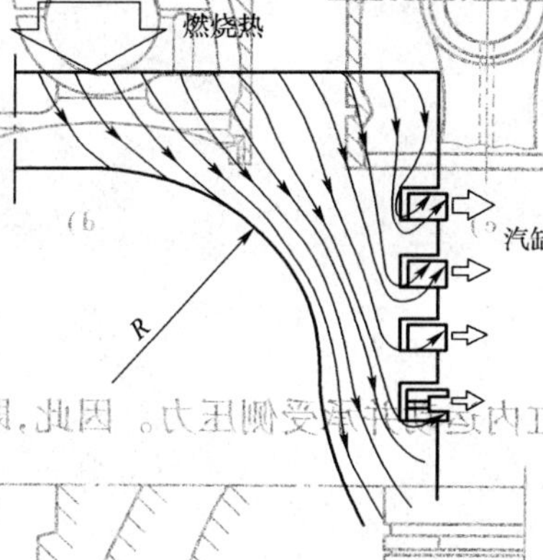

图 2-21 由活塞顶到汽缸壁的热流

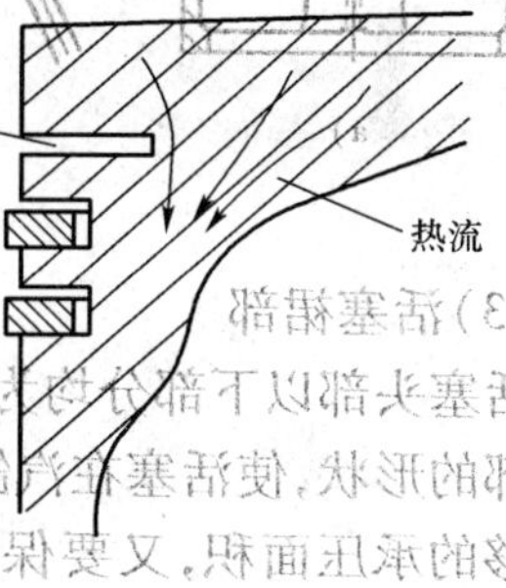

图 2-22 活塞隔热槽

为了解决第一道环槽处铝合金材料的硬度因温度过高而下降,导致环槽磨损加剧的问题,近年来,不少柴油机活塞第一道或第一、二道环槽内镶嵌耐热护圈。耐热护圈的材料为与铝合金膨胀系数相近的铬镍奥氏体铸铁或高锰奥氏体铸铁,而喉口护圈则可保护喉口不致因为过热而开裂,如图 2-23 所示。

另外,在铝合金活塞的头部铸入纤维增强合金环(图 2-24),可以增强活塞的强度和提高第一道环槽的耐磨性。

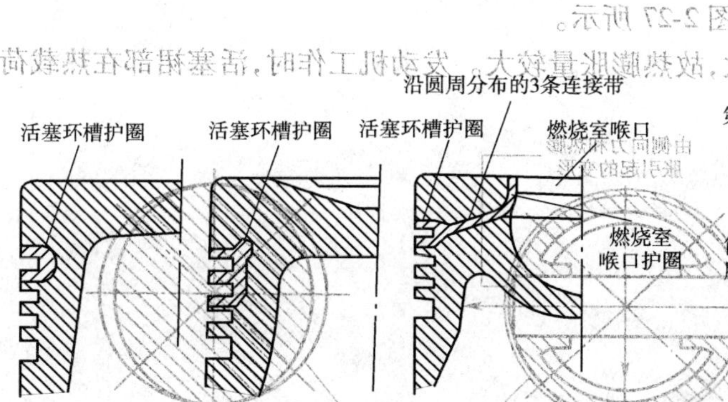

图 2-23 活塞环槽护圈

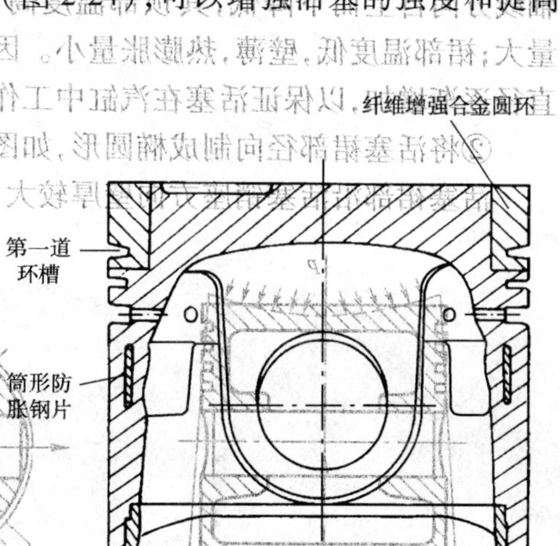

图 2-24 镶纤维增强合金环的铝合金活塞

有些强化柴油机，为了减轻活塞顶部和头部的热负荷而采用油冷却活塞。方法之一是从连杆小头上的喷油孔或从安装在缸体上的喷油嘴向活塞内部喷射润滑油（图 2-25a）、（图 2-25b）；二是连杆小头上的喷油孔将润滑油喷入活塞内壁的环形油槽中，利用活塞运动使润滑油振荡而冷却活塞（图 2-25c）；三是在活塞的头部铸出冷却油道或铸入冷却油管，使润滑油在其中强制流动以冷却活塞（图 2-25d）。

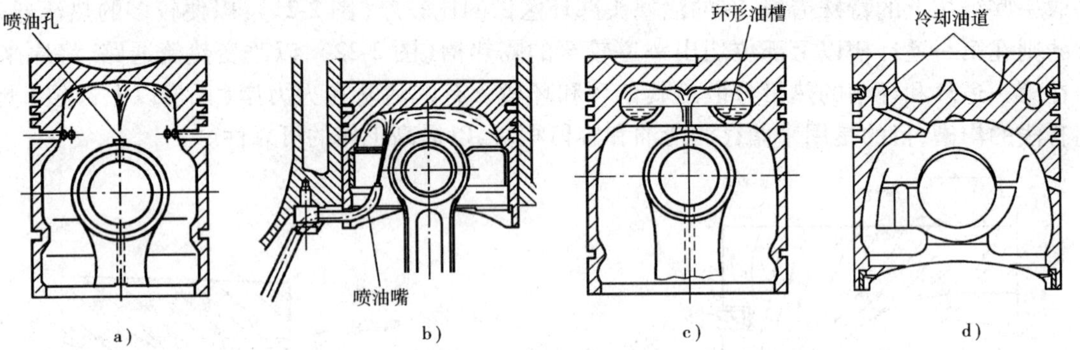

图 2-25　油冷却活塞

（3）活塞裙部

活塞头部以下部分均为活塞裙部，它引导活塞在汽缸内运动并承受侧压力。因此，既要保证裙部的形状，使活塞在汽缸内得到良好的导向，并具有足够的承压面积，又要保证在任何情况下活塞与汽缸壁之间具有最佳间隙。为了使活塞具有上述要求的最佳性能，在活塞上采取了许多措施：

①将活塞制成直径上小下大的锥形、阶梯形或桶形，如图 2-26 所示。

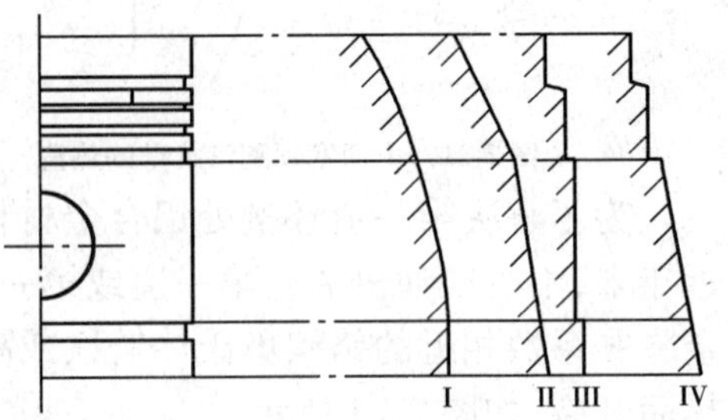

图 2-26　活塞侧表面形状

就整个活塞而言，在发动机工作时活塞的温度沿轴线方向自上而下降低，其顶部温度高，壁厚，热膨胀量大；裙部温度低，壁薄，热膨胀量小。因此，将活塞顶部的直径设计得小一些，而由顶部向下直径逐渐增加，以保证活塞在汽缸中工作时热膨胀后上下配合间隙均匀一致。

②将活塞裙部径向制成椭圆形，如图 2-27 所示。

活塞裙部沿活塞销座方向壁厚较大，故热膨胀量较大。发动机工作时，活塞裙部在热载荷

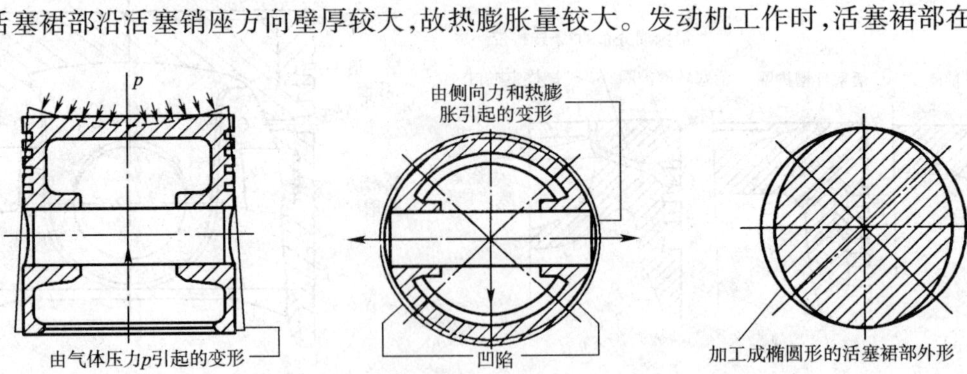

图 2-27　活塞裙部的椭圆变形

和侧压力的共同作用下变成椭圆柱形，沿活塞销轴方向略有伸长，垂直销轴方向略有缩短。因此，为了防止因椭圆变形而造成活塞卡死或缸壁拉伤，一般将活塞裙部预先加工成椭圆形，并使其长轴与活塞销轴方向垂直。同时，为了减少活塞销座附近的热变形量，还可将销座附近的裙部外表面铸成0.5～1mm的凹陷。

③采用双金属材料。所谓采用双金属材料就是在铝合金活塞的裙部或销座内嵌铸入钢片，以减小活塞裙部的膨胀量，这是目前国内外广泛采用的一种措施。双金属活塞由于结构和作用原理不同，可分为恒范钢片式、自动调节式和筒形钢片式等，柴油机多采用其中的筒形钢片式双金属活塞，如图2-28所示。

图中的筒形钢片式活塞，在浇铸时将钢筒夹在铝合金中，由于铝合金的热膨胀系数大于钢，冷凝后位于钢筒外面的铝合金层就紧固在钢筒上，外层铝合金的收缩量受到钢筒的阻碍而减小，同时产生预应力——铝合金为拉应力，钢筒为压应力。而钢筒内侧铝合金冷却时与钢筒形成一道“收缩缝隙”。活塞工作温度升高时，内层铝合金的膨胀先要消除“收缩缝隙”，外层铝合金与钢筒先要消除预应力，从而减少了整个裙部的膨胀量。另外钢筒形状特殊，在销座部分为平面形，膨胀时产生圆环效应，力图使平面向外凸出，从而使侧压力面膨胀更小，而主要在销座方向膨胀。

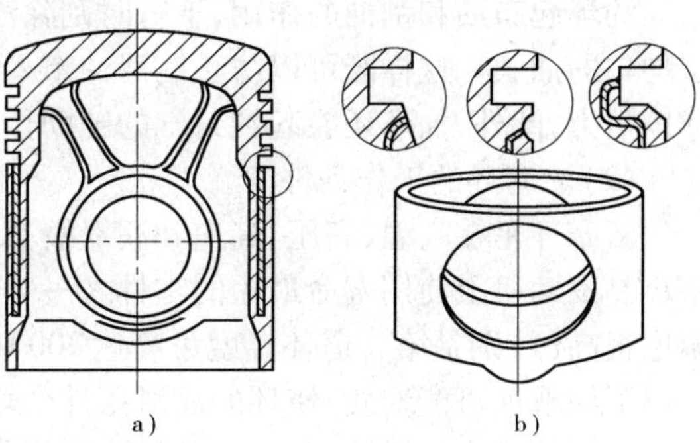

图2-28 镶筒形钢片的活塞

a)裙部镶筒形钢片的活塞；b)筒形钢片的形状

此外，裙部的表面一般要进行镀锡、喷涂或电泳二硫化钼等表面处理，以提高其磨合性和减磨性。

2. 活塞环

活塞环是具有弹性的开口环，按其功用可分为气环和油环。活塞环的典型结构如图2-29

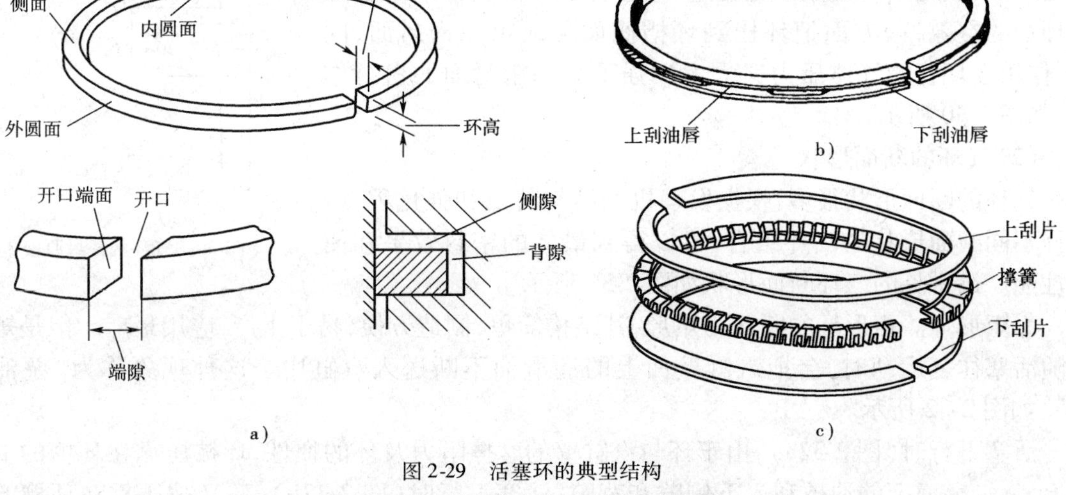

图2-29 活塞环的典型结构

a)气环；b)槽孔式油环；c)钢带组合油环

所示。

1)活塞环的功用、工作条件及材料

(1)活塞环的功用

气环的功用是保证汽缸与活塞间的密封,防止漏气,并且要把活塞顶部吸收的大部分热量传给汽缸壁(图2-21),由冷却水带走。其中密封作用是主要的,因为密封是传热的前提。如果密封性不好,高温燃气将直接从汽缸表面流入曲轴箱。这样不但由于环面和汽缸壁面贴合不严而不能很好散热,而且由于外圆表面吸收附加热量而导致活塞和气环烧坏。

油环起布油和刮油的作用,下行时刮除汽缸壁上多余的润滑油,上行时在汽缸壁上铺涂一层均匀的油膜。这样既可以防止润滑油窜入汽缸燃烧掉,又可以减少活塞、活塞环与汽缸壁的摩擦阻力,此外,油环还能起到封气的辅助作用。

(2)活塞环的工作条件

活塞环是在高温、高压、高速和润滑极其困难的条件下工作的,尤其是第一道环。因此,活塞环是发动机上使用寿命最短的零件之一。活塞环工作时受到汽缸中高温、高压燃气的作用,温度很高(特别是第一道环温度可高达300℃),活塞环在汽缸内随活塞一起作高速运动,加上高温下润滑油可能变质,使环的润滑条件变坏,难以保证良好的润滑,因而磨损严重。另外,由于汽缸壁的锥度和椭圆度,活塞环随活塞往复运动时,沿径向会产生伸缩运动,使环受到交变应力而容易折断。因此,要求活塞环弹性好,强度高、耐磨损。

(3)活塞环的材料

目前广泛采用的活塞环材料是合金铸铁、优质灰铸铁或球墨铸铁,组合式油环则用弹簧钢片制造。为了提高活塞环的性能,还需对其进行表面处理。例如:多孔性镀铬或喷钼可以提高环的耐磨性,并延长使用寿命;采用镀锡或磷化处理可以改善其磨合性能。

2)气环

(1)气环的密封原理

气环开有切口,具有弹性,在自由状态下外径大于汽缸直径,它与活塞一起装入汽缸后,外表面紧贴在汽缸壁上,形成第一密封面,被封闭的气体不能通过环周与汽缸之间,便进入了环与环槽的空隙,一方面把环压到环槽侧面形成第二密封面,同时,作用在环背的气体压力又大大加强了第一密封面的密封作用,如图2-30所示。

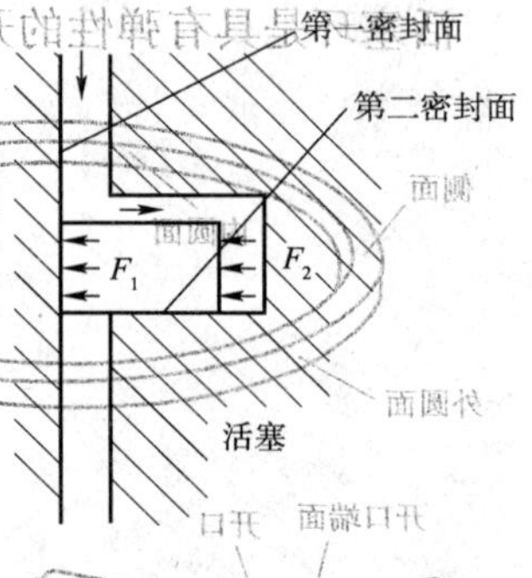

图2-30 气环的密封原理

(2)气环的断面形状

气环的断面形状很多,根据发动机的结构特点和强化程度,选择不同断面形状的气环组合,可以得到最佳的密封效果和使用性能。最常见的气环断面形状如图2-31所示。

①矩形环。矩形环的断面为矩形,其结构简单,制造方便,易于生产,应用最广。但是矩形环随活塞往复运动时,会把汽缸壁面上的润滑油不断送入汽缸中。这种现象称为"泵油作用",如图2-32所示。

活塞下行时(图2-32a),由于环与汽缸壁的摩擦阻力及环的惯性,环被压靠在环槽的上侧面上,汽缸壁面上的油被刮入下侧隙和背隙;活塞上行时(图2-32b),环又被压靠在环槽的下

侧面,结果是第一道环背隙里的润滑油就进入燃烧室。窜入燃烧室的润滑油,会在燃烧室内形

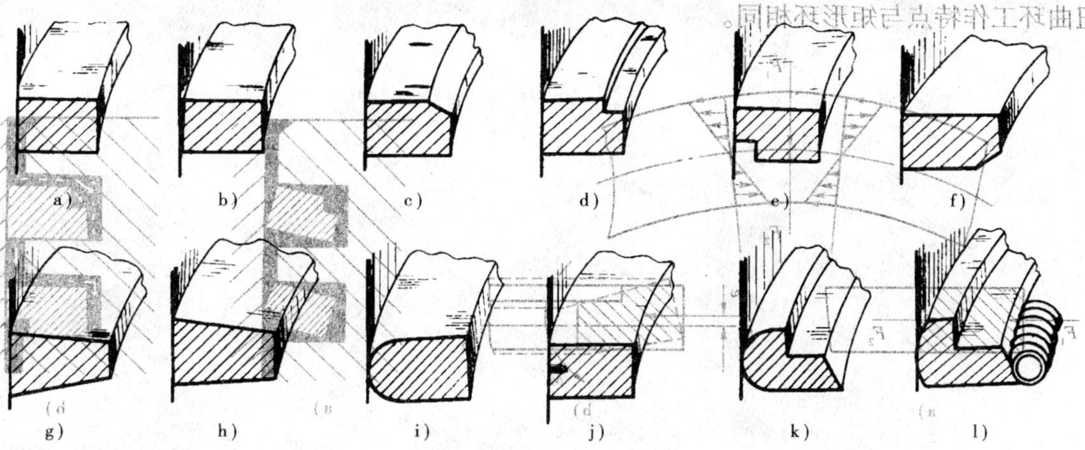

图 2-31 活塞环断面形状

a)矩形环;b)锥面环;c)、d)上侧面内切正扭曲环;e)下侧面外切正扭曲环;f)下侧面内切反扭曲环;g)梯形环;h)楔形环;i)桶面环;j)开槽环;k)、l)顶岸环

成积炭,并造成润滑油的消耗量增加。另外,上窜的润滑油也可能在环槽内形成积炭,使环在环槽内卡死而失去密封作用,划伤汽缸壁,甚至使环折断。由此可见,泵油作用是很有害的。为了消除或减少泵油作用,除了在气环的下面装有油环外,还广泛采用非矩形断面的扭曲环。

②锥面环。锥面环断面如图 2-31b)所示,其外圆工作面上加工有一个很小的锥面(0.5°~1.5°),以减小环与汽缸壁的接触面,从而提高了表面接触压力,有利于磨合和密封。这种锥面环在活塞下行时,更便于刮油;活塞上行时,由于锥面的"油楔"作用,能在油膜上"飘浮"过去,可减小磨损。锥面环在安装时,不能装反,否则会引起润滑油上窜。

③扭曲环。扭曲环是在矩形环的内圆上边缘或外圆下边缘切去一部分(如图 2-31c)、图 2-31d)、图 2-31e)、图 2-31f)所示),使断面呈不对称形状,在环的内圆部分切槽或倒角的称内切环,在环的外圆部分切槽或倒角的称外切环。装入汽缸后,由于断面不对称,产生不平衡力的作用,使活塞环发生扭曲变形,如图 2-33 所示。

活塞上行时,扭曲环在残余油膜上浮动,可以减小摩擦,减小磨损。活塞下行时,则有刮油效果。同时,由于扭曲环在环槽中上、下跳动的行程缩短,减轻了环对环槽的冲击而引起的磨损,还可以减轻"泵油"的副作用。目前,扭曲环广泛应用于第 2 道活塞环槽上。扭曲环在安装时必须注意断面形状和方向,内切口朝上,外切口朝下,不能装反。

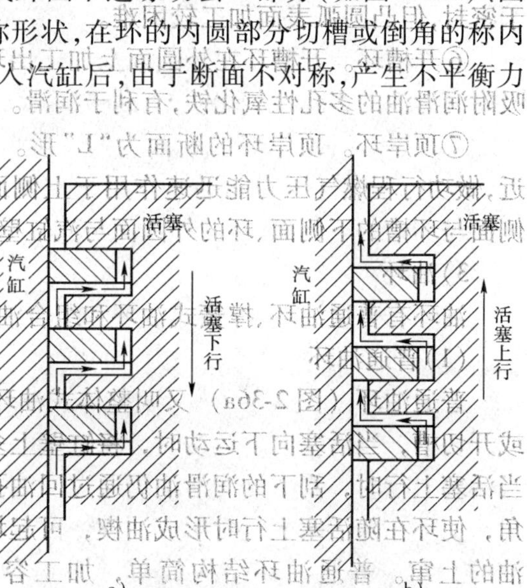

图 2-32 矩形环的泵油作用

发动机工作时,在进气、压缩和排气行程中,扭曲环发生扭曲,环的上下侧面与环槽的上下侧面接触(图 2-34a),这时扭曲环的工作特点与锥面环相同;做功行程中,巨大的燃气压力作用于环

的上面和内圆面，足以克服环的弹力使环不扭曲，整个外圆面与汽缸壁接触（图2-34b），这时扭曲环工作特点与矩形环相同。

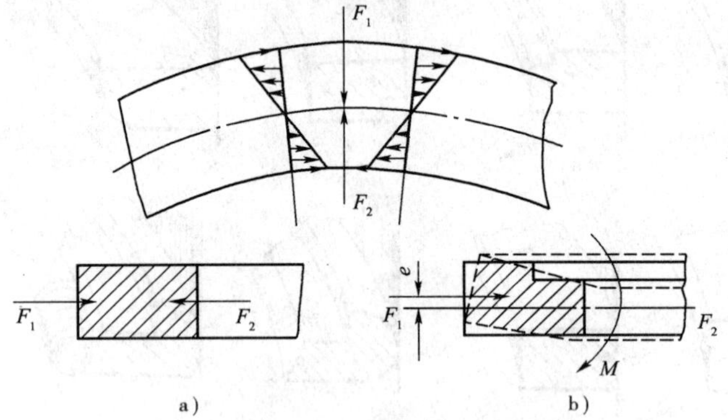

图2-33　扭曲环断面扭转原理

a）矩形环断面；b）扭曲环变形

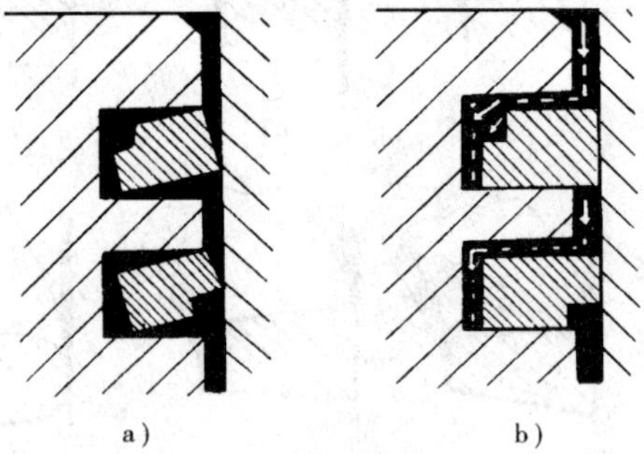

图2-34　扭曲环工作示意图

a）进气、压缩、排气行程；b）做功行程

④梯形环。梯形环断面呈梯形。工作时，梯形环在压缩行程和做功行程随着活塞受侧压力的方向不同而不断地改变位置，梯形环的侧隙和背隙都发生变化（图2-35），这样会把沉积在环槽中的积炭挤出去，避免了环被粘在环槽中而折断，从而可以延长环的使用寿命。但是它的主要缺点是加工困难，精度要求高。楔形环的工作情况与梯形环类似，而且由于断面的不对称性，装入后也会发生扭曲。

⑤桶面环。桶面环的外圆为凸圆弧形，是近年来兴起的一种新型结构。当桶面环上下运动时，均能与汽缸壁形成楔形空间，使润滑油容易进入摩擦面，减少磨损。由于它与汽缸呈圆弧接触，故对汽缸表面的适应性和对活塞偏摆的适应性均较好，有利于密封，但凸圆弧表面加工较困难。

⑥开槽环。开槽环在外圆面上加工出环形槽，在槽内填充能吸附润滑油的多孔性氧化铁，有利于润滑。

⑦顶岸环。顶岸环的断面为"L"形。因为顶岸环距活塞顶近，做功行程燃气压力能迅速作用于上侧面和内圆面，使环的下侧面与环槽的下侧面、环的外圆面与汽缸壁面贴紧，有利于密封。

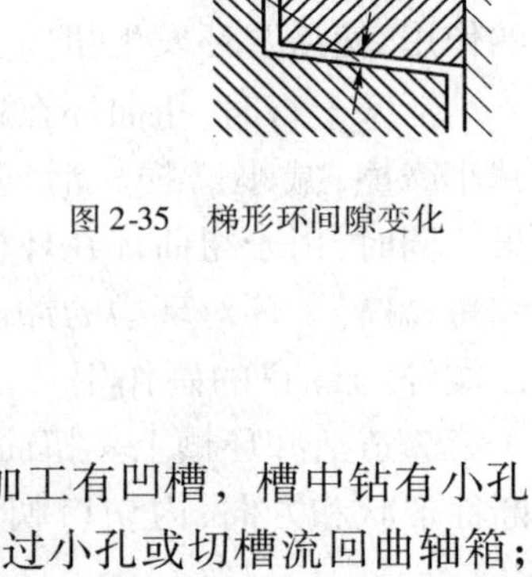

图2-35　梯形环间隙变化

3）油环

油环有普通油环、撑簧式油环和组合油环3种。

（1）普通油环

普通油环（图2-36a）又叫整体式油环。环的外圆柱面中间加工有凹槽，槽中钻有小孔或开切槽，当活塞向下运动时，将缸壁上多余的润滑油刮下，通过小孔或切槽流回曲轴箱；当活塞上行时，刮下的润滑油仍通过回油孔流回曲轴箱。有些普通环还在其外侧上边制有倒角，使环在随活塞上行时形成油楔，可起均布润滑油的作用，下行刮油能力强，减少了润滑油的上窜。普通油环结构简单，加工容易，制造成本低。其刮油能力主要依靠自身的弹力。

(2)撑簧式油环

撑簧式油环（图2-36b)、图2-36c）即是在普通油环的内圆面上加装撑簧。这种形式的油环增大了环与汽缸壁的接触压力，使环与汽缸壁能均匀、紧密贴合，并能补偿环磨损后的弹性减弱，因而提高了环的刮油能力和使用寿命。油环撑簧主要有板形撑簧和螺旋撑簧两种。

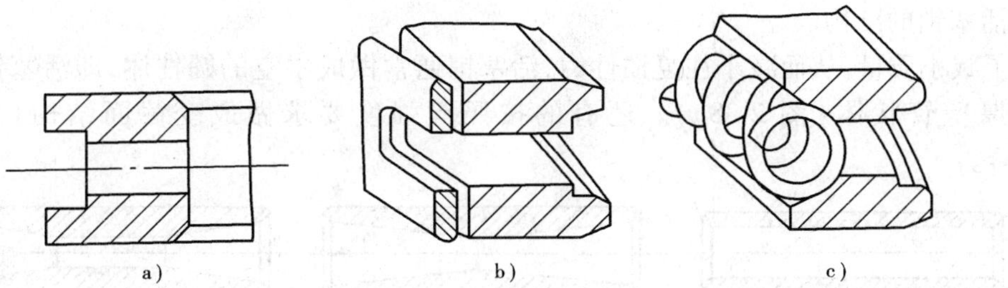

图2-36 油环

a)普通油环;b)板形撑簧式油环;c)螺旋撑簧式油环

(3)组合式油环

组合式油环(图2-37)由上下刮片与中间的扩张器(撑簧)组成,刮片用镀铬钢片制成。刮片有两片式、三片式、四片式。这种油环的接触压力高,对汽缸壁面适应性好,而且回油通路大,质量小,刮油效果明显。近年来工程机械发动机上越来越多地采用了组合式油环。它的缺点主要是制造成本高。

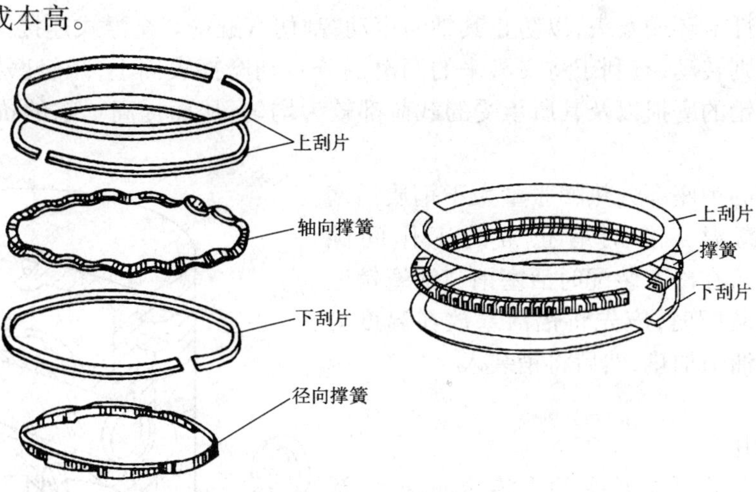

图2-37 组合油环

a)三片式组合油环;b)两片式组合油环

3. 活塞销

1)活塞销的功用

活塞销的功用是连接活塞和连杆小头,并把活塞承受的力传给连杆。

2)活塞销的工作条件及要求

活塞销在高温下承受很大的周期性冲击载荷,且由于其在工作中做低速摆转运动,油膜不易建立，从而使润滑条件较差，容易疲劳和磨损。因此，活塞销的材料应具有较高的强度、刚度、表面硬度和冲击韧性。

3）活塞销的材料

活塞销一般采用低碳钢或低碳合金钢（如20、15Cr、20Cr、20MnV等）制造，经表面渗碳淬火或氰化处理等热处理后，再经精磨、抛光等精加工而成。

4）活塞销的结构

为了减小质量，从而减小往复惯性力，活塞销通常做成中空的圆柱体，即活塞销的基本结构为一厚壁管状体（图2-38a）。还有的按照等强度要求做成变截面结构（图2-38b）、图2-38c）。

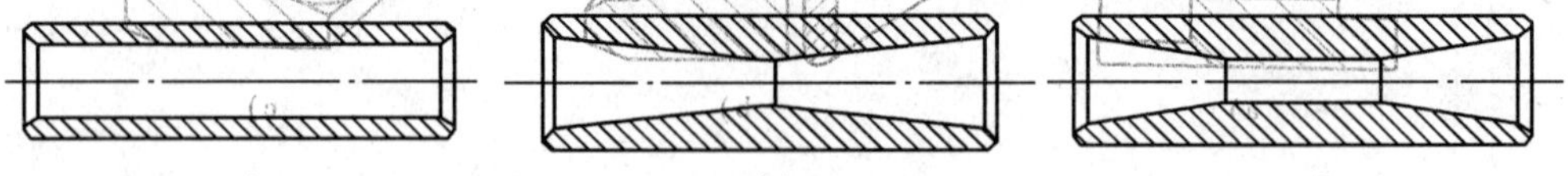

图2-38　活塞销结构

a）圆柱形内孔；b）截锥形内孔；c）组合形内孔

5）活塞销的连接

活塞销的连接方法如图2-39所示。活塞销与活塞销座孔及连杆小头之间通常采用"全浮式"连接，即在发动机工作时，活塞销能浮动于活塞销座孔及连杆小头孔之中。同时，在活塞销两端还装有弹性卡环或塞头，以防止其轴向窜动，刮伤汽缸壁。全浮式连接使活塞销工作时可作缓慢的无规则转动，有利于将飞溅来的润滑油分布到摩擦表面上，减轻磨损。同时，这种连接方式使活塞销的磨损以及其所承受的载荷都较为均匀，从而提高了它的抗疲劳强度和使用寿命。

☆铝质活塞的销座部分热膨胀量大于钢质活塞销。为了保证高温工作时有正常的工作间隙（0.01～0.02mm），在冷态装配时活塞销与活塞销座孔为过渡配合。装配时，应先将铝活塞放在温度为70～90℃的水或油中加热，然后将销装入。

4. 连杆

1）连杆的功用

连杆的功能是将活塞承受的力传给曲轴，使活塞的往复运动转变为曲轴的旋转运动。

连杆承受活塞销传来的气体作用力及其本身摆动和活塞组往复运动时的惯性力。这些力的大小和方向都是周期性变化的。因此，连杆受到的是压缩、拉伸和弯曲等交变载荷，这就要求连杆在质量尽可能小的条件下有足够的刚度和强度。

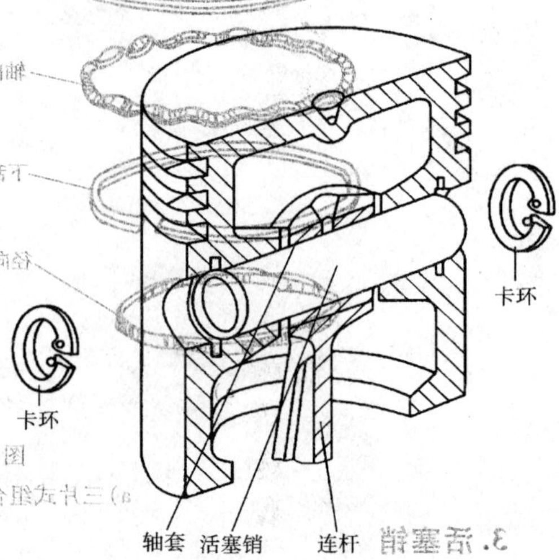

图2-39　活塞销的连接方式

为满足上述要求，连杆一般采用中碳钢或中碳合金钢经模锻或辊锻而成，也有一些采用球墨铸铁制造。为提高连杆的疲劳强度，通常还进行表面喷丸处理。

2）连杆的结构

连杆的结构如图2-40所示。

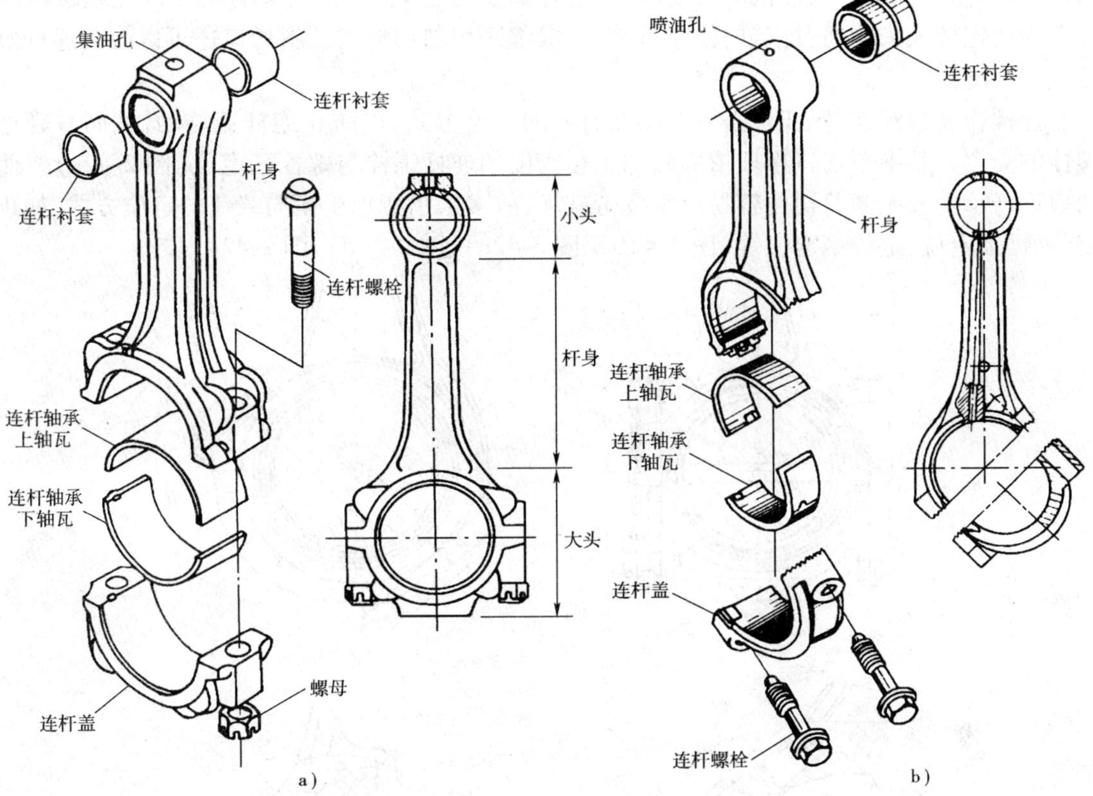

图2-40　连杆典型结构

a）平切口连杆；b）斜切口连杆

（1）连杆小头

连杆小头与活塞销相连，发动机工作时连杆小头和活塞销之间有相对运动，因此，小头孔中压入具有良好减磨性的锡青铜或铁基粉末冶金衬套。连杆小头衬套一般靠飞溅润滑，为此，在连杆小头上部和衬套上开有集油槽或集油孔（图2-40a），用来收集飞溅的润滑油。

（2）杆身

为了提高连杆的抗弯稳定性，连杆杆身断面做成“工”字形（图2-41）。但是“工”字形断面结构抗扭能力较差，所以，在发动机大修时，不仅要检查连杆弯曲度，也要检查扭曲度。有些发动机的连杆杆身中间制有油道，用来将主轴承的润滑油引向连杆小头，去润滑连杆小头的衬套，并通过喷油孔（图2-40b）向活塞底部喷油冷却活塞。

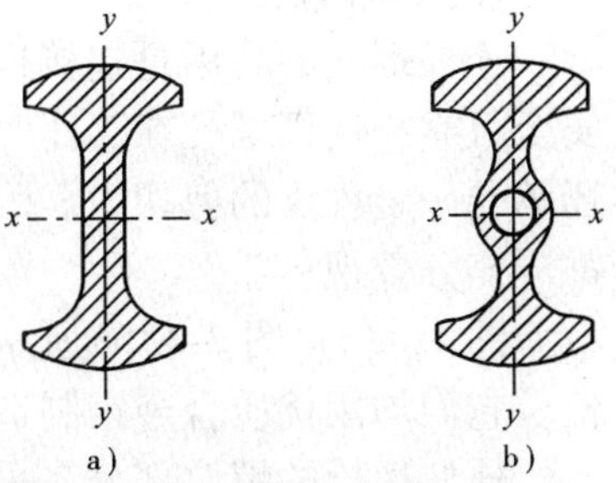

图2-41　杆身的工字形断面

（3）连杆大头

连杆大头与曲轴的连杆轴颈相连。连杆大头一般都制成分开式，被分开的部分称为连杆盖，用特制的连杆螺栓紧固在连杆大头上。为防止装配错误,在同侧刻有记号。

连杆大头的切口形式分为平切口和斜切口(图2-40b)两种。平切口连杆切面垂直于连杆轴线,多用于汽油机。柴油机的负荷较大,连杆的受力也大,连杆大头的尺寸往往超过汽缸直径。为使连杆大头能通过汽缸,便于拆装,一般都采用斜切形式。斜切口还可以改善连杆螺栓的受力情况。

连杆盖装合到连杆上时,需要严格而有效的定位方式,以防止连杆盖移动,从而减轻连杆螺栓的受力。其中平切口连杆依靠高加工精密度的连杆螺栓与螺栓孔定位(图2-42a)。而斜切口连杆承受较大的剪切力容易产生疲劳破坏,故多采用能承受横向载荷的定位方式,如止口定位、锯齿定位、定位销定位等(图2-42b)、图2-42c)、图2-42d)、图2-42e)。

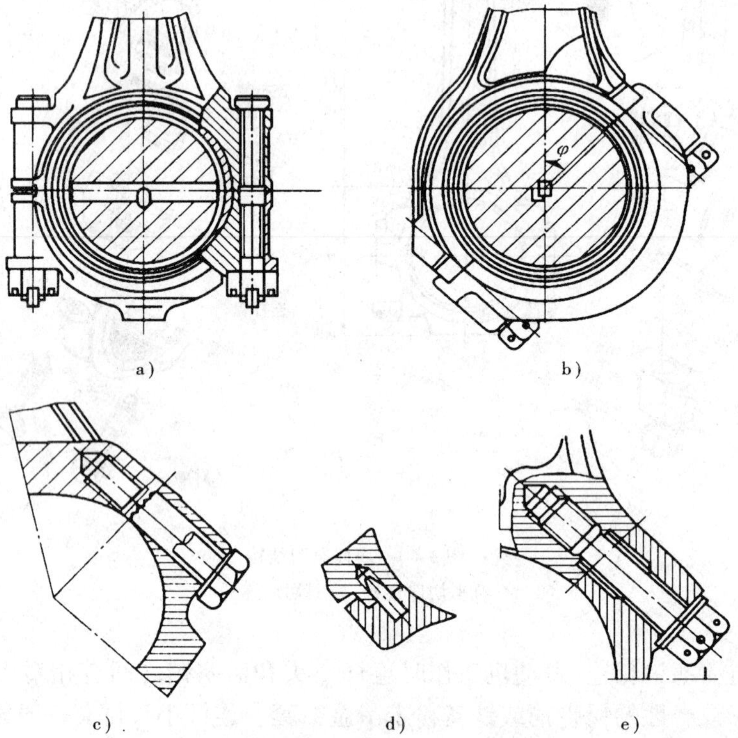

a) b) c) d) e)

图2-42 连杆盖的定位方式

a)栓孔定位;b)止口定位;c)锯齿定位;d)定位销定位;e)套筒定位

(4)连杆螺栓

连杆螺栓的功用是连接连杆大头和连杆盖,并保证两者之间在任何条件下均能配合紧密,安全可靠。连杆螺栓在工作时承受很大的交变应力和冲击性载荷,而斜切口连杆的连接螺栓还承受一定程度的剪切力。因此,连杆螺栓在结构设计、材料选择、加工工艺和热处理等方面都应充分重视。

图2-43a)、图2-43b)所示为平切口连杆螺栓,图2-43c)、图2-43d)所示为斜切口连杆螺栓。它们均用优质合金钢制造,经调质后滚压螺纹,并进行表面防锈处理。

连杆螺栓的螺纹部分多采用标准细牙螺纹,一般要求一级或二级精度。螺纹部分的中心线与螺柱支承面必须保持垂直,以防因贴合不良而使装配时产生附加应力,引起螺栓断裂。理论上，连杆螺栓只要加工精确，在屈服极限内工作一般不需锁紧装置，但有些发动机还是采用了锁紧装置或防松胶，以防止因螺栓松动而发生严重事故。

3) V 型发动机连杆构造

V 型发动机的汽缸排成两列，两列中相应两缸的连杆装在同一个连杆轴颈上，其结构有 3 种形式(图 2-44)：

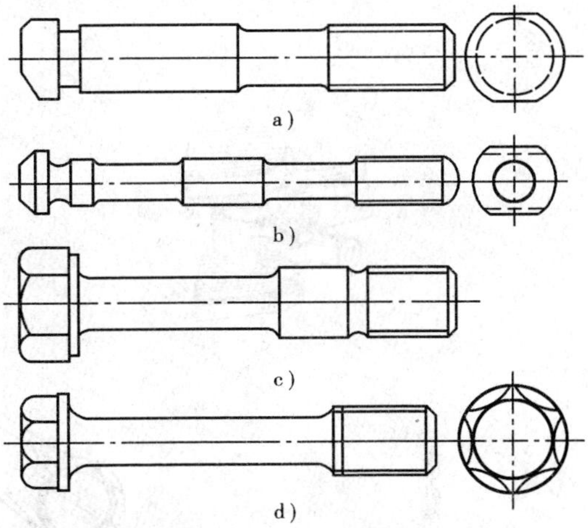

图 2-43　连杆螺栓

(1) 并列连杆(图 2-44a)

相对应两缸的连杆其结构与尺寸是完全一致的，且一前一后地装在同一个连杆轴颈上。这种形式的优点是连杆结构相同，互换性好。其缺点是曲轴较长，刚度较低，发动机纵向尺寸大。

(2) 主副连杆式(图 2-44c)

一列汽缸的连杆为主连杆，其大头直接安装在曲轴的连杆轴颈上。另一列汽缸的连杆为副连杆，其大头与对应的主连杆大头上的两个凸耳作铰链连接。这种形式结构紧凑，其不足之处是主副连杆结构不同，不能互换。

(3) 叉形连杆(图 2-44b)

左右两列对应的两个连杆，一个制成叉形，另一个制成薄片形，叉形连杆的大头装在片形连杆大头的两端。

二、活塞连杆组的检修

1. 活塞的损伤与选配

1) 活塞的常见损伤

一般活塞的使用寿命应在 4 000h 以上，低速柴油机甚至可达 20 000h。但是，往往由于设计、制造上的问题和使用不当，常使活塞寿命降低和发生异常损坏。活塞在使用中经常发生的几种损坏情况如下：

(1) 活塞裙部磨损

活塞裙部长期与汽缸壁摩擦而产生磨损。活塞裙部磨损后，与汽缸套配合间隙加大，工作时，由于气体压力的作用，使活塞对汽缸套产生冲击作用，发出敲缸声。此响声仅在冷车(水温低于 40℃)存在时仍可继续使用，如果热车运行时仍有敲缸声，必须及时检修，以免发生事故性损坏。

裙部磨损造成汽缸密封不严，压缩压力降低，柴油机功率下降，起动困难，同时还会向汽缸内窜润滑油，造成润滑油消耗增大，排气出现冒烟现象。

一般来说，因裙部与汽缸的接触面大，单位面积压力小，同时润滑条件较好，所以裙部磨损较轻微。活塞的上部在工作时很少与汽缸接触，通常不产生磨损。

(2) 活塞销孔的磨损

由于活塞销在孔内冲击和摩擦产生磨损，使销孔变成椭圆形，孔与销的配合间隙增大，严重时会产生敲击声。

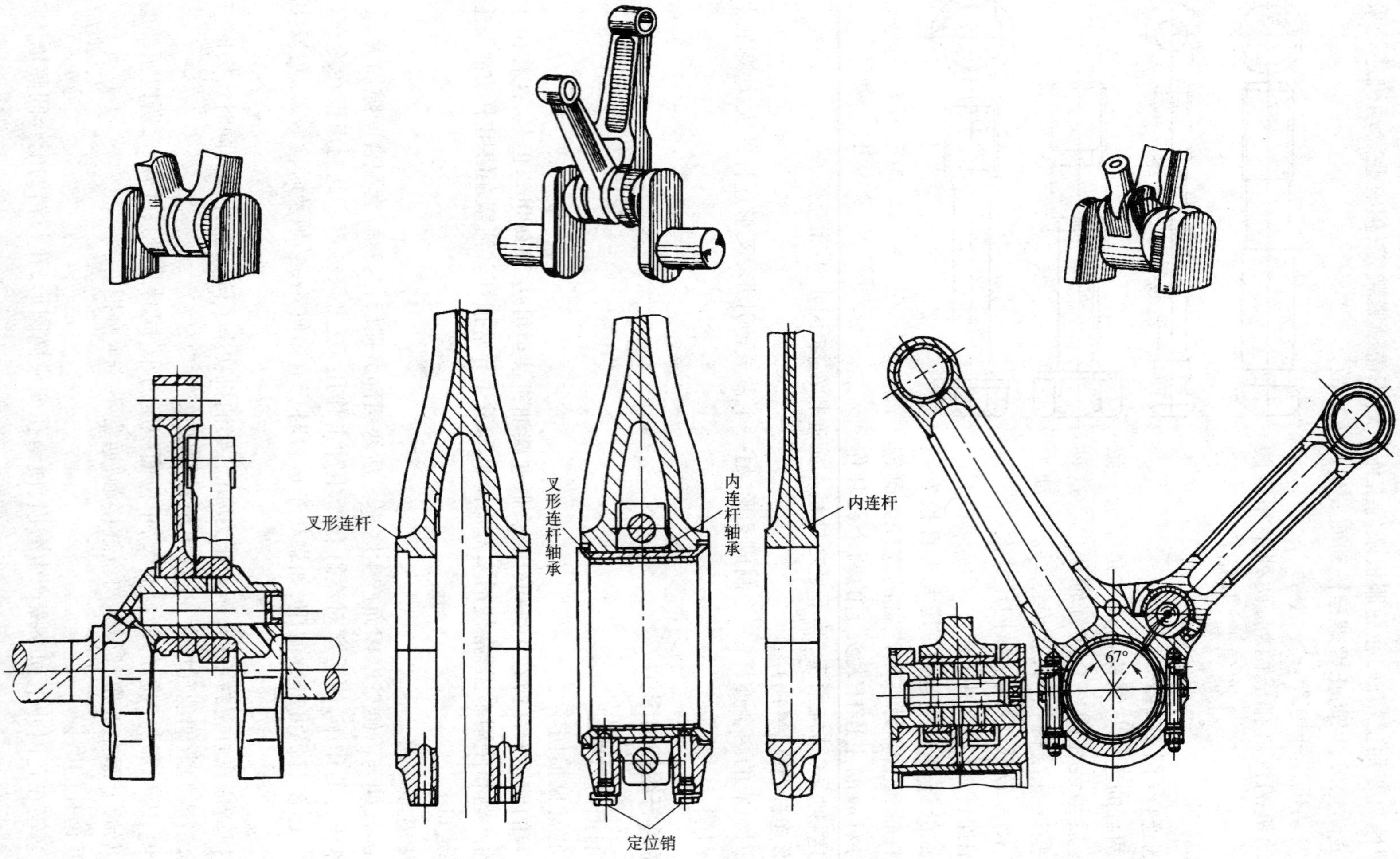

图 2-44　V 型发动机连杆结构示意图

a)并列连杆;b)叉形连杆;c)主副连杆

(3)活塞环槽的磨损

由于活塞环的冲击,以及炭渣和漏窜气体的作用,使活塞环槽尺寸增大(环槽内面磨损小,外面磨损大,使环槽变成梯形)。

(4)其他损伤

活塞表面还发生划痕拉伤,以及产生活塞烧损与断裂等损坏。

2)活塞的选配

在发动机大修或更换汽缸体(汽缸套)时,应根据汽缸的标准尺寸或修理尺寸更换活塞,并注意以下几点:

(1)同一台发动机上,应选用同一厂牌的活塞,以便保证活塞材料、性能、质量、尺寸一致。

(2)同一台发动机应选用同一修理尺寸和同一分组尺寸的活塞。活塞的修理级别尺寸一般刻印在活塞顶(详见本课题后续内容)。

(3)同一组活塞中,活塞直径差应不大于0.02~0.025mm;质量差一般应不超过3%~5%,高速强化柴油机最好不超过2%。若质量差不符合要求可在内壁下口向上约20mm的部位车削部分铝合金。

(4)活塞裙部圆度和圆柱度应符合规定的要求。

☆新型发动机活塞与汽缸的配合都采用选配法,在汽缸的技术要求确定的前提下,重点是选配相应的活塞。我国活塞的修理尺寸的级差为0.25mm,共分6级,最大为1.50mm;国外有些车型只有1~4个级别。在每一个修理尺寸级别中又分为若干组,通常分为3~6组不等,相邻两组的直径差为0.010~0.015mm。选配时,要注意活塞的分组标记和涂色标记。有的发动机为薄型汽缸套,活塞不设置修理尺寸,只区分标准系列活塞,每一系列活塞中也有若干组供选配。

2. 活塞环的损伤与选配

1)活塞环的常见损伤

活塞环的常见损伤主要是环的磨损、弹力不足和折断等。活塞环磨损的原因主要是受高温、高压燃气的作用,活塞环往复运动的冲击和润滑不良所致。活塞环的磨损速度较快,随着环磨损的加剧,活塞环的弹力逐渐减弱,端隙、侧隙增大,汽缸密封性变差,造成窜润滑油和漏气,导致发动机动力性和经济性下降。因此,在发动机两次大修间隔之间的某次二级维护时,如果汽缸的圆柱度误差小于使用极限时,可采用更换同级尺寸活塞环的方法来改善发动机的性能。

2)活塞环的选配

活塞环设有与汽缸和活塞相同级别的修理尺寸。在发动机大修时应更换活塞环,更换时应按照汽缸的修理级别选用与汽缸、活塞同一修理级别的活塞环。在维护或小修中,如需更换活塞环时,选用的活塞环修理尺寸级别应与被更换的活塞环相同。不允许使用加大级别的活塞环通过锉削开口端面的方法,来代替较小级别的活塞环使用。

为了保证活塞环与环槽及汽缸的良好配合,在选配活塞环时,应进行装配前的检查。

3)活塞环装配前的检查

活塞环装配前的检查有端隙检查、侧隙检查、背隙检查(气环背隙一般为0.15~0.35mm,油环背隙一般为0.15~0.35mm)、漏光度检查及弹力检查,如图2-45所示。

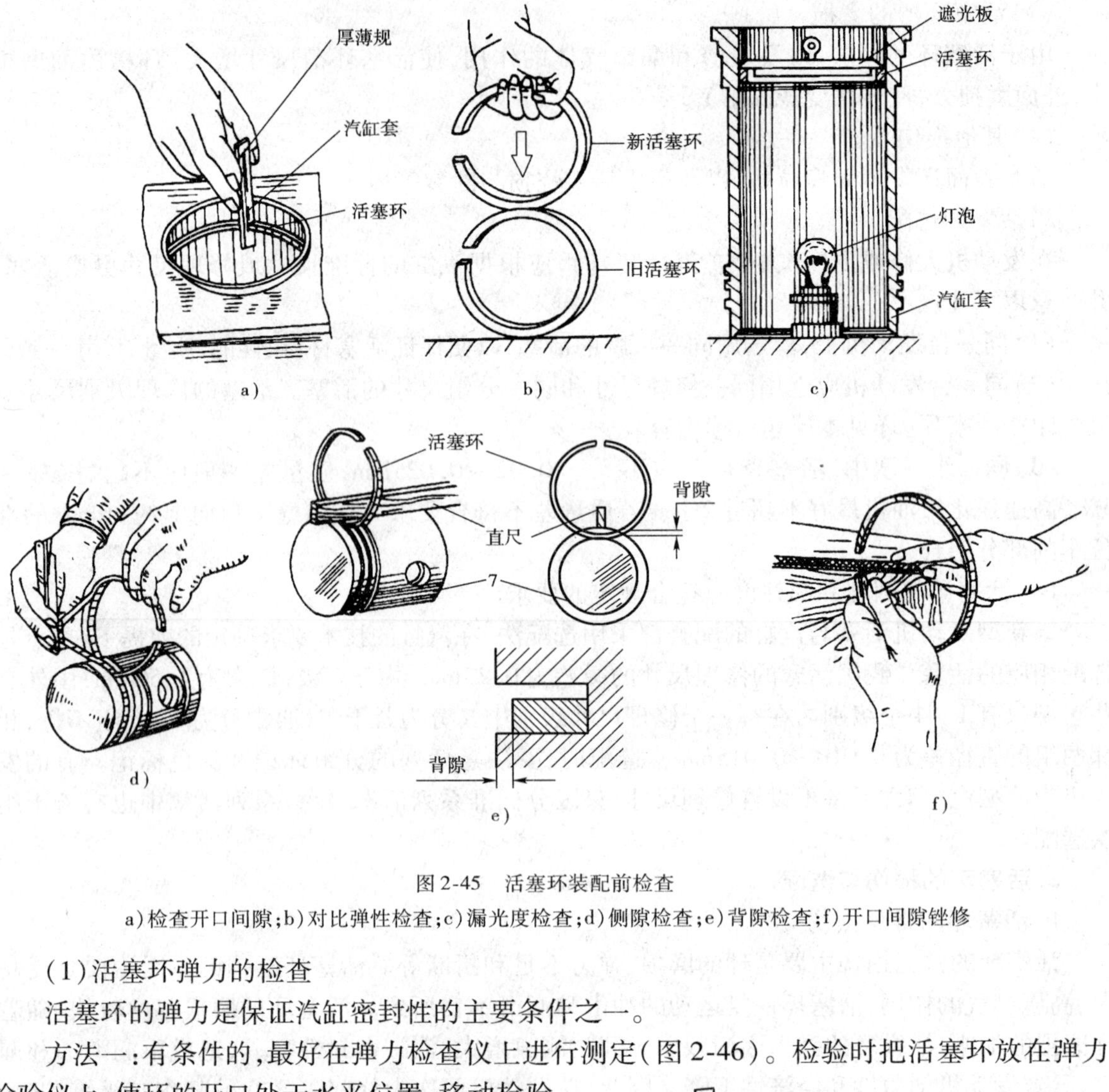

图 2-45　活塞环装配前检查

a）检查开口间隙；b）对比弹性检查；c）漏光度检查；d）侧隙检查；e）背隙检查；f）开口间隙锉修

（1）活塞环弹力的检查

活塞环的弹力是保证汽缸密封性的主要条件之一。

方法一：有条件的，最好在弹力检查仪上进行测定（图 2-46）。检验时把活塞环放在弹力检验仪上，使环的开口处于水平位置，移动检验仪上的量块，把活塞的开口间隙压缩到标准值，观察秤杆上的质量，应符合技术要求。

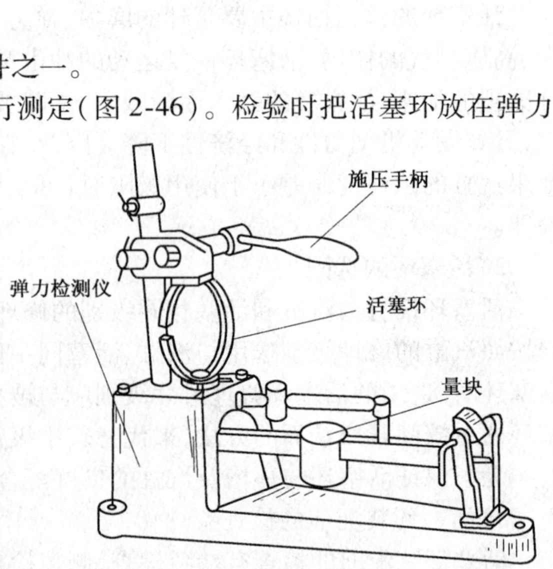

图 2-46　活塞环弹力的仪器检验

方法二：用手试验其开口方向和扭转方向的弹性。开口方向试验是：用适当的力压缩活塞环，使环的开口两端相碰（或把环的开口张开，扩大为原开口的一倍）然后放松，若弹性好不变形，说明该活塞环的弹力合格；若该环塑性变形量大于原来开口的 15%，则说明该环为劣质产品，不能使用。扭转方向试验是：用力将环的开口两端错开一段距离，放松后若能自动还原，则说明该活塞环的弹力良好，可以使用。注意检查时不要用力过猛,变形也不要过大,否则易使活塞环折断。

方法三:如图2-45b)所示,将被测的活塞环和新活塞环直立在一起,环口向侧面且处于水平位置,用手从上面往下压。若被测活塞环的环口端面已闭合接触,而新活塞环口端面还有一段距离(或一定间隙),则说明被测的活塞环弹力已经减弱。两者开口间隙差别越大,说明被测的活塞环的弹力越弱。

(2)活塞环漏光度的检查

如图2-45c)所示,将被测的活塞环平放在标准的汽缸套内,在缸套孔内底部装上灯头,把遮光板盖在活塞环上,接通电路,观察环与缸壁之间漏光缝隙。一般柴油机活塞环漏光度的要求:整个圆周上的漏光处不得超过两处;距离环的开口两侧30°范围内不允许有漏光;漏光处的光隙宽度不超过0.03mm,光隙弧长所对的圆心角不得超过30°。

(3)活塞环"三隙"的检查

①开口间隙(端隙)的检验:将活塞环放入汽缸中,用活塞顶将环推平。用厚薄规插入活塞环开口处进行测量,如图2-45a)所示。若端隙大于规定值,则应重新选配;若端隙小于规定值时,可用细平锉在开口处的一个端面上锉削,边锉边量,锉削后,端口应平整、无毛刺,见图2-45f)。

②侧隙的检查:如图2-45d)所示,将环放在环槽内,使活塞环围绕环槽转动一圈,环在环槽内应能自由转动,既不松动又无阻滞现象。用厚薄规测量间隙应符合要求。

③背隙的检查:如图2-45e)所示,环槽深度与环的宽度之差即为环的背隙。测量时,可将环落入环槽底,再用深度游标卡尺测出环外圆柱面沉入环岸的数值。

☆严格地讲,活塞环的背隙如图2-29所示,但这个间隙在实际工作中不容易测量,所以在实际修理工作中还是采用了上述的方法,也是以这个测量值作为修理参考数据的。图2-45所示测量的背隙要比图2-29中的背隙数值小。

3. 活塞销的选配

发动机大修时,一般应选择标准尺寸的活塞销(有些车型设有修理尺寸),以便为小修留有余地。

选配活塞销的原则是:同一台发动机应选用同一厂牌、同一修理尺寸的成组活塞销,活塞销表面应无任何锈蚀和斑点,质量差在10g范围内。

全浮式活塞销与活塞销座的配合,在常温下应有微量的过盈(即活塞销不能在座孔内转动);当活塞处于75~80℃时,应有微量的间隙,使活塞销能在座孔内转动,但无间隙感觉,其接触面积应在75%以上。

4. 连杆杆身的检修

连杆的变形主要有弯曲和扭曲,或双重弯曲,但双重弯曲发生的情形较少。引起变形的主要原因是:连杆在工作中承受的气体压力、离心力和惯性力;发动机工作不正常(如爆燃、超负荷等);零件修理、安装方法不当等。连杆变形将会导致活塞偏缸、偏磨,引起敲缸、拉缸等故障。常见的变形如图2-47所示。

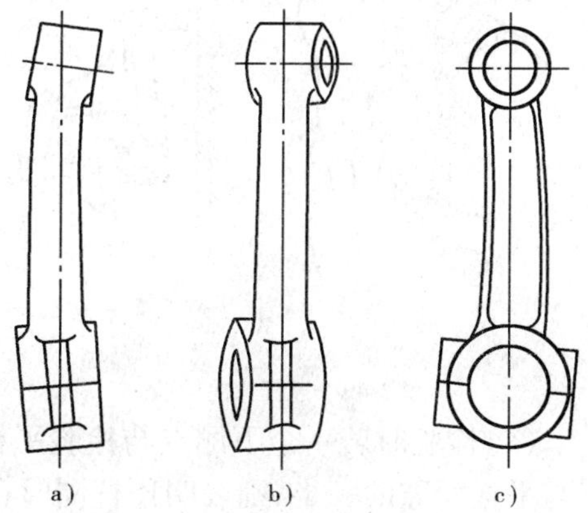

图2-47 连杆常见变形
a)侧向弯曲;b)扭曲;c)平面方向弯曲

1)连杆变形的检验

连杆的变形可在连杆检验仪(图 2-48)上进行检查。

检验时,将连杆大端轴承取下,将承孔清洁干净,然后将轴承盖装在连杆体上,按标准力矩拧紧连杆螺栓,将连杆大端安装在检验仪可胀心轴上,拧动调整螺钉使心轴扩张,将连杆固定在检验仪上。检验工具是带有 V 形槽的三点规。三点规上的 3 个测点在同一平面上,并与 V 形槽相垂直,3 个点构成一个等边三角形,边长 100mm,上面的一个测点处在下面两测点的垂直等分线上。检测时,将三点规放在连杆小端的心轴或活塞销上,使三点规的 3 个测点与检验仪的平板相接触。根据三测点与平板的接触情况,即可判断连杆有无变形。

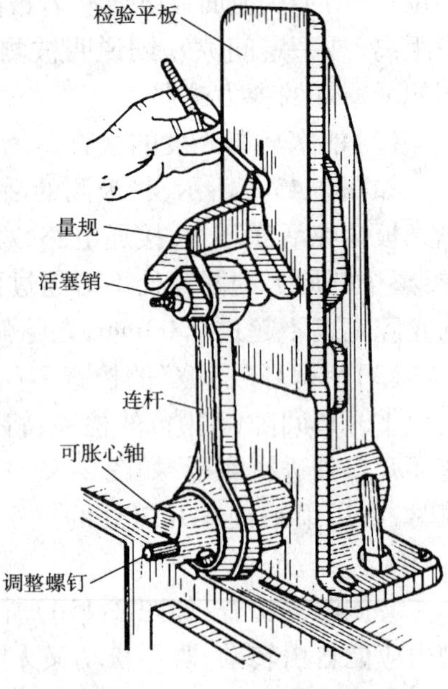

图 2-48　连杆检验仪

(1)若三点规的 3 个测点都与检测平板相接触,说明连杆无弯曲和扭曲。

(2)若三点规仅上测点(或两下测点)与平板接触,且两下测点与平板距离相等,说明连杆有弯曲变形。这时用厚薄规测量测点与平板的间隙,便是连杆在 100mm 的弯曲值,如图 2-49 所示。

(3)检验时若只有一个下测点与检验平板相接触,且上测点与检验平板的间隙等于另一个测点与平板间隙的一半,则表明连杆发生了扭曲,其下测点与平板的间隙便是连杆在 100mm 长度的扭曲值,如图 2-50 所示。

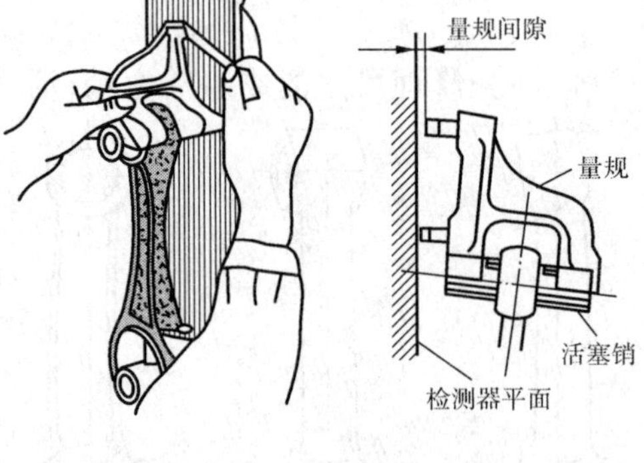

图 2-49　连杆弯曲检验

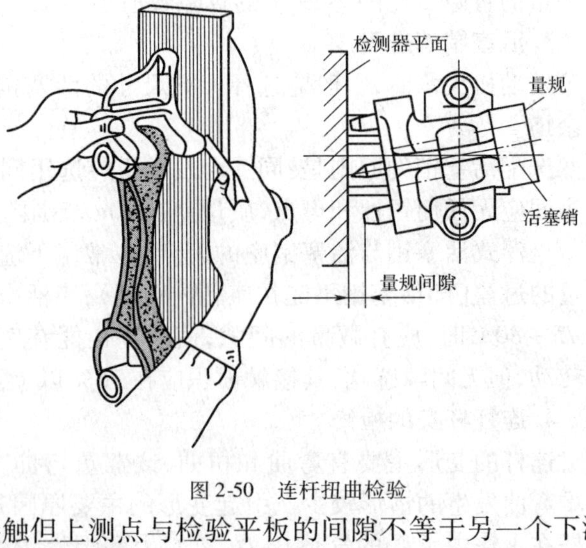

图 2-50　连杆扭曲检验

(4)检验时若一个下测点与检验平板接触但上测点与检验平板的间隙不等于另一个下测点与平板间隙的一半,则表明连杆同时存在弯曲、扭曲变形。

(5)双重弯曲的校正时,可先量出一面杆小头侧面与平板的距离,然后再调转 180°,按同样的方法测量出距离,两值不等即说明连杆有双重弯曲,如图 4-51 所示。

发动机修理技术标准规定:连杆在 100mm 长度上的弯曲度应不大于 0.03mm,扭曲度不应大于 0.06mm,超过允许极限时,应进行校正或更换。

2)连杆变形的校正

连杆变形的校正一般是利用校正器的附设工具进行,如图 2-52、图 2-53 所示。当弯扭并存时,通常是先校正扭曲后校正弯曲。校正时,应记住弯曲与扭曲的方向和数值,避免反复地校正。

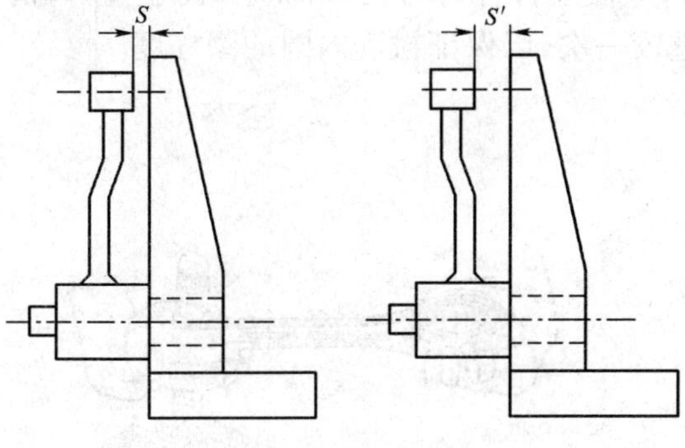

图 2-51 连杆双重弯曲的检验

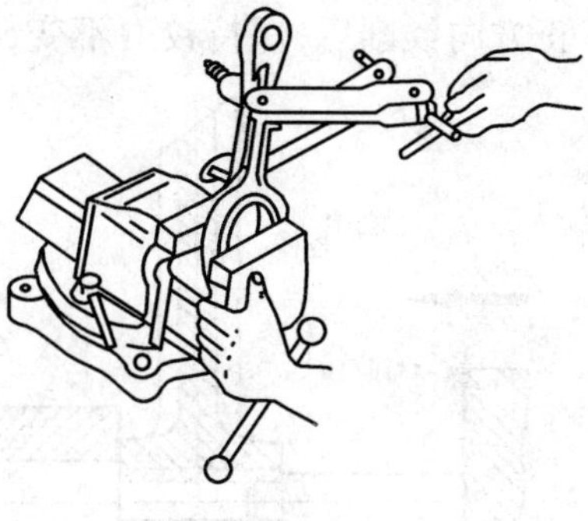

图 2-52 校正连杆扭曲

校正扭曲时,先将连杆下盖按规定装配并拧紧,并夹在台钳上,然后用扳钳进行校正,如图 2-52 所示。

校正弯曲时,将连杆置于专用的压器上,弯曲的凸起部位朝向扳转丝杠,以使连杆产生反方向变形,并停留 10min 左右;检查连杆的回位量,经反复校正,直到合格为止,如图 2-53 所示。

连杆的校正通常都是在常温下进行的,解除压力后,连杆有恢复原状的趋势。因此,在校正变形量较大的连杆后,必须进行时效处理:将连杆加热到 300 ~ 400℃,并保持 1h。校正变形量较小的连杆,只需在校正负荷下保持一定时间即可,不必进行时效处理。

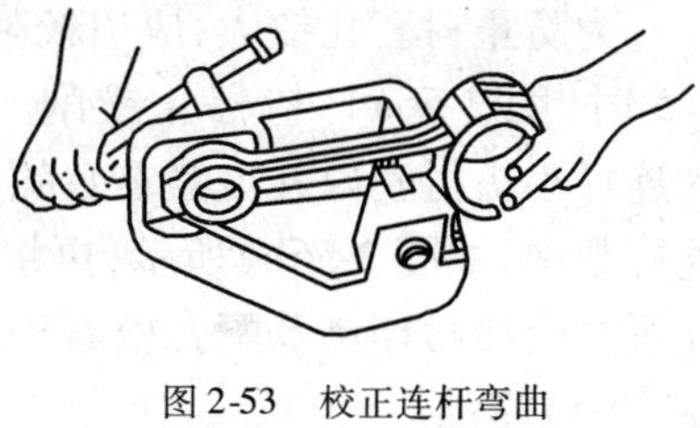

图 2-53 校正连杆弯曲

5. 连杆衬套的修配

在更换活塞销的同时,必须更换并铰削连杆衬套内孔,以保证活塞销与衬套的配合。新衬套的外径应与连杆小端承孔有 0.10 ~ 0.20mm 的过盈量,以防止衬套在工作中发生转动。

1)衬套的更换

(1)压出旧衬套

用手锤和专用冲头将旧衬套敲出,也可用台钳压出。

(2)压入新衬套

将衬套的倒角一端对着连杆小端有倒角的一端,整体式衬套上的油孔应对正连杆小端油孔;再将衬套放正,垫上专用冲头,在压床或台钳上缓缓压入至与端面齐平。利用台钳压出、压入的方法如图 2-54 所示。

2)铰销衬套

(1)选择铰刀

根据活塞销直径选择手动可调节铰刀，并将铰刀的刀把垂直于台钳口并夹紧。

(2)调整铰刀

把连杆小端套入铰刀，一手托住连杆大端，一手压下连杆小端，以刀刃露出衬套上面3～5mm为第一刀的铰削量，以后各刀可将调整螺母旋转60°～90°作为吃刀量，最后一刀可小些。

(3)铰削

铰削时，应一手把持住连杆小端并向下略施压力，一手托住连杆下端并使其按顺时针方向均匀用力扳转进行铰削，如图2-55所示。铰削时，应使连杆杆身与铰刀轴线保持垂直，以防铰偏。正方向铰削后，保持铰刀不变，再将反方向重铰一次，以保证衬套内圆的圆柱度。

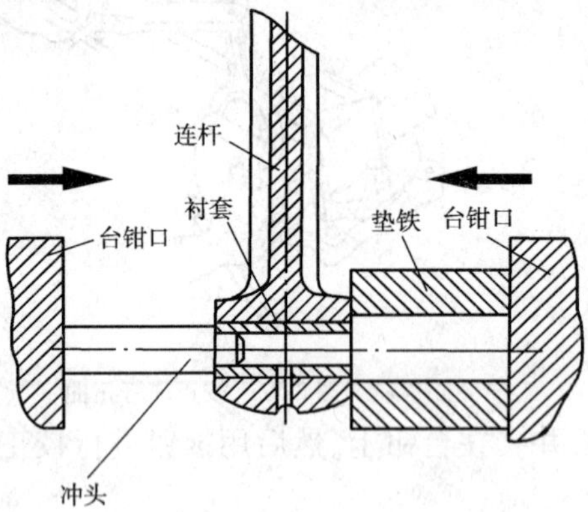

图2-54 用台钳压出和压入活塞销衬套

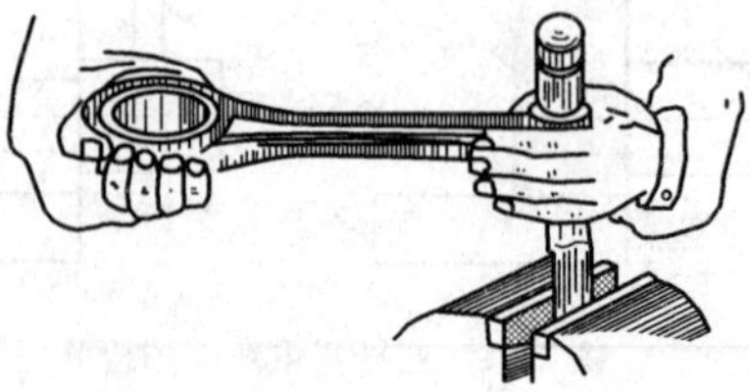

图2-55 连杆衬套的铰削

☆注意：铰刀不可反转。

(4)试配

为防止衬套孔铰大，应边铰削边用活塞销试配。试配时，当以手力能将活塞销推入1/3～2/5时(图2-56a)，应停止铰削。将活塞销压入连杆小头衬套内并夹紧在台钳上，来回扳转连杆数次，如图2-56b)所示，再将活塞销敲出，并视衬套接触印迹及配合松紧程度进行刮削。

(5)修刮

根据衬套接触印痕和松紧度，用刮刀修刮。刮削一般按刮重留轻、刮大留小的原则进行，反复数次，使接触印痕应呈点状均匀分布，轻重一致，接触面积应不小于75%。衬套修刮后，与活塞销的松紧度应合适，即以拇指力能将涂有润滑油的活塞销推入衬套。

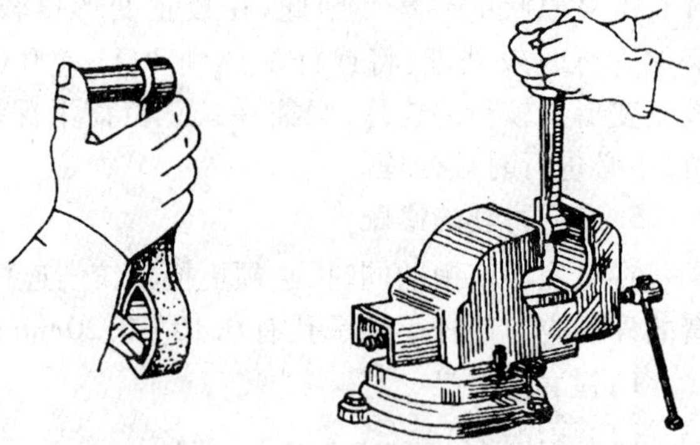

a)　　b)

图2-56 连杆衬套配合检查

三、活塞连杆组的组装

1.试配活塞销与活塞

组装要检查活塞销和活塞销座孔的配合紧度，以保证两者的装配有一定的过盈量。现在应用较普遍的活塞销的连接方式是全浮式，因此在常温下要求活塞销与活塞销座孔有合适的配合紧度，一般过盈量为3～20μm。精确的检查方法是用内径百分表和外径千分尺分别测量活塞销座孔内径和活塞销外径，若缺乏量具可用经验法检查，即将活塞销往活塞座孔里拧，如能拧入销孔的1/3，说明配合良好；如配合过紧，装配后易使活塞变形或胀裂；如配合过松，工作时则产生敲缸，降低使用寿命。当遇到配合过紧的情况，要用刃口较长的可调节直铰刀进行修整，以保证两活塞销座孔的同轴度和圆柱度。在铰削过程中要不断用活塞销试配，如图2-57所示。

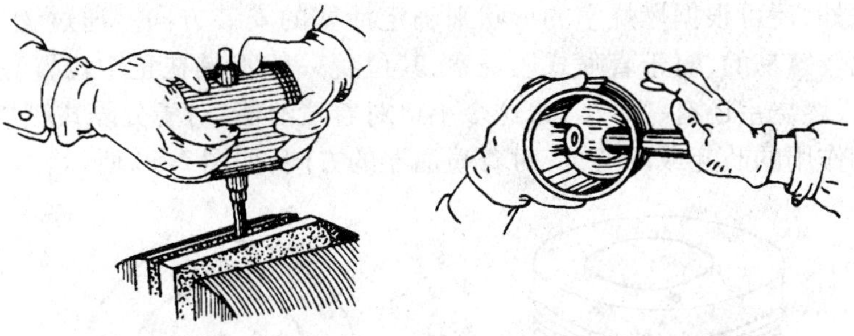

a)　　b)

图2-57　活塞与销的试配

a)铰削活塞销孔；b)试配

2. 识别活塞标记，确定活塞的正确安装方向

1)活塞安装方向标记

常见的活塞安装方向标记有以下几种：

(1)活塞顶面上标有箭头，安装时箭头应朝向立式柴油机的前端，如图2-58a)所示。

(2)在活塞顶面边缘处有一个小缺口，装配时活塞顶面的小缺口应与连杆体、连杆盖上的小凸点标记装于同一侧，朝向柴油机前方。

(3)活塞销座的侧面上铸有"向前"或"向后"字样，应按字样要求进行安装。

(4)在活塞顶面有三角形标记。安装时，对于立式柴油机来说，三角标记应朝向柴油机的前端；对于卧式柴油机来说，三角形标记则应向上(朝向喷油器)，如图2-58b)所示。

(5)当活塞顶为平面时(汽油机)，裙部有膨胀槽，其膨胀槽一边应朝向(从曲轴顺时针旋转看)在缸套中心线的右边。

2)活塞分组标记

(1)活塞质量分组记号

装配时，同一台柴油机活塞的质量分组记号应相同。以4125G系列柴油机为例，如图2-58d)所示，在标准的活塞顶导流槽的对面打有如"22、23、24、25…"字样的活塞质量分组记号。活塞质量分组记号是一个两位数，表示该活塞实际质量的百位数和十位数，同一台柴油机的几只活塞，必须属于同一质量组别，以保证同一台柴油机的活塞质量差不大于规定值。

(2)活塞裙部尺寸分组记号

装配时，同一组活塞裙部尺寸分组记号应相同，并与其所配合的缸套分组记号对应一致。以4125G系列柴油机为例，在标准的活塞顶导流槽对面打有如"Ⅰ、Ⅱ、Ⅲ、Ⅳ"字样的为活塞裙部尺寸的分组记号。汽缸套按标准尺寸也分为4组，其分组记号打在缸套顶部端面上，选配时，活塞裙部尺寸分组记号必须与缸套的尺寸分组记号相同，才能保证缸套与活塞有正常的配合间隙。

(3)活塞销座孔直径分组尺寸记号

装配时,应与同组活塞销相配。以4125G系列柴油机为例,在标准的活塞顶面打有的"01、02、03"字样为活塞销孔尺寸分组记号。活塞销按标准尺寸也分为3组,分别用黄、绿、红颜色表示,颜色涂在活塞销的端面上,选配活塞销时,必须与活塞顶部的销孔尺寸分组记号相互一一对应,才能保证活塞销与销座孔的配合要求。

除上述方法外,还可根据燃烧室的形状来确定活塞的安装方向。通过燃烧室判断活塞的安装方向还是比较容易的,对于直喷式燃烧室,其位置一般不是在正中位置,总是偏向喷油器一侧,有些直喷式燃烧室还有一个小口,这个小口对着喷油器;对于分隔式燃烧室,在活塞顶上有引导气流运动作用的凸起或凹坑,应对着喷油器的方向,如图2-58所示。

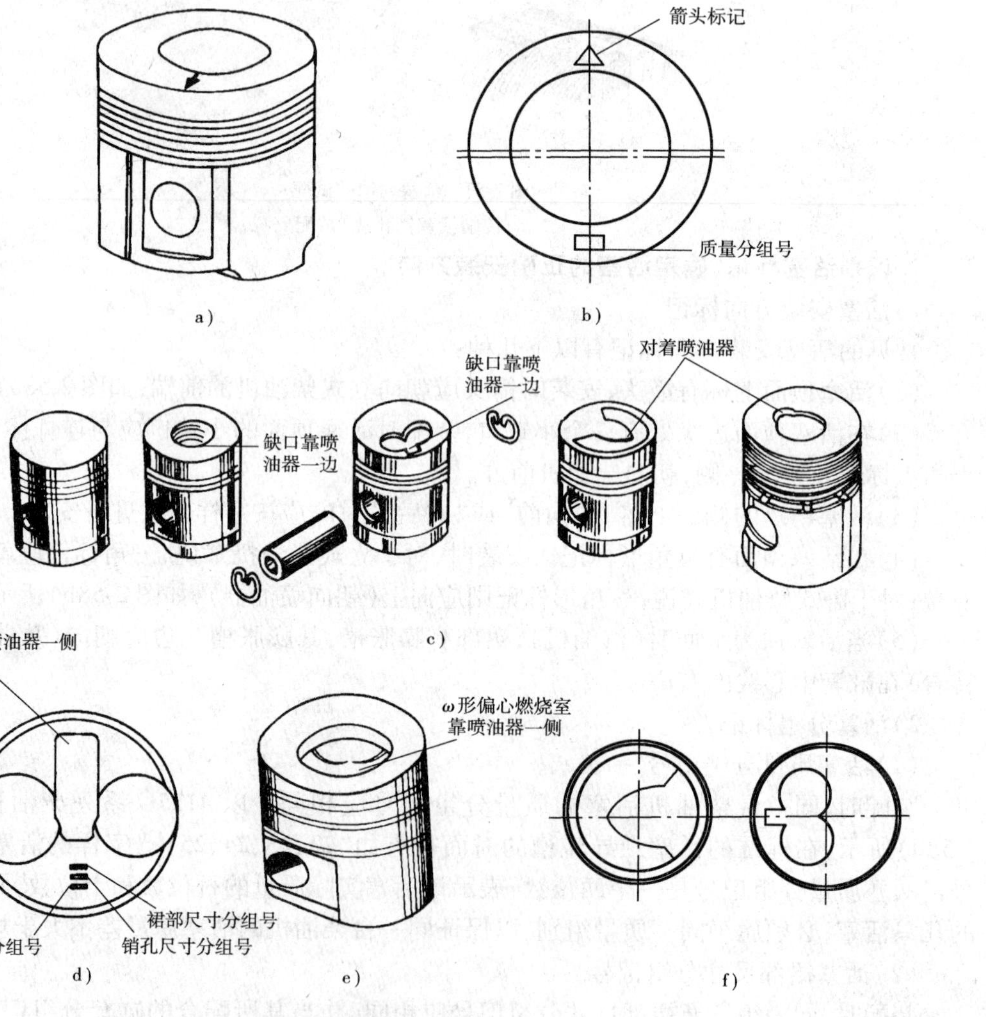

图2-58 活塞顶上的标志

3. 识别连杆标志,确定连杆的安装方向

(1)连杆杆身的一面有厂标,或者杆身槽内有字、有凸点等记号。组装时,连杆杆身有厂标的一面(或有字、凸点)要朝向活塞上的箭头。当连杆随活塞装入汽缸内时,要使这些有记号的一面朝向柴油机前方,如图 2-59 所示。

(2)在连杆杆身和连杆盖剖分面的同一侧做有配对记号。因连杆盖和杆身是配对加工,故装配时必须按配对记号装合。

(3)多缸柴油机,连杆大头上往往还打有缸序号标记,拆装时应按"对号入座"的规则,不能搞错。

(4)多缸柴油机,连杆有质量分组标记,用数字表示连杆质量,一般是做在连杆大端的一侧。装配时应选择具有同一种质量分组标志的连杆。

(5)连杆是斜剖分的,连杆螺栓应朝向曲轴箱上开窗口的一侧,如图 2-59 所示。

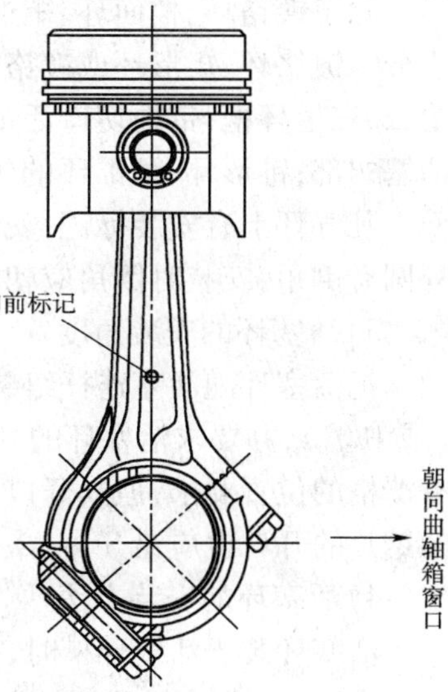

图 2-59　连杆杆身记号

4. 组装活塞与连杆

(1)先把活塞与活塞销、活塞销与连杆按配合尺寸分组,待活塞和缸套的配合间隙准确后,再按汽缸顺序排好。

(2)仔细检查活塞与连杆的装配方向。

(3)准备好润滑油、手锤、引导销等修理用品。将活塞在润滑油或水中加热到 90 ~ 100℃,使销孔膨胀,然后将涂上润滑油的活塞销迅速准确地推入活塞销座孔和连杆铜套孔中。活塞销应在座孔中间位置,即活塞销座孔两端露出锁环环槽。为了防止活塞变形,最好将活塞连杆组反向插入汽缸内,使其自然冷却。

(4)装上活塞销锁环,用螺丝刀拨转锁环在槽内转动 1 圈,以确认锁环装入环槽,然后用厚薄规测量锁环和活塞销端面间隙,其值应为 0.10 ~ 0.25mm。最后检查连杆小端,确保其沿着活塞销轴向有一定的移动量。

☆不少维修人员使用将活塞倒放,用布料沾湿柴油放入活塞内腔里燃烧,对活塞进行加热的错误做法。要切忌使用上述做法,因为当新的活塞销与销孔的配合紧度过大时,用提高加热温度(超过 100℃)的方法把活塞销装上,极易使其变形或使活塞胀裂。

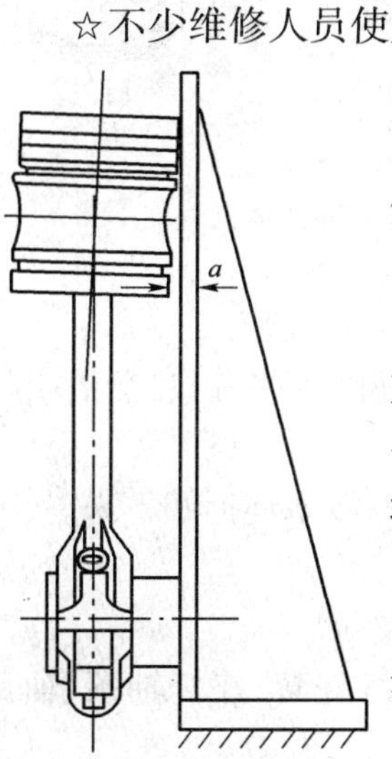

图 2-60　活塞连杆垂直度检查

(5)检查活塞连杆组的偏斜情况

活塞连杆组装后,最好将其放在连杆校正器上,检查它的垂直度,如图 2-60 所示。当裙部上、下端的某一端贴紧检验器平板时,另一端与平板间的间隙值一般不应超出 0.07 ~ 0.09mm。如超过此值,应将组合件拆卸,并分别对零件进行检查和校正。

5. 识别活塞环上的标志,正确安装活塞环

活塞环安装时要注意方向、位置和开口角度,如装反装错,会引起汽缸密封不严、漏气、大量润滑油窜烧等故障。

1)活塞环的标记

活塞环常见的标记位置是打在靠近环的开口端面上,标记有以下几种:"上"、"下"、"O"、"TOP"、"STD"、"NH"、"UP"等。把活塞环套入活塞环槽时，环口有标记的一面应朝上，即朝向活塞顶面。

2）活塞环的安装方向和位置

除了镀铬环、桶面环、矩形环及普通油环之外，其余的活塞环安装时均有方向性，有正反面之分。镀铬环、矩形环或镀铬桶面环、桶形环装在第一道环槽；扭曲环、锥面环、梯形环等装在第二、三道环槽；带内切口活塞环内切口应朝向活塞顶面，而带外切口的活塞环外切口应朝向活塞裙部；锥形环、微锥环的锥面（小头）应朝向活塞顶面；内倒角环的倒角面应朝向活塞顶面。凡气环上有安装标记，安装时应使标记朝向活塞顶面。普通油环没有正反面，而倒角油环外圆有倒角，安装时倒角应朝向活塞顶面。

3）活塞环的安装角度

把活塞环随活塞连杆组装入汽缸时，相邻两气环的开口不得重合，应相互错开90°～120°（或180°），并要求活塞环的开口不能正对活塞销方向和侧压力大的方向。油环的开口一般没有严格的位置要求，但其开口不能与气环重合，也最好不要与活塞销平行或垂直。组合式油环的钢片的开口也应错开。

4）活塞环的安装方法

活塞环装入活塞环槽时，开口不应张开太大，以免变形或折断。其安装方法有以下几种：

方法一：把活塞环套入活塞环槽时，使用专用工具——活塞环钳，如图2-61a）所示。活塞环钳能容易地将活塞环环口张开套入活塞环槽。这种安装方法很保险，不会出现有活塞环折断现象。

方法二：在没有专用工具的情况下，用两块长方形布条各自对叠起来，将对叠处套在活塞环开口两端。用两手分别捏住套在活塞环开口两端的布条，然后轻轻外拉，活塞环开口即慢慢张开，将活塞环套入活塞环槽。这种方法可方便地安装活塞环，并能防止断环现象。

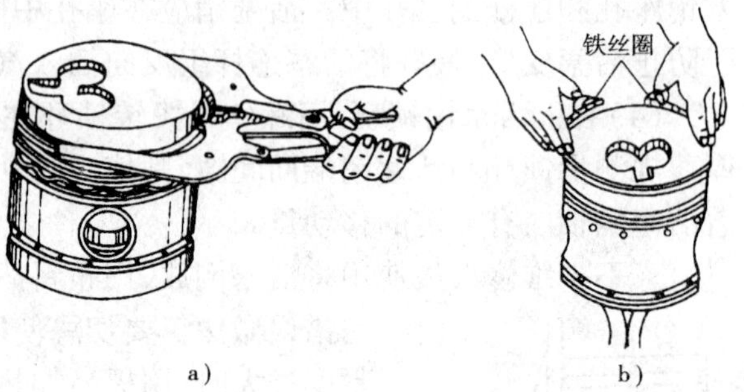

图2-61　活塞环的拆装

方法三：取两段长约15cm的包皮导线，系成两圆环，分别套在两拇指上，再挂在活塞环的开口端面处，两中指抵在活塞环外圆的适当位置，拇指均匀用力外拉，便可将环套上活塞并装入环槽。如图2-61b）所示。

方法四：用3片钢片（宽约8mm）插入活塞环与活塞之间，将活塞环微微张开口，然后引导环进入环槽。

需要特别指出的是：用上述几种方法同样能够把装在活塞环槽上的活塞环拆卸下来。

6. 活塞连杆组装入汽缸

（1）准备好活塞环箍（铁皮夹圈）、手锤、扭力扳手和润滑油等。

（2）清洁活塞连杆组，擦净曲轴连杆轴颈和汽缸套，并在活塞环、汽缸套、连杆轴颈、轴瓦处均匀涂抹上一层润滑油。

（3）将曲轴连杆轴颈转至上止点。

（4）拨转活塞环开口。

(5)将活塞连杆组件放进汽缸套,注意活塞连杆组的方向。

(6)用活塞环箍压紧活塞环后(图2-62a),用手锤上的木柄轻敲活塞顶部,将活塞推入汽缸,使连杆大端抱住连杆轴颈,并听到接触的撞击声。然后一边转动曲轴一边推活塞,直至其位于下止点位置。安装时注意连杆瓦不要脱落,若掉进油底壳要取出重新插入连杆大端,使轴瓦定位凸键位置正确,瓦背与连杆要贴合。

卡箍是用厚1mm左右的铁皮,根据活塞直径的大小制成的,是采用较多的一种方法;在没有铁皮的情况也可用细铁丝收紧活塞环,这个方法需要一道一道地收紧,一道一道地进入汽缸,比较费时,如图2-62c)所示。如果修理的同缸径发动机的数量较大,可以加工一个如图2-62d)所示的套,安装较为省力、省时。

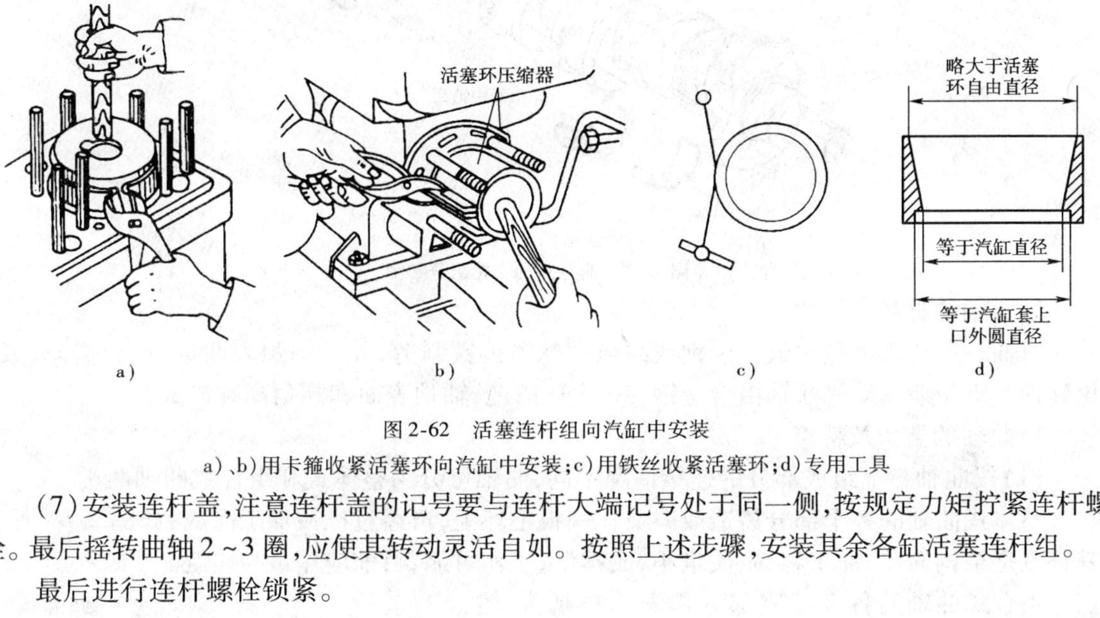

图2-62 活塞连杆组向汽缸中安装

a)、b)用卡箍收紧活塞环向汽缸中安装;c)用铁丝收紧活塞环;d)专用工具

(7)安装连杆盖,注意连杆盖的记号要与连杆大端记号处于同一侧,按规定力矩拧紧连杆螺栓。最后摇转曲轴2~3圈,应使其转动灵活自如。按照上述步骤,安装其余各缸活塞连杆组。

最后进行连杆螺栓锁紧。

课题四 曲轴飞轮组

曲轴飞轮组主要由曲轴、飞轮和一些相关零件组成。典型的曲轴飞轮组如图2-63所示。

一、曲轴飞轮组的结构

1. 曲轴

1)曲轴的功用与工作条件

曲轴是发动机最重要的机件之一。它与连杆配合将作用在活塞上的燃气压力,转变成力矩,作为动力而输出做功,驱动机械的传动系统与工作装置,并带动发动机本身的其他机构和系统。

工作时,曲轴承受气体压力,惯性力及惯性力矩等的作用,受力大而且受力复杂。同时,曲轴又是高速旋转件,因此,要求曲轴具有足够的刚度和强度,具有良好的承受冲击载荷的能力,耐磨损且润滑良好。

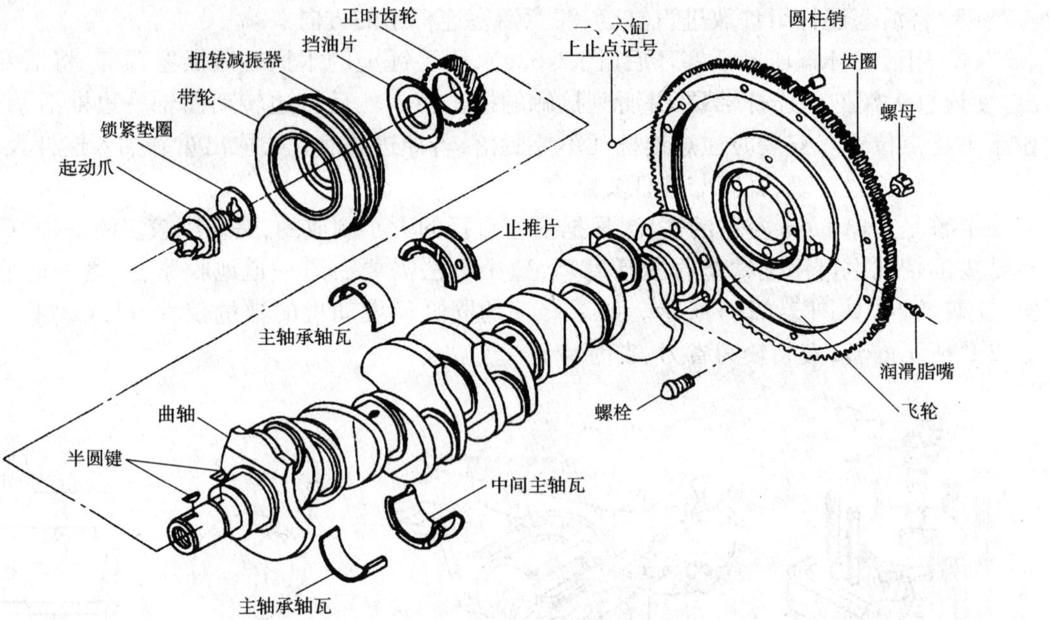

图 2-63　典型曲轴飞轮组分解图

2)曲轴的材料

曲轴一般选用优质中碳合金钢或高强度球墨铸铁制造,并对轴颈表面进行高频淬火或氮化处理。康明斯发动机曲轴由合金钢(40CrH)锻造,轴颈表面和圆角高频淬火。

3)曲轴的类型及特点

(1)按曲轴各个组成部分的连接情况不同,曲轴可分为整体式和组合式曲轴两类。

整体式曲轴的各个部分铸造或锻造在一根毛坯上,再经过机械加工而成,如图 2-64 所示。其特点是结构简单、加工容易、质量小、成本低、工作可靠,目前应用最为广泛。

组合式曲轴的各个组成部分是先单独制造,然后组装成整体的,如图 2-65 所示。其特点是主轴承可以采用滚动轴承,摩擦阻力小,且某一部分损坏可进行单独更换,不致报废整根曲轴。但其结构复杂,拆装不便。我国的 135 柴油机曾使用过,但目前生产的 135 柴油机已改用整体式曲轴。

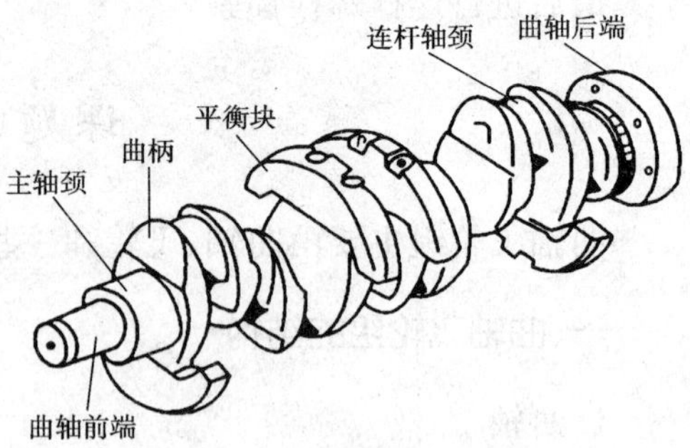

图 2-64　整体式曲轴

(2)按照曲轴的支承情况不同,曲轴又可分为全支承曲轴和非全支承曲轴两种,如图 6-66 所示。全支承曲轴每个连杆轴颈两边各有一个主轴颈,故主轴颈数总是比连杆轴颈数多一个,其特点是刚性好,工作中不易变形,且有利于减轻主轴承的载荷。但曲轴长,质量大。非全支承曲轴主轴颈数等于或少于连杆轴颈数,它的特点是结构紧凑,长度较短。但其刚性差,适合于功率较小的发动机。

4)曲轴的结构

曲轴的基本组成包括前端轴、主轴颈、曲柄、连杆轴颈、平衡重、后端凸缘等。

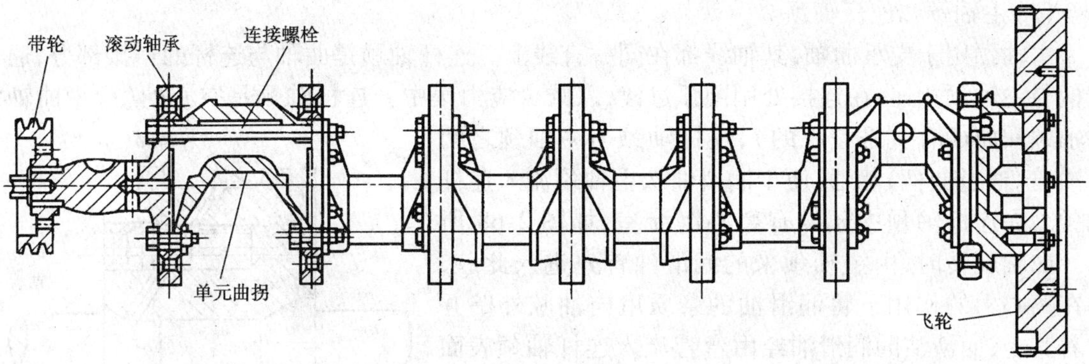

图 2-65　组合式曲轴

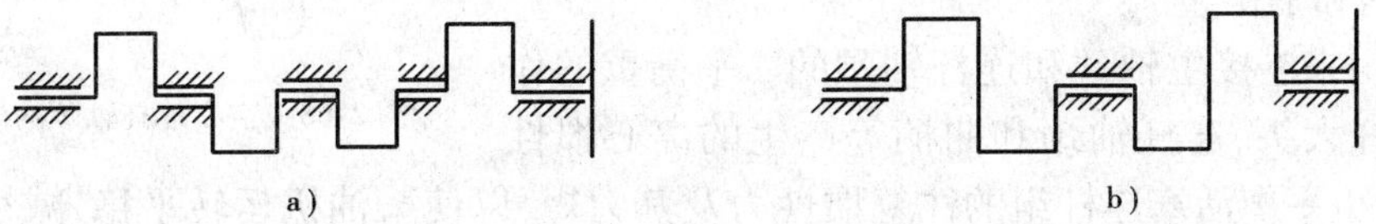

图 2-66　曲轴的支承形式
a)全支承曲轴;b)非全支承曲轴

(1)曲轴前端

曲轴前端(图 2-67)装有驱动配气凸轮轴的正时齿轮、驱动风扇和水泵的带轮及防止润滑油泄漏的油封等。为了防止润滑油沿曲轴轴颈外漏,在曲轴前端上有一个甩油盘随着曲轴旋转,当被齿轮挤出和甩出来的润滑油落到甩油盘上时,由于离心力的作用,油被甩到正时齿轮室盖的壁面上,再沿壁面流下来回到油底壳中。即使还有少量润滑油落到甩油盘前面(图中左侧)的曲轴轴颈上,也被压装在正时齿轮室盖上的油封挡住。甩油盘的装配方向如图中所示。此外,在中、小型发动机的曲轴前端还装有起动爪,以便必要时用人力转动曲轴,使发动机起动。

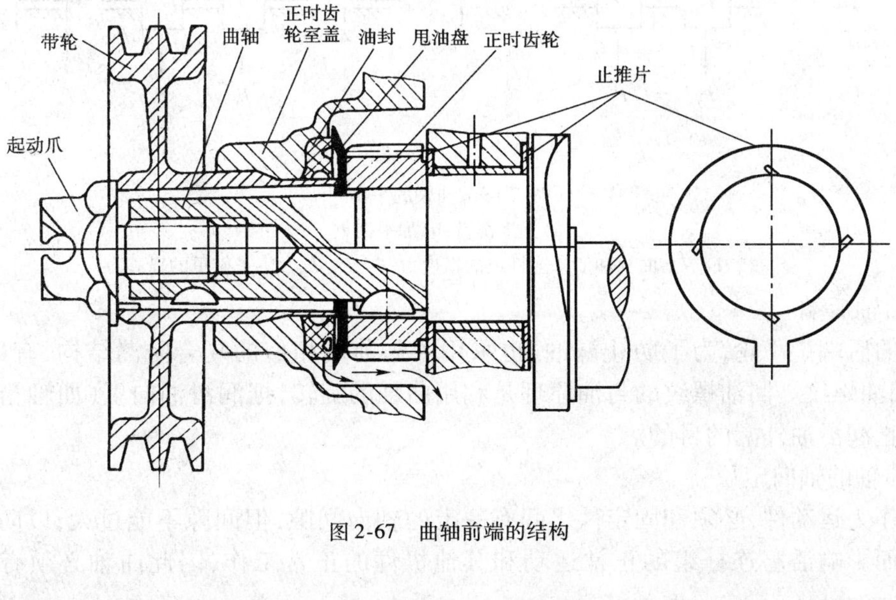

图 2-67　曲轴前端的结构

(2)主轴颈和连杆轴颈

主轴颈用于支承曲轴,其轴线都在同一直线上。连杆轴颈是曲轴与连杆的连接部分,通过曲柄与主轴颈相连,在连接处用圆弧过渡,以减少应力集中。连杆轴颈是空心的(锻钢曲轴的主轴颈和曲柄有些是空心的),连杆轴颈与主轴颈之间有油道(通过曲柄)相通,便于润滑油从主轴颈流入连杆轴颈。在连杆轴颈中还设有离心沉淀室,如图2-68所示。曲轴旋转时,由主轴颈来的润滑油首先进入此腔,并在离心力的作用下将润滑油的杂质甩向油腔外壁并附着其上,而清洁的润滑油经由弯管流入连杆轴颈表面进行润滑。

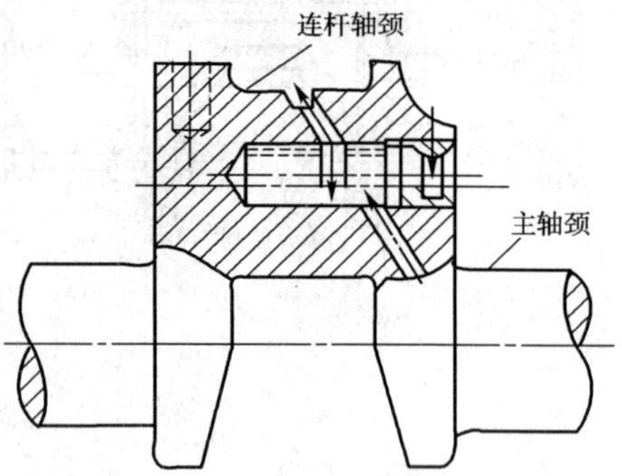

图2-68　空心连杆轴颈的离心沉淀室

(3)曲柄和平衡重

曲柄是用来连接主轴颈和连杆轴颈的。平衡重的作用是平衡连杆大头、连杆轴颈和曲柄等产生的离心惯性力及其力矩,也平衡活塞连杆组的往复惯性力及其力矩,以使柴油机运转平稳,减小曲轴轴承的负荷。四缸以上的直列式柴油机虽从整体来说,其惯性力及其力矩是平衡的,但曲轴局部却受弯矩作用,如图2-69a)所示。图中惯性力 F_1、F_4 与 F_2、F_3 互相平衡,力矩 $M_{1\text{-}2}$ 与 $M_{3\text{-}4}$ 互相平衡,但两个力矩给曲轴造成了弯曲负荷,会造成曲轴弯曲并加重轴承的负荷。为了减轻主轴承负荷,改善其工作条件,一般都在曲柄的相反方向上设置平衡重,使其产生的力矩与上述惯性力矩相平衡(见图2-69b)。平衡重有的与曲轴制成一体,有的则单独制成零件,并用螺钉固定于曲柄上,形成装配式平衡重,如图2-63、图2-64所示。无论有无平衡重,曲轴必须经过动平衡校验,对不平衡的曲轴常在其偏重的一侧钻去一部分,因此在平衡重外端或曲柄两端处往往可见到一些盲孔。

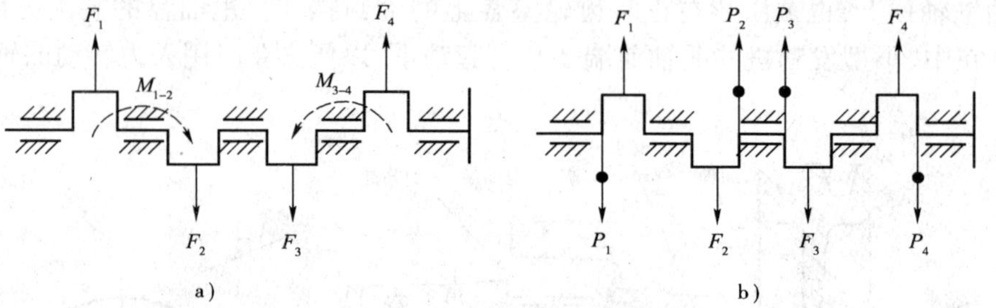

图2-69　曲轴的平衡

a)无平衡重;b)加平衡重

F_1、F_2、F_3、F_4-曲拐和活塞连杆组的惯性力;P_1、P_2、P_3、P_4-平衡重的离心力

(4)曲轴后端

曲轴的后端接飞轮,为了防止漏油,也采用了与前端相似的复合防漏结构,有甩油盘、油封,还有回油螺纹。回油螺纹的封油原理是利用曲轴的旋转,把润滑油向里(曲轴箱内)推,从而达到阻止润滑油外漏的目的。

(5)曲轴的轴向定位

曲轴作为运动件,必须和固定件之间有一定的轴向间隙,但间隙不能过大,以防曲轴发生轴向窜动而影响活塞连杆组的正常运动和其他机件的正常工作,因此曲轴必须有轴向定位装置。

曲轴的轴向定位一般采用止推片或止推片与曲轴主轴承作为一体的翻边组合轴承。安装位置可在前端第一道主轴承处(图2-67)或中部某轴承处。安装在曲轴前端第一道主轴承处的止推垫片一般为整体式,安装在中部或后端的止推垫片为分开式或做成翻边组合轴承。

5)曲拐的布置与发动机工作循环表

多缸发动机曲轴曲拐的布置位置与汽缸数、汽缸的排列形式(直列、V型)、发动机的平衡以及各缸工作顺序等有关,有其一定的规律。

(1)做功顺序的安排原则

①各缸的做功间隔角要尽量均衡,以使发动机运转平稳。与此对应的,对于直列式发动机来说,连续工作的两汽缸相对的曲拐夹角(即连杆轴颈的分配角)相等,并等于一个工作循环的曲轴转角除以汽缸数(720°/i)。如四冲程六缸柴油机,曲轴每转两圈(720°)各缸都应做功一次,则相邻做功的两缸相对应的曲拐互成720°/6 =120°夹角。

②连续做功的两缸相隔尽量远些,最好是在发动机的前半部和后半部交替进行。一方面可减少主轴承连续载荷,另一方面避免相邻两缸进气门同时开启而发生抢气现象,可使各缸进气分配较均匀。

③V型柴油机左右两排汽缸应交替做功。

④曲拐布置尽可能对称、均匀,以使发动机运转平稳。

(2)曲拐布置主要形式

随发动机的汽缸数、冲程数、做功顺序不同,曲拐布置主要有如下几种形式:

①直列四冲程四缸发动机

直列四冲程四缸发动机曲拐的布置如图2-70所示,曲拐对称布置于同一平面内,相邻做功汽缸的曲拐夹角为720°/4 =180°,工作顺序有1—3—4—2和1—2—4—3两种,在柴油机上前者应用较多,工作循环见表2-2。

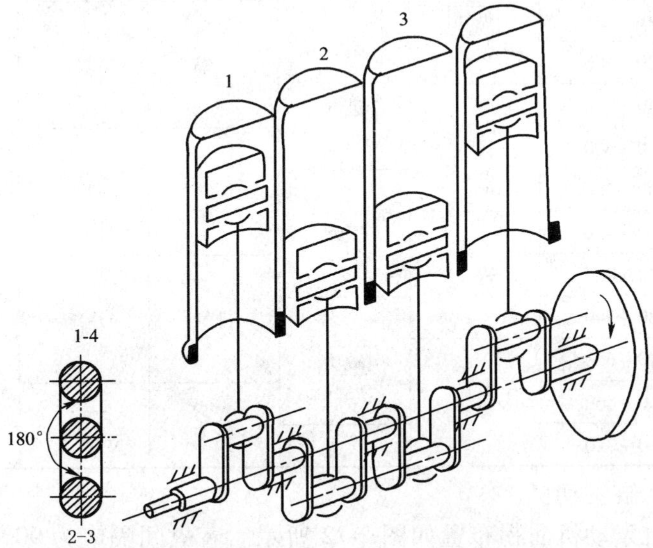

图2-70 直列四冲程四缸发动机曲拐布置

直列四冲程四缸发动机工作循环表 表 2-2

曲轴转角(°)	第一缸	第二缸	第三缸	第四缸
0～180	做功	排气	压缩	进气
180～360	排气	进气	做功	压缩
360～540	进气	压缩	排气	做功
540～720	压缩	做功	进气	排气

②直列四冲程六缸发动机

直列四冲程六缸发动机曲拐布置形式如图 2-71 所示。发动机着火间隔为 120°。6 个曲拐互成 120°。工作顺序为 1—5—3—6—2—4 或者 1—4—2—6—3—5,前者应用比较普遍,其工作循环见表 2-3。

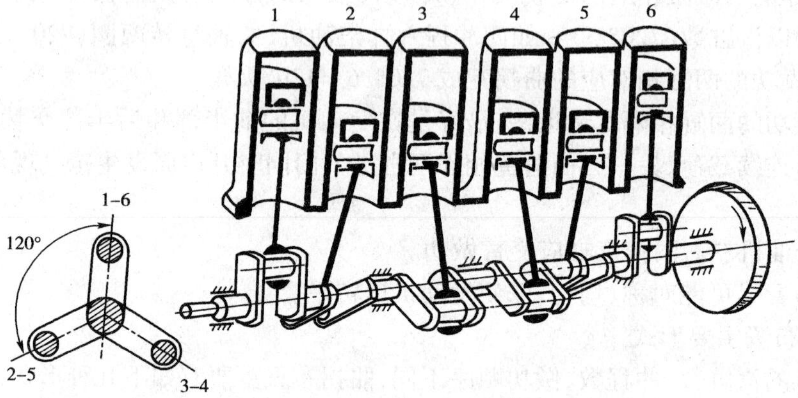

图 2-71 直列四冲程六缸发动机曲拐布置

四冲程直列六缸发动机工作循环表(工作顺序 1—5—3—6—2—4) 表 2-3

<table>
<tr><th colspan="2">曲轴转角(°)</th><th>第一缸</th><th>第二缸</th><th>第三缸</th><th>第四缸</th><th>第五缸</th><th>第六缸</th></tr>
<tr><td rowspan="3">0～180</td><td>0～60</td><td rowspan="3">做功</td><td rowspan="2">排气</td><td></td><td></td><td rowspan="2">压缩</td><td rowspan="3">进气</td></tr>
<tr><td>60～120</td><td rowspan="3">压缩</td><td rowspan="3">排气</td></tr>
<tr><td>120～180</td><td rowspan="3">进气</td><td rowspan="3">做功</td></tr>
<tr><td rowspan="3">180～360</td><td>180～240</td><td rowspan="3">排气</td><td rowspan="3">压缩</td></tr>
<tr><td>240～300</td><td rowspan="3">做功</td><td rowspan="3">排气</td></tr>
<tr><td>300～360</td><td rowspan="3">压缩</td><td rowspan="3">排气</td></tr>
<tr><td rowspan="3">360～540</td><td>360～420</td><td rowspan="3">进气</td><td rowspan="3">做功</td></tr>
<tr><td>420～480</td><td rowspan="3">排气</td><td rowspan="3">压缩</td></tr>
<tr><td>480～540</td><td rowspan="3">做功</td><td rowspan="3">进气</td></tr>
<tr><td rowspan="3">540～720</td><td>540～600</td><td rowspan="3">压缩</td><td rowspan="3">排气</td></tr>
<tr><td>600～660</td><td rowspan="2">进气</td><td rowspan="2">做功</td></tr>
<tr><td>660～720</td><td></td><td></td></tr>
</table>

③V 型四冲程八缸发动机

V 型四冲程八缸发动机曲拐布置如图 2-72 所示。着火间隔应为 90°,V 型发动机左右两列中相对应的一对连杆共用一个曲拐。所以 V 型八缸发动机只有 4 只曲拐。当它们之间的空间互成90°时，着火顺序一般为5—1—8—4—2—7—3—6，见表2-4。

如果空间夹角不为90°，则着火间隔角也不为90°，如捷克产太脱拉T-928柴油机，夹角为75°，所以它的作用间隔是75°和105°相间进行。

☆V型八缸发动机的工作顺序有多种，汽缸的序号排列方式也因机而异，有的是从左边数起，有的是从右边数起，有的是交叉计数。现在比较多的一种方法是分成左右两列各自计数，并不排到8。上述的工作顺序可排为R1—L1—R4—L4—L2—R3—L3—R2。

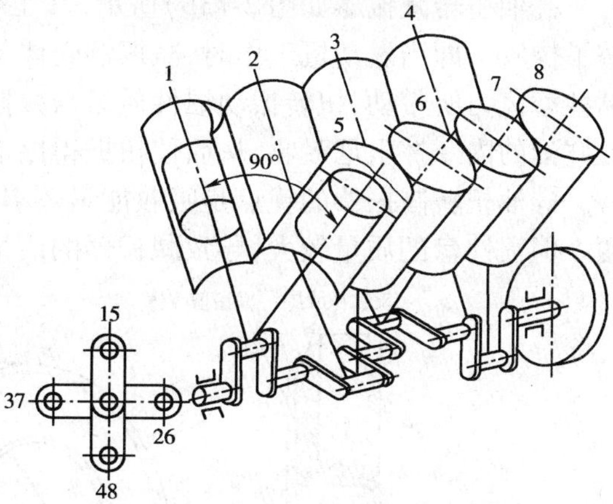

图2-72　V型八缸发动机的空间曲拐布置

6）曲轴扭转减振器

发动机工作时，曲轴在周期变化的转矩作用下，各曲柄之间产生周期性相对扭转的现象称为扭转振动，简称扭振。曲轴是一个扭转弹性系统，它本身具有一定的自振频率。当发动机转矩变化频率与曲轴自振频率相等或成整数倍时，就会发生很大振幅的扭转共振。共振不但可以破坏正常的传动正时，还会加剧传动零件的磨损，并导致发动机功率下降，噪声增大，甚至曲轴断裂。因此，为了避免共振和消除曲轴扭振，大多数现代发动机在其曲轴前端设有扭转减振器。

四冲程V型八缸发动机工作循环表（发火顺序5—1—8—4—2—7—3—6）　　表2-4

<table>
<tr><th colspan="2">曲轴转角(°)</th><th>1</th><th>2</th><th>3</th><th>4</th><th>5</th><th>6</th><th>7</th><th>8</th></tr>
<tr><td rowspan="2">0～180</td><td>0～90</td><td>压缩</td><td rowspan="2">进气</td><td rowspan="2">排气</td><td>进气</td><td rowspan="2">做功</td><td>做功</td><td>排气</td><td rowspan="2">压缩</td></tr>
<tr><td>90～180</td><td rowspan="2">做功</td><td rowspan="2">压缩</td><td rowspan="2">排气</td><td rowspan="2">进气</td></tr>
<tr><td rowspan="2">180～360</td><td>180～270</td><td rowspan="2">压缩</td><td rowspan="2">进气</td><td rowspan="2">排气</td><td rowspan="2">做功</td></tr>
<tr><td>270～360</td><td rowspan="2">排气</td><td rowspan="2">做功</td><td rowspan="2">进气</td><td rowspan="2">压缩</td></tr>
<tr><td rowspan="2">360～540</td><td>360～450</td><td rowspan="2">做功</td><td rowspan="2">压缩</td><td rowspan="2">进气</td><td rowspan="2">排气</td></tr>
<tr><td>450～540</td><td rowspan="2">进气</td><td rowspan="2">排气</td><td rowspan="2">压缩</td><td rowspan="2">做功</td></tr>
<tr><td rowspan="2">540～720</td><td>540～630</td><td rowspan="2">排气</td><td rowspan="2">做功</td><td rowspan="2">压缩</td><td rowspan="2">进气</td></tr>
<tr><td>630～720</td><td>压缩</td><td>进气</td><td>做功</td><td>排气</td></tr>
</table>

扭转减振器的结构形式有很多，但主要有橡胶扭转减振器、硅油扭转减振器和硅油—橡胶扭转减振器3种。

（1）橡胶扭转减振器

橡胶扭转减振器如图2-73a）所示。当发动机工作时，减振器壳体与曲轴一起振动，由于扭转振动惯性质量块滞后于减振器壳体，故两者之间产生相对运动，使橡胶层变形。其中振动能量被橡胶的内摩擦阻尼吸收，从而使曲轴的扭振得以消减。但是，橡胶扭转减振器中橡胶所能承受的温度是有一定限制的，因而其工作能力要受橡胶由于内摩擦而发热的限制。正因为如此，这种减振器要求在良好空气冷却条件下工作。

橡胶扭转减振器的优点是结构简单，制造容易，工作可靠。但是其阻尼系数小，吸收能量有限，减振作用不强，且橡胶层易老化，性能不够稳定，因而多用在小功率的发动机上。

(2)硅油扭转减振器

硅油扭转减振器如图2-73b)所示,其工作原理与橡胶减振器基本相同,只不过用硅油代替了橡胶。即当发动机工作时,减振器壳体与曲轴一起振动,而扭转振动惯性质量块被硅油的黏性摩擦力所带动,扭转振动惯性质量与减振器壳体间产生相对运动。其中曲轴的振动能量被硅油的内摩擦阻尼吸收,从而使扭振得以消减。

硅油扭转减振器的优点是吸收能量较多,减振效果好,性能稳定,工作可靠,加工和维修方便。但惯性盘的质量较大,导致减振器的质量和体积均较大。

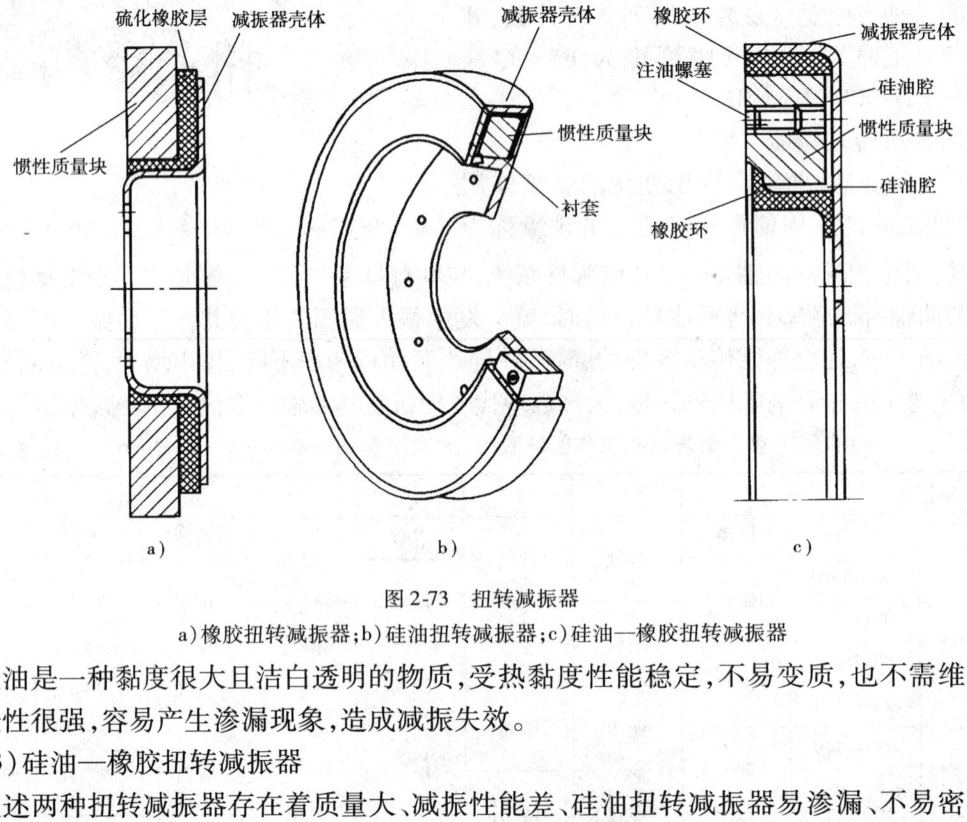

图2-73 扭转减振器

a)橡胶扭转减振器;b)硅油扭转减振器;c)硅油—橡胶扭转减振器

硅油是一种黏度很大且洁白透明的物质,受热黏度性能稳定,不易变质,也不需维护。但其渗透性很强,容易产生渗漏现象,造成减振失效。

(3)硅油—橡胶扭转减振器

上述两种扭转减振器存在着质量大、减振性能差、硅油扭转减振器易渗漏、不易密封等缺点。为了克服这些缺点,目前开始采用一种接近于理想减振性能的硅油—橡胶扭转减振器,其结构如图2-73c)所示。

这种扭转减振器利用橡胶环作为主要弹性体,用来密封和支撑扭转振动惯性质量块。而在减振器壳体与扭转振动惯性质量块间的密封腔内充满高黏度的硅油。当发动机工作时,硅油和橡胶共同产生内摩擦,使扭振得以消减。

硅油—橡胶扭转减振器集中了橡胶扭转减振器和硅油扭转减振器的优点,从而得到质量小、减振性能稳定等优良特性。

2. 飞轮

四冲程发动机每4个行程只做功一次,排气、进气和压缩3个行程都要消耗功。因此,曲轴对外输出的转矩呈周期性变化,曲轴转速也不稳定。为了改善这种状况,在曲轴后端装置飞轮。

飞轮是转动惯量很大的盘形零件,其作用如同一个能量存储器。在做功行程中发动机传输给曲轴的能量,除对外输出外,还有部分能量被飞轮吸收,从而使曲轴的转速不会升高很多。在排气、进气和压缩 3 个行程中,飞轮将其储存的能量放出来补偿这 3 个行程所消耗的功,从而使曲轴转速不致降低太多。

除此之外,飞轮还有下列功用:飞轮是摩擦式离合器的主动件;在飞轮轮缘上镶嵌有供起动发动机用的飞轮齿圈;在飞轮上还刻有上止点记号,用来校准点火正时或喷油正时以及调整气门间隙。

飞轮结构形状的特征是其大部分质量集中在轮缘上,所以轮缘做得又宽又厚,以便在较小的飞轮质量下获得较大的转动惯量。

飞轮应与曲轴一起进行动平衡试验。为保持动平衡后曲轴与飞轮的相对位置,通常采用定位销或不等距螺栓将飞轮紧固在曲轴后端。

3. 发动机滑动轴承

发动机滑动轴承有连杆衬套、连杆轴承、主轴承和曲轴止推轴承等。

1)连杆轴承和主轴承

连杆轴承和主轴承均承受交变载荷和高速摩擦,因此轴承材料必须具有足够的抗疲劳强度,而且要摩擦小、耐磨损和耐腐蚀。连杆轴承和主轴承均由上、下两片轴瓦对合而成。一种轴瓦是由钢背和减磨合金层构成,称为二层结构。现在采用的轴瓦则多由钢背、减磨合金层和软镀层构成,称三层结构轴瓦,如图 2-74 所示。

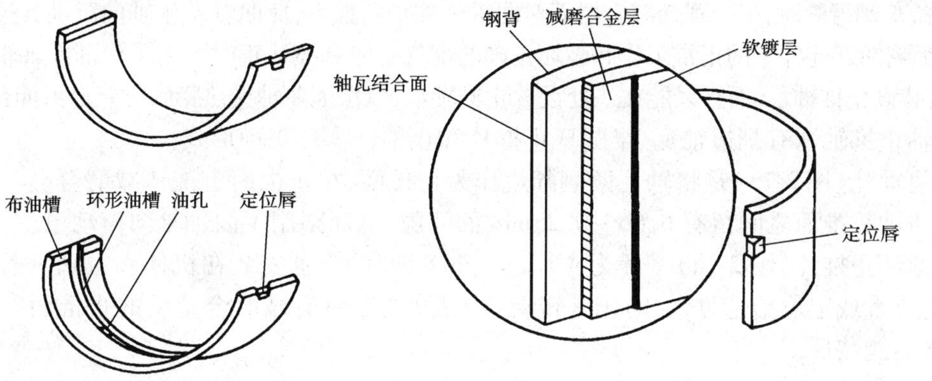

图 2-74 轴瓦结构

(1)钢背

钢背是轴瓦的基体,由 1 ~3mm 厚的低碳钢板制成,以保证有较高的机械强度。钢背背面只有很小的粗糙度,旨在增大与连杆大头孔或主轴承孔的接触面积,以利散热。在钢背背面镀锡也可以达到同样的目的。

(2)减磨合金

减磨合金材料主要有白合金、铜基合金和铝基合金。

白合金也叫巴氏合金,应用较多的锡基白合金其减磨性好,但疲劳强度低,耐热性差,温度超过 100℃时,硬度和强度均明显下降,因此常用于负荷不大的汽油机。

铜铅合金的突出优点是承载能力大,抗疲劳强度高,耐热性好。但磨合性能和耐腐蚀性差。为了改善其磨合性和耐腐蚀性,通常在铜铅合金表面电镀一层软金属而成三层结构轴瓦,多用于高强化的柴油机。

铝基合金包括铝锑镁合金、低锡铝合金和高锡铝合金。含锡20%以上的高锡铝合金轴瓦因为有较好的承载能力、抗疲劳强度和减磨性能而被广泛地用于汽油机和柴油机。

(3)软镀层

软镀层是指在减磨合金层上电镀一层锡或锡铅合金,其主要作用是改善轴瓦的磨合性能,并作为减磨合金层的保护层。凡镀有电镀层的轴瓦选配时不应进行镗削或刮削,否则将镀层镗刮掉,就完全失去原来加覆镀层的意义。

轴瓦在自由状态时,两个结合面外端的距离比轴承孔的直径大,在装配时,轴瓦的圆周过盈变成径向过盈,对轴承孔产生径向压力,使轴瓦紧密贴合在轴承孔内,以保证其良好的承载和导热能力,提高轴瓦工作的可靠性和延长其使用寿命。

在轴瓦的结合端冲压出定位唇(图2-74),在轴承孔中加工有定位槽,以便装配时能正确定位。定位唇的作用只在于方便装配,欲使轴瓦在轴承孔中不转动、不移动、不振动,则全靠轴瓦与轴承孔之间的过盈配合来保证。

通过连杆小头喷油孔喷油冷却活塞的发动机,在主轴承和连杆轴承的上、下轴瓦上均加工有环形油槽和油孔,以便不间断地向连杆小头喷油孔供油。为了保证轴瓦的承载能力,最好不在载荷较大的主轴承下轴瓦和连杆轴承上轴瓦开环形油槽。有的发动机只在主轴承的上轴瓦加工有环形油槽(图2-74)。

2)曲轴止推轴承

机械车辆行驶时,由于踩踏离合器而对曲轴施加轴向推力,使曲轴发生轴向窜动。过大的轴向窜动将影响活塞连杆组的正常工作和破坏正确的配气正时和喷油正时。为了保证曲轴轴向的正确定位,需装设止推轴承,而且只能在一处设置止推轴承,以保证曲轴受热膨胀时能自由伸长。

曲轴止推轴承有翻边轴瓦、半圆环止推片和止推轴承环3种形式。

翻边轴瓦(图2-75)是将轴瓦两侧翻边作为止推面,在止推面上浇铸减磨合金。轴瓦的止推面与曲轴止推面之间留有0.06~0.25mm的间隙,从而限制了曲轴轴向窜动量。

半圆环止推片(图2-76)一般为4片,上、下各两片,分别安装在机体和主轴承盖上的浅槽中,用定位舌或定位销定位,以防止其转动。装配时,需将有减磨合金层的止推面朝向曲轴的止推面,不能装反。

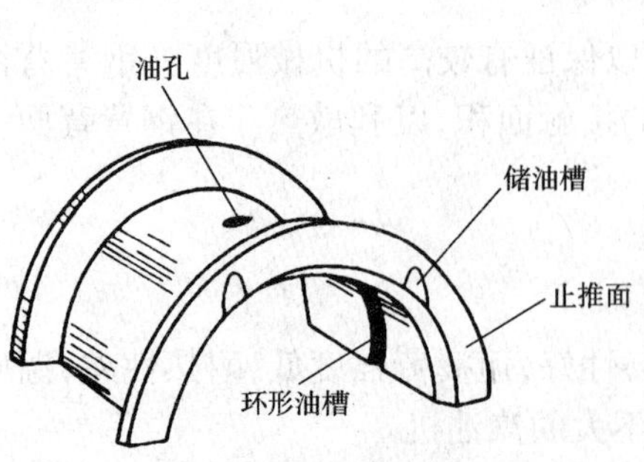

图2-75 翻边轴瓦

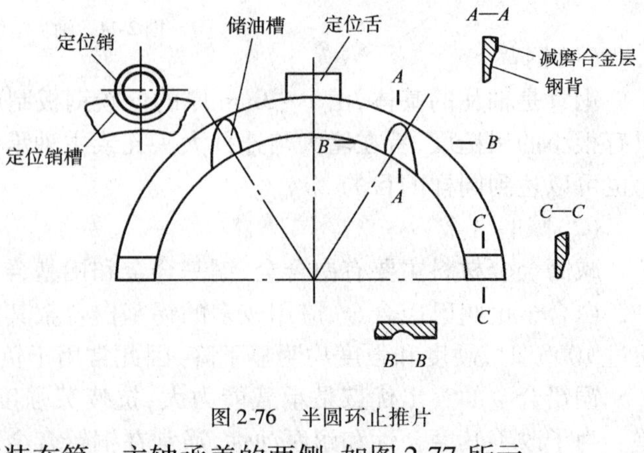

图2-76 半圆环止推片

止推轴承环为两片止推圆环,分别安装在第一主轴承盖的两侧,如图2-77所示。

二、曲轴飞轮组的检修

1. 曲轴的损伤与检修

1）曲轴的损伤

在使用中，曲轴除了磨损外，还会出现轴颈表面划痕、拉伤、烧伤、裂纹、变形和断裂等故障。曲轴的其他部位的磨损包括：回油螺纹或轴肩磨损、前端键槽磨损、起动爪螺纹损伤或滑扣等。

2）曲轴的检修

（1）曲轴变形的检修

①曲轴弯曲的检验与校正：将曲轴放在检验平板的 V 形块上，将百分表触头垂直地触及中间一道主轴颈，如图 2-78 所示。转动曲轴，此时百分表指针所示的最大摆差即为曲轴主轴颈的同轴度偏差。

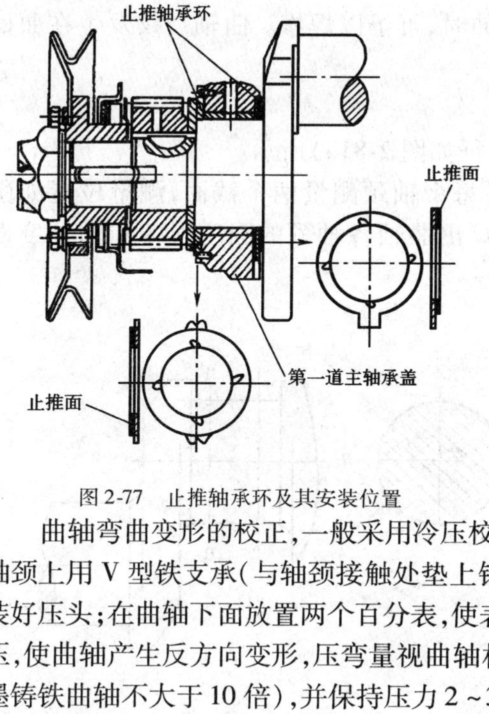

图 2-77　止推轴承环及其安装位置

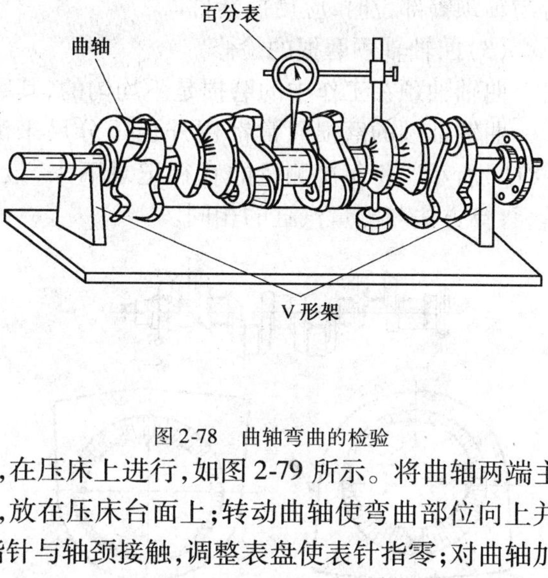

图 2-78　曲轴弯曲的检验

曲轴弯曲变形的校正，一般采用冷压校正法，在压床上进行，如图 2-79 所示。将曲轴两端主轴颈上用 V 型铁支承（与轴颈接触处垫上铜皮），放在压床台面上；转动曲轴使弯曲部位向上并装好压头；在曲轴下面放置两个百分表，使表头指针与轴颈接触，调整表盘使表针指零；对曲轴加压，使曲轴产生反方向变形，压弯量视曲轴材料而定，一般压弯量为曲轴弯曲量的 10 ~ 15 倍（球墨铸铁曲轴不大于 10 倍），并保持压力 2 ~ 3min。冷压校后的曲轴应进行人工时效处理，以消除冷压产生的内应力。对于弯曲变形量不大的曲轴，也可用敲击法校正，如图 2-80 所示。

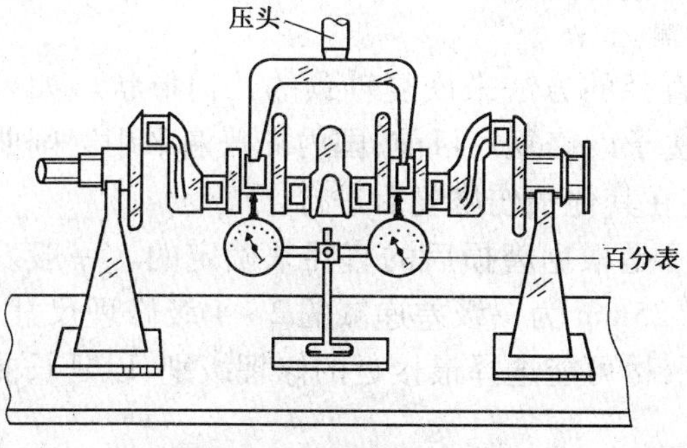

图 2-79　冷压校正曲轴

图 2-80　表面敲击校正曲轴

②曲轴扭曲的检测与校正:检测曲轴扭曲变形时,仍采用上述设备,将曲轴置于检验平板的V形块上,将第一、第六缸连杆轴颈转到水平位置上,用百分表测量两轴颈至平板的距离,求得两者高度差ΔA,即可求得曲轴的扭转变形量。

曲轴扭曲变形较轻微时,可在曲轴磨床上结合连杆轴颈的磨削予以校正,若曲轴扭转变形量较大,应予以更换。

(2)曲轴裂纹的检修

曲轴取出经清洗后,首先检查主轴颈和连杆轴颈表面有无毛刺、疤痕和凹槽,然后检查有无裂纹。

曲轴裂纹可用渗油敲击法检查。具体做法是:将清洗干净的曲轴放在煤油中浸泡,再把曲轴取出擦净表面,并在表面撒上白粉,然后用手锤沿轴向敲击曲轴非工作面,白粉中如有明显裂纹状油迹出现,则该处有裂纹。曲轴裂纹检查的最好方法是磁力探伤法。

曲轴裂纹发生在非主要受力部位或裂纹不会延伸时,可予以焊修。曲轴裂纹发生在曲柄臂与轴颈等部位时,应更换新件。

(3)曲轴轴颈磨损的检修

曲轴轴颈在工作中的磨损是不均匀的,其磨损特征如图2-81a)所示。

曲轴轴颈的磨损通常都用外径千分尺来测量。每个轴颈测量两个截面,测量位置如图2-81b)所示。将每次测量的直径记录下来,最后计算出曲轴各轴颈的圆度误差和圆柱度误差,计算方法与测量汽缸的相同。

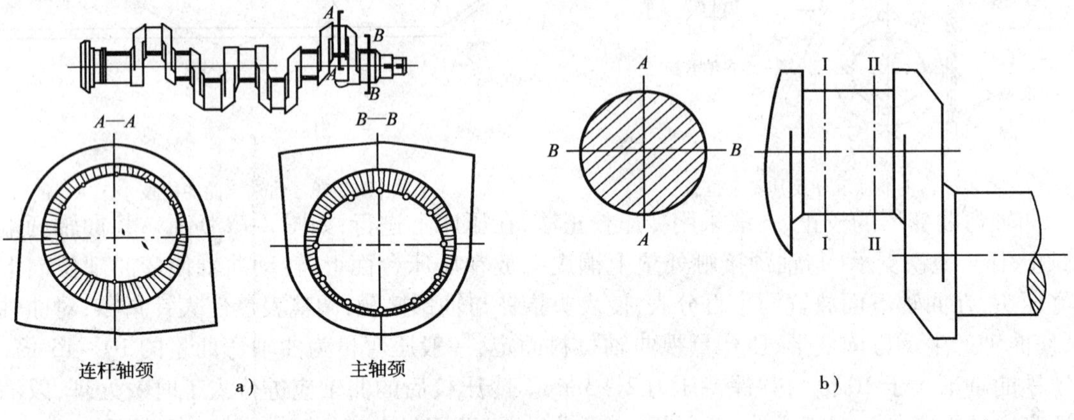

图2-81 曲轴轴颈磨损特征和测量

a)磨损特征;b)测量位置

曲轴轴颈的磨损超过规定值后,可采用缩小直径的方法来恢复轴颈的几何形状。如果曲轴轴颈存在擦伤或烧伤等损伤,也可采用上述方法予以修复。目前,国内外普遍采用磨削曲轴轴颈的方法来恢复它的几何形状。曲轴的磨削应在其他损伤修复后进行。

磨削曲轴前应先确定修理尺寸,轴颈修理尺寸是根据磨损后的直径来确定的。一般发动机曲轴的主轴颈和连杆轴颈均有标准尺寸和以0.25mm为一级差递减的2~4级修理尺寸,并配有相应尺寸的轴承。在保证磨削质量的前提下,尽可能选择最接近的修理级别,以延长曲轴的使用寿命。

曲轴的磨削应在专用曲轴磨床上由专业人员来进行。

2. 曲轴轴承的损伤与选配

1)曲轴轴承的常见损伤及原因

曲轴轴承的损伤主要有磨损、疲劳剥落、刮伤和烧熔等。

由于曲轴轴承与轴颈存在接触且相对运动，即使在可靠润滑的情况下，磨损也是不可避免的。在轴承使用寿命内的磨损是正常的，但有时轴承会出现早期的快速磨损，其主要原因是：轴承在工作中负荷大或承受冲击性载荷；润滑油污染严重；润滑不良；轴承本身质量不合要求等。

疲劳剥落是由于曲轴长期在交变冲击载荷作用下工作，轴承合金会产生疲劳裂纹，严重时会造成合金剥落。

刮伤则是由于发动机工作时，机件磨损形成的金属碎屑等杂质混在润滑油中，这些杂质进入轴承间隙中，对合金表面刮伤。

当轴承表面缺油时，摩擦产生高温，常会导致轴承合金熔化，引起抱轴事故。

2)曲轴轴承损伤的检验

检验前，将轴承清洗干净。观察主轴承内表面，若有明显的环状沟槽或麻点时，应予报废。当合金表面有少量很浅的环状沟痕，或少量麻点剥落，对轴承承载能力影响不大时，可用内径百分表进一步检查轴承的尺寸及几何形状。将轴承装入轴承座和轴承盖并按规定拧紧轴承盖螺栓，分别测量出轴承内孔的最大、最小直径(测量点应避开轴承剖分面和油槽)，然后计算出轴承内孔的圆度、圆柱度及其与轴颈的配合间隙。康明斯6BTA5.9发动机曲轴主轴承与轴颈的配合间隙不大于0.119mm，圆度误差不大于0.050mm，圆柱度误差不大于0.013mm。配合间隙接近或超过极限时，应予以更换。

3)曲轴轴承的选配

轴承间隙超过允许极限以及修磨或更换曲轴后，必须更换曲轴轴承。轴承的修理尺寸与轴颈一样，具有相应的修理级别。因此，在选配轴承时，应根据曲轴轴颈的修理尺寸，按修理级别选用相应缩小尺寸的新轴承。不允许用下一级修理尺寸的轴承采用多镗削合金的方法，将内孔扩大，以代替上一级别的轴承使用，因为过多地镗削不仅去除了表面镀层，还会降低合金层的疲劳强度。

对曲轴轴承的一些具体要求：轴承背面应光滑无斑点，定位凸榫完好；弹性合适，新轴承的曲率半径应大于轴承座孔的半径，保证轴承压入后借轴承自身的弹力能与座孔平顺贴合；轴承合金表面应无裂纹和沙眼；轴承的圆弧长度应符合要求；新轴承装入座孔后，上下两片的每端均应高出座平面0.03～0.05mm，如图2-82所示。

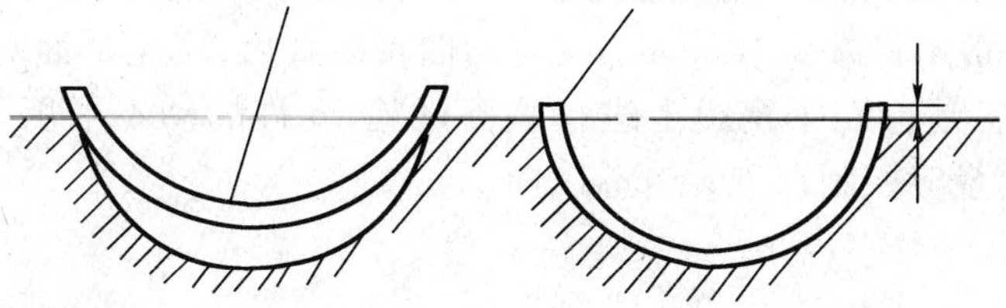

图2-82　轴承装入座孔的要求

☆现代发动机的曲轴轴承多按直接选配的要求设计制造，不需要再进行刮削。但由于目前我国发动机配件市场尚不完善以及应急修理等情况，仍有一定数量的可刮削轴承供应。可刮削轴承的预留刮削量一般为0.03~0.06mm。

刮削轴承时，刮刀要锋利，要放平，一次刮削面积与厚度要适当，掌握刮重留轻，刮大留小，边刮边试，反复进行的原则。接近刮好时，应将全部轴承盖按规定力矩拧紧，转动曲轴，再检查接触痕迹，进行选择性刮削，以保证接触面积不少于75%，第一道和最后一道接触面积应不少于85%。

3. 曲轴轴向及径向间隙的检查

1)曲轴轴向间隙的检查

检查曲轴轴向间隙时，可将百分表触针顶在飞轮或曲轴的端面上，用撬棒前后撬动曲轴，百分表的最大摆差即为曲轴的轴向间隙，如图2-83所示。也可用厚薄规插入止推垫片与曲轴的承推面之间来检查曲轴的轴向间隙。曲轴轴向间隙一般为0.06~0.25mm，使用极限为0.35mm。

2)曲轴径向间隙的检查

曲轴径向间隙多用专用的塑料线规进行检查。检查时，把线规纵向放入轴承中，按原厂规定的拧紧力矩紧固轴承盖(在紧固过程中防止曲轴转动)。然后拆下轴承盖，取出已压展的塑料线规，与标准线规比较或用游标卡尺直接测量，即可确定径向间隙的大小。

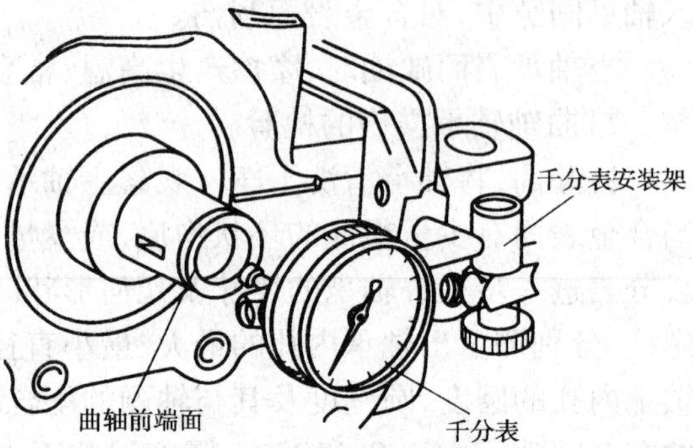

图2-83　检查曲轴轴向间隙

轴承间隙的检验也可用经验法：当单个主轴承的间隙符合要求时，曲轴的转动力矩不大于10N·m。连杆轴承的配合间隙符合要求时，将连杆按规定装在轴颈上，然后用手甩动连杆小端，连杆应能够转动1.25~1.75圈。

4. 飞轮的损伤与检修

飞轮的损伤主要有齿圈损伤，飞轮接触盘使用中出现平面锈蚀磨损、变形、螺孔变形扩大等。

1)飞轮齿圈的检修

飞轮齿圈如果是齿圈单面磨损，可在轮齿另一端头重新倒角，将轮齿翻边使用。若齿面严重磨损超过齿长的30%或有齿断裂，应予更换。新齿圈与飞轮外圆的配合过盈量一般为0.30~0.60mm。安装时，应将齿圈加热到350~400℃，趁热压至止口，冷却后即具有一定紧度。

2)飞轮工作面的检修

飞轮工作面磨损形成波浪形槽，应用油石磨平，深度超过0.5mm时或平面度误差大于0.15mm时，应车削或磨削加工。飞轮修磨后，工作表面应平整、无裂纹，其平面度误差小于0.10mm，其总厚度一般不得减少1.2mm。飞轮与曲轴装合后，飞轮平面对曲轴轴线的端面全跳动应小于0.20mm。还应在平衡机上进行平衡试验，允许的动不平衡量应符合原厂标准。康明斯发动机不平衡量应控制在30g·cm以内。

思考题

1. 从受力分析角度考虑，哪些力会引起发动机的振动？什么力会引起汽缸与曲轴的偏磨？

2. 为什么说缸体需要良好的导热性能和吸振性能？

3. 为什么在汽缸中要镶汽缸套？干式缸套与湿式缸套各有何特点？

4. 为什么大缸径、多缸柴油机多采用分段式缸盖？

5. 汽缸垫的厚薄对发动机有什么影响？

6. 汽缸的磨损特征受哪些因素影响？

7. 有人说:“活塞销与卡环之间要留有一定间隙,以防止活塞销膨胀将卡环顶出”。你认为对吗？为什么？

8. 为什么柴油机多采用斜切口连杆？

9. 在组装活塞连杆时能用火烧加热吗？为什么？

10. 为什么曲轴的轴向定位结构只在一头有？轴向间隙如何检查？

11. 为什么四缸四冲程发动机的曲拐不会布置成互成90°的十字形状？

12. 两缸发动机的做功间隔是$\frac{720°}{2}=360°$吗？

13. 为什么活塞和连杆都有严格的装配方向要求？

14. 曲轴减振器中的硅油流失会有什么影响？

Danyuansan

单元三

配气机构

知识点

1. 配气机构的工作原理；
2. 充气效率的概念及其影响因素；
3. 凸轮的轮廓形状及磨损后对发动机的影响；
4. 配气相位的概念；
5. 气门间隙的概念；
6. 涡轮增压器的工作原理。

技能点

1. 进行凸轮轮廓的检查；
2. 进行凸轮轴轴向间隙的检查；
3. 更换摇臂衬套；
4. 进行气门座铰削、研磨、更换；
5. 进行气门及导管的检查、更换；
6. 进行配气相位的检查与调整；
7. 进行气门间隙的检查与调整；
8. 进行增压器常见故障的判断。

课题一　概　　述

一、配气机构的功用及工作原理

1. 配气机构的功用

配气机构的功用是按照发动机发火次序和每一汽缸内所进行的工作循环，定时开启和关闭各汽缸的进、排气门,保证各缸及时吸进新鲜气体(空气或可燃混合气),并及时排除废气。

2. 充气效率及影响因素

新鲜空气或可燃混合气被吸进汽缸越多,发动机发出的功率越大。新鲜空气或可燃混合气充满汽缸的程度,用充气效率 η_v 来表示。所谓充气效率就是在进气行程中,实际进入汽缸内的新鲜气体质量与在进气状态下充满汽缸工作容积的新鲜气体质量之比,即

$$\eta_v = \frac{m}{m_0} \tag{3-1}$$

式中:m——进气行程中,实际进入汽缸内的新鲜气体质量;

m_0——进气状态下,充满汽缸工作容积的新鲜气体质量(理想值)。

充气效率高,进入汽缸内的新鲜空气或可燃混合气的质量越多,可燃混合气燃烧时可放出的热量越大,发出的功率也大。对于工作容积一定的发动机而言,充气效率与进气终了时汽缸内的压力和温度有关。此时压力愈高,温度愈低,则一定容积的气体质量就愈大,因而充气效率愈高。由于进气系统对气流的阻力造成进气终了时缸内气体压力降低,又由于上一循环中残留在汽缸内的高温废气,以及燃烧室、活塞顶、气门等高温零件对进入汽缸的新气加热,使进气终了时气体的温度升高,实际充入汽缸的新鲜气体的质量总是小于在进气状态下充满汽缸工作容积的新鲜气体的质量。也就是说,充气效率总是小于1,一般为0.80~0.90。影响发动机充气效率的因素很多,所以提高充气效率可以多方面入手。就配气机构而言,主要是要求其结构有利于减小进气和排气的阻力,而且进、排气门的开启时刻和持续开启的时间比较适当,使吸气和排气都尽可能充分。

3. 配气机构的工作原理

气门式配气机构由气门组和气门传动组组成。图3-1为典型顶置气门式配气机构简图,其进、排气门均布置在汽缸盖上。气门组由气门、气门导管、气门弹簧、弹簧座和锁片等组成。气门传动组由摇臂轴、摇臂、推杆、挺柱(杆)、凸轮轴和正时齿轮等组成。

发动机工作时,凸轮轴是由曲轴通过正时齿轮驱动的。当凸轮(图3-2)的凸起部分顶起挺柱(杆)时,通过推杆、调整螺钉使摇臂摆动,在消除气门间隙 S 后,压缩气门弹簧,使气门开启。应当指出,由于摇臂的两臂不等长($a<b$),它们使摇臂绕着摇臂轴摆动时,左右两侧升程不同。当凸轮的凸起部分离开挺杆后,气门便在弹簧张力的作用下压紧在气门座上,这时气门关闭。

四冲程发动机每完成一个工作循环,曲轴转两周,各缸的进、排气门各开启一次,即凸轮轴只须转一周。因此,曲轴与凸轮轴的转速比为2∶1。

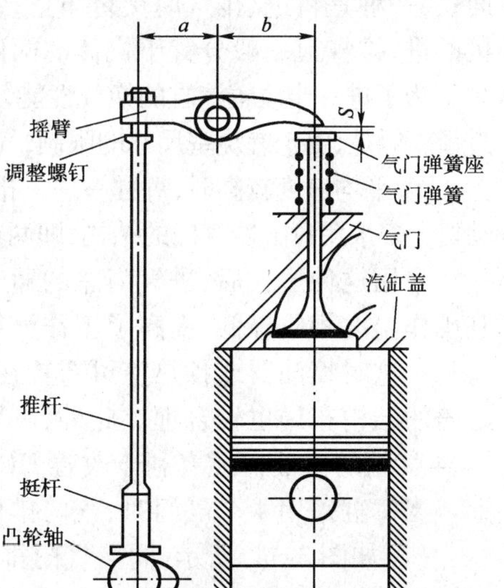

图3-1　顶置气门式配气机构简图

二、配气机构的类型

配气机构可以从不同角度进行分类。

1. 按每缸气门数分类

按每缸气门数目,可分为两气门和多气门式(图3-3)。

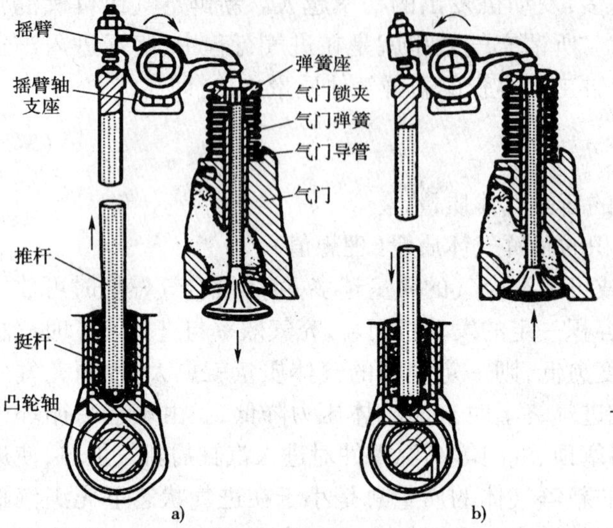

图3-2　顶置气门式配气机构工作过程

a)气门打开;b)气门关闭

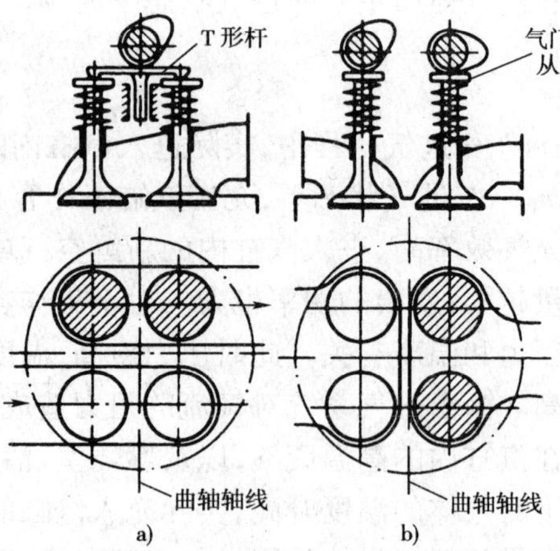

图3-3　每缸4气门的布置及其驱动

a)同名气门排列成两列;b)同名气门排列成一列

一般发动机都采用每缸两个气门,即一个进气门和一个排气门的结构。

当每缸用两气门时,为使结构简化,大多数采用所有气门沿机体纵向轴线排成一列的方式。这样,相邻两缸的同名气门就有可能合用一个气道,使气道简化并得到较大的气流通过截面;另一种是将进、排气门交替布置,每缸单独用一个气道,这样有助于汽缸盖冷却均匀。柴油机的进、排气道一般分置于机体的两侧,以免排气对进气加热。

为了进一步改善汽缸的换气性能,在可能的条件下,应尽量加大气门的直径,特别是进气门的直径。但是,由于燃烧室尺寸的限制,气门直径最大一般不能超过汽缸直径的一半。当汽缸直径较大,活塞平均速度较高时,每缸一进一排的结构就不能保证良好的换气质量。因此,在很多新型发动机上多采用每缸四气门的结构,即两个进气门和两个排气门,如NT855型柴油机就是这种形式。

采用这种形式后,进气门总的通过断面较大,充气效率较高,排气门的直径可适当减小,使其工作温度相应降低,提高了工作可靠性。大功率高速柴油机,则采用每缸4气门的结构特别有利。这时喷油器或预热室可布置在汽缸的中央位置,不仅混合气形成和燃烧较好,而且使汽缸盖的结构布局也较合理。此外,采用4气门后还可适当减小气门升程,改善配气机构的动力性,4气门的汽油机还有利于改善HC和CO的排放性能。

当每缸采用4个气门时,气门排列的方案有两种:

(1)如图3-3a)所示,同名气门排成两列,由一个凸轮通过T形驱动杆同时驱动,并且所有气门都可以由一根凸轮轴驱动,两同名气门在气道中的位置不同,可能会使二者的工作条件和工作效果不一致。

(2)如图3-3b)所示,同名气门排在同一列,则没有上述缺点,但一般要用两根凸轮轴。

2. 按气门的布置形式分类

按气门的布置形式,可分为气门侧置式和气门顶置式(图3-4)。

侧置式配气机构(图3-4a),由于燃烧室结构不紧凑,限制了压缩比的提高。此外还由于进气弯道多,进气阻力大。因而发动机的动力性能和经济性能差,所以这种配气机构已淘汰。

顶置式配气机构(图3-4b)、图3-4c),相比之下则具有较好的动力性和经济性,因而在发动机上得到了广泛的应用。

3. 按凸轮轴的布置位置分类

按凸轮轴的布置位置,可分为凸轮轴下置式、凸轮轴中置式和凸轮轴上置式(图3-5)。

1)凸轮轴下置式配气机构(图3-5a)

凸轮轴下置式配气机构主要优点是凸轮轴离曲轴很近,可以简单地用一对齿轮传动。缺点是零件多,传动路线长,整个机构刚度差。在高速运转时,可能破坏气门的运动规律,因此多用在转速较低的发动机上。

图3-4　气门布置形式

a)侧置式配气机构;b)、c)顶置式配气机构

2)凸轮轴中置式配气机构(图3-5b)

凸轮轴置于机体上部的配气机构被称为凸轮轴中置式配气机构。与凸轮轴下置式相比,减少了推杆,从而减轻了配气机构的往复运动质量,增大了机体的刚度,更适用于较高转速的发动机。

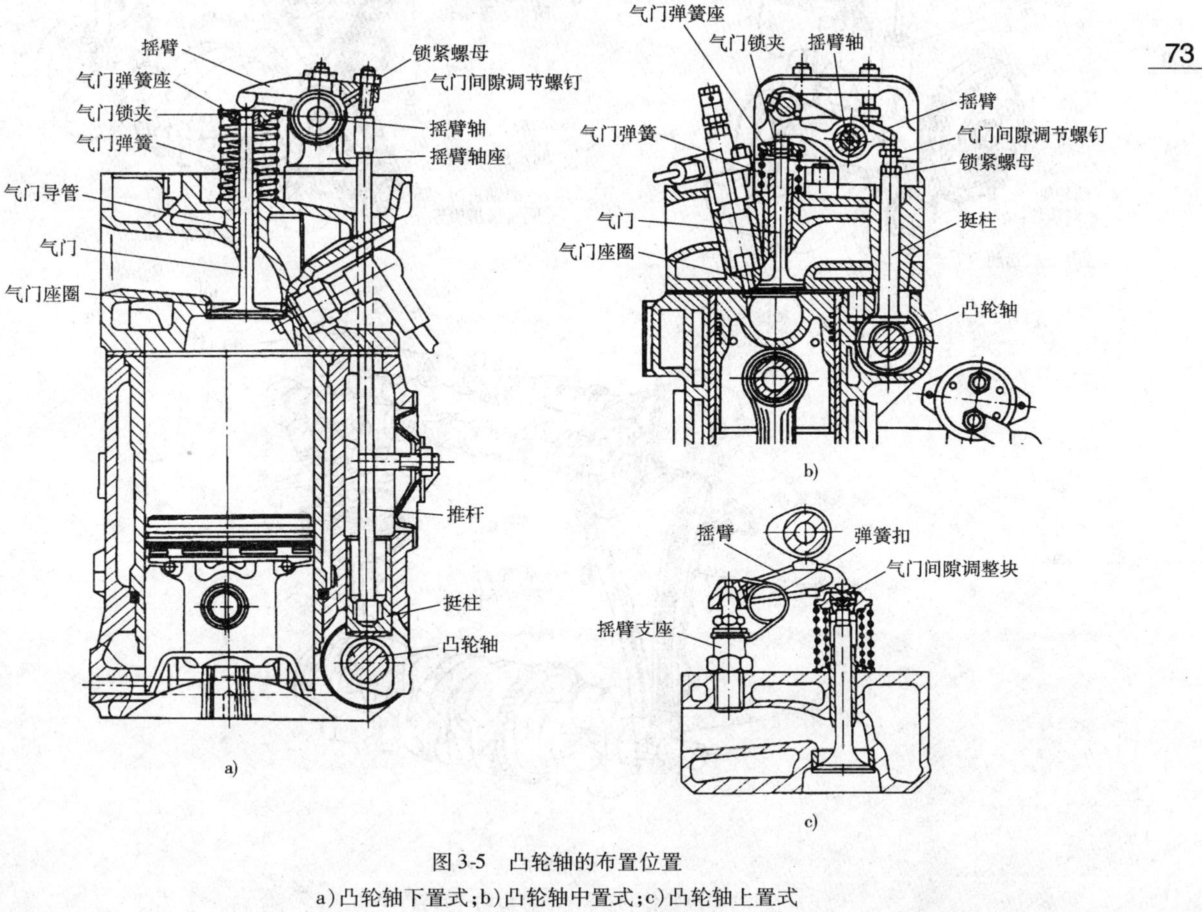

图3-5　凸轮轴的布置位置

a)凸轮轴下置式;b)凸轮轴中置式;c)凸轮轴上置式

3)凸轮轴上置式配气机构(图3-5c)

这种结构中,凸轮轴直接通过摇臂来驱动气门。这种传动机构没有挺柱、推杆,使往复运动质量大大减小,因此它适用于高速发动机。但由于凸轮轴离曲轴中心线更远,因此正时传动机构更为复杂,而且拆装汽缸盖也比较困难,缸径较小的柴油机的凸轮轴上置时给安装喷油器也带来困难。

上置凸轮轴的另一种形式是凸轮轴直接驱动气门。这种配气机构的往复运动质量最小,对凸轮轴和气门弹簧设计的要求也最低,因此特别适用于高速强化发动机。这在高速汽车发动机上得到广泛的应用。

4. 按曲轴和凸轮轴的传动方式分类

按曲轴和凸轮轴的传动方式,可分为齿轮传动、齿形带传动和链条传动(图3-6)。

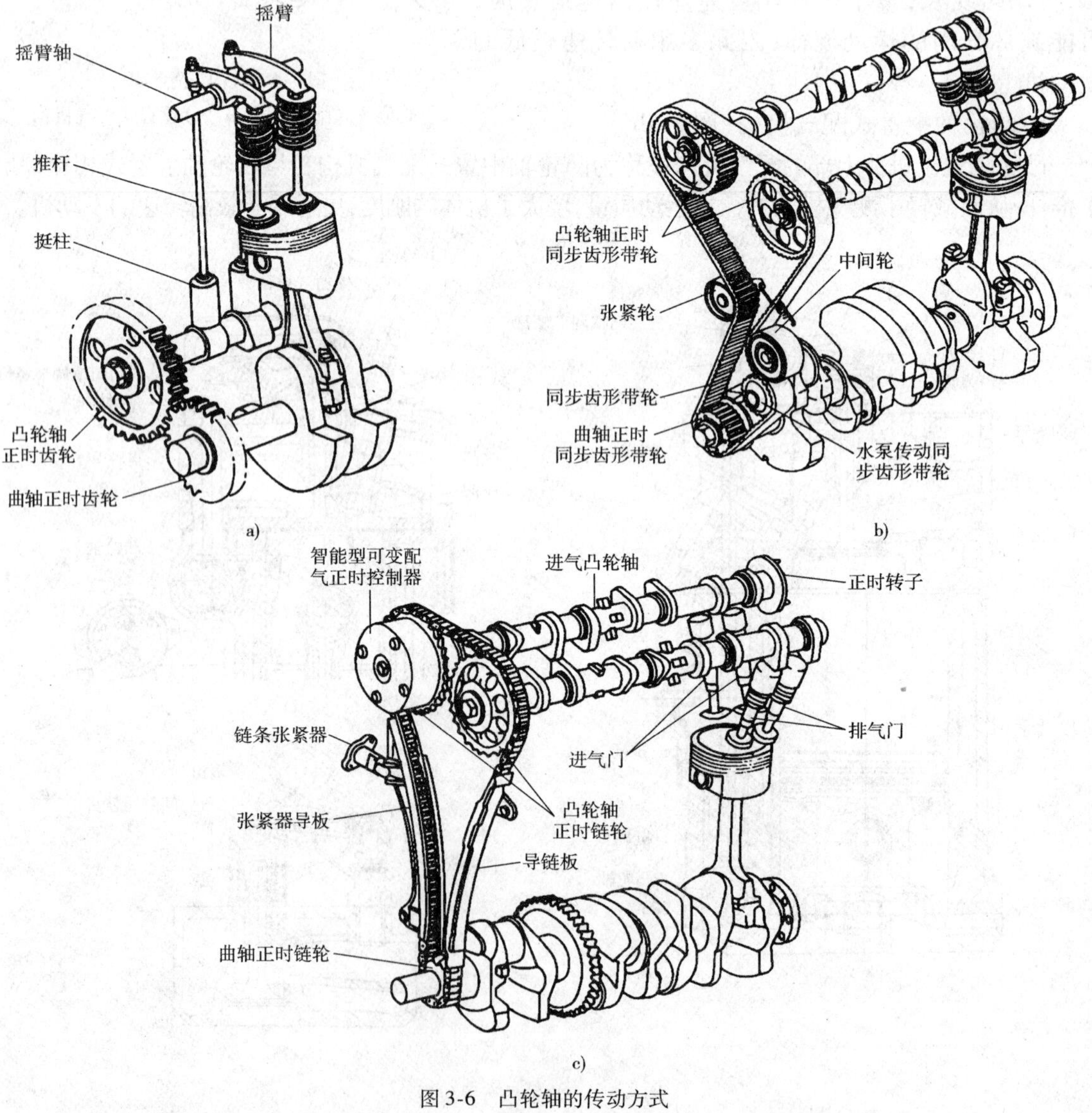

图3-6 凸轮轴的传动方式

a)齿轮传动;b)齿形带传动;c)链传动

凸轮轴下置、中置的配气机构大多采用圆柱形正时齿轮传动。一般从曲轴到凸轮轴的传动只需一对正时齿轮,必要时可加装中间齿轮。为了啮合平稳,减小噪声,正时齿轮多用斜齿。

链条与链轮的传动特别适用于凸轮轴上置的配气机构上,如图3-6c)所示。为使在工作时链条具有一定的张力而不致脱链,装有导链板和张紧轮装置等。链传动的主要问题是其工作可靠性和耐久性不如齿轮传动。其传动性能在很大程度上取决于链条的制造质量。

近年来在高速汽车发动机上还广泛地采用皮带来代替传动链。图3-6b)所示为某轿车用的齿形带传动,这种齿形皮带用氯丁橡胶制成,中间夹有玻璃纤维和尼龙织物,以增加强度。采用齿形皮带传动,对于减小噪声,减少结构重量与降低成本都有很大的好处。

课题二　配气机构的主要机件

一、气门传动组

气门传动组由凸轮轴、挺柱(杆)、推杆、摇臂、摇臂轴和正时齿轮等组成。

1. 气门传动组件的结构

1)凸轮轴

(1)凸轮轴的功用与材料

凸轮轴的功用是控制各缸进、排气门的开启和关闭。

凸轮轴受到气门、挺柱及推杆的周期性冲击载荷,且凸轮与挺柱间的相对滑动速度大。因此,要求凸轮轴轴颈和凸轮工作表面具有足够的刚度、耐磨性、较高的精度和良好的润滑条件。

凸轮轴通常采用碳钢模锻或合金铸铁、球墨铸铁铸造而成。其中凸轮轴轴颈和凸轮工作表面应进行高频淬火或渗碳淬火,以提高其耐磨性和硬度,然后再进行精磨、抛光。

(2)凸轮轴的构造

大多数凸轮轴都制成整体式(见图3-7)。其主要由凸轮轴轴颈、进气凸轮、排气凸轮等组成。汽油机的凸轮轴上通常装有用于驱动润滑油泵和分电器的齿轮以及驱动输油泵的偏心轮,凸轮轴的驱动端还安装有正时齿轮。

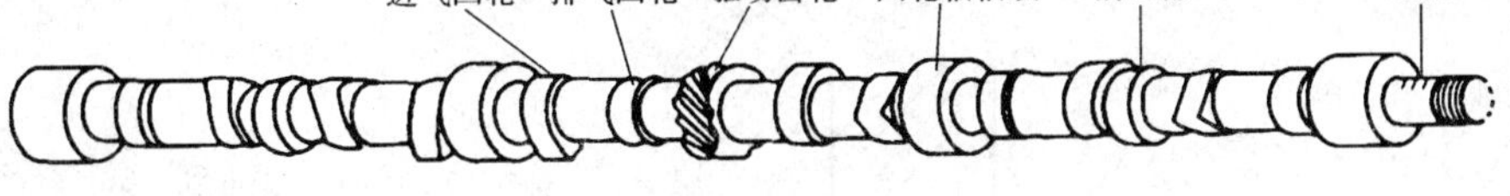

图3-7　凸轮轴

进、排气凸轮用来控制进、排气门开闭时间、持续时间和开闭速度。其数目与汽缸数、每缸的气门数以及驱动方式有关。一般有圆弧凸轮、函数凸轮等。

凸轮轴通过凸轮轴轴颈支承在凸轮轴轴承孔内,故凸轮轴轴颈数目会影响凸轮轴的支承刚度。上置式凸轮轴一般每隔一个汽缸设置一个凸轮轴轴颈,而下置式凸轮轴多是每隔二个汽缸设置一个凸轮轴轴颈。

①凸轮的轮廓:气门开启和关闭的持续时间必须符合配气相位的要求。这是由凸轮的轮廓来保证的,而且凸轮的轮廓还在很大程度上决定了气门的最大升程和运动规律。

在如图 3-8 所示的凸轮轮廓中，O 为凸轮轴的轴心，圆弧 EA 为凸轮的基圆，弧 AB 和 DE 为凸轮的缓冲段，缓冲段中凸轮的升程（升程即轮廓线上某点较基圆半径凸出的量）变化速度较慢，BCD 为凸轮的工作段，此段升程变化较快，C 点时升程最大（图中 A 值），它决定了气门的最大开度。不同机型凸轮的升程变化规律不同。

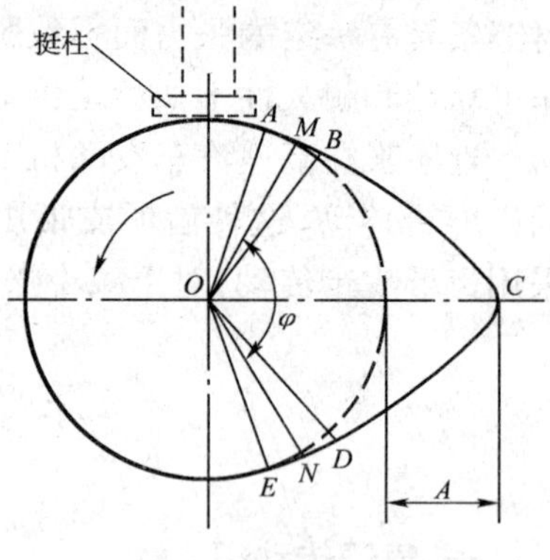

图 3-8　凸轮轮廓示意图

以下置凸轮轴为例，凸轮的工作过程如下：当凸轮按图中方向转过时，挺柱开始处于最低位置不动，气门处于关闭状态。凸轮转至 A 点时，挺柱开始移动。继续转动，在缓冲段 AB 内的某点 M 处消除气门间隙，气门开始开启，至 C 点时气门开度最大，而后逐渐关小，至缓冲段内某点 N 时，气门完全关闭。此后，挺柱继续下落，出现气门间隙，至正点时挺柱又处于最低位置。

由于气门开始开启和最后关闭时均在凸轮升程变化较慢的缓冲段内，这就使气门杆尾端在消除气门间隙的瞬间和气门头落座的瞬间的冲击力均较小，有利于减小噪声和磨损。

弧 MCN 所夹的角为气门开启持续过程中凸轮轴的转角，它等于配气相位中气门开启持续角的一半。

由上可知。当气门间隙变小时，M 和 N 两点下移（向基圆位置），配气相位增大，反之亦然。

同名凸轮的相对角位置：凸轮轴上各缸进气（或排气）凸轮，即同名凸轮的相对角位置与凸轮轴的转动方向、各缸的工作顺序和做功间隔角度有关。如凸轮轴为顺时针方向（从前端看）转动，工作顺序为 1—3—4—2 的 4 缸发动机其做功间隔为 180°，由于凸轮轴转速为曲轴转速的 1/2，所以表现在凸轮轴上同名凸轮间的夹角则为 90°。又如凸轮轴为反时针方向转动、工作顺序为 1—5—3—6—2—4 的 6 缸发动机其做功间隔角为 120°，则同名凸轮的夹角为 60°。

②凸轮轴轴颈：凸轮轴各道轴颈的直径一般是相等的，但也有的从前往后逐渐减小，以便于安装。有些凸轮轴轴颈上有些特殊形状的油槽或油孔。如有的下置式凸轮轴的最后一道轴颈上钻一与轴平行的通孔，如图 3-9 所示。有的在轴承座孔处开泄油孔，以使经轴承间隙流到

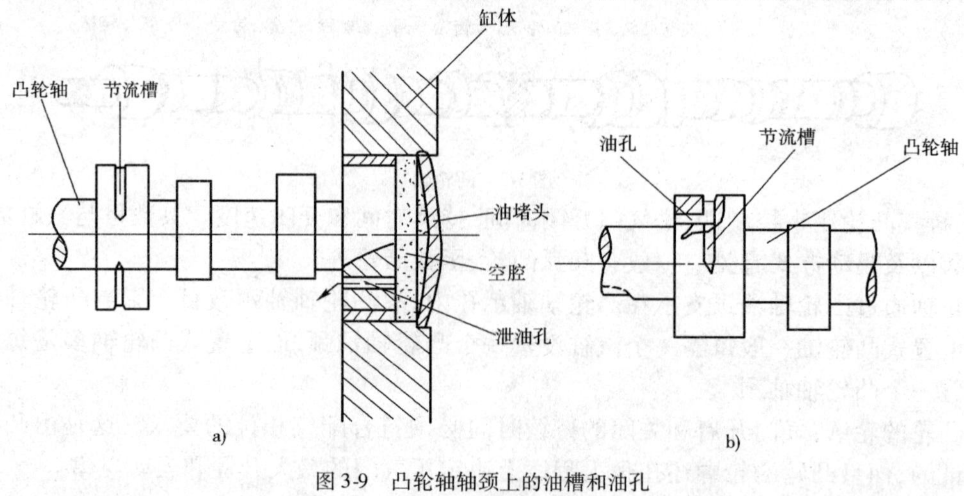

图 3-9　凸轮轴轴颈上的油槽和油孔

轴颈后端空腔中的润滑油泄回油底壳,防止空腔中产生油压压开油堵头而漏油。有些发动机其摇臂轴的润滑是靠凸轮轴轴承处通向缸体上的油道输送润滑油。为此,在凸轮轴颈上(第2、4道)有两个不通的圆弧形节流槽(见图3-9a),润滑油经该槽间歇地输送到摇臂轴。该槽对油量有节流作用,防止供油过多而造成摇臂轴过量润滑和降低主轴道的油压。有些发动机的第一道凸轮轴颈也有类似节流槽,并钻有一直角形油孔将油槽与轴颈前端面连通,以便润滑凸轮轴的轴向止推面,如图3-9b)所示。

③凸轮轴轴承:凸轮轴轴承一般做成衬套压入整体式的座孔内,最后再经加工,与轴颈配合。其材料多与曲轴轴承类似,由低碳钢背内浇减磨合金制成,也有的用粉末冶金衬套或铜套(见图3-10)。

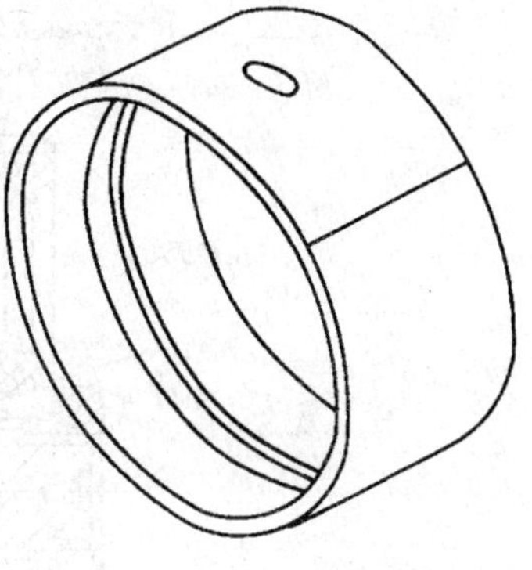

图3-10 凸轮轴轴承

④凸轮轴的驱动及正时齿轮:凸轮轴是由曲轴通过传动装置来驱动的。所用传动装置有齿轮式、链条式和齿形带式(图3-6)。柴油机上多采用齿轮传动。小型柴油机的齿轮传动通常用一对正时齿轮(图3-11a)。在大中型柴油机上,凸轮轴与曲轴中心距一般较大,且需要同时驱动喷油泵,需加入中间惰轮传动(图3-11b)。为了使齿轮啮合平顺,减小噪声和磨损,正时齿轮一般都用斜齿轮并用不同材料制成。通常小齿轮用中碳钢,大齿轮多用铸铁或胶木制成。为了保证装配时的配气正时,齿轮上都有正时记号,装配时必须使记号对齐(如1—1为配气正时记号,2—2为喷油正时记号,0—0为二者共用正时记号,装配时3对记号必须都对正)。

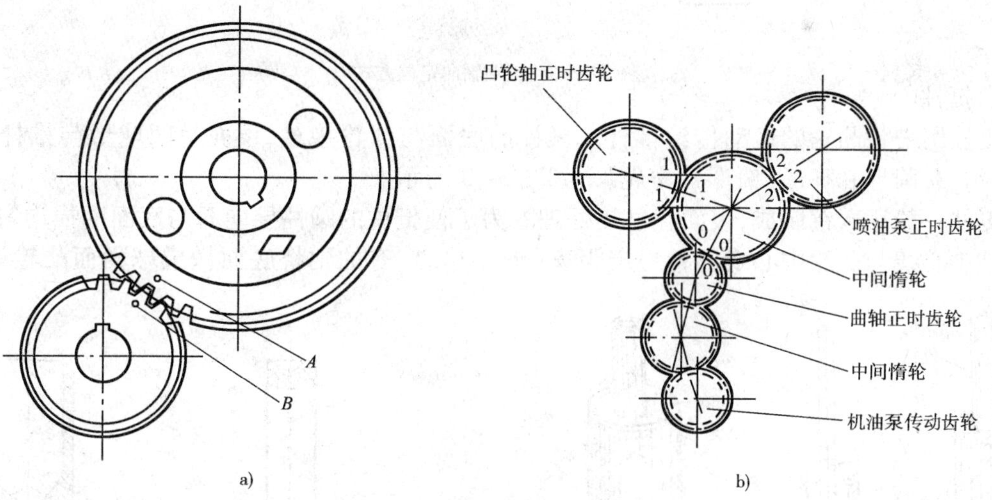

图3-11 齿轮传动及正时记号

a)一对齿轮的传动;b)加中间惰轮的齿轮传动

A-凸轮轴正时齿轮记号;*B*-曲轴正时齿轮记号

⑤凸轮轴的轴向定位:为了防止凸轮轴在工作中产生轴向窜动并承受斜齿轮产生的轴向力,凸轮轴设有轴向限位装置,如图3-12所示。

图3-12a)为最常采用的止推板式定位方式。在凸轮轴前轴颈与正时齿轮之间压装有调整环,调整环外面松套一止推板,止推板用螺钉固定于汽缸体前端面,调整环的厚度大于止推

板的厚度,二者之差即为凸轮轴的轴向间隙(其间隙为0.08~0.11mm),这种结构既能限制凸轮轴的轴向窜动,又能使凸轮轴自由转动。但轴向间隙过大时,除限位效能降低外,对于斜齿轮传动的凸轮轴来说还会由于轴向移量过大,使凸轮轴产生角移动而影响配气正时的准确性,此时则应更换调整环或止推板。

此外,某些发动机采用螺钉限位式凸轮轴轴向定位结构,如图3-12b)所示。

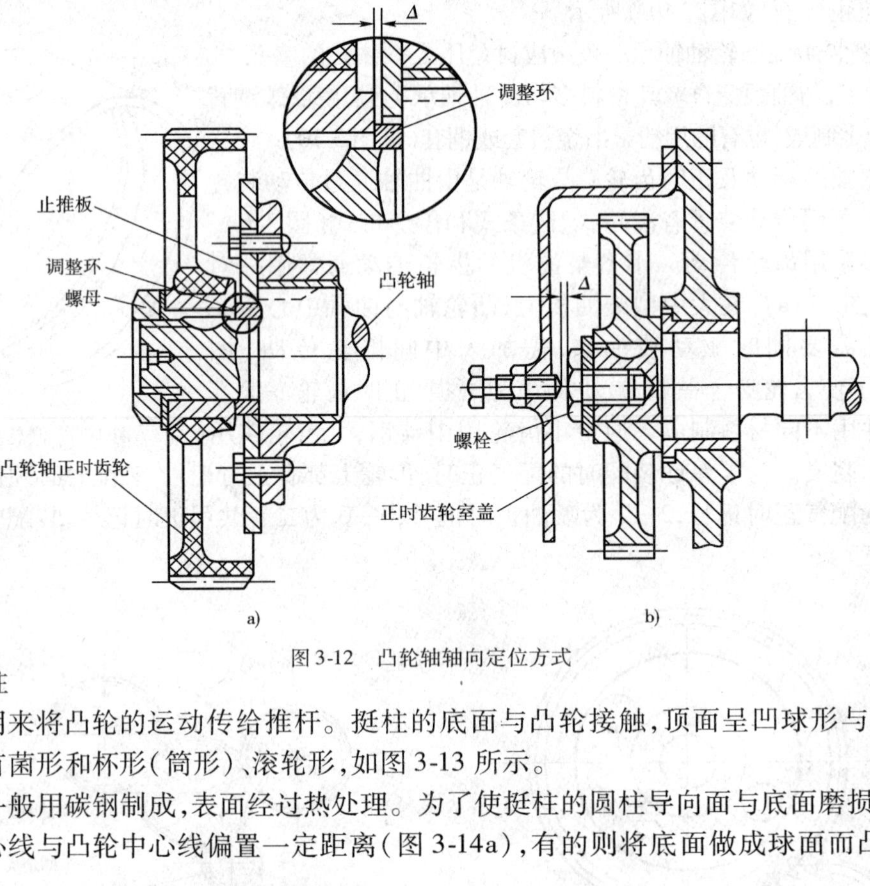

图3-12　凸轮轴轴向定位方式

2)挺柱

挺柱用来将凸轮的运动传给推杆。挺柱的底面与凸轮接触,顶面呈凹球形与推杆接触。它的形式有菌形和杯形(筒形)、滚轮形,如图3-13所示。

挺柱一般用碳钢制成,表面经过热处理。为了使挺柱的圆柱导向面与底面磨损均匀,有的将挺柱中心线与凸轮中心线偏置一定距离(图3-14a),有的则将底面做成球面而凸轮做成略

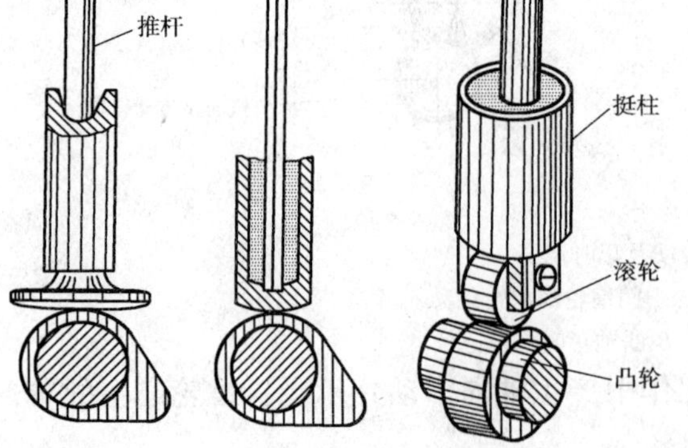

图3-13　挺柱形状

a)菌形;b)杯形;c)滚轮形

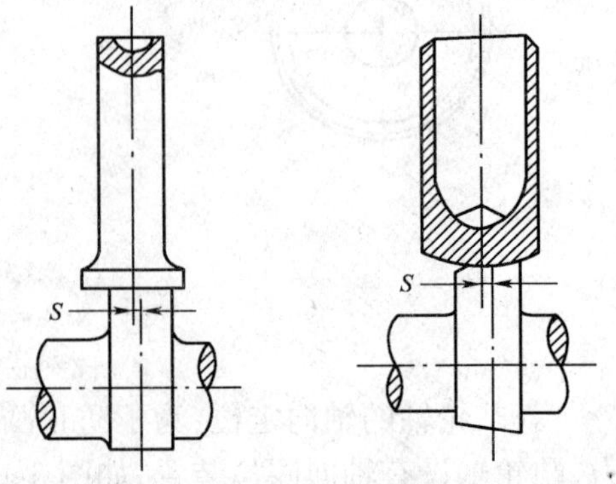

图3-14　挺柱的旋转机构

带锥形(图 3-14b),使挺柱在工作时不仅上下运动,还能缓缓转动。

3)推杆

推杆多为细长杆,用无缝钢管或空心钢管制成。下端与挺柱接触,上端与摇臂调整螺钉接触。工作中,推杆不仅要作上下运动,而且要作小量摆动。为此,推杆的上端都制成凹球面,下端制成凸球面,如图 3-15 所示。推杆的两端头都经过热处理。

4)摇臂

摇臂是推杆与气门的传动元件。它的作用是改变运动方向,驱动气门启闭。

一般发动机摇臂结构如图 3-16 所示,其中部圆孔内镶有衬套,通过摇臂轴支承在摇臂座上,并可以灵活转动。两端一般为不等长的臂,长臂与气门接触,短臂则通过调整螺钉与推杆相接触。这样可借助推杆较小的移动而得到必要的气门移动距离。

摇臂上加工有油孔,润滑油通过摇臂座上的油孔送到摇臂轴内,一部分作为摇臂衬套润滑用;另一部分则通过摇臂轴内的油孔送到摇臂两端供传动元件润滑用。

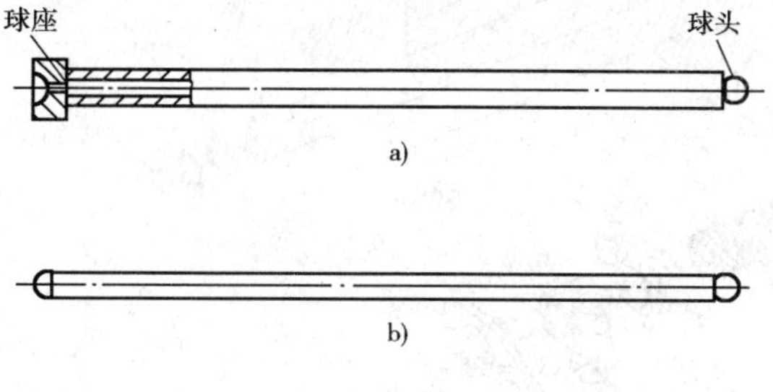

图 3-15 推杆

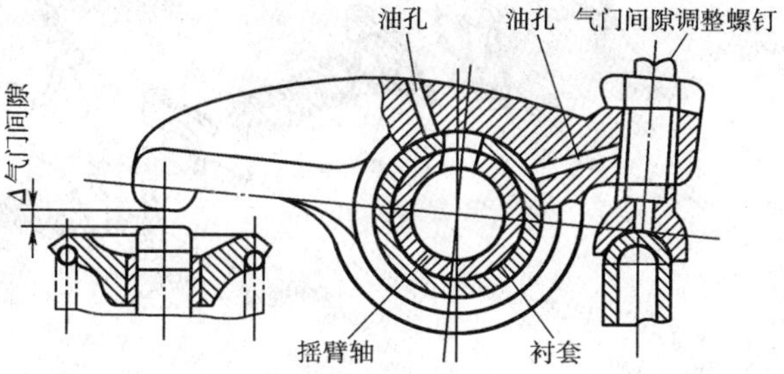

图 3-16 摇臂

4 气门发动机的摇臂及其驱动形式与双气门式有所不同。康明斯 NT/NTA855 柴油机的配气机构如图 3-17 所示。

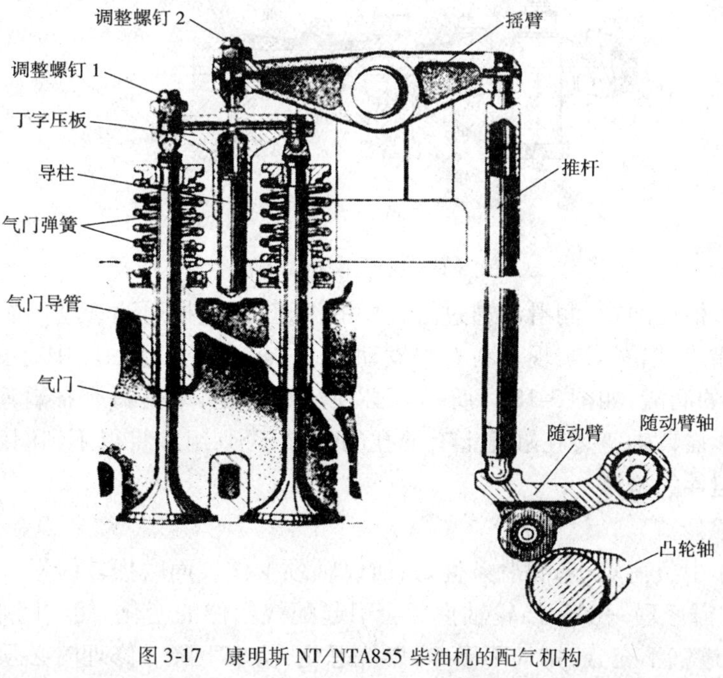

图 3-17 康明斯 NT/NTA855 柴油机的配气机构

凸轮轴在曲轴的带动下转动，凸轮推动随动臂上的滚轮向上运动，并借推杆顶起摇臂的后端，摇臂前端压下丁字板，并使气门向下运动，气门开启。调整螺钉1用来将两个气间隙调到一致，调整螺钉2用来调整气门间隙。

5）摇臂轴

摇臂轴用来支承摇臂，并兼作油道。摇臂轴都是空心轴，通过摇臂轴座固定在汽缸盖上。为了防止摇臂在轴上产生轴向移动，相邻两摇臂间装有定位弹簧。摇臂轴及其组件如图3-18所示。

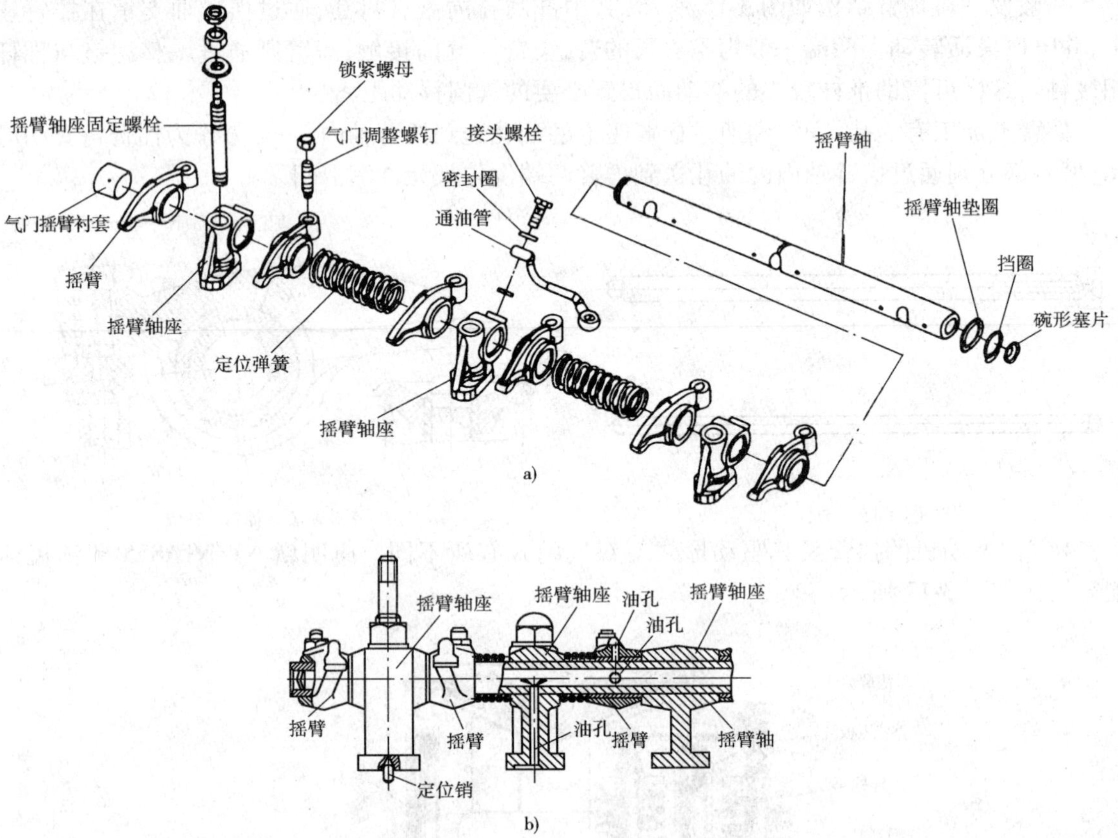

图3-18　摇臂、摇臂轴组件

在组件中有一根通油管，润滑油通过缸盖中的油道，经这根通油管进入摇臂轴。摇臂轴的端部密封用碗形塞片、挡圈来实现。在有些发动机上，有一个摇臂轴座中有孔，缸盖油道与此相通，保证了组件的润滑，如图3-18b）所示。必须注意的是，不是每个摇臂座都有油道，一定要将有油道的那个摇臂轴座装在缸盖上有油孔的位置，否则组件将得不到润滑。

2. 气门传动组件的检修

1）凸轮轴的检修

凸轮轴在工作中负荷较小，润滑条件好，所以轴颈工作表面磨损较缓慢。一般发动机大修2～3次，凸轮轴才需修理一次。凸轮轴损后会引起配气相位的变化，使气门晚开早关，升程减小，从而造成汽缸进气不充分，排气不干净，燃烧恶化，功率下降。修理时必须予以重视。

(1)凸轮轮廓的磨损及检修

由于通常是凸轮顶峰附近磨损较大,所以用凸轮的最大高度来衡量凸轮的磨损程度。当凸轮的高度磨损量超过一定范围时,会产生以下故障:

①气门开启时凸轮与挺柱、推杆的接触点由 c 点转移到 c' 点,相当于凸轮转动了一个角度 φ,使得气门开启时间延迟,导致发动机配气相位超差。

②凸轮高度减小 a 值后,气门升程 h 也随之减少相应的数值,造成气门开启时间—断面面积减少(图中的阴影部分),使得气体通过阻力增大。

结果是造成汽缸新鲜气体吸进不足,废气不能彻底排除,发动机产生过热故障,发挥不出最大功率,增加耗油量。

凸轮轮廓的磨损可用外径千分尺进行。检验时用外径千分尺分别测量各凸轮的最大高度及基圆直径,或用样板检验凸轮的外形。如果升程减小量超过 0.40mm 时,应更换或修磨凸轮轴。凸轮轴各个参数的变化也可以利用专门的凸轮轴检查仪器来测量。

凸轮轴磨损后可用磨削法修理。凸轮的磨修主要为了恢复凸轮的几何形状,如图 3-19 所示。凸轮的磨修应由专职人员在专用的凸轮轴磨床上进行。

当凸轮磨损严重或经多次磨削修理后,凸轮基圆高出轴颈表面不足 0.15mm 时,应更换凸轮轴。如果配件供应不足买不上新凸轮轴时,可用堆焊的方法进行焊修,并经热处理后按基本尺寸、形状修磨。

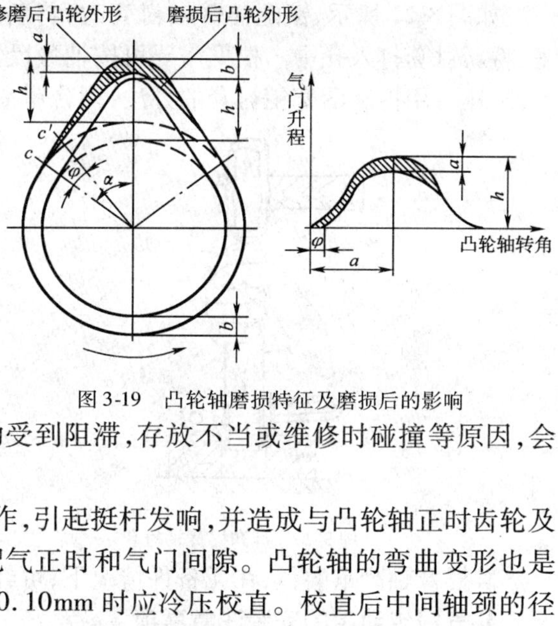

图 3-19 凸轮轴磨损特征及磨损后的影响

(2)凸轮轴的弯曲及检修

凸轮轴轴颈与衬套间隙过大,气门挺杆运动受到阻滞,存放不当或维修时碰撞等原因,会造成凸轮轴的弯曲变形。

凸轮轴弯曲变形将影响配气机构的正常工作,引起挺杆发响,并造成与凸轮轴正时齿轮及与之啮合的齿轮的磨损加剧,严重时还影响到配气正时和气门间隙。凸轮轴的弯曲变形也是用轴颈的径向跳动量来衡量。若其跳动量超过 0.10mm 时应冷压校直。校直后中间轴颈的径向跳动量不应大于 0.025mm。

(3)凸轮轴轴颈磨损及衬套选配

衬套与凸轮轴轴颈的配合间隙一般为 0.04 ~ 0.08mm,使用极限一般为 0.15mm 左右。当配合间隙超限,或按修理尺寸修磨凸轮轴后,都要重新选配衬套,使它们的配合间隙得以恢复。磨修后凸轮轴轴颈的圆度、圆柱度误差允许值为 0.005mm,轴颈的最小尺寸应比凸轮总高度大 1 ~ 1.5mm,以便安装。

但是由于衬套外圆柱面与衬套孔间有一定的过盈量,压装时难免产生局部变形。所以压装后应检查衬套的圆度、圆柱度、尺寸及衬套与轴颈的配合间隙,误差不符合技术要求时应进行适当的刮削或镗削修理。

☆衬套压装时,必须注意轴承上的油孔与缸体上的油孔完全对准,否则会影响润滑油向缸盖流动。曾有发动机因为孔没对准使缸盖上的摇臂组件而得不到润滑,造成加快磨损。这种情况的外部表现往往会伴随发动机的润滑油压力过高现象。

(4)凸轮轴轴向间隙检查

凸轮轴轴向间隙的检查方法与曲轴相同,也是用百分表顶在轴头上,使凸轮轴来回运动,根据百分表的摆动量即可测量出轴向间隙。

2)挺柱与挺柱承孔的修配

挺柱磨损,承孔形状尚好,在无备件情况下可进行修理。首先将挺柱圆柱面磨成正圆形,然后镀铬。再按孔的尺寸及配合间隙要求,将被镀挺柱磨至要求尺寸。如底面系球面,则应按要求的曲率半径值磨出,不得任意改变。

若承孔磨损不均,可用铰刀扩孔,然后选配加大的挺柱。

3)摇臂轴与摇臂轴衬套的修配

摇臂轴与衬套配合间隙,一般为0.02~0.06mm。若间隙超过0.20mm,则应重新修配。在拆除旧衬套之前,先在摇臂上标出衬套的位置。然后用专用冲头将衬套冲出,如图3-20所示。

如图3-21所示,镶配摇臂轴衬套时,将新衬套有外倒棱的边放在摇臂孔上,并使油孔对正,将新衬套打入孔中。根据需要可按轴颈尺寸和配合间隙,用铰刀进行铰削。除了用手锤打入外,还可用拆装活塞销衬套的办法,用台钳来进行。

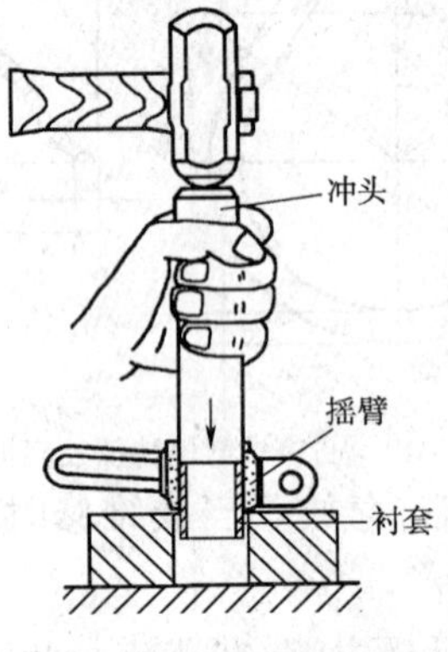

图3-20　拆卸摇臂轴衬套

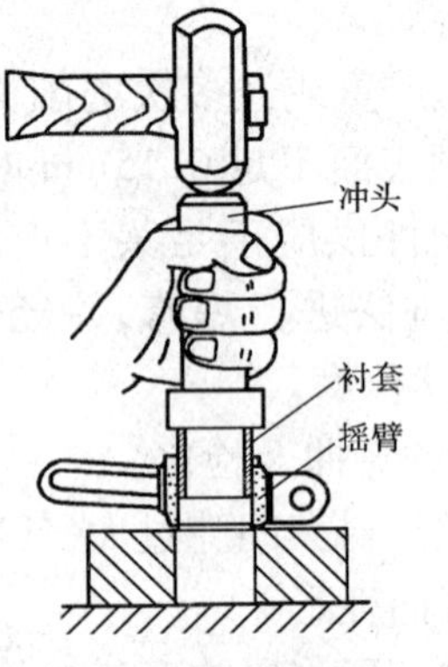

图3-21　镶配摇臂轴衬套

若摇臂轴严重磨损,在无备件情况下,可经磨削整形后镀铬,并磨至公称尺寸。

3. 气门传动组的安装注意事项

安装凸轮轴和正时齿轮时,先将凸轮轴的轴向定位环套在定位轴颈上,然后将正时齿轮对准其键压装在凸轮轴上。将挺柱装入导向孔后,把凸轮轴总成装入凸轮轴轴承孔内,安装凸轮轴总成时需对凸轮轴轴向间隙进行检查。当凸轮上的正时齿轮与曲轴正时齿轮进入啮合时,适当转动曲轴和凸轮轴及中间齿轮,使它们的安装记号对准,以保证正确的配气相位。

气门摇臂支架和气门摇臂轴一般都有润滑油道,切勿装错。摇臂支架螺栓的长度一般都有严格的规定,不能互换,以防损坏汽缸盖冷却水套。支架螺栓须按规定力矩拧紧,并用弹簧垫圈或用双螺母锁定。该螺栓松动会影响配气正时严重时,会造成支架折断或其他事故性损坏。

二、气门组

气门组主要由气门、气门座、气门弹簧、气门导管等组成,如图3-22所示。

1. 气门组的结构

发动机对气门组的最基本要求是，气门与气门座能紧密配合，在高温条件下工作可靠，并具有足够的刚度和耐磨性。为此，气门组必须满足：气门与气门座配合锥面精密；气门导管对气门的导向正确，不使气门倾斜；气门弹簧要有足够的刚度和预紧力，且其两端面应与气门中心线垂直，保证气门关闭迅速、严密。

1）气门

（1）气门的功用及工作条件

气门的功用是控制进、排气道的开启和关闭。

气门是燃烧室的组成部分，又是气体进、出燃烧室的通道，其承受很大的冲击载荷，且在高温下工作，润滑和冷却条件很差，尤其是排气门的热载荷严重，还要承受高温腐蚀气体的强烈冲刷，更容易损坏。因此，气门应具有足够的刚度、强度、耐热性、耐磨性和耐蚀性，且要密封可靠。

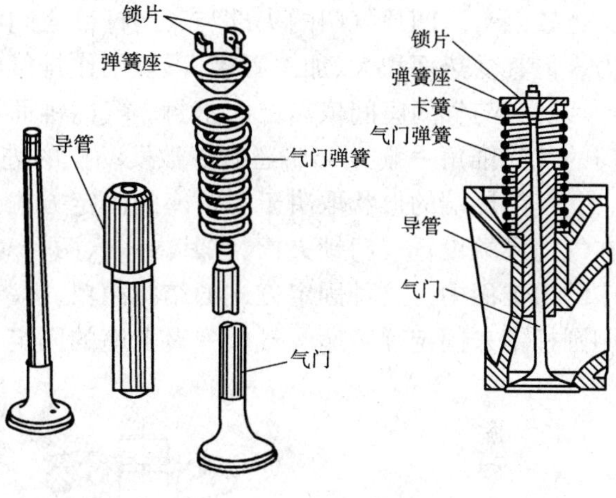

图 3-22 气门组零件

（2）气门材料

进气门通常采用中碳合金钢制造，如 40Cr、35CrMo、40CrNi 等。排气门则采用耐热合金钢制造，如 4Cr9Si2、4Cr10Si2Mo 等。现代高强化发动机多用 21-4N 奥氏体钢和 4Cr14Nil4W2Mo 等材料。耐热合金钢比较贵重，成本较高，因而有时排气门头部采用耐热合金钢，而气门杆部采用普通合金钢，然后将两者焊在一起。

（3）气门结构

气门主要由菌形的气门头部和圆柱形的气门杆部组成（图 3-23）。

气门头部有平顶、凸顶、凹顶 3 种形状，如图 3-24 所示。

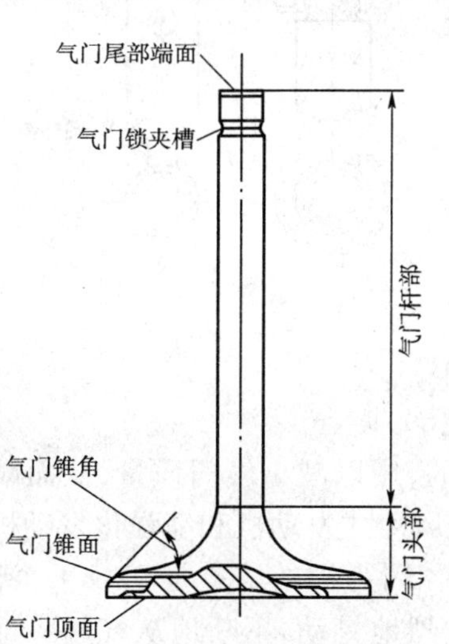

图 3-23 气门结构

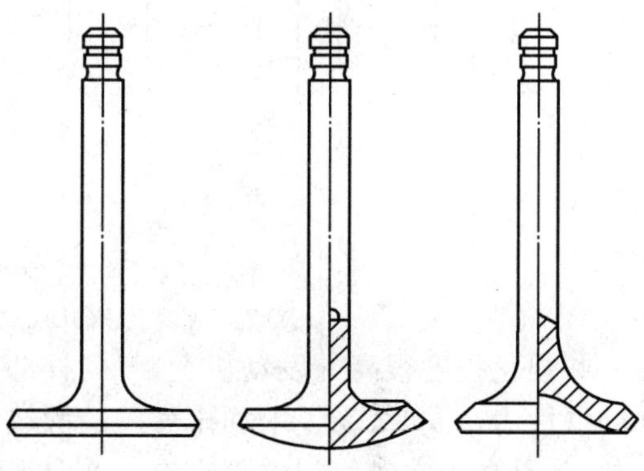

图 3-24 气门头部形状

a）平顶；b）凸顶；c）凹顶

目前，平顶气门应用最为广泛。其优点是质量小，结构简单，加工方便，受热面积小，热负荷也小，进、排气门均可采用。凸顶气门的优点是刚度大，且其顶面突起部分具有一定的流线，能适应排气时气体的流动，用作排气门时，会使排气阻力减小，但是其受热面积大、质量大、加工也较困难。凹顶气门的头部与气门杆部之间的过渡圆弧较大，用作进气门时，可减小进气阻力。但其受热面积大、加工困难，不宜用作排气门。

气门与气门座间依靠锥面密封。气门锥面与气门顶面间的夹角，称为气门锥角。进、排气门的气门锥角一般为45°，还有少数发动机的进气门锥角为30°。

气门尾端的形状取决于弹簧座的固定方式。多数发动机采用气门锁夹来固定弹簧座，即在气门尾端设置气门锁夹槽，在其内嵌入两个对分开的半锥形锁夹，同时将锥形锁夹装入弹簧座的内锥面中。这种固定方式的结构简单，拆装方便，得以广泛采用。此外，还有些发动机采用圆柱销来固定弹簧座。气门弹簧上座的固定及气门尾端的形状如图3-25所示。

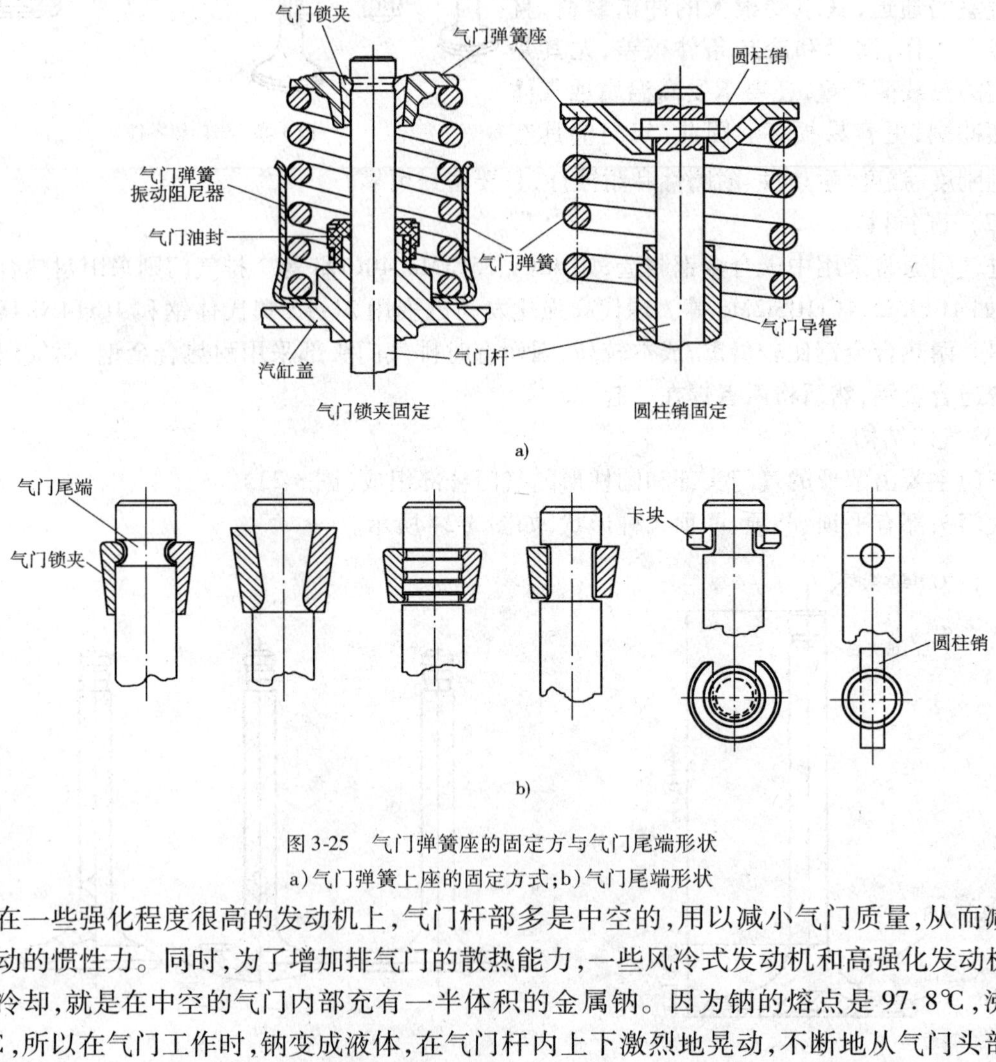

图3-25　气门弹簧座的固定方与气门尾端形状

a)气门弹簧上座的固定方式；b)气门尾端形状

在一些强化程度很高的发动机上，气门杆部多是中空的，用以减小气门质量，从而减小气门运动的惯性力。同时，为了增加排气门的散热能力，一些风冷式发动机和高强化发动机还采用钠冷却，就是在中空的气门内部充有一半体积的金属钠。因为钠的熔点是97.8℃，沸点为880℃，所以在气门工作时，钠变成液体，在气门杆内上下激烈地晃动，不断地从气门头部吸收热量并传给气门杆，再经气门导管传给汽缸盖。

2)气门弹簧

气门弹簧的功用是克服在气门关闭过程中气门及传动件的惯性力,防止各传动件之间因惯性力的作用而产生间隙,保证气门及时落座并紧密贴合,防止气门发生跳动,破坏其密封性。为此,气门弹簧应有足够的刚度和安装预紧力。

气门弹簧多为圆柱形螺旋弹簧(图3-26),一般用高碳锰钢、铬钒钢等冷拔钢丝制成,加工后要进行热处理。钢丝表面要光滑,经抛光或用喷丸处理,借以提高抗疲劳强度,增强弹簧的工作可靠性。此外,为了避免弹簧的锈蚀,弹簧的表面要进行镀锌、镀铜、磷化或发蓝处理。

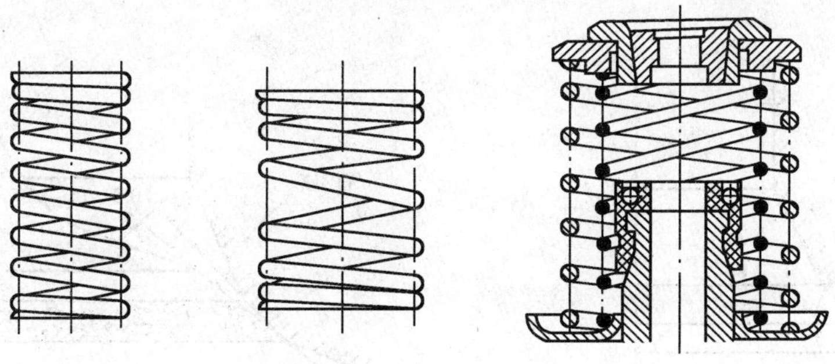

图3-26 气门弹簧

气门弹簧的一端支承在汽缸盖上,而另一端则压靠在气门杆端的弹簧座上,弹簧座用锁片固定在气门杆的末端。为了防止弹簧发生共振,可采用变螺距的圆柱弹簧(图3-26b)。

高速发动机多数是一个气门有同心安装的内外两根气门弹簧(图3-26c),这样能提高气门弹簧工作的可靠性,即不但可以防止共振,而且当一根弹簧折断时,另一根还可维持工作。此外,还能使气门弹簧的高度减小。当采用两根气门弹簧时,弹簧圈的螺旋方向应相反,这样可以防止折断的弹簧圈卡入另一个弹簧圈内。

为了改善气门和气门座密封面的工作条件,可设法使气门在工作中能相对气门座缓慢旋转。这样可使气门头沿圆周温度均匀,减小气门头部的热变形。气门缓慢旋转时,在密封锥面上产生轻微的摩擦力,有阻止沉积物形成的自洁作用。

3)气门座

汽缸盖的进、排气门与气门锥面相结合的部位称为气门座。

(1)气门座的形式和材料

有些发动机的气门座是在缸盖上直接加工出来的,而大多数柴油机的气门座是用耐热合金钢或合金铸铁单独制成座圈,然后压入汽缸盖的座孔中,目的是提高气门座的使用寿命并便于修理更换(见图3-27)。为便于压入导向,有的座圈还制有一定的锥度。

有的柴油机只镶进气门座,这是由于柴油机的废气往往在排气过程中还有未燃完的燃油,可对排气门座进行润滑。因为柴油机没有节气门,所以无论负荷大小,进气管内真空度较小,难以从进气门导管处吸进润滑油对进气门座润滑。增压柴油机则完全排除了这种可

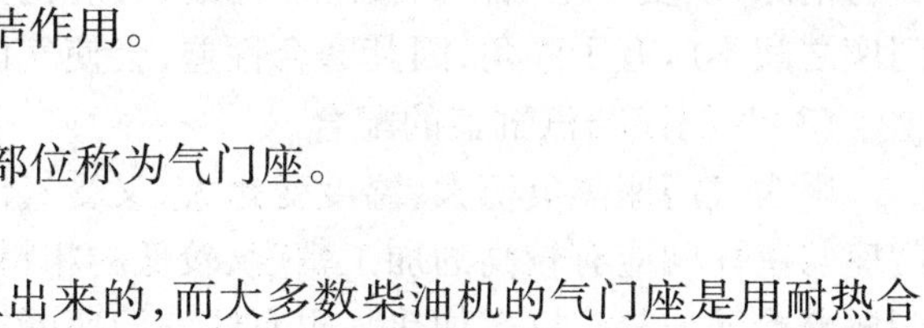

图3-27 气门座圈

能，进气门就更需要镶座。铝合金汽缸盖由于其耐磨、耐热性差，两个气门座必须镶气门座圈。

(2)气门座锥角

气门座的锥角与气门锥角相适应，目的是保证气门与座的紧密接合和可靠密封。

气门座的锥面由3部分组成，如图3-28所示。45°(或30°)的锥面是与气门工作锥面相接合的工作面，其宽度 b 通常为1～3mm。过宽：单位接合压力减小，易垫上杂物，密封可靠性差；过窄：接触面积小，气门头散热能力差。气门座锥面与气门工作锥面的接合如图3-29所示。15°和75°锥角可用来修正工作锥面的宽度和上下位置，以使气门与座的接触达到规定的要求。

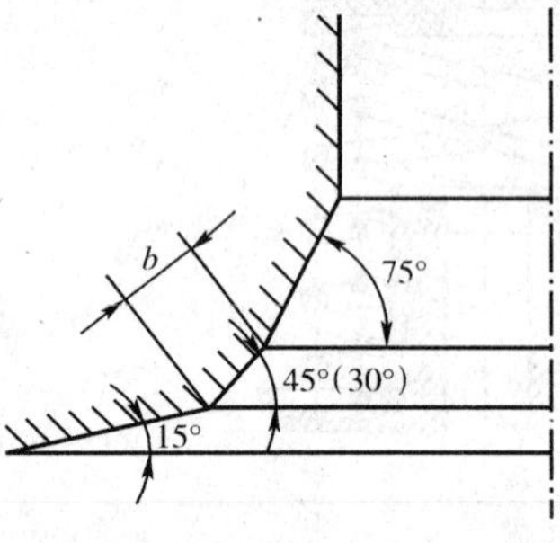

图3-28 气门座锥角

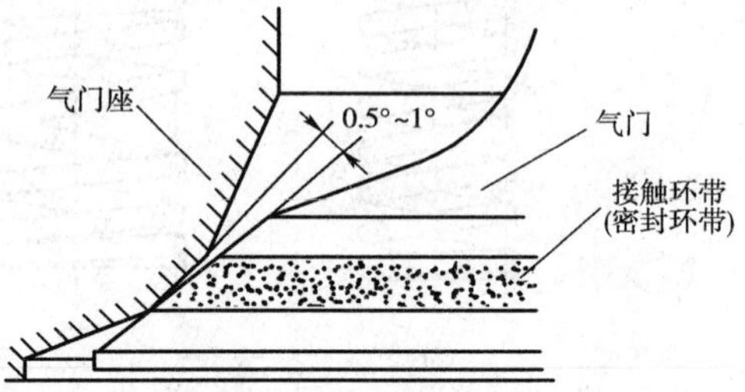

图3-29 气门密封干涉角

有些柴油机在气门座与气门工作锥面间有一干涉角(见图3-29)，即气门头的锥角比气门座的小0.5°～1.0°。干涉角是在制造和维修中，磨光气门工作面时将其锥角减小相应数值而获得的。气门干涉角的作用是有以下几个方面：

①减小二者之间的接触面积，提高单位压力，加快磨合速度，提高气门的密封性。

②可挤出二者之间的夹杂物，即具有自洁作用。

③在气体压力作用下产生弹性变形时可趋向全锥面接触。

上述诸作用中提高气门的密封性和加速磨合是主要的，随着走合期的结束，干涉角也逐渐自行消除，恢复了全工作面接触。但是，具有钨钴等合金覆盖层的排气门和经高频淬火的排气门座之间不应有干涉角，因其磨合性差，会使气门的热负荷过大而烧损。

(3)气门座与汽缸盖的配合

因为气门座热负荷大、温度变化大，又受气门落座时的冲击，为了保证预热和防止脱落，气门座与座孔间应有较高的加工精度、较低的粗糙度和较大的过盈配合量，因而压入时应先将气门座圈冷缩或将汽缸盖加热。也有的气门座圈在压入后，再用点冲法将座孔周围冲压使其内收少许，或用点焊法使座固定更为可靠。

4)气门导管

气门导管的功用是引导气门进行直线运动，并与气门杆进行热量传导。气门导管通常单独制成零件，再压入缸盖的承孔中。由于润滑较困难，导管一般用含石墨较多的铸铁或粉末冶金制成，以提高自润滑性能。

气门导管的外形如图3-30所示。其外表面有较高的加工精度和较低的粗糙度，与缸盖的配合有一定的过盈量，以保证良好地传热和防止松脱。不同结构和不同材料的缸盖，配合过盈量不同。图3-30b)、图3-30c)所示为带凸台和带卡环的导管，与图3-30a)所示压入式导管相比,其配合过盈量要小,因为凸台和卡环使导管有了可靠的轴向定位,不致脱落;铝合金缸盖因受热后承孔膨胀量大,所以配合过盈量应比使用铸铁缸盖的大。为减小配合过盈量,便于拆装,铝合金缸盖常用带凸台或卡环的导管。

气门导管伸入进、排气歧管的深度应适当,过深时气流阻力大,排气门还因废气对气门导管的接触面积加大,提高了工作温度而影响排气门的散热;如过浅则气门杆受热面积加大,提高了气门杆的温度,会影响气门头部的散热。为解决这一矛盾,有的气门导管加大了压入深度,而将伸入端做成锥形,这样既减少了废气对气门杆的接触,又减小气流阻力。带凸台和卡环(卡簧)的导管自然地控制了压入深度。

还有的导管将伸入端内口做成锐边刮口或在气门杆制有带锐边的刮口,用以在工作中刮除气门杆与导管间可能产生的胶状沉积物(见图3-31)。

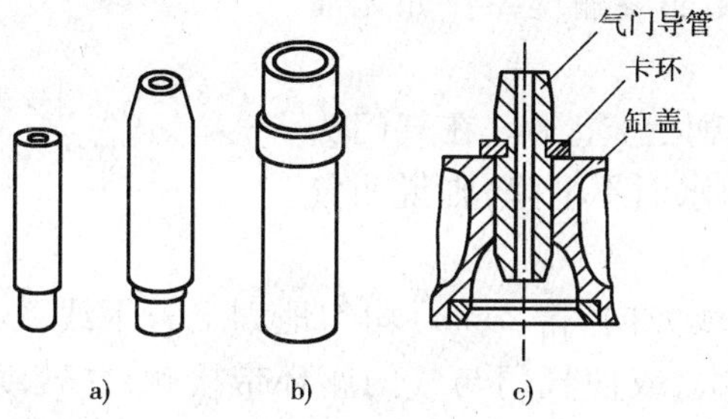

图3-30 气门导管

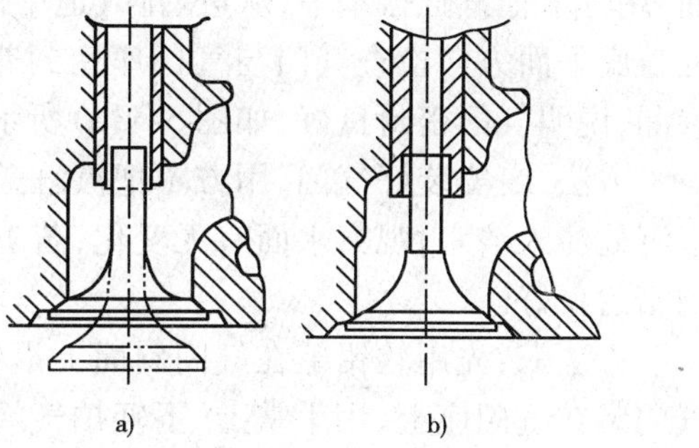

图3-31 清除胶状沉积物的结构

a)气门杆锐边刮口;b)导管锐边刮口

2. 气门组的检修

气门组零件是发动机上最容易发生故障的零件之一。气门组件的故障直接影响发动机性能,造成功率不足、起动困难等故障,甚至导致活塞顶缸等重大事故。

1)气门与气门座检修

气门的主要缺陷有烧蚀、磨损、变形等。

(1)气门及气门座磨损

气门与气门座配合面经常在高温下受到冲击负荷作用,并且受到气体中固体颗粒及燃气的化学腐蚀,造成气门与气门座配合面处严重磨损。气门磨损后,密封不严,使发动机性能下降。

气门磨损后,要根据具体情况确定修理方法。当气门接触面并无严重麻点和凹坑时,气门座也无上述情况时,可继续使用,但为了增加其密封性能可用气门与气座配对研磨。

当表面出现较多麻点和凹坑时,多数情况下要更换气门。但当配件供应不上时,也可先对气门的锥面进行修磨,然后再进行研磨。

①气门与气门座之间研磨:气门与气门座的研磨有使用机器,也有使用手工。在研磨工作量不大,或没有机器的情况下,通常采用手工研磨。具体操作方法如图3-32所示。

先后涂上一层薄薄的(可渗入少许润滑油)粗、细研磨砂,如果研磨量大,则可先用粗砂,然后再用细砂;研磨量不大时可直接用细砂。用带木柄的橡胶皮碗将气门头吸住,一面转动摩擦,一面上下提放气门拍打气门座圈。每次转动不大于90°,旋转几次后必须改变手指相对皮碗杆的位置，使研磨均匀，如图 3-32 所示。当气门锥面呈现出均匀的无光泽的灰色连续环带后，洗去研磨砂，涂上少许润滑油再磨 3～5min 即可。最后进行密封性检查，合格后打上记号防止错乱。

需要注意的是：每次研磨时都要在气门杆上沾少许润滑油，且不能让气门砂沾到气门杆上或进入导管内。每次换气门砂前都要用干净白纸或布条擦净气门导管和气门杆，并用汽油或柴油清洗，再次擦干净再沾少许润滑油后才能研磨，以减轻气门杆与导管的磨损。

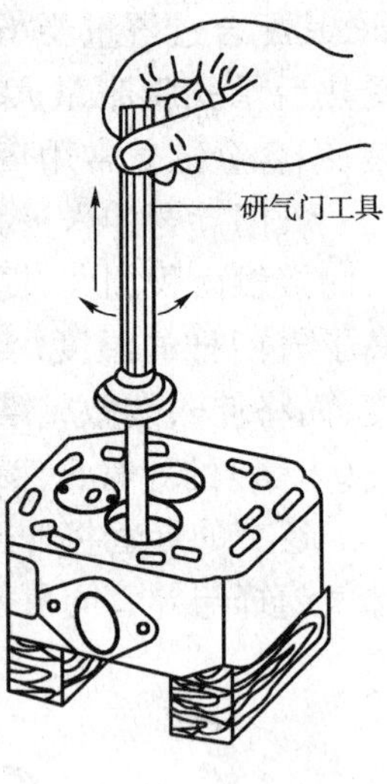

图 3-32　气门与气门座研磨

②气门研磨后的密封性检查：气门研磨后的密封性检查方法有很多种，根据手头的工具可采用其中一种。

方法一：将气门组零件洗净后按原位装在汽缸盖上，擦干汽缸盖平面，用方木把汽缸盖垫平，从进、排气道中倒入煤油，经 2～3min 后，在汽缸盖底平面方向检查气门与气门座密封带处有无油渗漏现象。如无油渗漏，说明气门密封良好，如图 3-33a）所示。

方法二：安装好气门，用方木把汽缸盖（平面朝上）垫平。在气门头下沉处注入清水，观察水面有无变化，若 10min 内水面不下降，则说明气门密封良好。

方法三：先用软铅笔在气门斜面上沿锥体母线方向（隔 5mm）均匀地划上若干线条，再将气门装在气门座上，用手掌上、下轻拍气门 3～4 次，或使气门与气门座环带接触，并转动气门 1/4 圈，然后取出检查，若气门锥面上的沿笔线条全部在接触环带处断开，则表明气门接触良好、密封可靠，方法如图 3-33b）所示。

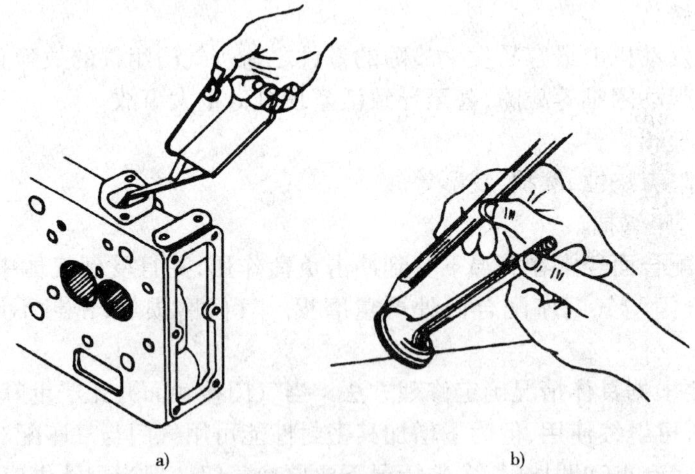

图 3-33　气门密封性检查

a）用柴油或煤油进行检查；b）在气门工作面上划线

方法四：在气门头锥面上均匀地涂上一层红印油，然后将气门装入气门座使其工作面接触，把气门压在座圈上旋转 1/4 圈，取出气门，观察气门座，如果气门座的接触环带上全部沾上红印油，并且均匀整齐，则说明气门密封良好。

（2）气门杆弯曲和磨损检查

①弯曲检查:气门杆的弯曲可用百分表来测量,如图 3-34 所示。

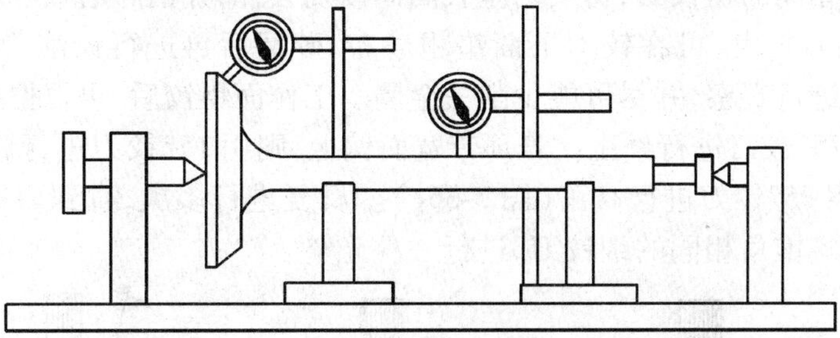

图 3-34 检查气门杆弯曲

清除气门积炭,擦净气门,将气门杆支承在两个距离 100mm 的 V 型架上,然后用百分表触头测量气门杆中部的弯曲度,其值超过 0.05mm,应更换或校正气门。在气门头部用百分表测量,转动气门头部一圈,读数最大和最小之差的 1/2 即为气门头部的倾斜度误差,允许倾斜度误差为 0.02mm;气门杆弯曲或气门头部歪斜超过规定范围后,需更换气门。

②气门杆磨损检查:气门杆磨损使气门杆与导管孔的间隙增大,易使气门歪斜,导致气门关闭不严而漏气。间隙过大还会使高温废气通过导管孔间隙,使气门及导管过热,加速它们的磨损,并可能由于导管中润滑油烧结使气门卡死而无法动作。

气门杆与气门导管的配合间隙过大时,应更换气门和气门导管。气门杆的磨损程度可用外径千分尺测量,如图 3-35 所示。测量部位在气门杆上、中、下 3 个部位,将测量的尺寸与发动机说明书中的尺寸比较,若超过规定范围应更换。

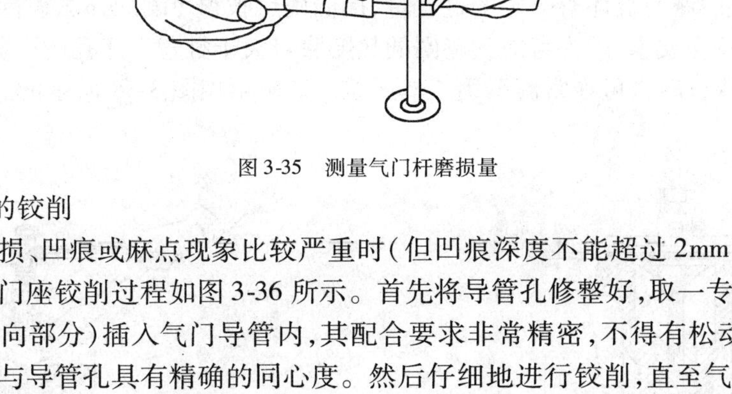

图 3-35 测量气门杆磨损量

(3)气门座的铰削

当气门座磨损、凹痕或麻点现象比较严重时(但凹痕深度不能超过 2mm),可利用锥度铰刀进行修复。气门座铰削过程如图 3-36 所示。首先将导管孔修整好,取一专用的长柄锥形铰刀,将长柄(即导向部分)插入气门导管内,其配合要求非常精密,不得有松动现象,以保证铰出的气门座锥面与导管孔具有精确的同心度。然后仔细地进行铰削,直至气门座锥面上的凹痕、麻点完全消除为止。

在进行上述铰削修复工作时,一般都备有 3 种不同角度的铰刀:与气门座锥角相同的铰刀

45°(或30°)、75°及15°铰刀,其中45°(或30°)铰刀又分为粗铰刀和细铰刀两种。铰削时,首先用与气门座锥角相同的粗铰刀,将气门座表面薄硬皮去掉,并消除磨损和腐蚀所产生的斑痕(图3-36a),如果铰刀打滑,可在铰刀下面垫粗砂布,砂磨后再进行铰削。铰削时,铰刀每转1/2圈后迅速提起,进行观察,并尽可能少削去金属。工作面粗铰后,再根据接触环带宽度与上下位置选用15°或75°铰刀进行修正。若环带宽而偏上,则用15°铰刀进行修正(图3-36b);若环带宽而偏下,则用75°铰刀进行修正(图3-36c)。反复进行多次,直到取得合格的宽度与位置。最后用与气门座锥角相同的细铰刀,进行一次光整。

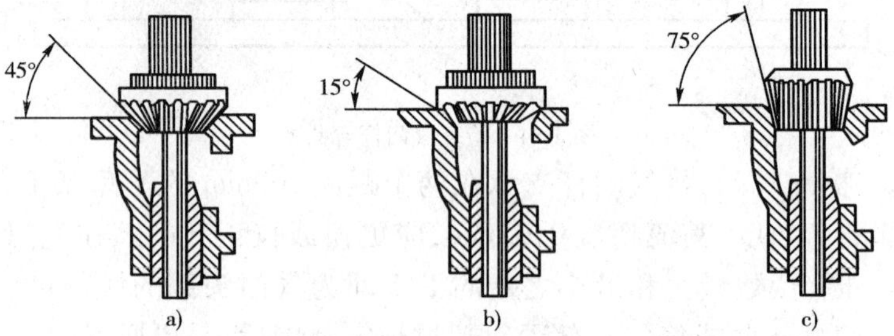

图3-36 气门座铰削过程

特别要注意的是:铰刀不可反转!

铰削后的气门座,仍需进行配研方可使用。研磨时,要注意环带的宽度与位置。环带的位置应在中部稍偏向杆部,宽度根据不同的发动机而大小有别。一般柴油机的环带宽度为1.5~2.5mm。

(4)气门下沉量测量

气门座铰削配气门后要进行气门下沉量的测量。因为下沉量过大会增大燃烧室的容积,减小压缩比;过小,不仅直接影响换气效果,并可能造成气门与活塞碰撞的严重事故。测量方法如图3-37所示。各种不同发动机的数值不同,如Z12V190B型柴油机规定为1.7~1.9mm;135型柴油机规定为1.45~2.25mm。

(5)气门座的更换

当气门座损坏严重时,如凹痕、麻点过深、产生严重裂纹等,则必须更换新气门座。在前述内容中已讲过,气门座与缸体有一定的过盈量,提倡用热胀和冷缩的办法进行压装。但现在不少柴油机并不提这个要求,因为考虑到座圈的热膨胀量大于缸盖上座孔的膨胀量,所以在结构参数上得到精确保证时也可在常温下用工具压装。装配可用图3-38所示的工具与方法,将气

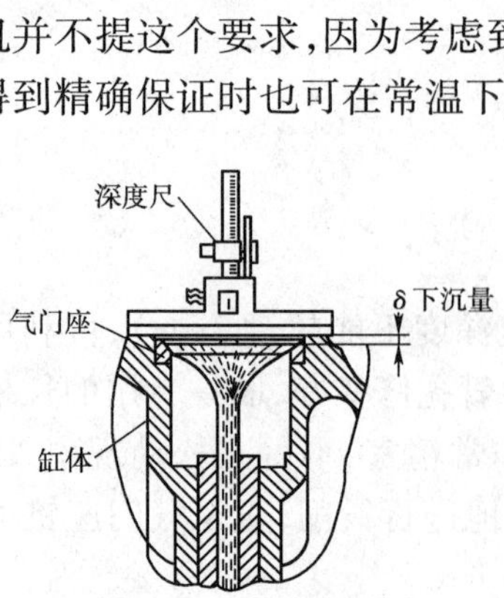

图3-37 气门下沉量测量

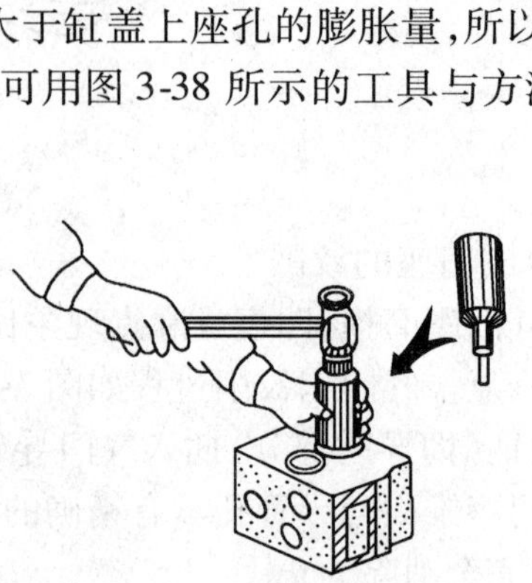

图3-38 压入气门座的工具与方法

门座敲入汽缸盖内。

新气门座装入汽缸盖后，也必须进行铰削与研磨，使气门与气门座间的配合达到规定要求后方可使用。

（6）气门的其他缺陷

①气门烧损与变形：主要发生在排气门，它直接受到高温废气冲击而产生腐蚀烧损。气门座发生扭曲或积炭严重、气门头部变形都会导致气门座面烧损。另外，由于受热不均匀，引起局部变形后，也会引起气门烧损。气门烧损变形后，应更换新气门。

②气门断裂：气门断裂一般发生在头部与杆部过渡区或杆部卡块（环）槽处。气门断裂落入汽缸内，便造成活塞顶缸重大事故。造成气门断裂的主要原因是因为气门头部扭曲而产生弯曲应力，或由于气门上温度分布不均产生热应力所造成的。

③气门杆卡住：由于气门杆与气门导管配合间隙选择不当，或导管内出现积炭现象所造成的。在使用维护过程中必须严格按照配合间隙要求进行选配，并防止导管内产生积炭。

2）气门弹簧的检修

气门弹簧常见的缺陷有弯曲变形、弹力减弱、擦伤、端面不平、裂纹和折断等。

气门弹簧的检修方法如下：

气门弹簧自由高度检查用游标卡尺检测，如图3-39所示，测量的结果必须符合规定，否则应更换气门弹簧。

气门弹簧的弯曲变形检查，如图3-40所示，将气门弹簧放在平板上，用90°的角尺检查其垂直度，一般垂直度误差在1.60～2.00mm，否则须校正或更换之。校正后在270～290℃温度下保温10min，以消除内应力，并保持校正后的形状。校正后的气门弹簧必须再次检验，合格方可装机使用。

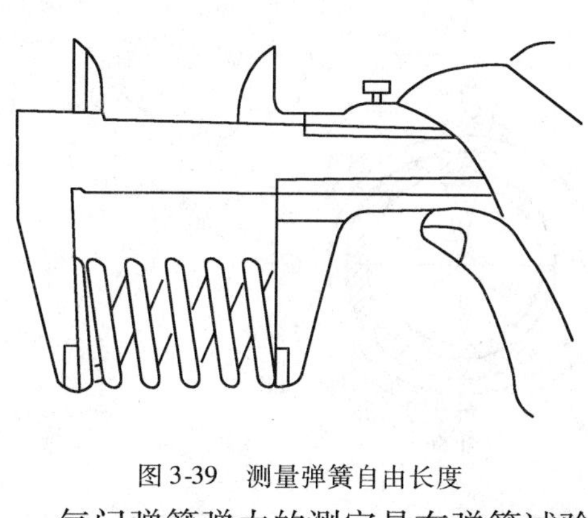

图3-39 测量弹簧自由长度

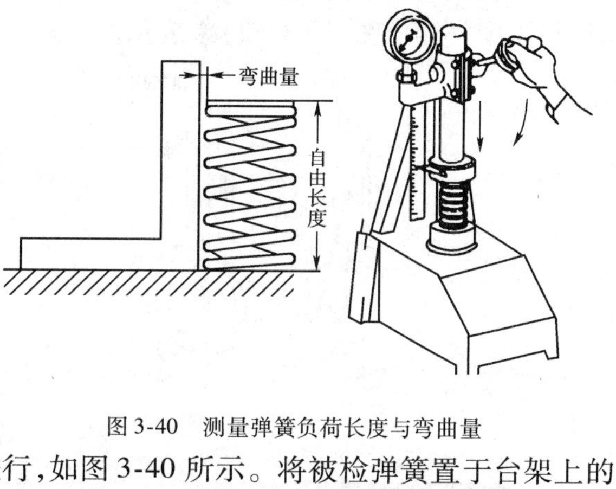

图3-40 测量弹簧负荷长度与弯曲量

气门弹簧弹力的测定是在弹簧试验器上进行，如图3-40所示。将被检弹簧置于台架上的支撑座与压头之间，扳动手柄带动压柱齿杆，使压头下移而压缩弹簧。这时观察压力表的压力及长度标尺上的读数，再与标准数据比较，如未达到规定标准，应更换新弹簧。

在没有专门的弹力测量装置时，也可用新旧弹簧串联压缩来判断旧弹簧的弹力。

3）气门导管

气门导管磨损后，气门与其的配合间隙将增大，影响气门的密封。在检查时主要是检查气门在导管的摆动量，超过规定值后，更换导管。气门与导管间隙的测量方法如图3-41所示。

使气门头离开汽缸平面15mm左右，将百分表头指在气门头边缘处，然后沿百分表触点方向往复推动气门，百分表上指针摆差的一半即为导管的近似间隙，大于0.2mm时，就应更换导管。

无条件的可用经验法进行检查，其方法是：将气门杆和气门导管清洁后涂以润滑油，将气门杆插入导管并上下抽动数次，然后将气门提起一段，若气门在自重作用下能徐徐下降则为合适；若不能下降，则说明配合间隙过小或气门杆弯曲，应予以铰孔或校正。或者用手左右摆动气门，如感到有较大的旷动，说明间隙过大，则不能使用。

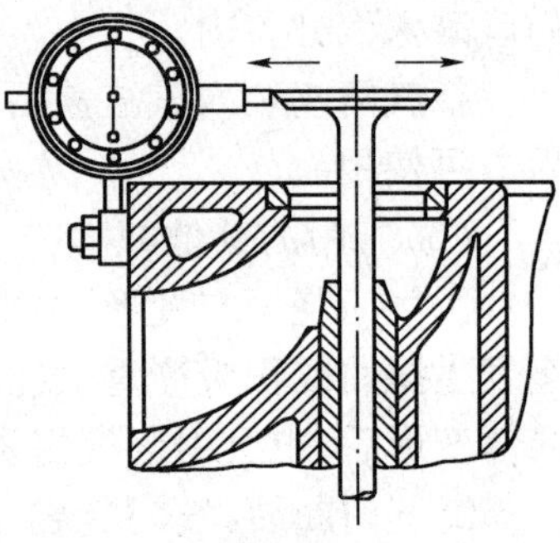

图3-41　检查气门杆与导管间隙

课题三　配气相位与气门间隙

一、配气相位的概念

前面在讲述四冲程发动机的工作原理时，为了方便，曾把进、排气过程都看作是在活塞的一个冲程内即曲轴转180°内完成的，也即气门开关时刻是在活塞的上下止点处。但实际情况并非如此。由于发动机转速很高，一个冲程的时间极短，如四冲程发动机转速3 000r/min时，一个冲程时间只有0.01s，再加上用凸轮驱动气门开启需要一个过程，气门全开的时间就更短了，这样短的时间难以做到进气充分，排气干净。为了改善换气过程，提高发动机性能，实际发动机的气门开启和关闭并不恰好在活塞运动到上下止点时刻，而是适当的提前和滞后，以延长进、排气的时间，也就是说，气门开启过程中曲轴转角都大于180°。

用曲轴转角表示的进、排气门开闭时刻和开启持续时间，称为配气相位。配气相位的各个角度可用配气相位图（图3-42）来表示。

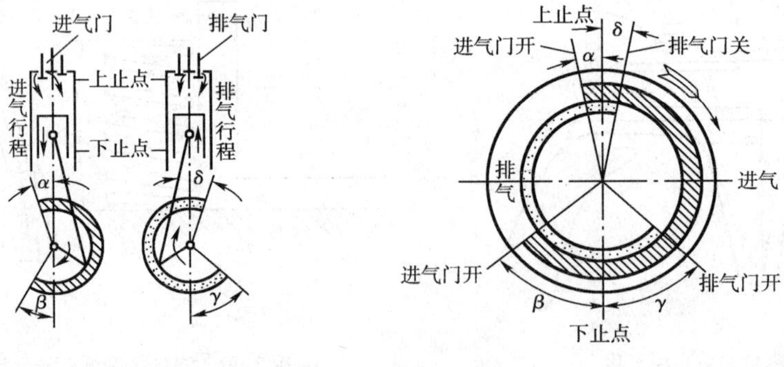

图3-42　配气相位图

二、进气门的配气相位

1. 进气提前角 α

在排气行程接近终了，活塞到达上止点前，进气门便开始开启。从进气门开始开启到上止点所对应的曲轴转角称为进气提前角（或早开角），一般为10°～30°。进气门早开，使得活塞到达上止点开始向下移动时，因进气门已有一定开度，所以可较快地获得较大的进气通道截面，减少进气阻力。

2. 进气滞后角 β

在进气行程下止点过后，活塞重又上行一段进气门才关闭。从下止点到进气门关闭所对应的曲轴转角称为进气滞后角(或晚关角)，一般为 30°～80°。进气门晚关，是因为活塞到达下止点时，由于进气阻力的影响，汽缸内的压力仍低于大气压，且气流还有一定的惯性，仍能继续进气。下止点过后，随着活塞的上行，汽缸内压力逐渐增大，进气气流速度也逐渐减小，至流速等于零时，进气门关闭最适宜。若滞后角过大便会将进入汽缸的气体重新又压回进气管。

进气门开启持续时间内的曲轴转角，即进气持续角为 $\alpha+180°+\beta$。

三、排气门的配气相位

1. 排气提前角 γ

在做功冲程的后期，活塞到达下止点前，排气门便开始开启。从排气门开始开启到下止点所对应的曲轴转角称为排气提前角(或早开角)，一般为 40°～80°。恰当的排气门早开，汽缸内还有大约 300～500kPa 的压力，做功用途已经不大，但利用此压力可使汽缸内的废气迅速地自由排出，待活塞到达下止点时，汽缸内只剩约 110～120kPa 的压力，使排气行程所消耗的功率大为减小。此外，高温废气的早排，还可防止发动机过热。但早开角若过大，则将得不偿失。

2. 排气滞后角 δ

在活塞越过上止点后，排气门才关闭。从上止点到排气门关闭所对应的曲轴转角称为排气滞后角(或晚关角)，一般为 10°～30°。由于活塞到达上止点时，汽缸内的压力仍高于大气压，且废气气流有一定的惯性，所以排气门适当晚关可使废气排得较干净。

排气门开启持续时间内的曲轴转角，即排气持续角为 $\gamma+180°+\delta$。

四、气门叠开

由于进气门早开和排气门晚关，就出现了一段进、排气门同时开启的现象，称为气门叠开。同时开启的角度，即进气门早开角与排气门晚关角的和($\alpha+\beta$)，称为气门叠开角。

由于叠开时气门的开度很小，且新鲜气体的和废气流由于惯性而保持原来的流动方向，所以只要叠开角适当，就不会产生废气倒流回进气管和新鲜气体随废气排出的问题。相反，由于废气气流周围有一定的真空度，对排气速度有一定影响，从进气门进入的少量新鲜气体可对此真空度加以填补，还有助于废气的排出。

发动机的结构不同、转速不同，配气相位也就不同。

有些增压柴油机的配气相位，其叠开角较非增压柴油机要大得多。这是因为进气压力高，一方面不会发生废气倒流进入进气管的现象，另一方面除可使充气效率更高外，新鲜空气可将汽缸内的废气扫除干净。虽有一部分新空气会从排气门排出，但无关紧要，并不消耗燃油。

同一台发动机在转速不同时，也应有不同的配气相位，转速愈高，提前角和滞后角也应愈大，然而这在结构上很难满足。现在柴油机多是按其性能要求，通过试验来确定某一常用转速下较合适的配气相位，自然它也就只能对这转速最为有利。有一些汽油机采用了复杂的结构来进行配气相位的实时调整。

五、配气相位的检查与调整

配气偏早或偏晚都会引起进气不充分，排气不彻底，从而减小充气效率，降低发动机的功率和转矩，增加燃油消耗，加重环境污染。因此，在发动机的维护、修理中，对配气相位的检查与调整日益引起人们的重视，并已成为发动机维修的重要内容之一。

引起配气相位变化的原因是多方面的。对于长期使用的发动机，正时齿轮、凸轮轴及凸轮等零件的磨损、变形，无疑会造成配气相位的变化。对于新的或大修后的发动机，由于零件的制造、修理误差过大、装配不当等原因，同样会造成配气相位改变。因此，维修发动机时不论是采用旧件还是更换新件，都应检查配气相应，不符合要求时须进行调整。

1. 配气相位的检查

1）活塞上止点的检查与校准

一般发动机在出厂时，在飞轮上打有准确的上止点记号。但在使用和维修过程中，容易使飞轮定位螺栓及定位孔磨损而使上止点记号失准。所以在检查、调整配气相位时，应对上止点位置进行认真的检查与校准。

检查上止点位置时，将汽缸盖拆掉，用磁性表座将百分表固定，并使百分表的测量触头顶在第一缸活塞顶上，转动曲轴，观察百分表指针摆动情况。反复几次，准确地找到活塞刚刚到达最高点的位置，然后观察飞轮上的上止点记号是否准确。如果有误差，可用点铳重新打一准确的上止点记号。有些发动机的上止点记号在曲轴前端皮带轮处，校准时新记号也应打在相应位置。

2）配气相位的检查

配气相位的检验有静态检验和动态检验两种。无论哪一种方法，其检验原理是相同的。

工程机械的发动机一般采用静态检验法测量其配气相位，即用百分表检验各气门的开启、关闭时刻，在飞轮或分度盘上测其相应的曲轴转角。

检查配气相位时，应将气门间隙调到比规定值小0.05mm。转动曲轴，使第一缸活塞接近排气上止点（以第一缸进气门为例），且进气门仍处于关闭状态。把装有百分表的磁性表座牢固地吸附在汽缸盖上，并使百分表的测量触头垂直地顶在要测量的气门弹簧座上，如图 3-43 所示，转动表盘，使百分表的大指针对“0”。缓慢转动曲轴，仔细观察百分表状态。当百分表开始摆动时，微量转动曲轴，使百分表的大指针反时针转动 5 格（0.05mm）时停止转动曲轴。因为检查配气相位时气门间隙比标准值小 0.05mm，所以百分表大指针反时针转到0.05mm 处，正是正常工作时气门的开启时刻。此时观察飞轮刻度或分度盘刻度，即可得知该气门的提前开启相对应的曲轴转角。135 系列柴油机进气门提前角 α（上止点前）为 $20° \pm 6°$，进气滞后 β（下止点后）为 $48° \pm 6°$，排气门提前角 γ（下止点前）为 $48° \pm 6°$，滞后关闭角 δ（上止点后）为 $20° \pm 6°$。

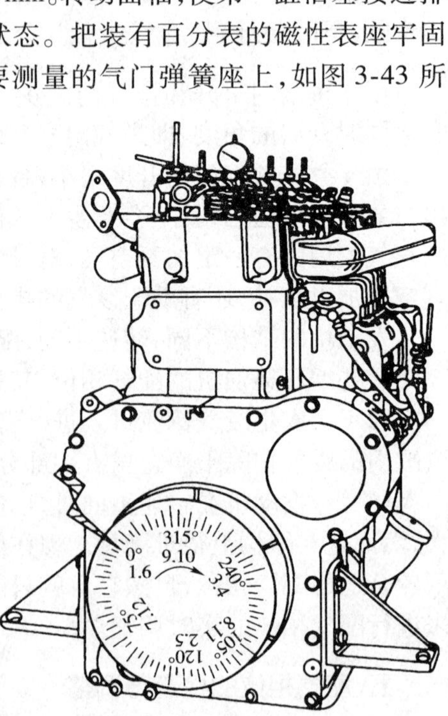

图 3-43　配气相位检查

为了减少检验误差，应反复测量几次。测量误差应不大于 0.5°。

检验气门关闭时刻时，继续转动曲轴（原百分表固定不动）。当气门接近关闭时，微量转动曲轴，使百分表压缩到距离“0”0.05mm 时，停止转动曲轴，并观察飞轮刻度或分度盘刻度，即可得知气门滞后关闭角。

配气相位一般只检查第一缸进排气门即可，其他各缸配气间隔由凸轮轴予以保证。如果怀疑配气间隔不准确时，可用同样的方法检查。

如果有些发动机飞轮上只有上止点刻线（前端也没有分度盘），没有点火提前角和气门启闭角度刻线时，可用“数齿法”或“弧长法”计算出气门的提前开启角和滞后关闭角。

2. 配气相位的调整

调整柴油机配气相位的方法有以下几种：

1）改变凸轮轴正时齿轮啮合位置

如检查出进气角相差过大，配气相位需调整的角度 θ 相当于凸轮轴齿轮一个齿所占度数 θ_1 的倍数时，采用改变凸轮轴正时齿轮啮合位置来调整配气相。先算出凸轮轴齿轮一个齿所占的度数 θ_1，并改变凸轮轴正时齿轮啮合的齿数 n。

$$\theta_1 = 360°/z \tag{3-2}$$

$$n = \theta/\theta_1 \tag{3-3}$$

式中：z——凸轮轴正时齿轮的齿数。

具体调整方法：当进气提前角过大时，应逆着凸轮轴旋转方向，将凸轮轴上的正时齿轮退 n 个齿与主动齿啮合；当进气提前角过小时，应顺着凸轮轴旋转方向，将凸轮轴的正时齿轮进 n 个齿与主动齿啮合。

2）将凸轮轴与正时齿轮的连接键顺时针或逆时针偏移一定的距离

当配气相调整的角度 θ 小于凸轮轴正时齿轮一齿所占的度数 θ_1（即 $\theta < \theta_1$）时，则采用将凸轮轴正时齿轮键顺时针或逆时针偏移一定的距离的办法。就是特制半圆键（或平键）的断面形状，把键的矩形断面改成阶梯形（如图 3-44 所示）。当键顺时或逆时偏转时，正时齿轮在原来与凸轮轴的配合位置就转动了一个偏移量为 x 的角度，故凸轮轴的转动会使配气相有所改变。键的偏移量。可按式（3-4）计算。

$$x = \pi r\theta/360° \tag{3-4}$$

式中：r——凸轮轴（在键槽处）外圆半径。

具体调整方法：图 3-44a）所示为凸轮轴键的逆时针偏移，用于角度大时将其调小；图 3-44b）为凸轮轴键的顺时针偏移，用于角度小时将其调大。需要注意的是：当将正时齿轮和凸轮轴连接时，键的安装方向要正确，否则配气相角成倍变化。

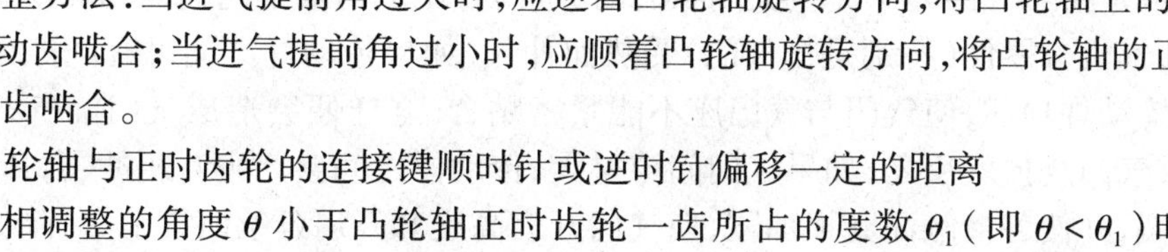

图 3-44　凸轮轴键的偏移

a）凸轮轴键的逆时针偏移；b）凸轮轴键的顺时针偏移

3）凸轮轴正时齿轮向前或向后轴向位移

当正时齿轮为斜齿轮时，可同时增加止推板（参见图 3-12）、调整环的厚度，使齿轮前移，也可同时减薄止推板和调整环使齿轮后移（要车削齿轮）。需要注意的是：

(1)保持凸轮轴轴向间隙。

(2)止推板过薄可能降低承载能力。由于是斜齿啮合,当向前或向后轴向位移凸轮轴正时齿轮时,凸轮轴就相应地转动一个角度φ,配气相随之变动。凸轮轴正时齿轮轴向位移量y,可按下列公式近似计算:

$$y = \pi R\theta/(360^{\circ}\tan\beta) \tag{3-5}$$

式中:R——正时齿轮节圆半径;

β——斜齿轮螺旋角度;

θ——配气相位需调整的角度。

一对外啮合斜齿轮啮合时,其螺旋角方向相反,即一个为左螺旋,另一个为右螺旋。调整时,当车削凸轮轴正时齿轮端面使齿轮向后位移时,此时凸轮轴顺时偏转一个角度φ。反之,当增加凸轮轴止推凸缘厚度使正时齿轮向前位移时,则给凸轮轴逆时偏转一个角度φ。

六、气门间隙及其调整

1. 气门间隙

气门间隙是指当气门处于完全关闭状态时,气门杆尾端与摇臂之间的间隙(图3-16)。发动机工作时,配气机构零件(特别是排气门)受热而伸长,如果传动件之间没有间隙或间隙过小,受热气门被传动件顶住,使气门与气门座不能紧密贴合,这样便会造成气门漏气,发动机功率下降,并造成气门烧损。反之,如果气门间隙过大,传动件之间会产生互相冲击,造成气门弹簧振动甚至断裂,并使各接触面磨损加剧,使气门开启高度和开启延续时间缩短,降低充气效率。合理的间隙应该是在保证气门关闭严密的情况下尽可能小些。由于排气门的工作温度较高,通常要比进气门间隙大。

2. 气门间隙的检查与调整

气门间隙在冷车和热车时是不一样的。冷车气门间隙是指发动机未工作或未走热时的气门间隙。柴油发动机冷车气门间隙一般为:进气门间隙0.25~0.30mm,排气门间隙0.30~0.35mm。热车气门间隙是指发动机已达到正常工作温度后停车检查的气门间隙。一般热车气门间隙要比冷车气门间隙小0.05mm左右。汽油发动机的气门间隙略小一些。气门间隙用厚薄规检查,间隙不符合要求时应进行调整。

调整气门间隙时,松开摇臂上调整螺钉的锁母,将厚薄规中与所调气门间隙相同厚度的厚薄规片插入摇臂压头与气门脚之间,用螺丝刀旋转调整螺钉,并来回拉动厚薄规,当感到拉动厚薄规略有阻力时,将调整螺钉锁紧即可,如图3-45所示。

气门间隙必须在气门完全关闭状态才允许调整。查找关闭状态的气门并予以调整的方法可采用逐缸检查、调整和两次检查、调整两种方法。

1)逐缸检查、调整法

对于四冲程的发动机,当活塞处于压缩上止点时,进、排气门都在关门状态,即进、排气门均可以调整。所以根据发动机的工作顺序,依次找到各缸的压缩上止点,并将气门间隙调整到规定的要求,这种方法叫气门间隙的逐缸检查调整法。

查找压缩上止点时,转动曲轴,使飞轮上的刻度“0”对准壳体上的记号,此时表示第一、六缸(六缸发动机)或第一、四缸(四缸发动机)活塞处于上止点。但究竟是第一缸还是第六缸

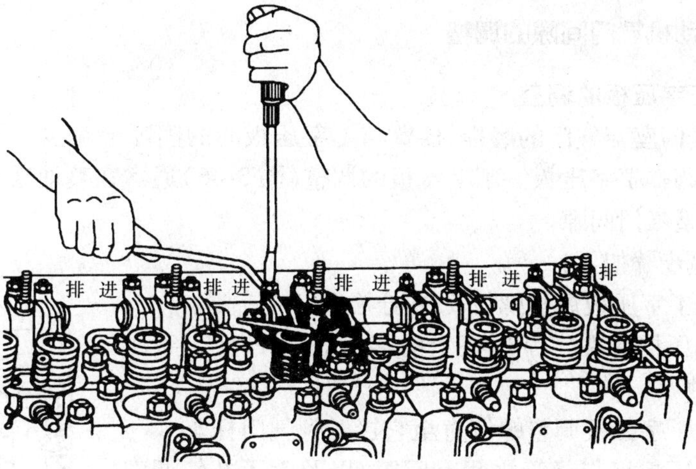

图 3-45　气门间隙的调整

(或第四缸)压缩上止点,则需进一步判断;摆动飞轮,如果第一缸的进排气门摇臂不动,而第六缸(或第四缸)的进、排气门摇臂都动,则表明第一缸活塞处于压缩上止点,该缸的进排气门均关闭,所以气门摇臂不动;第六缸(或第四缸)在排气上止点,排气未结束,进气门已开启,进、排气门叠开,所以进排气门摇臂都动。相反则为第六缸(或第四缸)压缩上止点。如果确认找到的是第一缸压缩上止点,如发动机的工作顺序为1—5—3—6—2—4(1—3—4—2),则将曲轴转动120°(四缸发动机转180°)后,对下一缸(例如第五缸)的进、排气门进行检查调整。以此类推,直至将所有的气门检查调整完毕。

逐缸调整方法简单,作业质量可靠,一般多为采用。但曲轴的转动次数多,生产效率低。

2)两次检查、调整法

曲轴只需转动两次就可将全部气门检查调整完毕。这种方法叫两次检查、调整法。

采用两次检查、调整法时,确定每次可调气门的具体方法很多,下面介绍按工作循环确定每次可调气门。

根据发动机的做功顺序及各缸做功间隔相对应的曲轴转角,制成如表3-1所示的表格,从而准确地确定每次可以调整的气门。

4125A型和6135G型柴油机气门间隙两次调整法　　表3-1

机　型	4125A				6135G					
工作次序	1—3—4—2				1—5—3—6—2—4					
缸序	1	2	3	4	1	2	3	4	5	6
0°时各缸工作状态	压缩终了	做功终了	进气终了	排气终了	压缩终了	排气开始	进气接近终了	做功接近终了	压缩开始	排气终了
一次可调气门	进、排	进	排		进、排	进	排	进	排	
360°时各缸工作状态	排气终了	进气终了	做功终了	压缩终了	排气终了	压缩开始	做功接近终了	进气接近终了	排气开始	压缩终了
二次可调气门		排	进	进、排		排	进	排	进	进、排

七、康明斯发动机气门间隙的调整

1. 配气机构丁字压板的调整

由于运动中气门座与气门的磨损，摇臂与丁字压板间的间隙会减少。因此通常在发现摇臂间隙紧时，需要调整丁字压板。丁字压板的调整（图3-46）通常在喷油器柱塞调整之后进行的，随后可接着调整气门间隙。

丁字压板调整步骤如下：

（1）松开气门丁字压板调整螺钉5，并拧松螺钉4一圈。

（2）用手指轻压摇臂在丁字压板上的接触表面1，使丁字压板与气门杆相接触。

（3）往下拧动丁字压板调整螺钉直至它接触到气门杆3。

（4）由于丁字压板杆与导管之间有间隙，以及为了补偿调整螺钉的松动，对于新的丁字压板和导管，应将调整螺钉再拧进20°。对于磨损的丁字压板和导管，必须拧进30°。

（5）保持调整螺钉不动，拧紧锁紧螺母5，拧紧力矩为34～41N·m。

（6）用厚薄规检查丁字压板端面和气门弹簧座之间的间隙，其最小间隙值为0.64mm（0.025in）。

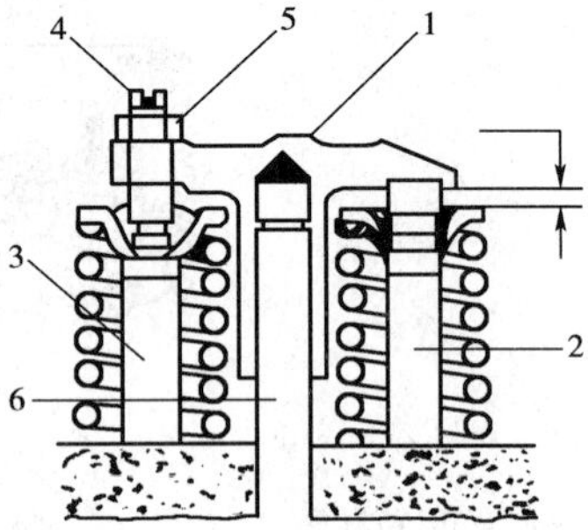

图3-46 调整气门丁字头
1-丁字压板与摇臂接触面；2、3-气门杆；4-调整螺钉；5-锁紧螺母；6-丁字压板导柱

2. 气门间隙的调整

进、排气门间隙是指凸轮传动臂的滚轮与凸轮的基圆接触状态下，摇臂与丁字压板之间的间隙。

由于康明斯柴油机的气门和喷油器是由共同的凸轮轴驱动的，所以气门间隙调整因喷油器柱塞落座压力调整方法（见单元四课题八）的不同而异。调整方法是：

（1）当采用仪表法调整喷油器柱塞落座压力时，气门间隙可与喷油器同时进行调整，即当调整好一个缸的喷油器，即可以调整它前一缸的气门间隙。例如，对于发火顺序为1—5—3—6—2—4的柴油机，当调好第三缸的喷油器时，就可在同一曲轴位置上调整第五缸的气门间隙。然后按表3-2所列顺序调整第三缸、第六缸、第二缸、第四缸和第一缸的气门间隙。

注：在1—VS位置，是指一缸做功行程90°位置。此时，三缸处于压缩行程开始30°位置，三缸喷油器针阀处于行程最高点，五缸处于离压缩行程上止点30°位置，气门处于关闭状态。参见第四单元课题八内容。

气门间隙值如表3-3所列。

（2）当采用力矩法调整喷油器时，在调好一个缸的喷油器以后就调整同一缸的气门间隙（不允许先调气门，后调喷油器）。调整顺序和方法可按表3-2所列顺序进行，也可按用力矩法调整喷油器柱塞落座压力的快速调整法进行。即调完柴油机所有喷油器后，再转动曲轴，找到1—VS位置，可调第一缸的进、排气门、第五缸的进、排气门、第三缸的排气门、第四缸的进气门。再转曲轴1圈到6—VS位置，在此位置可调第二缸和第六缸的进排气门、第三缸的进气门、第四缸的排气门。这样，柴油机转两次即可将各缸的进、排气门间隙调整完毕。

喷油器柱塞落座压力和气门间隙调整位置　　表 3-2

右转柴油机	发火顺序:1—5—3—6—2—4		
顺柴油机旋转方向撬转	皮带轮位置	调整的缸号 喷油器	 气门
开始	*A* 或 1—6VS	3	5
向前转到	*B* 或 2—5VS	6	3
向前转到	*C* 或 3—4VS	2	6
向前转到	*A* 或 1—6VS	4	2
向前转到	*B* 或 2—5VS	1	4
向前转到	*C* 或 2—4VS	5	1
左转柴油机	发火顺序:1—4—2—6—3—5		
顺柴油机旋转方向撬转	皮带轮位置	调整的缸号 气门	 喷油器
开始	*A* 或 1—6VS	2	4
向前转到	*C* 或 3—4VS	6	2
向前转到	*B* 或 2—5VS	3	6
向前转到	*A* 或 1—6VS	5	3
向前转到	*C* 或 3—4VS	1	5
向前转到	*B* 或 2—5VS	4	1

气门间隙的数值　单位:mm(in)　　表 3-3

柴油机型号	进 气 门				排 气 门			
N. NH. NT	冷车调整		热车调整		冷车调整		热车调整	
铝摇臂室	0.36	(0.014)	0.36	(0.014)	0.69	(0.027)	0.69	(0.027)
铸铁摇臂室	0.41	(0.016)	0.36	(0.014)	0.74	(0.029)	0.69	(0.027)

课题四　进、排气系统与增压

一、发动机进、排气系统

发动机进、排气系统由进气管、排气管和空气滤清器等组成,增压发动机还有增压器、空气冷却器等。进、排气系统的作用是向汽缸内提供充足、清洁的空气,同时尽可能干净地排出汽缸中燃烧膨胀后的废气。若采用废气涡轮增压器增压,还应尽可能多地利用废气中的能量,来增加进气量。

1. 进、排气管

图 3-47 所示为 6135G 型柴油机的进、排气总管及空气滤清器。

柴油机的进气总管通过进气支管与汽缸盖上进气道入口相连,将滤清过的空气导入燃烧室。排气总管通过排气支管与汽缸盖上的排气出口相连,将燃烧过的废气排入大气。进、排气管可以用铸铁或铝合金铸造成型，也可以用钢板冲压后焊接制成。

进、排气管的布置随柴油机总体结构布置而不同，一般分别布置在柴油机的两侧，以免进气受到排气管高温的加热。但许多时候，进、排气管要服从其他结构布置的需要。V 型柴油机，一般都利用 V 型夹角中间的空间来安放进气管，排气管则放在发动机的两外侧，也有相反布置的。

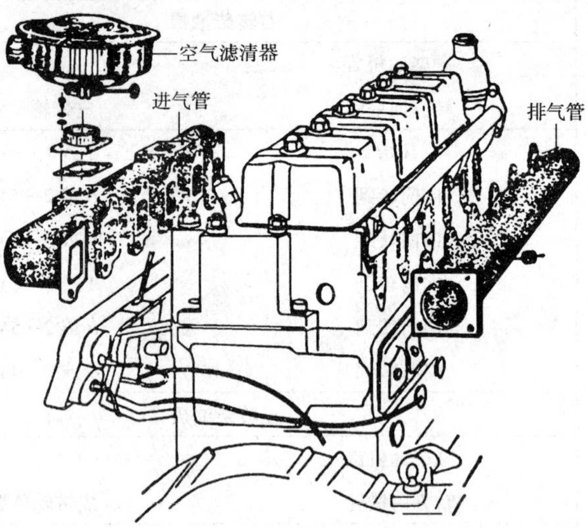

图 3-47　6135G 型柴油机的进、排气总管及空气滤清器

2. 排气消声器

排气消声器的功能是降低排出废气的噪声，提供排出废气的通道，同时降低废气的温度和压力，以保证安全。

排气消声器一般采用 1mm 钢板卷制而成，安装在排气管的出口处。其结构如图 3-48 所示。它由三级扩张共振室组成，当废气通过这几级共振室后，声能被消耗，噪声被衰减从而达到消声的目的。

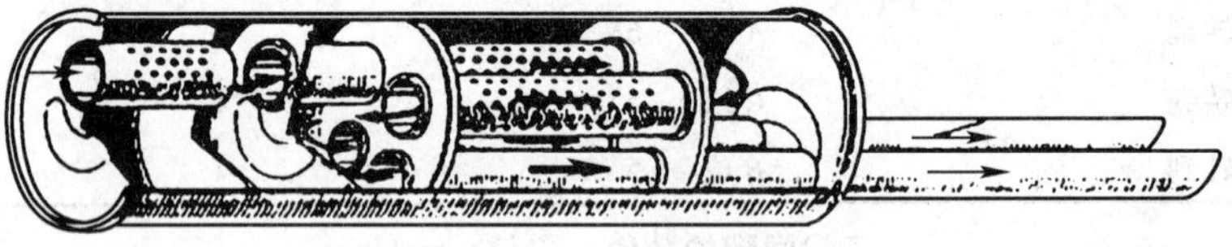
图 3-48　排气消声器

3. 空气滤清器

空气滤清器的功用是清除进入汽缸内空气中的灰尘和杂质，减少由于进气带进的灰尘杂质对活塞、汽缸套、进气门等组件的磨损。

对空气滤清器的基本要求是具有高效的滤清能力，空气的流通阻力小，能长期连续工作，维护检修方便。滤清器主要有以下 3 种：

1）油浴式

它是将空气通过油液进行清洗，这种滤清器也叫湿式滤清器。如图 3-49 所示，空气从滤清器的中间进入，在滤清器的底部与润滑油接触，部分杂质，特别是较重的杂质，在此被润滑油黏附。随后空气将通过粘有润滑油的钢丝网，并充分地与润滑油接触，绝大部分杂质被吸附，干净的空气进入汽缸。

2）过滤式

过滤式多采用纸质滤芯，这种滤清器在发动机上应用非常广泛。纸质滤清器的工作原理是通过引导气流经过纸质滤芯，使尘土和杂质被隔离或黏附在滤芯上，达到滤清的目的。因为不像湿式滤清器那样需要加油，所以也称为干式滤清器。

图 3-50a）所示的干式滤清器是发动机常用的一种。滤芯由经过树脂处理的微孔滤纸制成，滤纸打褶的目的是为了增加过滤面积和减小滤芯阻力。滤芯外面是多孔金属网，用来保护滤芯在运输过程中不至于使滤芯破损。在滤芯的上、下端浇有耐热塑料溶胶，以保持滤纸、金

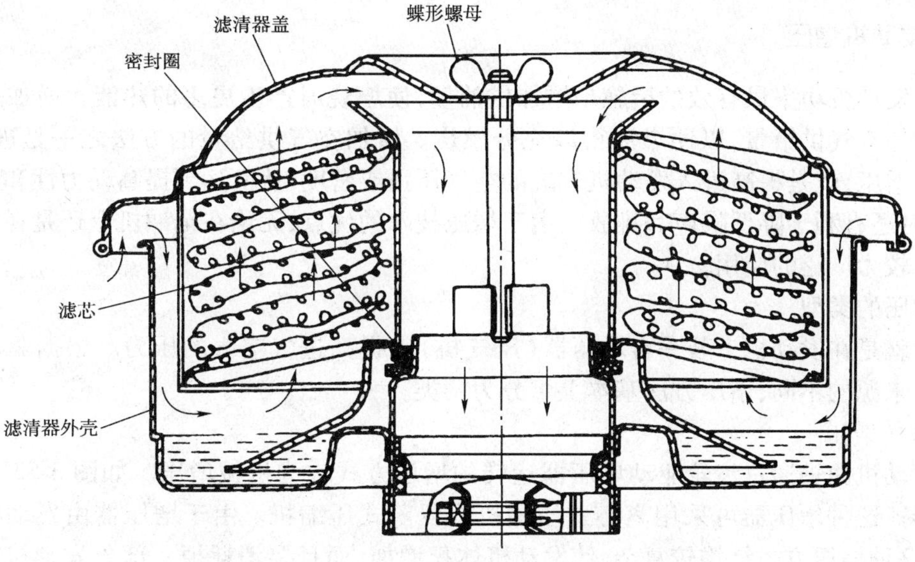

图 3-49 油浴式空气滤清器

属网和密封面间的位置固定,并保持其间的密封。

为了保证过滤的效果,有些发动机采用两级过滤的方式,即在大滤清器的芯部再加一个细滤器,空气经粗滤器过滤较粗大的尘土后,再经细滤器将细小的灰尘过滤,如图 3-50b)所示。

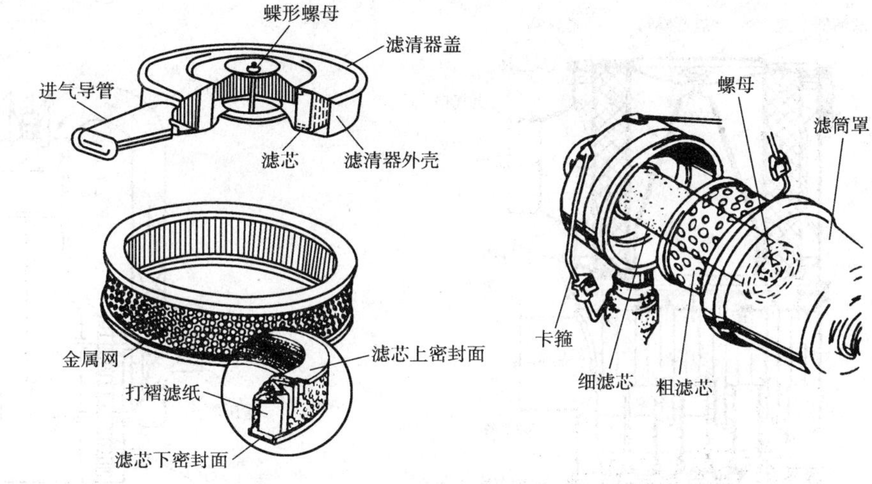

a) b)

图 3-50 纸质空气滤清器

3)双级复合式滤清器

大型车辆或机械上还使用离心式与纸滤芯相结合的双级复合式空气滤清器(图 3-51)。双级复合式空气滤清器的上体是纸滤芯空气滤清器,下体是离心式空气滤清器。空气从滤清器下体的进气口首先进入旋流管,并在旋流管内螺旋导向面的引导下产生高速旋转运动。在离心力的作用下空气中的大部分灰尘被甩向旋流管壁并落入集灰盘中,空气则从旋流管顶部进入纸滤芯空气滤清器,空气中残存的细微杂质被纸滤芯滤除。

二、发动机增压

提高发动机功率最有效的措施是增加供油量,使燃烧时产生更多的热能。增加供油量也应同时增加空气供给量,以便燃油得以充分燃烧。增加空气供给量的方法之一是进气增压。所谓进气增压,就是提高进入发动机汽缸的空气压强或密度,从而达到提高动力性和经济性的目的,同时还有利于降低噪声和排放。由于增压技术的优点,无论在柴油机上还是在汽油机上都得到了较为广泛的应用。

1. 增压的类型

增压就是在发动机上装一台增压器(压气机)来提高进气空气的压力。根据驱动增压器所用能量来源的不同,增压方法基本上可分为两类。

1)机械增压

由发动机曲轴通过齿轮驱动增压器运转的增压方式称为机械增压。如图 3-52 所示为机械增压器。这种增压器可采用离心式压缩机或罗茨式压缩机。由于增压器由发动机曲轴带动,因此这种增压方式结构较复杂,使发动机体积增加,而且要消耗掉一部分发动机发出的有效功率,从而使发动机经济性能改善不大。机械增压通常只在增压压力 $p_k < 160 \sim 170\text{kPa}$ 情况下应用,因为增压压力增高时,消耗于驱动增压器的功率迅速增加,达到一定的增压压力时(例如罗茨式压缩机为 160kPa),消耗于驱动增压气的功率会大于发动机因增压所提高的功率。这种增压方式常用于二冲程发动机。

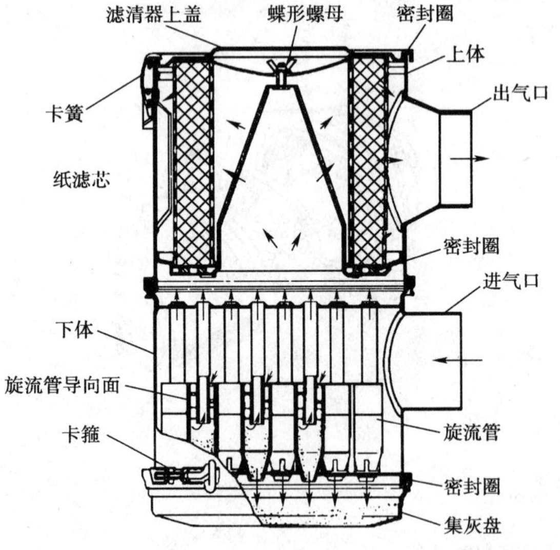

图 3-51　双级复合式空气滤清器

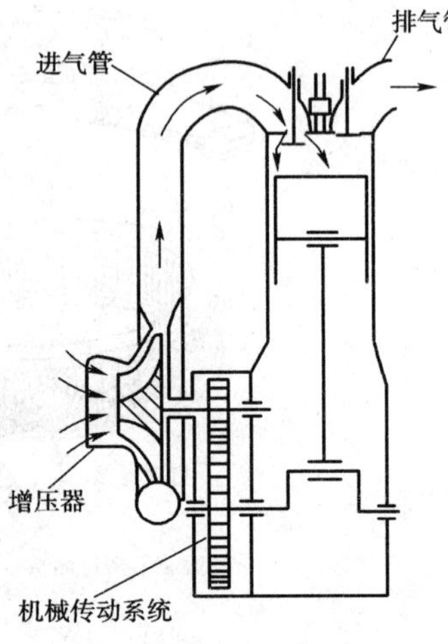

图 3-52　机械增压器

2)废气涡轮增压

四冲程发动机的增压多采用废气涡轮增压,以尽可能地利用废气的能量。在非增压柴油机中,废气带走的能量约占柴油总能量的 30% ~40%,废气涡轮增压利用这部分能量,使高温、高速的废气在涡轮中进一步膨胀,驱动泵轮高速旋转,压缩进入汽缸的空气(见图 3-53)。柴油机采用废气涡轮增压可使功率提高 30% ~40%。

采用增压技术对于在高原地区使用的柴油机具有更重要的意义。因为高原地区气压低，空气稀薄，会导致柴油机功率下降。一般认为海拔每升高 1 000m，功率将下降 8% ~10%，燃油消耗率增加 3.8% ~5.5%。而装用涡轮增压器后，可以恢复柴油机功率，减少油耗。

2. 废气涡轮增压器工作原理

废气涡轮增压器的工作原理如图 3-53 所示。柴油机排出的废气经排气管进入涡轮壳里的喷嘴环。由于喷嘴环通过的面积是逐渐收缩的，因而废气的压力和温度下降，速度提高，废气的动能增加。这股高速的气流按一定的方向冲击涡轮叶片，使涡轮高速旋转。废气的压力、温度和速度越高，涡轮转得越快，通过涡轮的废气出口最后排入大气。

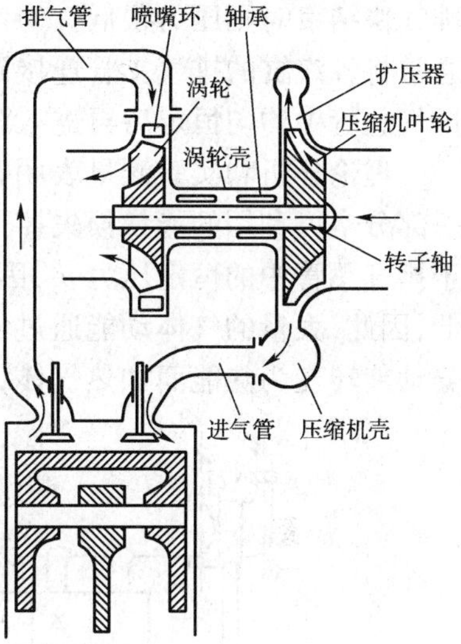

图 3-53 废气涡轮增压器工作原理图

因为涡轮和泵轮（或压气机叶轮）在同一根轴上，两者同速旋转。这样，经过空气滤清器滤过的空气被吸入压气机壳，高速旋转的压气机叶轮把空气甩向叶轮的外缘，使其速度增加，并进入扩压器。扩压器的形状做成进口小出口大，因此气流经过时速度下降，压力升高，再通过断面由小到大的环行压气机壳使空气流的压力继续提高。压缩的空气经进气管进入汽缸与柴油混合燃烧。

3. 废气涡轮增压器的类型

废气涡轮增压器的一个主要性能指标是压力升高比。它是指压气机的出口压力 p_k，与进口压力 p_0 之比值，通常简称压比 π_k，即：

$$\pi_k = p_k / p_0 \tag{3-6}$$

1）按压比分类

废气涡轮增压器按压比可分为低、中、高 3 种类型。低增压的压比 $\pi_k < 1.4$；中增压的压比 $\pi_k < 1.4 \sim 2.0$；高增压的压力比 $\pi_k > 2.0$。压缩后的空气的温度可以上升到 120℃，所以为了降低压气机出口的空气温度，提高进入汽缸的空气密度，一般在废气涡轮增压器后面设置空气中冷器。

随着废气涡轮增压器制造质量的提高，以及废气涡轮增压器与柴油机匹配技术的发展，现代柴油机正向着高增压方向发展。

2）按涡轮形式分类

根据涡轮增压器采用的涡轮形式不同，通常把废气涡轮增压器分为 3 种形式：

径流式：废气沿与涡轮旋转轴线垂直的平面径向流动；

轴流式：废气沿涡轮旋转轴线方向流动；

混流式：废气与涡轮旋转轴线倾斜的锥形面流动。

柴油机所用废气涡轮增压器以径流式为主，轴流式极少用，混流式几乎不用。

3）按废气能量利用分

按照柴油机排气管内废气的脉冲能量是否利用，废气涡轮增压器又可分为恒压式和脉冲式（或称变压式）。

（1）恒压式涡轮增压

恒压涡轮增压是指涡轮前的废气压力基本恒定。我们知道，柴油机工作时各缸轮流排气，排气过程中废气的压力是极不稳定的。对一个汽缸来说也是如此，开始排气时废气压力极高，排气快结束时则压力很低。为使进入涡轮机的废气压力基本保持恒定，以使涡轮机运转平稳，通常将各汽缸的排气支管连接到一根较粗大的排气总管中，如图3-54a）所示，使废气压力在排气总管中均匀恒定后再进入涡轮机。

理论分析和实验测量表明，恒压涡轮增压只利用了柴油机废气中可用能量的大部分，有一部分本可利用的能量损失掉了。损失的原因在于：排气门刚打开时，汽缸内的压力 p_b 远高于排气总管中的恒定压力 p_r，因而废气以极高的速度流进排气管，进入排气管后流速大大降低，因此，大量的气体动能通过气体分子的相互撞击、摩擦和形成涡流而损失了。损失的这部分动能转变为热能而加热气体，但最终不能被涡轮机所完全获得。

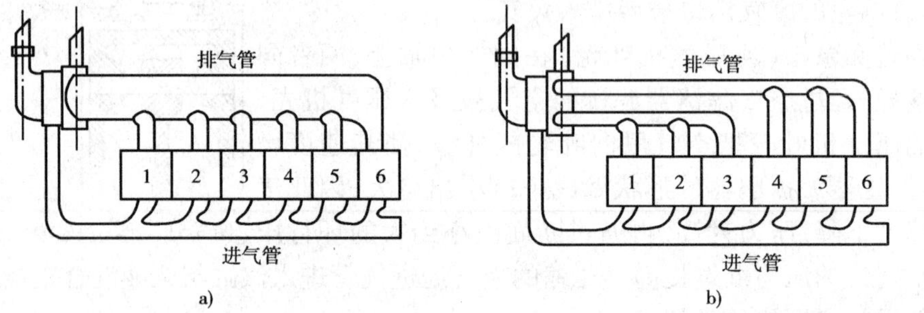

图3-54 增压器类型

a）恒压涡轮增压；b）脉冲式涡轮增压

（2）脉冲式涡轮增压

为了充分利用废气中能量，有些柴油机采用脉冲式（变压）涡轮增压。它一般是将汽缸分成若干组，同一组中几个汽缸的排气管是连通的，而与其他组的汽缸的排气管不连通。排气管做得比较细，直接通到涡轮机喷嘴环入口处。在汽缸开始排气后不久，排气管内废气压力迅速升高，并接近于汽缸内废气压力。如果同一组排气管内没有别的汽缸同时排气，不会出现排气管内排气的相互干扰，则排气的脉冲能量可以被有效地利用来驱动涡轮机，从而提高废气能量的利用率。当废气流入涡轮后，排气管内压力下降，直到同组中另一汽缸排气时，该排气管内压力又再次迅速升高，排气管内压力呈周期性脉动。涡轮进口处废气压力有较大波动，故称为变压涡轮增压，又称脉冲涡轮增压。

变压涡轮增压通常采用多个汽缸共用一根排气支管，如图3-54b）所示。同一组中各汽缸发火次序不连续，每一根排气管对应涡轮喷嘴环中的一个进气口。涡轮喷嘴环上有多个相互分隔、独立的进气口，避免了压力波的相互干扰。

变压增压由于利用了柴油机排气的压力波能量，而且由于排气管体积小，压力波动的影响快，减少了节流损失，能量利用率较高。

4. 废气涡轮增压器的结构

图3-55所示为典型的废气涡轮增压器，它由压气机、中间体、涡轮机组成。机座与柴油机排气管连接。压气机壳的进气口与空气滤清器的空气道相连，而其压气机进出口则通往进气管。压气机的扩压器为无叶式。转子体由转子轴、压气机叶轮、涡轮轴和叶轮组成，它支承在

两个浮动轴承上高速旋转。涡轮用高强度、耐热、耐腐蚀性能好的合金钢精密铸造而成，焊接在转子轴上。压气机叶轮为铝合金铸件，用螺母固定在转子轴上。增压器的转子体转速高达100 000 ~ 130 000r/min，转子体在安装到增压器之前已经进行了静平衡和动平衡测定。

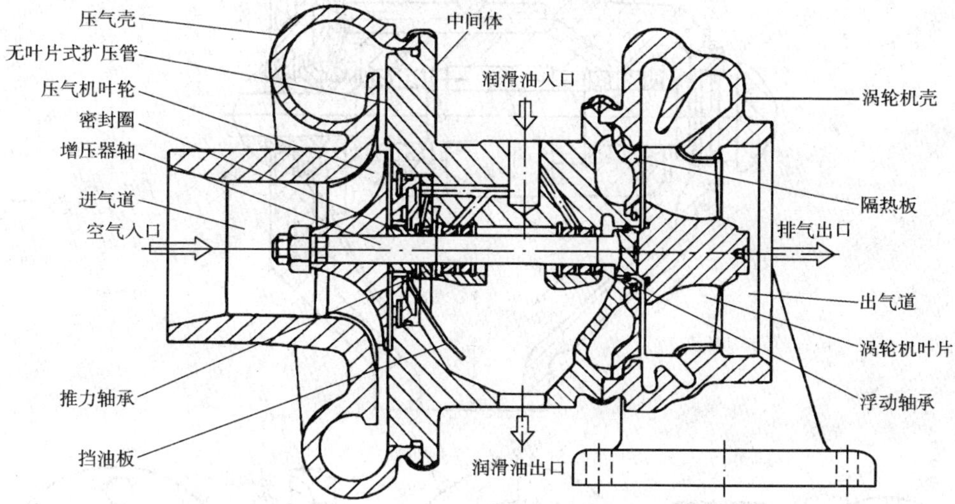

图 3-55 典型废气涡轮增压器结构

废气涡轮增压器所需要的润滑油来自柴油机的主油道，通过润滑油滤清器，进入增压器的中间壳，润滑浮动轴承，并冷却增压器，经其下部出油口流回曲轴箱。

为了防止压气机端的压缩空气和涡轮端的废气漏入中间壳，造成增压效果下降和涡轮功率降低，以及高温废气对轴承寿命的影响，在中间壳和轴之间设有密封装置。在压气机叶轮和中间壳之间装有 O 形密封圈和密封环，在转子轴和中间壳之间装有密封环。此外，为了防止润滑油进入压气机，在压气机端的转子轴上还装有挡油密封环。在中间壳和涡轮壳之间有一隔热板，以减少高温废气对润滑油的影响。

增压器轴承的结构是涡轮增压器可靠性的关键之一。现代涡轮增压器都采用浮动轴承（图 3-56）。浮动轴承实际上是套在轴上的圆环。圆环与轴以及圆环与轴承座之间都有间隙，当转子轴高速旋转时，具有 250 ~ 400kPa 压力的润滑油充满这两个间隙，使浮动轴承在内外两层油膜中随转子轴同向旋转，但其转速比转子轴低得多，从而使轴承对轴承孔和转子轴的相对线速度大大降低。由于有双层油膜，可以双层冷却和产生双层阻尼，因此浮动轴承具有在高速轻载下工作可靠、抗振性好，加工拆装方便等优点。

浮动轴承在轴与轴承座中间转动。一般内层间隙为 0. 05mm 左右，外层间隙大约为 0. 1mm。轴承壁厚约 3 ~ 4. 5mm，用锡铅青铜合金制造，轴承表面镀一层厚度约为 0. 005 ~ 0. 008mm的铅锡合金或金属铟。

增压器工作时产生轴向推力，由设置在压气机一侧的推力轴承承受。为了减少摩擦，整体式推力轴承两端的止推面上各加工有 4 个布油槽；在轴承上还加工有进油孔，以保证止推面的润滑和冷却。

废气涡轮增压器的冷却，一般采用自然空气冷却，也有在中间壳制有夹水层，用发动机的循环水冷却，如图 3-57 所示。

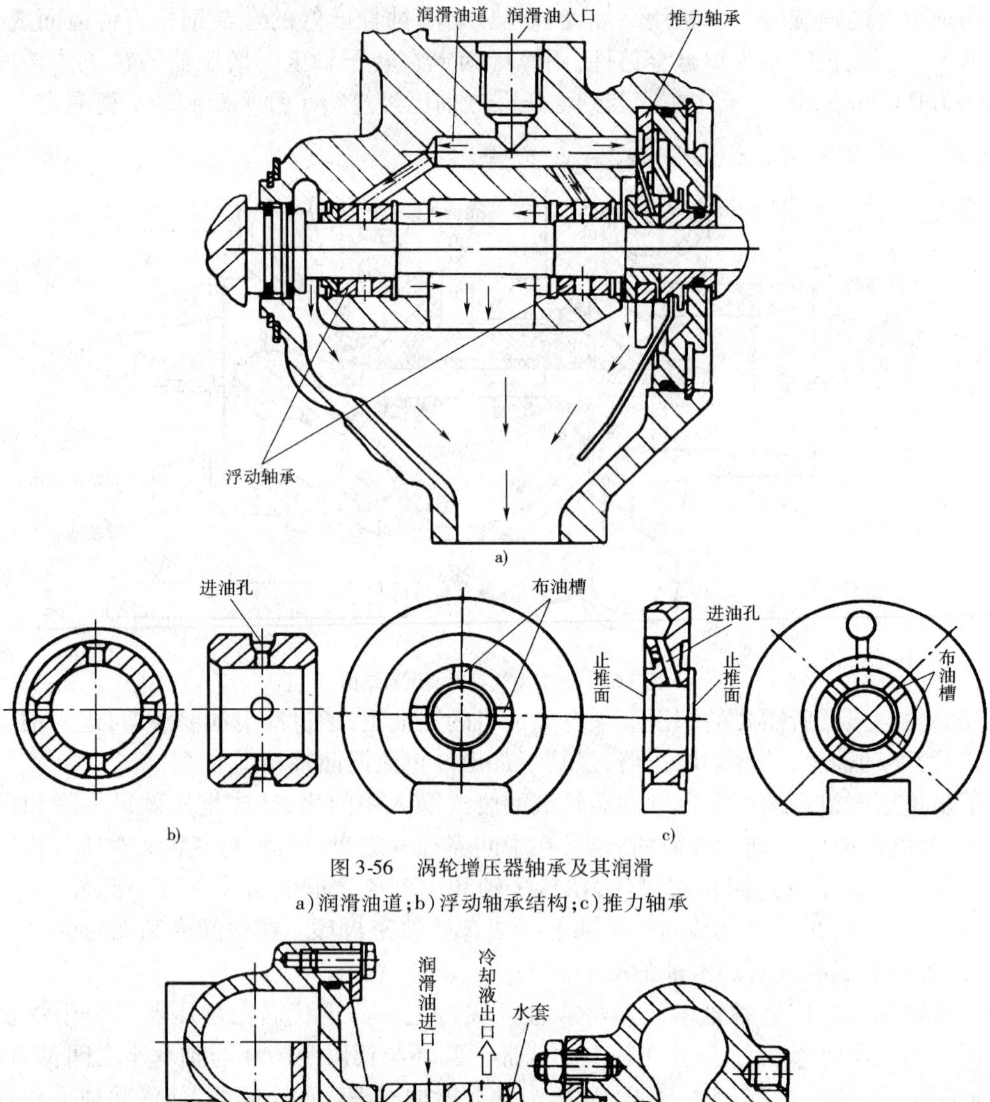

图 3-56　涡轮增压器轴承及其润滑

a）润滑油道；b）浮动轴承结构；c）推力轴承

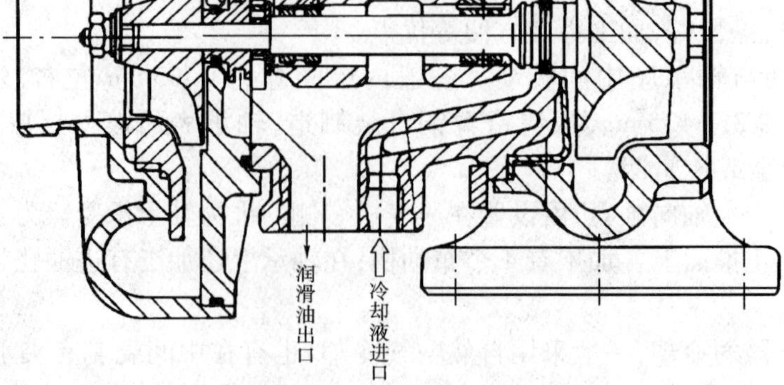

图 3-57　涡轮增压器的冷却

5. 废气涡轮增压器的使用与维修

1)使用注意事项

废气涡轮增压器的工作条件是高温和高转速。为保证其正常工作,使用时必须注意以下事项:

(1)新启用的或刚维修好的增压器,在使用前用手拨转转子,检查有无呆滞现象和不正常的声音。

(2)必须保证压气机进气洁净,为此必须加强空气滤清器的清洗。不得让异物进入压气机和涡轮中去。

(3)必须保证涡轮增压器可靠地润滑,润滑油要洁净,油压要正常。

(4)严格控制涡轮进气温度,必须按规定调整柴油机燃油系,不得任意改变供油量。

(5)要保证增压器的冷却条件。水冷式的冷却水路应畅通,出水温度一般不得超过100℃。

(6)经常听检增压器运转情况。柴油机停车时应慢慢停下来,起动时应保证增压器得到润滑油。若增压器工作正常,柴油机刚刚停车后,增压器转子仍可继续运动1min。

(7)各连接管应装配正确,拆检时不得任意变动,并应切实保证连接处可靠地密封。

(8)按技术维护规定要求,定期进行拆检和清洗。

2)废气涡轮增压器的常见故障

(1)压气机喘振

当进气量太小时,压气机会发生喘振,增压器机械效率低。压气机喘振的常见原因有:

①轴承损坏,转子与增压器静止部分相碰擦伤。

②外界温度低,海拔高,气压太低。

③柴油机负荷波动过大或紧急停车。

④柴油机某缸停止供油或供油不正常。

⑤一台柴油机装两台增压器时,它们的性能参数相差太大。

⑥压气机、涡轮机或中冷器内气体流道面积太小或异物堵塞。

⑦柴油机进气系统或汽缸漏气。

(2)增压压力降低

在柴油机最大运用功率条件下,增压压力低于规定值的10%时,即认为增压压力未达到要求。造成增压压力下降的原因是:

①空气滤清器堵塞,进气阻力太大。

②压气机或中冷器积垢太多或异物堵塞。

③压气机壳体密封外间隙太大或已损坏造成漏气。

④柴油机进排气管路或接头处漏气。

⑤喷嘴环叶片变形,气流通道截面增大,使增压器转速下降。

(3)增压压力过高

增压压力超过规定值也表示增压器工作不正常,造成增压压力过高的原因是:

①柴油机中燃料燃烧不良或排气门泄漏,使涡轮机前进口处燃气能量加大。

②喷嘴环叶片变形或积炭,使燃气通流截面积减小。

③柴油机超速或超负荷运转。

④海拔高，大气压力低，增压器超速。

(4)增压器强烈振动

增压器工作时转速非常高，若出现较强烈的振动必然是运动部件发生故障。可能是压气机或涡轮机工作轮，轴承等变形，损坏或运动时与固定部分碰撞。

(5)增压器进、排气管漏油

①增压器轴承磨损，轴与轴承间隙增大。

②增压器密封环磨损，无法封油。

3)废气涡轮增压器的维修

在发现涡轮增压器出现前述故障时，须拆检的应进行及时拆检，根据损坏情况，进行修理或更换新件，重新装配。

即便涡轮增压器是正常运行，使用2 000 ~2 500h后也应进行不解体检测，即在发动机上进行转子轴向窜动量的检测。首先将进、排气管从增压器上拆下，用千分表触头顶在转子轴上，然后前后推动叶轮，测出其轴向窜动量，该值一般为0.01 ~0.30mm。径向是用厚薄规检测，径向间隙一般为0.08 ~0.20mm。若测定值超过上述范围，则应将涡轮增压器从柴油机拆下来进行维修，或更换新涡轮增压器。

在拆散涡轮增压器前必须掌握所拆增压器的构造和说明书中所指出的事项，否则不应乱拆；增压器的零件多系小而精密的零件，所以应尽量使用专用工具，不得乱敲乱打，凡经整体平衡过的件，拆散时应做记号，以免装配时破坏其平衡性；拆散的零件应妥善存放，以免丢失。

在正常维修中，易损件多为油封环、密封垫片、止推轴承和浮动轴承等。选配这些零件时，必须保证材质、加工精度和表面光洁度等符合技术要求。

根据维修说明书，装配时要保证各部正确的配合间隙。装配后，应检查轴向窜动量、径向间隙等。并应用手拨动转子看其是否运转灵活。

在有条件的情况下，应对修复的增压器进行性能试验，或在装车后作出口压力、中冷器前后压力差、油压和油温等检测，这样既可保证修配质量，避免返工，又可避免因维修或装配不当而造成的机械事故。

4)进气中冷

进入汽缸的空气，通过废气涡轮增压器后，由于受压缩功的影响，进气温度大幅度提高，全负荷时气温一般达到120℃左右，因而空气密度明显下降，限制了功率的进一步提高，因此出现了“增压中冷”技术。“增压中冷”是将发动机冷却水或前端的进风，穿过“中冷器”(即热交换器)，将已增压过的发动机进气进行“中间冷却”。水冷型可将进气温度冷至90℃左右，空气冷却型可将进气温度冷至50℃左右。采用增压中冷技术的发动机叫增压中冷型，其功率比增压型可进一步提高，燃油消耗率也相应进一步改善。图3-58为空气冷却器。

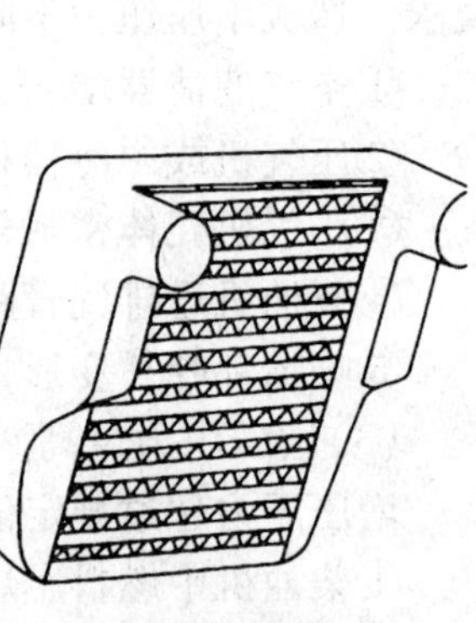

图3-58　空气冷却器

思考题

1. 哪些因素会使发动机充气效率降低?

2. 为什么大缸径发动机要采用多气门结构?

3. 凸轮轴的轮廓磨损后对发动机有什么影响?

4. 气门间隙的大小对发动机有何影响?

5. 同一缸上异名凸轮的间隔角度应为多少? 如何从同名凸轮间隔角度判断发动机工作顺序?

6. 为什么脉冲式涡轮增压器具有更高的能量利用率?

Danyuansi

单元四

柴油机机械式燃油系统

知识点

1. 柴油机燃料系统的功用与组成原理;
2. 混合气浓度的表示方法;
3. 柴油机的燃烧过程;
4. 直喷式燃烧室与分隔燃烧室的特点;
5. 柱塞式喷油泵的工作原理;
6. 供油提前角的自动调节原理;
7. 全程式调速器的工作原理;
8. 喷油器的结构与工作原理;
9. 输油泵的结构与工作原理;
10. VE 泵的工作原理;
11. PT 泵系统的结构组成与工作原理;
12. PT(D)喷油器的结构与工作原理。

技能点

1. 检查调整柱塞泵系统的供油提前角;
2. 进行供油提前角一致性和供油量均匀性的检查和调整;
3. 进行喷油器的拆装、检查与调整;
4. 进行输油泵的维护和检查调整;
5. 进行 PT 喷油器落座压力的检查与调整;
6. 进行 PT 喷油器喷油正时的检查调整。

课题一　柴油机燃油系统概述

一、柴油机燃油系统的功用

(1)在适当的时刻将一定数量的洁净柴油增压后以适当的规律喷入燃烧室。

(2)在每一个工作循环内,各汽缸均喷油一次,喷油次序与汽缸工作顺序一致。

(3)根据柴油机负荷的变化自动调节循环供油量,以保证柴油机稳定运转。

(4)储存一定数量的柴油,保证机械或车辆的最大连续工作时间。

二、柴油机机械式燃油系统的类型

按照结构特点的不同,柴油机机械式燃油系统可分为柱塞泵系统、分配系统、PT泵系统及油泵—喷油器系统。在四冲程柴油机上以前3种的应用最为广泛。

三、柴油机机械燃油系统组成

柴油机燃油系统包括喷油泵、喷油器和调速器等主要部件及柴油箱、输油泵、油水分离器、柴油滤清器、喷油提前器和高、低压油管等辅助装置。

四、柴油机机械式燃油系统的组成原理

在这里以柱塞泵系统为例,介绍柴油机燃油系统的基本原理,如图4-1所示。柱塞泵系统具有结构、工艺成熟,工作可靠,维修、调整方便,使用寿命长等优点,被广泛应用在各种形式的柴油机上。

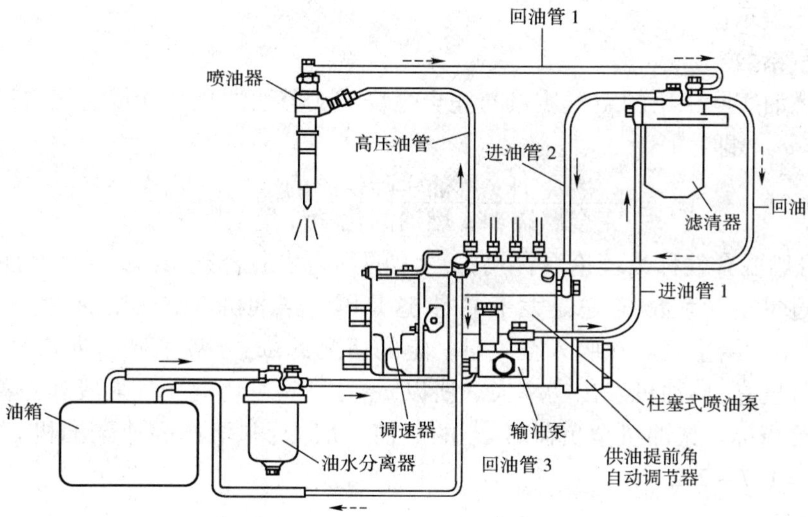

图4-1　柱塞式燃油系统示意图

柱塞式喷油泵一般由柴油机曲轴的正时齿轮驱动。固定在喷油泵体上的输油泵由喷油泵的凸轮轴驱动。输油泵从油箱中吸油经管路压入高压泵,高压泵提高压力后送入喷油器,喷油器将油喷入汽缸。油的流动路线如下:

1. 低压油路

油从油箱中出来,进入油水分离器,在油水分离器中除去柴油中的水分,再进入输油泵,输油泵将油压力进行第一次提高,其出口压力一般为0.15~0.3MPa。从输油泵出来的柴油经进油管1进入柴油滤清器,在柴油滤清器中滤去其中的杂质。滤清后的清洁柴油送入喷油泵。

2. 高压油路

进入高压泵的柴油在高压泵中被加大压力,压力一般在8~20MPa。高压油经高压油管送入喷油器,通过喷油器喷入汽缸。

3. 回油路

回油路有两条:

一是由于输油泵的供油量为喷油泵的最大供油量的3~4倍,为了保持进入喷油泵的进油室内压入的稳定,在进油室的另一端装有溢流阀,当压力过高时顶开溢流阀,从回油管3流回油箱或输油泵进口。在滤清上也装有溢流阀,当滤清器内压力过高时,顶开溢流阀,从回油管2流回。

二是喷油器多余的柴油经回油管1、回油管2流回油箱或输油泵的进口。

课题二　可燃混合气的形成与燃烧

一、可燃混合气成分表示方法

可燃混合气中空气与燃油的比例称为可燃混合气成分或可燃混合气浓度,通常用过量空气系数和空燃比表示。

1. 过量空气系数

燃烧1kg燃油实际供给的空气质量与完全燃烧1kg燃油的化学计量空气质量之比为过量空气系数,记作φ_a。即:

$$\varphi_a = \frac{\text{燃烧1kg燃油实际供给的空气质量}}{\text{完全燃烧1kg燃油的化学计量空气质量}} \tag{4-1}$$

$\varphi_a=1$的可燃混合气称为理论混合气;$\varphi_a<1$的称为浓混合气;$\varphi_a>1$的称为稀混合气。

柴油机的过量空气系数φ_a总是大于1的,这是因为柴油机汽缸内柴油与空气很难达到均匀混合,所以要多供给空气。在吸入空气量一定的情况下,φ_a小就意味着向汽缸内多喷油,缸内空气的利用程度高,柴油机发出功率大。所以φ_a是反映可燃混合气形成和完善程度及整机性能的一个重要指标。柴油机全负荷时φ_a的数值一般为:非增压高速柴油机$\varphi_a=1.2\sim1.5$增压柴油机$\varphi_a=1.7\sim2.2$。

2. 空燃比

可燃混合气中空气质量与燃油质量之比为空燃比,记作α。即:

$$\alpha = \frac{\text{空气质量}}{\text{燃油质量}} \tag{4-2}$$

按照化学反应方程式的当量关系,可求出1kg汽油完全燃烧所需空气质量即化学空气质量为14.8kg。显然,$\alpha=14.8$的可燃混合气为理论混合气;$\alpha<14.8$为浓混合气;$\alpha>14.8$为稀混合气。

二、柴油机混合气形成特点

柴油机是利用柴油的着火性好而采用自燃的着火方式,其混合气形成时间极短,混合气极不均匀。一般是在压缩行程上止点前约 10°~15°曲轴转角时将柴油喷入汽缸，在上止点附近着火燃烧。若柴油机的转速为 2 000r/min，15°曲轴转角仅相当于 1/800s。正因为形成混合气时间极短，致使混合气极不均匀。另外由于结构方面的原因，汽缸内有的地方柴油多而空气较少，甚至没有空气；相反，有的地方空气多而柴油少，甚至完全没有柴油；但也有某些地方柴油与空气的混合适中，成为首先着火燃烧的火源。

柴油机混合气形成的上述特点，显然不利于燃烧。为使喷入汽缸中的柴油尽可能燃烧完全，以便提高柴油机的经济性，实际充入汽缸中的空气量要比完全燃烧理论上需要的空气量多，即要有过量的空气。柴油机在各种工况下工作时，实际充入汽缸中的空气量基本不变，而是依据不同负荷相应改变喷油量，从而改变混合气的浓度，即改变 φ_a 值。φ_a 值越大，则混合气越稀，能提高柴油机的经济性而使动力性变差；反之，φ_a 值越小，则混合气越浓，能提高动力性而使经济性变差。

三、燃烧过程

研究柴油机燃烧过程最简便、应用最多的方法是从示功图上分析燃烧过程。因为燃料燃烧后，汽缸中压力和温度不断升高，汽缸中的压力和温度是反映燃烧进行情况的重要参数。典型的示功图如图 4-2 所示，曲线 *ABCDE* 表示汽缸中进行正常燃烧的压力曲线，*ABF* 表示汽缸内不进行燃烧时的纯压缩膨胀曲线，图中还画出了喷油器针阀的升程曲线。根据燃烧过程进行的特征，一般把燃烧过程划分为 4 个阶段：

第 I 阶段，滞燃期（*AB* 段）：在上止点前 *A* 点喷油嘴针阀开启，向汽缸喷入燃料，这时汽缸中空气温度高达 600℃左右，远远高于燃料在当时压力下的自燃温度，但燃料并不马上着火，而是稍有落后，即到 *B* 点才开始着火燃烧，压力才开始急剧升高。从喷油开始（*A* 点）到压力开始急剧升高时（*B* 点）为止，这一段时间称为滞燃期或着火延迟时期。在滞燃期内，喷入汽缸的燃料经历一系列的物理、化学变化过程，包括燃料的雾化、加热、蒸发、扩散与空气混合等物理准备阶段以及着火前的化学反应准备阶段。在柴油机中，一般 $\tau_i = 0.7 \sim 3$ms，或 $\varphi_i = (4.2 \sim 18)n/1\,000$[(°)(CA)]曲轴转角。$\tau_i$ 时间虽短，它直接影响第 II 阶段的燃烧，对整个燃烧过程影响很大。

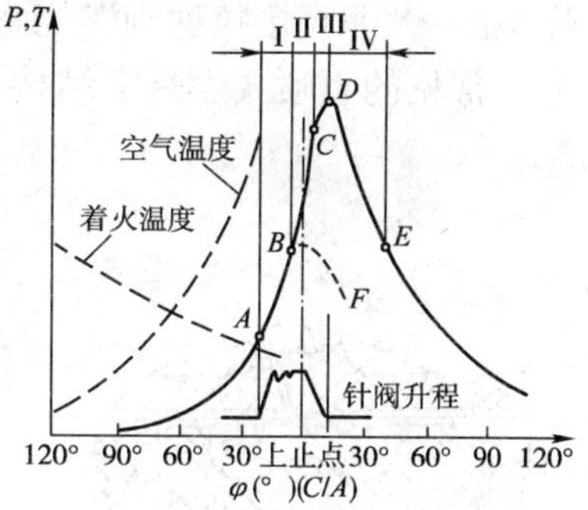

图 4-2　柴油机燃烧过程示意图

第 II 阶段，压力急剧上升的 *BC* 阶段为急燃期。在这一阶段中，由于在着火延迟期内喷入汽缸的燃料几乎一起燃烧，而且是在活塞靠近上止点、汽缸容积较小的情况下燃烧，因此汽缸中压力升高特别快。一般用平均压力升高速度 $\Delta p/\Delta\varphi$（压力升高率）来表示压力升高的急剧程度，即：

$$\frac{\Delta p}{\Delta \varphi} = \frac{p_C - p_B}{\varphi_C - \varphi_B}(\text{kPa/ 曲轴转角}) \tag{4-3}$$

压力升高率决定了柴油机运转的平稳性，对柴油机的噪声也影响很大。压力升高率越大，柴油机工作粗暴，噪声越大。平均压力升高率不宜超过 0.6MPa/[(°)(CA)]。

第 III 阶段，从压力急剧升高的终点（*C* 点）起到压力开始急剧下降的 *D* 点止为缓燃时期。

这一阶段的燃烧是在汽缸容积不断增加的情况下进行，所以燃烧必须很快才能使汽缸压力稍有上升或几乎保持不变。有些发动机在缓燃时期燃料仍在继续喷射，如果所喷入的燃料是处在高温废气区域，则燃料得不到氧气，燃料容易裂解而形成炭烟；如果燃料喷到有氧气的地方，则此时由于汽缸中温度很高，化学反应很快，滞燃期很短，喷入燃料很快着火燃烧，但这时如果氧气渗透不充分，过浓的混合气也容易裂解形成炭烟。第 III 阶段结束时，燃气温度可以高达 1 700 ~2 000℃。

第 IV 阶段，从缓燃期的终点（D 点）起到燃料基本上完全燃烧时（E 点）为止为后燃时期。在柴油机中，由于燃烧时间短促，燃料和空气的混合又不均匀，总有一些燃料不能及时烧完，拖到膨胀线上继续燃烧。特别是在高速、高负荷时，由于过量空气少，混合气形成和燃烧时间更短，后燃现象比较严重，有时甚至一直继续到排气过程之中。在后燃时期，因为活塞在下行，燃料在较低的膨胀比下放热，所放出的热量不能有效利用，并增加了散往冷却水的热损失，使柴油机经济性下降，此外，后燃增加活塞组的热负荷及使排气温度升高，所以应尽量减少过后燃烧。

四、柴油机燃烧室

按结构形式，柴油机燃烧室可分为两大类：统一式燃烧室和分隔式燃烧室。

1. 统一式燃烧室

统一式燃烧室是由凹形活塞顶、汽缸垫间隙与汽缸底面所包围的单一内腔。采用这种燃烧室时，燃油直接喷射到燃烧室中，故又称直接喷射式燃烧室。

常见的直喷式燃烧室结构如图 4-3 所示，主要形状有 W 形、球形和 U 形。

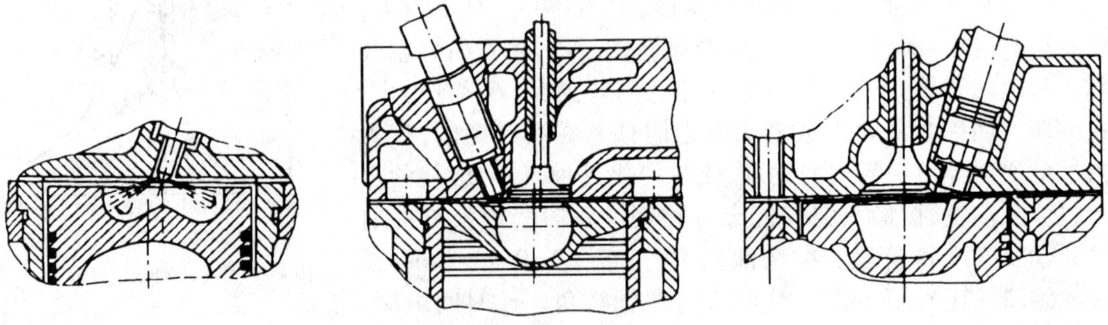

a)　　b)　　c)

图 4-3　统一式燃烧室

a）W 形；b）球形；c）U 形

1）W 形燃烧室

图 4-3a）为 W 形燃烧室，主要在活塞顶部有较深的 W 形凹坑。凹坑口径比汽缸直径小得多，活塞顶平面与汽缸盖底平面间的间隙较小。

当活塞进行压缩时，活塞顶周围的空气不断被挤压流入凹坑而产生涡流。待活塞上行到上止点前约 8°~10°曲轴转角时，涡流速度最大，此时多孔喷油器以 19.6MPa 左右的压力将燃油喷入燃烧室空间。大部分燃油分布在燃烧室空间与空气形成可燃混合气，少部分燃油黏附在燃烧室壁上形成油膜。空间混合气首先完成物理、化学准备，开始着火燃烧，使凹坑中的温度和压力迅速升高,油膜也迅速蒸发参加燃烧。当活塞开始下行时,燃气从凹坑中冲出再一次产生涡流,使未被利用的空气进一步与燃油混合燃烧。

活塞挤气作用产生涡流的大小,一般是转速愈高,燃烧室喉口直径愈小,活塞与汽缸盖间的间隙愈小,挤气产生的涡流速度就愈大。如这种燃烧室再配以螺旋进气道,就能进一步改善混合气的形成和燃烧。采用螺旋进气道能产生较大的涡流比.故可适当降低对喷油装置的要求,使柴油机工作良好。135 系列柴油机就是 W 形燃烧室,采用 4 孔喷油器,喷孔直径为 0.35mm,喷油压力为 17.1MPa。

W 形燃烧室具有结构紧凑,散热面积小,热效率高,雾化良好、易起动等优点。但由于燃油在着火落后期间内形成混合气,同时燃烧的燃油多,压力升高率大,导致柴油机工作粗暴。

2)球形燃烧室

图 4-3b)为球形燃烧室,主要在活塞顶部有 3/4 的球形凹坑。

球形燃烧室配以螺旋进气道,会产生强烈的进气涡流和挤压气流,将燃油顺着气流方向喷向燃烧室壁面,形成比较均匀的油膜。飞溅到空气中少量燃油首先与空气混合燃烧,起引燃作用。随着燃烧的进展,燃烧室内的温度和气流的速度越来越高,使油膜顺次迅速蒸发与空气均匀混合燃烧。

球型燃烧室的主要特点是:①混合气开始形成很慢,在着火落后期内形成的混合气量少,故柴油机工作柔和;②高速的空气涡流不仅能加速油膜的蒸发,而且还能促使空气与废气分离。因为在旋转的气流中,高温废气因比重小趋向涡流中,而比重较大的空气在离心力的作用下甩向涡流的四周,与壁面上蒸发的燃油及时混合燃烧,使燃烧进行得比较完善,故动力性与经济性都较好;③对燃油供给装置的要求不高,不要求喷注雾化良好,反倒要求喷注具有一定的能量,故可用单孔、双孔喷油器;④因工作不粗暴,对燃油要求不高,可使用不同牌号的燃油。

120 系列柴油机采用球型燃烧室配用双孔喷油器,喷孔直径为 0.42mm,喷油压力为 17.1MPa。

这种燃烧室的主要缺点是燃烧室成为一个高温的热球,活塞容易过热,起动性能差。

3)U 形燃烧室

图 4-3c)所示为 U 形燃烧室,亦称复合式燃烧室。

U 形燃烧室混合气形成和燃烧过程与球型燃烧室相比,主要特点是:喷射燃油的方向基本与空气流动的方向垂直,只有很小的顺流趋势;燃油的一部分是靠旋转的气流甩洒在燃烧室壁面上形成均匀的油膜,然后蒸发形成混合气燃烧;燃油的另一部分分散在高温的空气中,首先形成混合气燃烧。形成油膜的燃油量的多少,与气流的旋转速度有关。柴油机在高速时,以油膜蒸发燃烧为主,类似于球型燃烧室,工作柔和平稳,而且高速旋转的气流亦有分离废气与新鲜空气的作用。当柴油机在低速或起动时,由于空间形成混合气的燃油量增多,类似于 W 形燃烧室,雾化良好、易起动。这种燃烧室对燃油喷射装置要求较低,可使用单孔轴针式喷油器,喷射压力为 11.76MPa 左右。105 系列柴油机采用 U 形燃烧室。

2. 分隔式燃烧室

分隔式燃烧室是把燃烧室的容积分隔成两个部分,两者中间由通道连接。根据通道结构的不同及形成涡流的差别,分隔式燃烧室又可分为涡流室式燃烧室及预燃式燃烧室两种,如图 4-4 所示。

1）涡流室式燃烧室

涡流室式燃烧室由两部分组成，即在汽缸盖上的球形或钟形的涡流室及在活塞顶的主燃烧室，如图4-4a）所示。

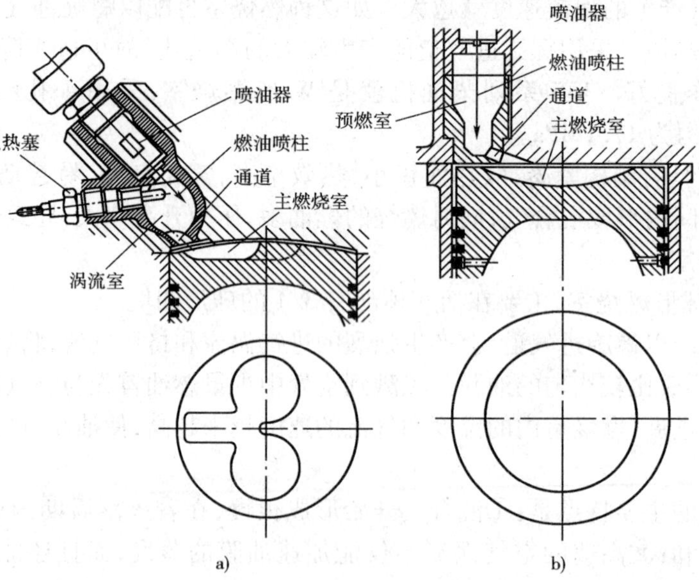

图4-4　分隔式燃烧室

a）涡流室式燃烧室；b）预燃室式燃烧室

涡流室的容积为燃烧室总容积的70%～80%，由一个或几个通道面积较大的与其相切的通道连通主燃烧室。

当活塞向上止点运动时，汽缸内被压缩的空气沿着主燃烧室与涡流室连接通道的切线方向进入涡流室，形成强烈的、有规则的压缩涡流运动。喷入涡流室的燃油靠这种强烈的涡流与空气迅速地基本完成混合，部分燃油即在涡流室内燃烧，未燃部分在做功行程初期与高压燃气通过切向孔道喷入主燃烧室，进一步与空气混合而燃烧。在这种燃烧室内，压缩涡流强度与柴油机的转速成正比，转速越高，混合气形成越快，两者相互适应。这就是涡流式柴油机能适应高速运转（转速高达5000r/min）的原因。125系列、95系列柴油机多为涡流式燃烧室。

2）预燃室式燃烧室

这种燃烧室亦由两部分组成，即汽缸盖上的预燃室与活塞顶部的主燃烧室，两者之间由一个或几个小孔通道（或称喷孔）相连，预燃室的容积约为总燃烧室的30%～40%，如图4-4b）所示。在压缩过程中，汽缸内一部分被压缩的空气从主燃烧室挤入预燃室，这时由于通道的节流作用而产生压差，预燃室内的压力要比主燃烧室内低0.3～0.5MPa。由于连接通道不与预燃室相切，所以压缩行程期间，并不产生有序的涡流，只是空气流过通道时会产生强烈的紊流。接近压缩终了时，喷油器将燃油喷入预燃室内与高温空气相遇，很快着火燃烧。着火后预燃室中的压力和温度迅速升高，巨大的预燃能量形成的压力差将未燃烧的大部分燃油连同燃气高速喷入主燃烧室，在主燃烧室内形成强烈的燃烧紊流，促使大部分燃料在主燃烧室与大部分空气混合而燃烧。

分隔式燃烧室的特点是：由于主燃烧室内燃烧是在副燃烧室以后，因此主燃烧室内压力升高要延迟很多,处于活塞下行及汽缸容积不断加大的条件下进行,而燃烧又主要以扩散燃烧形式进行。所以主燃室内压力升高率明显比直喷式要低,工作平稳,噪声小,缸内温度也相对要低些,因此 NO_X 排放量也比直喷式少。分隔式燃烧室分别有强烈的压缩涡流或燃烧紊流,促进了油和气的良好混合。因此,燃烧过程的好坏并不主要依靠喷射能量,所以对喷油系统要求不高。由于散热面积大,流动损失大,故燃油消耗率较高,起动性较差。为了解决起动困难,需把压缩比适当加大。另外,预燃室一般用耐热钢单独制造,再嵌入汽缸盖内。有的柴油机为了起动容易,在涡流室上安装了起动电热塞,在起动时加热,使冷起动容易。

课题三 柱塞式喷油泵

一、喷油泵的功用及要求

喷油泵的功用是按照柴油机的运行工况和工作顺序,以一定的规律,适时、定量地向喷油器输送高压油。

对于多缸柴油机,为保证各缸工作的均匀性,要求各缸的供油提前角、供油持续角、供油量和供油压力等参数都相同。同时要求断油迅速干脆,避免喷油器产生滴漏或不正常喷射现象。

二、喷油泵的类型

柴油机的喷油泵按作用原理不同大体可分为4类:

(1)柱塞式喷油泵:柱塞式喷油泵性能良好,调整方便,使用可靠,为目前多数工程机械用柴油机所采用。

(2)喷油泵—喷油器:其特点是将喷油泵和喷油器合成一体,直接安装在缸盖上,以消除高压油管带来的不利影响,多用二冲程柴油机。

(3)PT燃油泵:利用压力—时间原理来调节供油量,美国康明斯公司首先采用。

(4)转子分配式喷油泵:转子分配式喷油泵是20世纪50年代后期出现的一种新型喷油泵,依靠转子的转动实现燃油的增压(泵油)及分配,它具有体积小、质量小、成本低、使用方便等优点,尤其体积小,对发动机的整体布置是十分有利的。

柱塞式喷油泵在本节介绍,PT泵和转子泵在后续内容中讲解。

三、柱塞式喷油泵的结构与工作原理

1. 柱塞式喷油泵的总体结构

柱塞式喷油泵利用柱塞在柱塞套内的往复运动吸油和压油,每一副柱塞与柱塞套只向一个汽缸供油。对于单缸柴油机,由一套柱塞偶件组成单体泵;对于多缸柴油机,则由多套泵油机构分别向各缸供油。柴油机大多将各缸的泵油机构组装在同一壳体中,称为多缸泵,而其中每个泵油机构则称为分泵。

图4-5是一种分泵的结构图,其关键部分是泵油机构。泵油机构主要由柱塞偶件(柱塞和柱塞套)、出油阀偶件(出油阀和出油阀座)等组成。柱塞的下部固定有调节机构(调节套筒、调节齿杆、调节齿圈),可通过它转动柱塞。

柱塞上部的出油阀由出油阀弹簧压紧在出油阀座上，柱塞下端与供油正时调整螺钉接触，柱塞弹簧通过弹簧座将柱塞推向下方，并使滚轮保持与凸轮轴上的凸轮相接触。喷油泵凸轮轴由柴油机曲轴通过传动机构来驱动。对于四冲程柴油机，曲轴转两圈，喷油泵凸轮轴转一圈。

2. 柱塞式喷油泵的泵油原理

柱塞式喷油泵的泵油原理如图 4-6 所示。柱塞的圆柱表面上铣有直线形（或螺旋形）斜槽，斜槽内腔和柱塞上面的泵腔用孔道连通。柱塞套上有两个圆孔都与喷油泵体上的低压油腔相通。柱塞由凸轮驱动，在柱塞套内作往复直线运动，此外它还可以绕本身轴线在一定角度范围内转动。

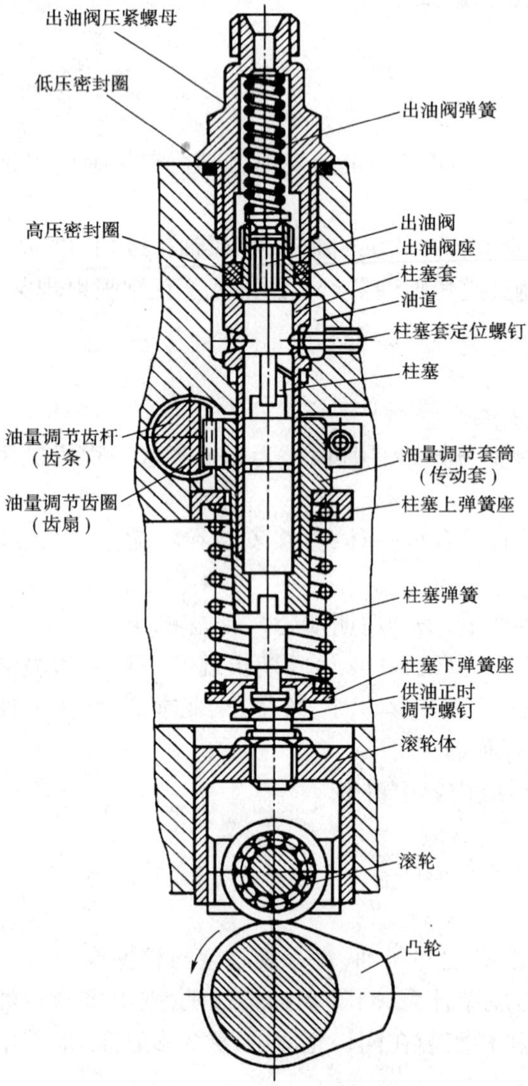

图 4-5 柱塞式喷油泵分泵

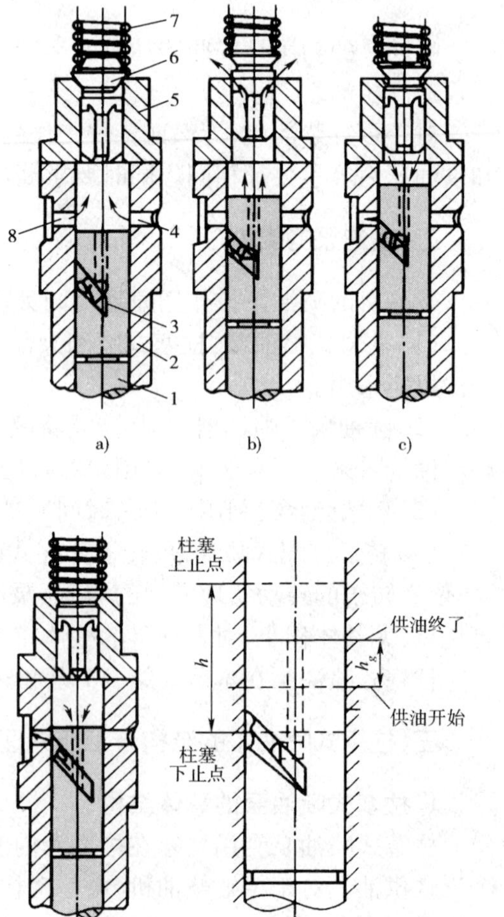

图 4-6 柱塞式喷油泵的工作原理

1-柱塞；2-柱塞套；3-斜槽；4、8-进回孔；5-出油阀座；6-出油阀；7-出油阀弹簧当柱塞下移到图4-6a)所示位置,燃油自低压油腔经进油孔被吸入并充满泵腔。在柱塞自下止点上移的过程中,起初有一部分燃油被从泵腔挤回低压油腔,直到柱塞上部的圆柱面将两个油孔完全封闭时为止。此后柱塞继续上升(图4-6b),柱塞上部的燃油压力迅速增高到足以克服出油阀弹簧的作用力,出油阀即开始上升。当出油阀的圆柱环形带离开出油阀座时,高压燃油便自泵腔通过高压油管流向喷油器。当燃油压力高出喷油器的喷油压力时,喷油器则开始喷油。

当柱塞继续上移到图4-6c)中所示位置时,斜槽与油孔开始接通,于是泵腔内油压迅速下降,出油阀在弹簧压力作用下立即复位,喷油泵停止供油。此后柱塞仍继续上行,直到凸轮达到最高升程为止,但不再泵油。然后柱塞下行,准备进行下一个泵油行程。

由上述泵油过程可知,由驱动凸轮轮廓曲线的最大升程决定的柱塞行程 h(即柱塞的上、下止点间的距离(见图4-6e)是一定的,但并非在整个柱塞上移行程 h 内都供油,喷油泵只在柱塞完全封闭油孔之后到柱塞斜槽和油孔开始接通之前的这一部分柱塞行程 h_g 内才泵油。h_g 称为柱塞有效行程。显然,喷油泵每次泵出的油量取决于有效行程的长短,因此欲使喷油泵能随柴油机工况不同而改变供油量,只需改变有效行程。一般通过改变柱塞斜槽与柱塞套油孔的相对位置来实现。当柱塞转到图4-6d)中所示位置时,柱塞根本不可能完全封闭油孔,因此有效行程为零,即喷油泵处于不泵油状态。

3. 柱塞行程分析

柱塞向上运动的行程中包括预行程、减压行程、有效行程和剩余行程,如图4-7所示。

预行程 h_1——柱塞从下止点上升到其头部将柱塞套上的油孔完全遮蔽时所移动的距离。

它的大小影响了供油提前角的大小,下止点越接近进油孔,进油孔关闭得越早,供油提前角就越大。从理论上说,进油孔一关闭,就是供油行程的开始。实际上由于出油阀芯减压带的存在,供油滞后了一点。

减压行程 h_2——柱塞从预行程结束到出油阀芯的减压带开始离开阀座导向孔时所移动的距离。它取决于出油阀的减压容积及高压油管的膨胀量。

有效行程 h_3——柱塞从出油阀开启到柱塞的斜槽上棱边与柱塞套的油孔相遇时移动的距离。它决定于斜槽上棱边相对于油孔位置和油孔直径。此时的出油量称为循环供油量。出油阀开启的瞬间所对应的曲拐位置至上止点间的曲轴转角称为供油提前角。有效行程也可称为工作行程。

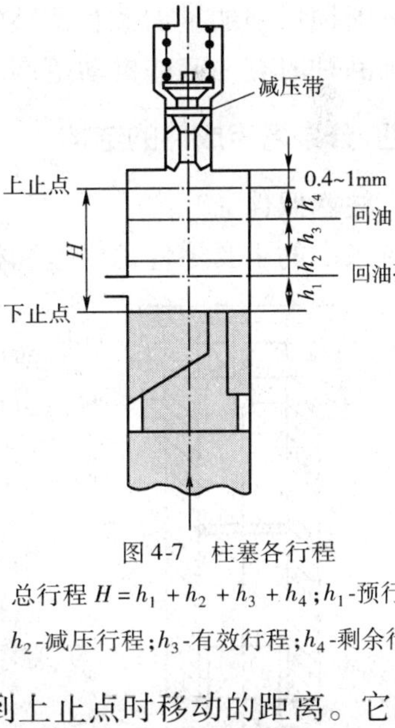

图4-7 柱塞各行程

总行程 $H=h_1+h_2+h_3+h_4$;h_1-预行程;h_2-减压行程;h_3-有效行程;h_4-剩余行程

剩余行程 h_4——柱塞从有效行程结束(开始回油)上升到上止点时移动的距离。它的大小和有效行程 h_3 有关。它是油室内剩余的燃油回流的必要过程,并使有效行程 h_3 有充分的调整余地,又是柱塞、滚轮体等零件从最大运动速度降到零时所需的过渡行程。

可见,柱塞上升过程中只是在有效行程中才供油,由于有效行程的大小是由对应于柱塞套油孔的斜槽上方的母线长度决定的,如果旋转柱塞改变其斜槽与柱塞套油孔的相对位置,则可改变分泵的循环供油量。

4. 循环供油量的调节原理

分泵循环供油量的调节,如图 4-8 所示。

柴油机在各种工况时柱塞的斜槽上棱边相对于回油孔的位置如下:

(1)熄火位置。转动柱塞使螺旋槽的直切槽对准回油孔时(图 4-8a)中的 a 点),分泵的高压油腔和回油孔相通,柱塞上升始终不能封闭回油孔,并将高压油腔内的柴油从直切槽压入低压油室。此时供油量等于零,柴油机则熄火。

(2)怠速位置。将柱塞向"+"方向旋转一定角度,使斜槽上棱边的 b 点对准进回油孔时,即有一段小的压油行程,供油量也较少。

(3)中等负荷位置。将柱塞再向"+"的方向转动一定角度,使斜槽上棱边的 c 点对准进回油孔时,为中等负荷下的供油量。

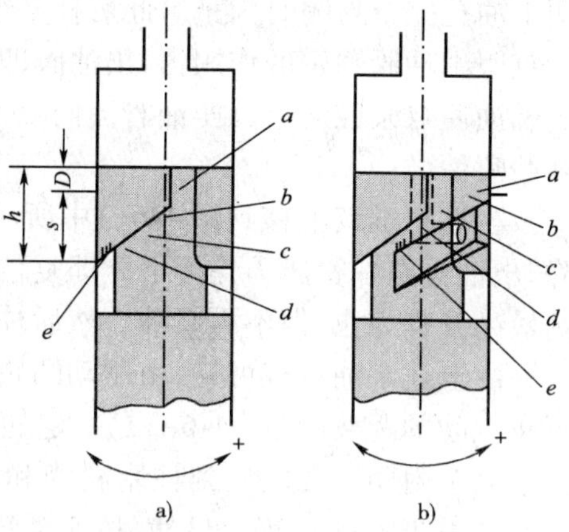

图 4-8　供油量调节

a)螺旋式斜槽;b)直线斜槽

(4)全负荷位置。d 点对准进回油孔时有效行程达到标定供油量位置,此时实测的供油量为标定供油量。标定供油量的位置不是在斜槽上棱边的最下端,而是偏上一些,再继续转动柱塞(e 点),还可以增加有效行程、加大供油量。这是为了启动加浓和超负荷时必要的加浓以及柱塞副磨损后漏油量加大有调整的余地。同时也是为了柱塞副的系列化使用,或在使用中更换柴油品种时有一定的机动范围。

四、分泵各组成件的结构

1. 柱塞偶件

分泵中的主要零件是柱塞和柱塞套,其结构如图 4-9 所示。

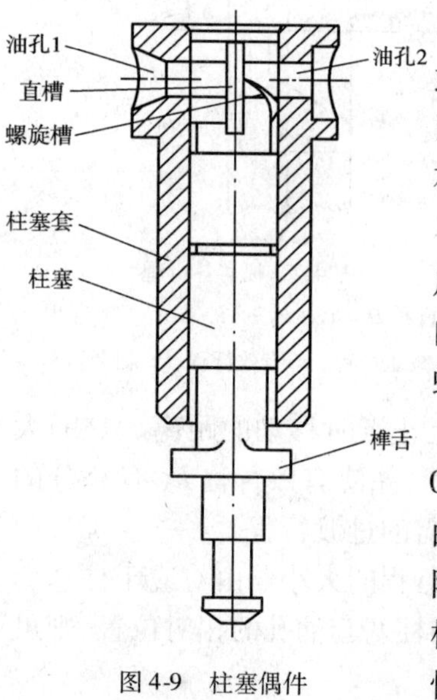

图 4-9　柱塞偶件

柱塞为一圆柱体,其上部铣有螺旋槽或斜槽,并利用直切槽或中心孔(轴向孔和径向孔)使槽和柱塞上端的高压油腔沟通,以便完成供油任务。柱塞的中部制有环形槽(图 4-9),以便储存少量泄漏的柴油润滑柱塞副的工作表面。

柱塞套内孔与柱塞精确滑动配合,其上部开有进油和回油用的小孔。有的为了分散磨损部位和提高进油速度,开两个径向孔,它们与喷油泵壳体上的低压进油室相通。泵体上的定位螺钉与油孔 2 相对,防止其转动,不可装错。

柱塞和柱塞套是一对精密配合的偶件,两者的配合间隙为 0.001 ~ 0.003mm,经研磨选配,不能互换。柱塞副用耐磨性高的优质合金钢(轴承钢)制成并进行热处理,其寿命约 2 000h。随着使用时间的增加,配合间隙会因磨损而变大,明显的现象是柱塞副漏油和喷油压力不足。因此需定期检验柱塞副的密封性,不合要求及时更换。

柱塞斜槽的常用两种结构如图 4-10 所示。

2. 出油阀偶件

1）出油阀的结构

出油阀的结构如图 4-11 所示。常用的出油阀实质上是一个单向阀并具有减压功能。它在柱塞泵的油压作用下开启，在其弹簧和高压油管中残余油压的作用下关闭，其技术状况的好坏对喷油泵的性能有很大影响。

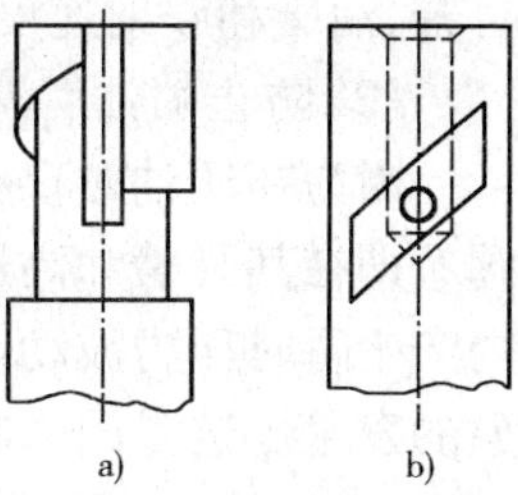

图 4-10　柱塞斜槽
a）螺旋形斜槽；b）直线形斜槽

出油阀芯和阀座是一对精密偶件，采用滚动轴承钢或优质合金钢制造。其导向孔、上下端面及座孔经过精密的加工和选配，研磨配对后不能互换。

出油阀芯的圆锥部是阀的密封锥面，阀芯的尾部与导向孔滑动配合起导向作用。阀芯的尾部加工有切槽形成十字形断面，以便让柴油通过。出油阀芯中部的圆柱面叫减压带，它又是阀与孔的径向滑动密封面，它与密封锥面间形成了一个减压容积，其值为 $\pi d^2 h/4$（其中 d 为出油阀内腔直径，h 为减压环带离开阀座的行程）。

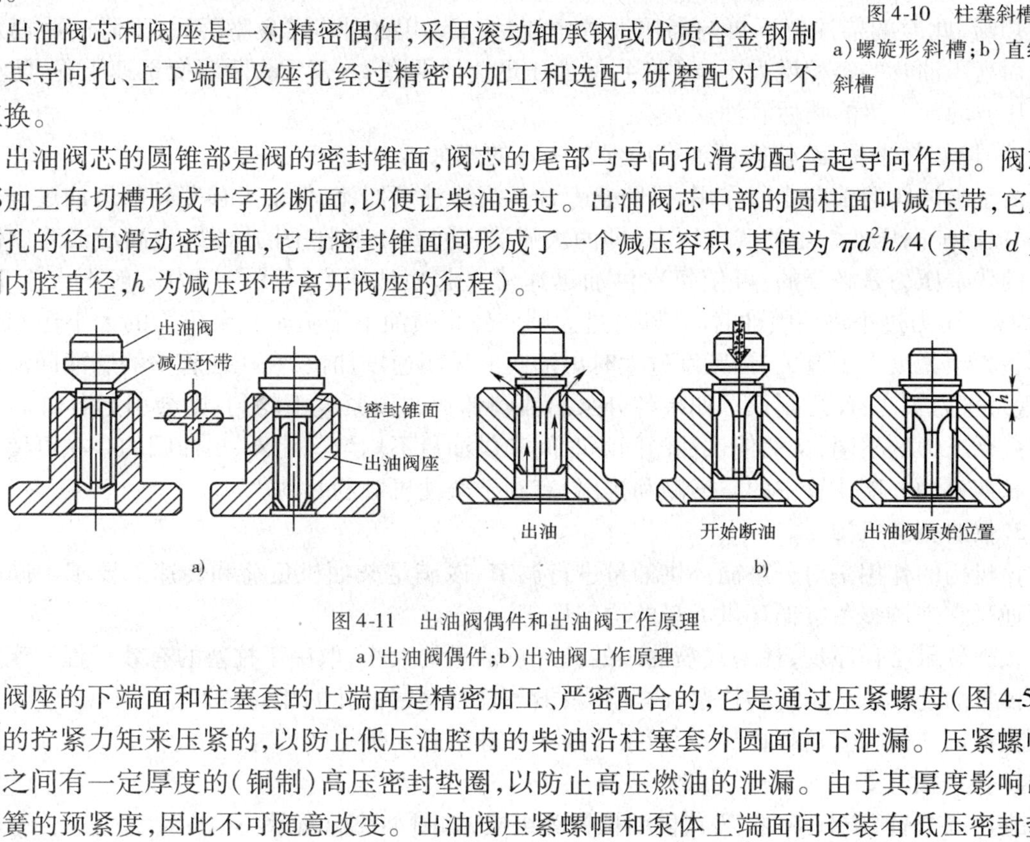

图 4-11　出油阀偶件和出油阀工作原理
a）出油阀偶件；b）出油阀工作原理

阀座的下端面和柱塞套的上端面是精密加工、严密配合的，它是通过压紧螺母（图 4-5）以规定的拧紧力矩来压紧的，以防止低压油腔内的柴油沿柱塞套外圆面向下泄漏。压紧螺帽与阀座之间有一定厚度的（铜制）高压密封垫圈，以防止高压燃油的泄漏。由于其厚度影响出油阀弹簧的预紧度，因此不可随意改变。出油阀压紧螺帽和泵体上端面间还装有低压密封垫圈（尼龙垫圈），以防止低压柴油从螺纹处向外泄漏。

出油阀压紧螺帽内腔的容积在高压系统中占有相当大的比例，该容积过大时会造成喷油压力升高较慢，喷油时间延迟，高压油管内残余压力过大，喷油持续时间加长等弊病。为此，在其内腔装有带槽的减容器，以减小这部分空间的容积，促进喷停迅速、改善喷油过程。同时其尾部还起限制出油阀芯最大升程的作用。

2）出油阀的作用

（1）防止喷油前滴油，提高喷射速度

喷油泵供油时高压腔内的油压必须高于出油阀弹簧的预紧力与高压油管内的残余压力之和以后出油阀芯才能升起，使其密封锥面离开阀座。但此时还不能立即向高压油管供油，必须等到出油阀芯上的减压带完全离开阀座的导向孔时高压油腔内的燃油才能进入高压油管。出油阀芯从落座位置上升到开始向高压油管供油时所移动的距离为 h。这样，一旦供油的通路打开，油压和喷射速度即达到设定的数值。

(2)防止喷油后滴油，提高关闭速度

因为在压油时存在着“管胀油缩”现象，当突然停止供油时高压油腔内的油压下降，出油阀芯即在其弹簧和高压油的作用下迅速复位，油管出现“管缩油胀”现象。其结果使高压油管内产生瞬时压力波动，导致停供后有滴油现象。出油阀上设置了减压带以后，可以防止此类现象的发生。这是因为在压油时，出油阀芯离开阀座而上升了 h 距离，使高压油管内的容积数减小了 $\pi d^2h/4$。当停止供油时，减压带的下沿刚一进入导向孔时，高压油管与高压油腔的通路便被切断，此时的柴油就不再向高压油管中流动。当出油阀芯完全座落后，下降的距离仍为 h，因而高压油管的容积增大了 $\pi d^2h/4$，使油压迅速地下降 1 ~ 2MPa，断滴便迅速干脆，防止了因油压波动而产生的喷后滴油。

(3)防止燃油倒流，使高压油管内保持一定的残余压力

由于出油阀的单向止回作用，可防止燃油从高压油管回流，保证了柱塞副的进油过程。同时，又控制了高压油管中的残余压力(即两次喷油之间高压油管中的压力)。高压油管中保持一定的残余压力是必要的，可使每次供油迅速建立起喷油压力。残余压力一般不大于 7 ~ 8 MPa，残余压力过小将使喷油时间滞后，过大则使停止喷油不干脆。残余压力的大小还和出油阀弹簧的预紧度大小有关，预紧度过大时出油阀的关闭速度加快，高压油管中的燃油回流量减少，残余压力较高；反之则低。如果各分泵出油阀弹簧的预紧度不均匀，则会引起各缸高压油管中残余压力的不同，从而使供油的间隔时间和供油量不均匀。此外，出油阀的存在可使高压油管长期存油并能使管中的空气顺利排出，有利于柴油机顺利起动。

3. 供油调节机构

该机构的作用是对分泵循环供油量进行调节，以满足柴油机负荷和转速的要求。同时还可以通过它来调整各缸循环供油量的均匀性等。

根据分泵工作原理，柱塞式喷油泵的循环供油量的大小，取决于柱塞的有效行程。调节循环供油量的基本方法是旋转柱塞，改变其斜槽与柱塞套回油孔的相对位置。

供油调节机构有拉杆拨叉式、齿条齿扇式和球销式 3 种。

1)拉杆拨叉式

它由调节臂、调节叉(拨叉)、供油拉杆等组成，如图 4-12a)所示。

调节臂的端头插在拨叉的凹槽内，拨叉用螺钉固定在供油拉杆上。供油拉杆两端支承在泵体的衬套中，并用定位导向槽防止转动。供油拉杆的轴向位置由驾驶员或调速器来控制。当需要改变分泵循环供油量时，可使供油拉杆轴向移动，通过拨叉带动调节臂，使柱塞相对于柱塞套筒转动，改变其斜槽与柱塞套回油孔的相对位置。由于各分泵的调节叉固定在同一供油拉杆上，因此当供油拉杆移动时，各缸循环供油量同时改变。

多缸柴油机要求各缸循环供油量相同，以保证柴油机发出最大功率和曲轴运转平稳。当各分泵循环供油量因柱塞有效行程不同而偏差过大时，可以其中某一分泵为标准，松开其他分泵的调节叉上的固定螺钉，向左或向右移动调节叉，然后再拧紧紧固螺钉。

2)齿条齿扇式

这是博世(Bosch)泵的传统结构，由齿条、扇形齿轮和传动套等零件组成，如图 4-12b)所示。柱塞下端的榫舌插在传动套的切槽中，传动套松套在柱塞套上。扇形齿轮用螺钉紧固在

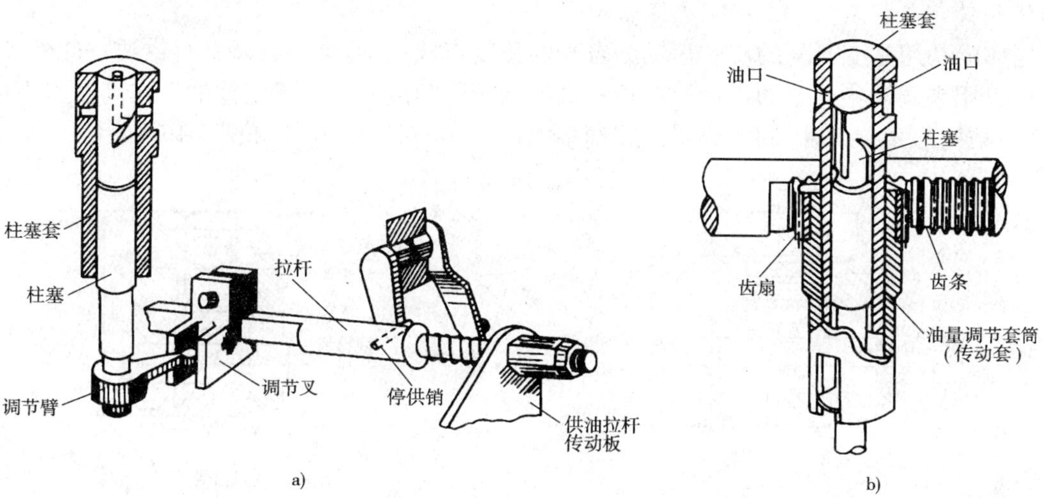

图4-12 油量调节机构

a)拨叉式调节机构;b)齿条(杆)式调节机构

传动套上,并与齿条相啮合。齿条的轴向位置由驾驶员或调速器控制,并用导向定位槽防止其转动。当齿条左右移动时,通过轮齿啮合、传动套带动柱塞相对于柱塞套转动,便可调节分泵循环供油量。各缸供油均匀性的调整是通过改变扇形齿轮与传动套圆周方向的相对位置来实现的。

由于齿条齿扇式供油调节机构零件较多,为了保证各分泵柱塞和齿条位置一致,各分泵柱塞的传动套、扇形齿轮、齿条、柱塞都有装配位置记号(图4-13),装配时应将记号对齐。

4. 分泵驱动机构

喷油泵的驱动机构由喷油泵的凸轮轴和滚轮体等传动件组成。

1)凸轮轴

凸轮轴与配气机构的凸轮轴相似,由凸轮轴颈、凸轮、驱动输油泵的偏心轮等组成。凸轮轴上的凸轮数目与汽缸数相同,排列顺序与柴油机的工作顺序相同。相邻工作两缸凸轮间的夹角称供油间隔角,角度的大小与配气机构凸轮轴同名凸轮的排列相同,四缸柴油机为90°,六缸柴油机为60°。

四冲程柴油机喷油泵的凸轮轴转速和配气机构的凸轮轴转速一样,都等于曲轴转速的1/2,亦即曲轴转两周,凸轮轴转一周,各分泵都供油一次。由于曲轴与喷油泵凸轮间距离较大,故多加入中间传动齿轮。

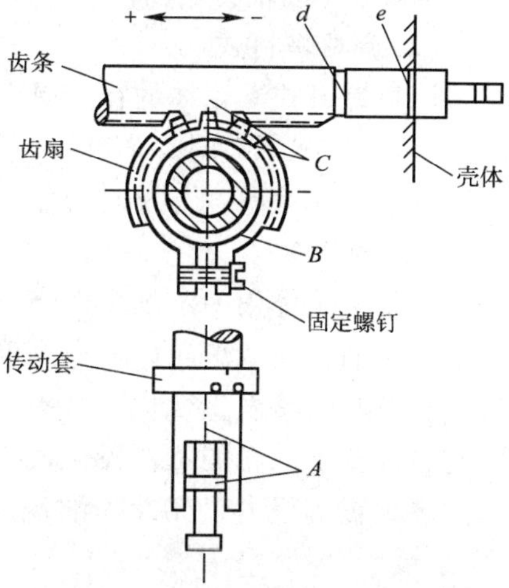

图4-13 供油调节机构装配记号

d-停喷线;*e*-最大油量线;*A*、*B*、*C*-装配标记

凸轮的轮廓形状决定了喷油泵的供油特性与规律,对供油开始时间、供油压力、供油规律以及喷油泵最高工作转速等都有重要影响。

2)滚轮体

滚轮体的功用是变凸轮的旋转运动为自身的往复直线运动,推动柱塞上行供油。此外,滚轮体还可以用来调整各分泵的供油提前角和供油的间隔角度。因此滚轮体的工作高度多为可调式的,其结构形式有两种:调整垫块式和调整螺钉式,分别如图 4-14 和图 4-15 所示。

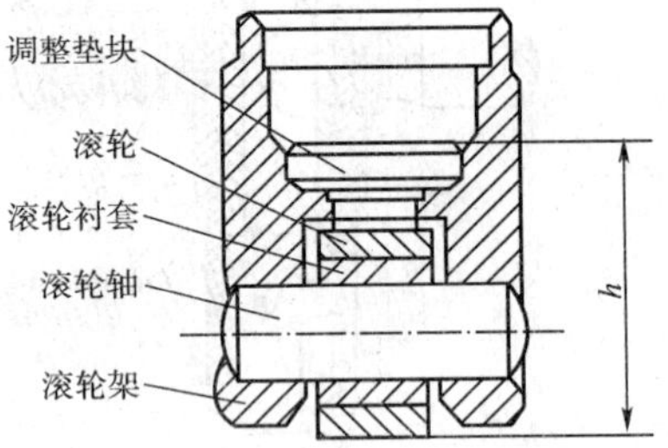

图 4-14　调整垫块式

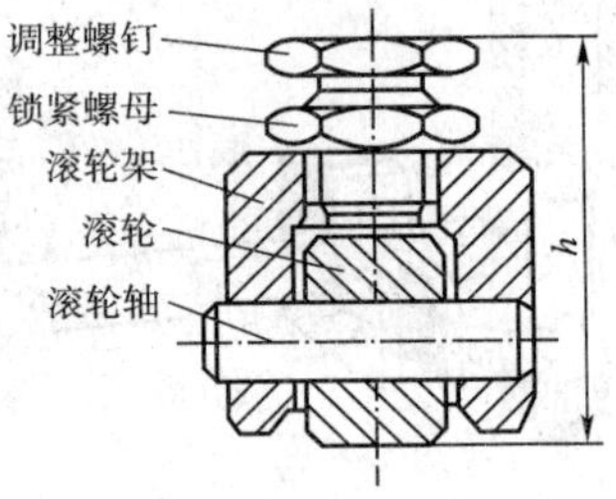

图 4-15　调整螺钉式

(1)调整垫块式

调整垫块式滚轮体的滚轮通过滑动配合的滚轮衬套松套在滚轮轴上，滚轮轴松套在滚轮架的座孔中。因此相对运动发生在 3 处，相对滑动速度相应降低，减轻了磨损且磨损均匀。

调整垫块安装在滚轮架的座孔中,它的上端面到滚轮下沿的距离 h 称为滚轮体的工作高度。h 的大小关系到分泵的柱塞预行程、供油提前角、供油特性。例如 h 值变大时供油提前角增大,反之则小。滚轮体的工作高度是通过选用不同厚度的垫块来调整的。调整垫块用耐磨材料制成,磨损后可翻转使用。在使用过程中由于滚轮、凸轮、柱塞下端和垫块间的磨损,供油提前角将随之变化,为便于维修中调整,制备不同厚度的垫块,厚度差为 0.1 mm,相应凸轮轴转角为 0.5°(曲轴转角为 1°)。

(2)调整螺钉式

调整螺钉式滚轮体的特点是在滚轮架上端装有调整螺钉。拧出螺钉时 h 值增大,供油提前角增大;拧入螺钉时 h 值减小,供油提前角则减小。调整 h 值时不必拆散壳体,但必须注意螺钉拧出的最大高度并及时锁紧。因为柱塞上止点距出油阀座只有 0.4 ~ 1.0mm 的空隙,以防顶撞损坏。

由于滚轮体用一定的工作高度来保证各分泵柱塞副按规定的供油提前角和相等的供油间隔角度供油，所以滚轮体工作高度一旦发生了变化，就直接影响柱塞预行程的大小，即关闭进油孔的时间将发生变化。这不仅影响供油提前角的大小，也影响了供油间隔角度的大小，同时也改变了凸轮的工作段位置。因而对喷油始点压力、喷油持续时间长短、每一循环供油量的多少影响极大，亦即喷油规律将发生变化，最终使柴油机的燃烧过程和使用性能发生变化。

滚轮体工作高度对供油的影响如图 4-16 所示。

从图中可知,如果柱塞下端、垫块、滚轮和凸轮等磨损使滚轮体工作高度 h 值发生了变化,凸轮必须多转过一个角度才能将进油孔关闭。这样,供油提前角减小,供油起始角也减小,凸轮与滚轮的接触点 d(供油始点)则上移,凸轮工作段发生变化,供油终点 e 可能移到凸轮顶部小圆弧段,使供油规律发生变化,因此必须定期地对供油提前角进行检查和调整。

供油提前角的调整内容有两个：一是对单个分泵进行调整，使分泵供油提前角一致，供油间隔角度相等；二是对整个喷油泵进行统一调整，达到柴油机规定的供油提前角的要求。

喷油泵供油时刻的表示方法有两种：一种是用供油起始角 α 来表示，它是指第一缸分泵柱塞开始供油时相应凸轮的中心线与滚轮体中心线的夹角，必须在喷油泵试验台上才能测量出 α 角；另一种方法是利用柱塞的预行程来表示，即利用量具检测滚轮体的预行程的大小。两者的检测方法虽然不同，但其实质是相同的。

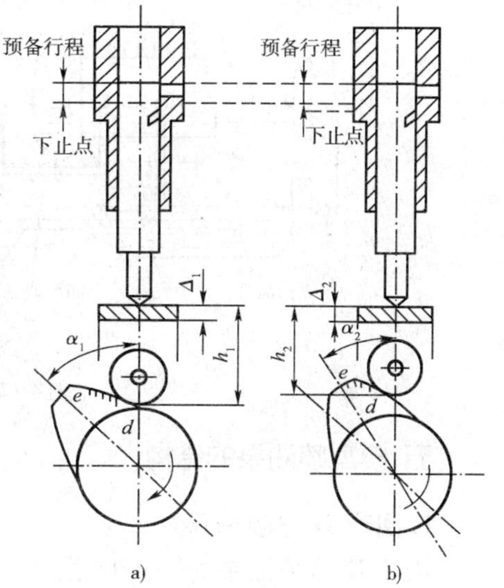

图 4-16 滚轮体工作高度对供油提前角的影响
Δ-调整垫块的厚度；h-滚轮体的工作高度；α-供油起始角；de-工作段

喷油泵的供油起始角与柴油机的供油提前角是完全不同的概念，一个是凸轮轴的转角，一个是曲轴的转角，二者数值相差很大，没有固定的对应关系。因此必须准确地调整喷油泵供油起始角（柱塞预行程），主要有以下 3 个原因：第一，柱塞处于上止点位置时要保证柱塞至少有 0.3mm 左右的行程余量，否则柱塞顶部就会因热膨胀与出油阀下端面相碰而顶死；第二，防止凸轮的供油工作段移到凸轮顶部小圆弧段，以免因接触应力过高而使凸轮早期损坏；第三，保证喷油泵准确的供油规律。

5. 泵体

泵体是喷油泵的装配基础件，多用铝合金铸成，所有的零件通过它组合成喷油泵。泵体分组合式和整体式两种，其中的组合式泵体分上体和下体两部分，用螺栓连接在一起。上体安装分泵，下体安装驱动机构和供油调节机构；整体式泵体刚度大，在较高的泵油压力下工作而不变形。但分泵和驱动机构等拆装较麻烦。

6. 喷油泵的润滑

喷油泵和调速器中各种相对运动的零件必须有可靠的润滑，以减轻磨损和保持它们之间的动作灵敏性。喷油泵和调速器的润滑方式有独立润滑和压力润滑两种，其中的独立润滑是单独的向喷油泵壳体和调速器壳体中加注润滑油，此种方式需经常检查和加换润滑油。润滑油的加注量要适当，油面过低不能保证充分润滑，油面过高则在零件搅动时可能产生泄漏，调速器工作失灵。为保证油面有合适的高度，在喷油泵和调速器壳体上设有油尺或油面高度螺孔。现在很多的喷油泵采用压力润滑（图 4-17），它是将喷油泵、调速器和柴油机的润滑系联通起来并使润滑油循环流动。泵体中的润滑油是用润滑油进油管从柴油机润滑系主油道引来，进口处设有节流量孔，入口设在滚轮体的导向孔中。润滑油的油面高度由回油孔的位置来保证，回油孔处装有回油管，它的一端通到曲轴箱中。

采用压力润滑应严防柴油进入润滑油中，以免稀释润滑油引起柴油机零件的过度磨损。柴油往往通过下述两个部位泄漏到喷油泵体下部凸轮室中：一是柱塞套凸肩与泵体座孔的结合面处（原因是出油阀压紧螺母过松）；二是输油泵的推杆处（磨损造成）。

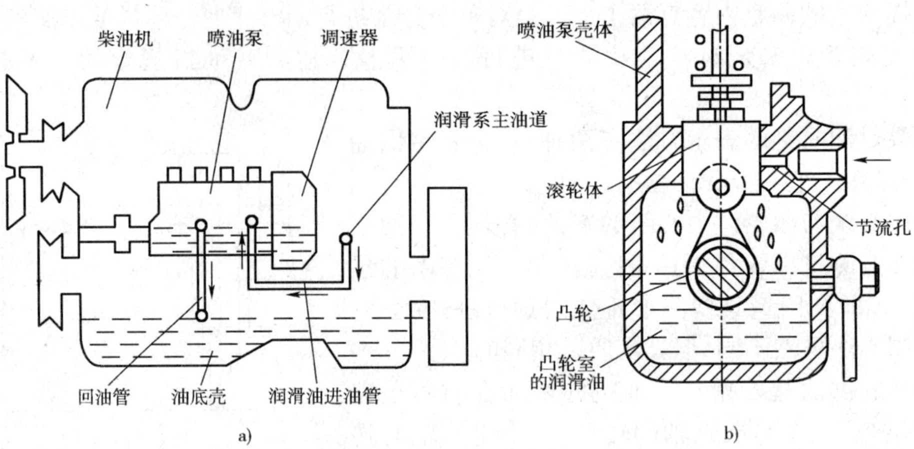

图 4-17　喷油泵和调速器的压力润滑

五、典型喷油泵的结构

1. 国产 II 号喷油泵

国产 II 号喷油泵如图 4-18 所示。该泵为六缸柴油机用喷油泵。主要由 6 个分泵、传动机构、供油调节机构及泵体组成。泵体分为上体和下体两部分。上体内腔与柱塞套外周相通构成低压油腔。由于输油泵的供油量远大于喷油泵的需求量,因此在回油管接头内装有溢流阀。喷油泵的上体设有两个放气螺钉,用以排除低压油腔的空气,保证柴油机的起动或运转。采用直线斜槽柱塞和平孔式柱塞套。II 号喷油泵采用拉杆拨叉式供油调节机构。采用调整垫块式滚轮体,使用不同厚度的垫块可改变滚轮体工作高度,从而可调整各分泵供油提前角和供油间隔角。喷油泵结构纵向对称,以适应喷油泵在柴油机的左、右侧布置的需要。

2. B 型喷油泵

B 型喷油泵如图 4-19 所示。该喷油泵是博世(Bosch)泵的传统形式,其各部结构(见图 4-19)特点是:采用了螺旋斜槽式柱塞和平孔式柱塞套筒,其出油阀等零件与其他系列无多大差异;供油调节机构为齿条齿扇式,在齿条的前端装有可调的最大油量限位器;滚轮体工作高度用调整螺钉调节;凸轮轴为切线对称凸轮,用锥形滚柱轴承支承在壳体上;泵体为整体式铝铸件,采用独立式润滑方式(有的采用压力润滑方式)。

六、喷油泵的驱动与供油正时

1. 喷油泵的驱动

喷油泵通常由柴油机曲轴前端的正时齿轮带动一组齿轮来驱动。喷油泵的驱动必须满足柴油机工作顺序的需要,即供油正时,同时还能按发动机的工况来调节供油提前角。

喷油泵的驱动方式如图 4-20 所示。喷油泵通常靠底部定位装在托板上,用联轴器把喷油泵驱动齿轮和喷油泵的凸轮轴连起来。有的柴油机在其间又串联了空气压缩机和供油提前角自动调节器。

为保证供油正时,在正时齿轮、中间齿轮、喷油泵驱动齿轮及图中 A 处都刻有正时记号,在安装时各处的正时标记都必须处于相应的位置,才能保证喷油系统有正确的喷油时刻。

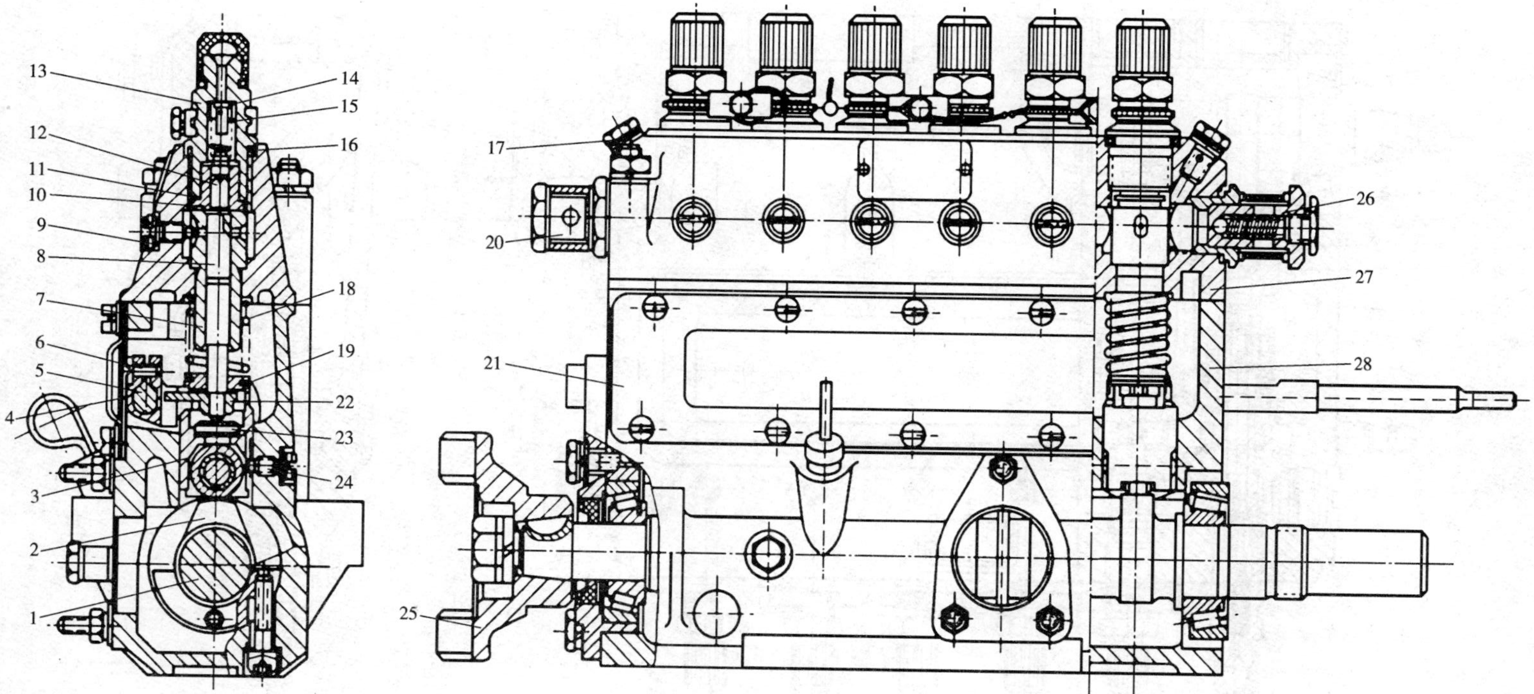

图 4-18 Ⅱ号喷油泵

1-凸轮轴;2-凸轮;3-滚轮体部件;4-调节叉;5-调节拉杆;6-紧固螺钉;7-柱塞套;8-柱塞;9-柱塞套定位螺钉;10-出油阀座;11-高压密封圈;12-出油阀芯;13-出油阀压紧螺母;14-减容器;15-出油阀弹簧;16-低压密封圈;17-放气螺钉;18-柱塞弹簧;19-弹簧下座;20-进油管接头;21-侧盖板;22-调节臂;23-调整垫块;24-滚轮导向螺钉;25、28-联轴节从动盘;26-溢油阀;27-喷油泵上体

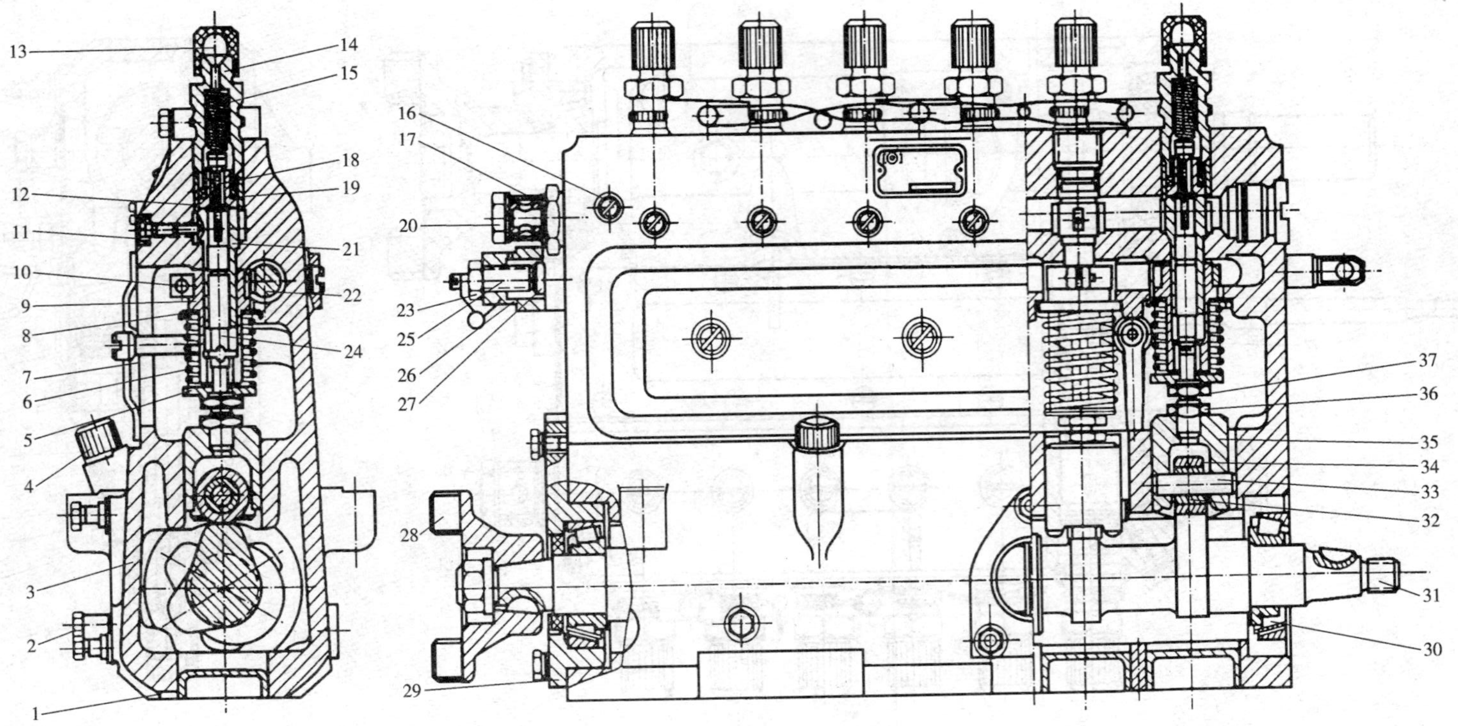

图 4-19　B 型喷油泵

1-封盖;2-放油螺钉;3-泵体;4-油尺;5-弹簧下座;6-柱塞弹簧;7-检查孔;8-弹簧上座;9-控制套筒;10-锁紧螺钉;11-柱塞套定位螺钉;12-出油阀座;13-护帽;14-出油阀压紧螺母;15-出油阀弹簧;16-放气螺钉;17-防污圈;18-出油阀;19-封油垫圈;20-进油管接头;21-柱塞套;22-供油调节齿条;23-螺母;24-柱塞;25-最大供油量限位螺钉;26-螺套;27-供油齿杆;28-联轴节从动盘;29-轴承盖;30-滚动轴承;31-凸轮轴;32-衬套;33-滚轮轴;34-滚轮;35-滚轮架;36-锁紧螺母;37-调节螺钉

2. 供油提前角调节的作用

在本单元课题二中已讲述过，喷油器向汽缸喷油是在活塞到达压缩上止点前某一个角度，这个角度称为喷油提前角。提前喷油的目的是为了获得良好燃烧和正常工作。

喷油提前角过大时，由于喷油时汽缸内空气温度较低，混合气形成条件差，滞燃期较长，柴油机工作粗暴，油耗增高，功率下降，怠速不稳和起动困难；如果喷油提前角过小，则燃油不能在上止点附近迅速燃烧，后燃期增加，燃烧温度升高及压力下降，发动机过热，热效率显著下降，发动机的动力性、经济性变坏。因此为保证发动机性能良好，必须选定最佳喷油提前角。最佳喷油提前角是指转速和供油量一定的条件下能获得最大功率和最低油耗率的喷油提前角。最佳喷油提前角是在调试过程中由试验定的。

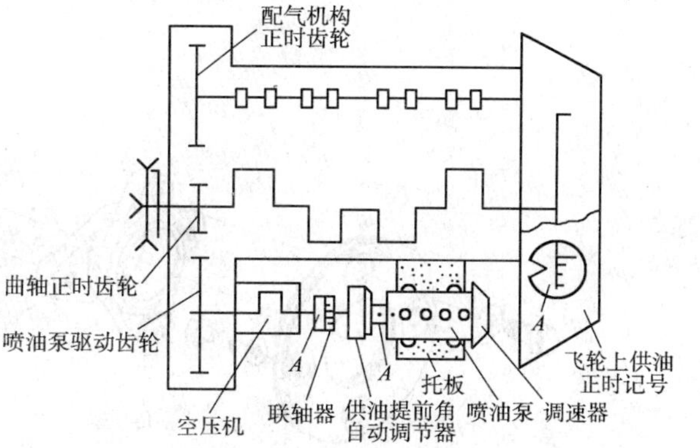

图 4-20　喷油泵的驱动与供油正时

A-各处标志位置

有的柴油机的喷油提前角是固定的，在发动机运转过程中，喷油泵凸轮轴与其驱动齿轮的相对位置不会改变。但有些发动机为了获得更好的性能，设有自动调节装置。

☆这里必须指出的是，柴油机的喷油提前角是对于喷油器而言，而供油提前角是对于喷油泵而言。由于燃油及其压力的传递需要一定的时间，喷油器开始喷油的时间要晚于喷油泵出油阀的出油时间，两者约相差 8°。例如，某柴油机的静态喷油提前角要求为 22°，则静态的供油提前角则约为 30°。

供油提前角自动调节装置的作用是：在柴油机整个工作转速范围内，使供油提前角自动随柴油机转速改变而相应变化，使柴油机始终在最佳或接近最佳喷油提前角情况下工作。一般来说，它随柴油机转速上升而应增大。因为随着转速的升高，活塞在上止点附近的时间会缩短，为了能在这个短时间内完成燃烧，必须使供油适当提前。

供油提前角的调节方式有两种：一是静态调节，即在静态时通过联轴器改变发动机曲轴与喷油泵凸轮轴的相对角位置。柴油机的静态（停机状态）供油提前角在使用中会由于机械磨损等发生变化，在维修中要进行检查和调整。另一种是通过供油提前角自动调节器，在柴油机运转时随转速变化自动改变提前角。

3. 联轴器及静态供油提前角的调整

图 4-21 所示为柴油机常用的挠性片式联轴器，主要由钢片组、连接盘和十字传动架等组成。其连接关系如图 4-21a）所示，连接盘、十字传动架和供油提前角自动调节器相连。传动时，由于弹性钢片的挠性，可补偿驱动轴与凸轮轴少量的同轴度偏差，使其无声的传动。

调整供油提前角时，松开连接盘与钢片组 1 的紧固螺钉 2，由于连接盘上开有周向槽孔，因此联轴器连接喷油泵的一端可相对连接盘转动一定角度，轻轻转动十字传动架即可改变油泵凸轮轴与驱动齿轮轴（即发动机曲轴）的相对角位置。调整后应将紧固螺钉 2 拧紧。为了保证供油正时，通常在联轴器及泵体上有相应的刻线，当刻线对齐时，为第一缸供油时刻。

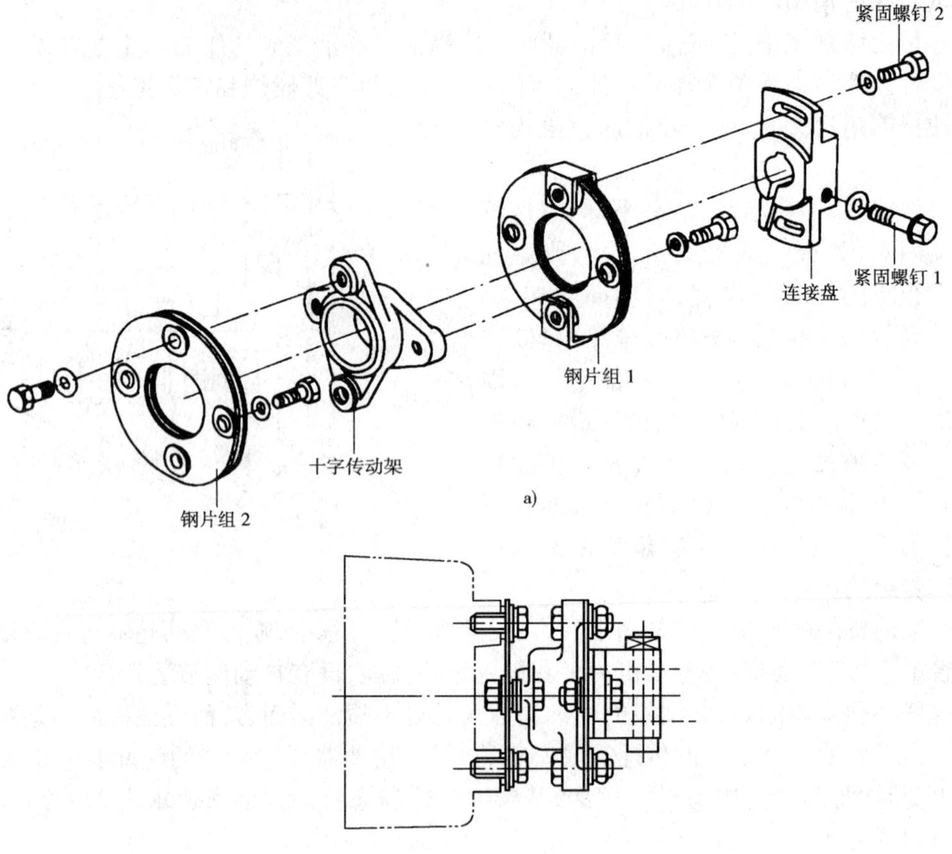

图 4-21 挠性片式联轴器

4. 供油提前角自动调节器

图 4-22 所示为柴油机常用的机械离心式供油提前角自动调节器的立体分解图。图 4-23 为结构与工作原理图。

驱动盘 9 的前端面上有两个螺孔 C,用以与联轴节相连。前端面上还压装着两个主动盘销钉 3,两个飞块 4 的一端各有一圆孔,即套在此销钉上。飞块的另一端压装两个飞块销钉 7,每个销钉上各松套着一个滚轮 5 和滚轮内座圈 6。筒状从动盘 8 的毂部用半圆键与喷油泵凸轮轴相连接。从动盘两臂的弧形侧面 E 与滚轮 5 接触,其平侧面 F 则压在两个弹簧 1 上。弹簧的另一端支承于松套在销钉 3 上面的弹簧座 2 上。从动盘 8 是由筒状盘和从动盘毂焊接在一起而组成的。其外圆面与驱动盘的内圆面配合,以保证两者的同心度。整个调节器为一密封体,内腔充有润滑油。

柴油机工作时驱动盘连同飞块受柴油机曲轴的驱动而沿图中箭头方向旋转,两个飞块的活动端向外甩开,滚轮则迫使从动盘沿箭头所示方向相对驱动盘超前转过一个角度 α,直到弹簧的压缩弹力与飞块离心力平衡时为止,于是驱动盘与从动盘同步旋转(图 4-22b)。柴油机转速升高时飞块活动端便进一步向外甩出,飞块上的滚轮 5 推动从动盘相对驱动盘沿箭头所示方向再超前转动一个角度,直到弹簧的压缩弹力足以平衡新的飞块离心力为止,供油提

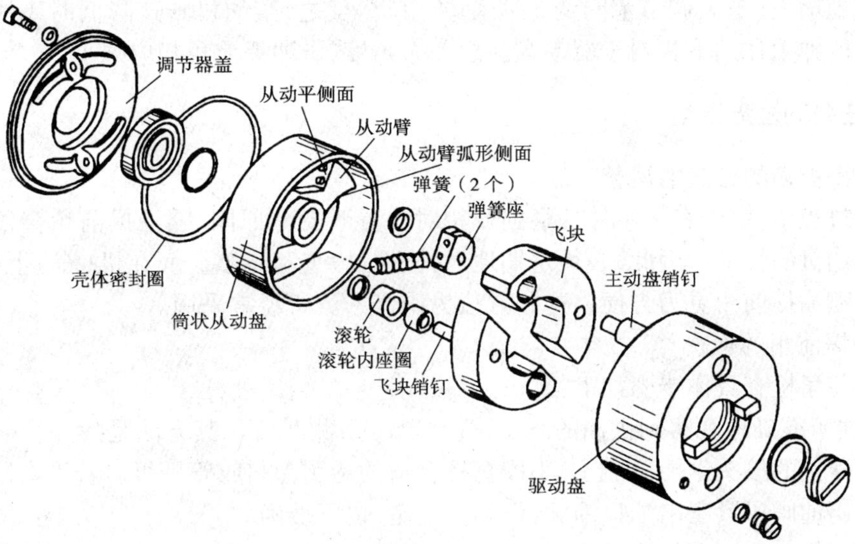

图 4-22　机械离心式供油提前角自动调节器的立体分解图

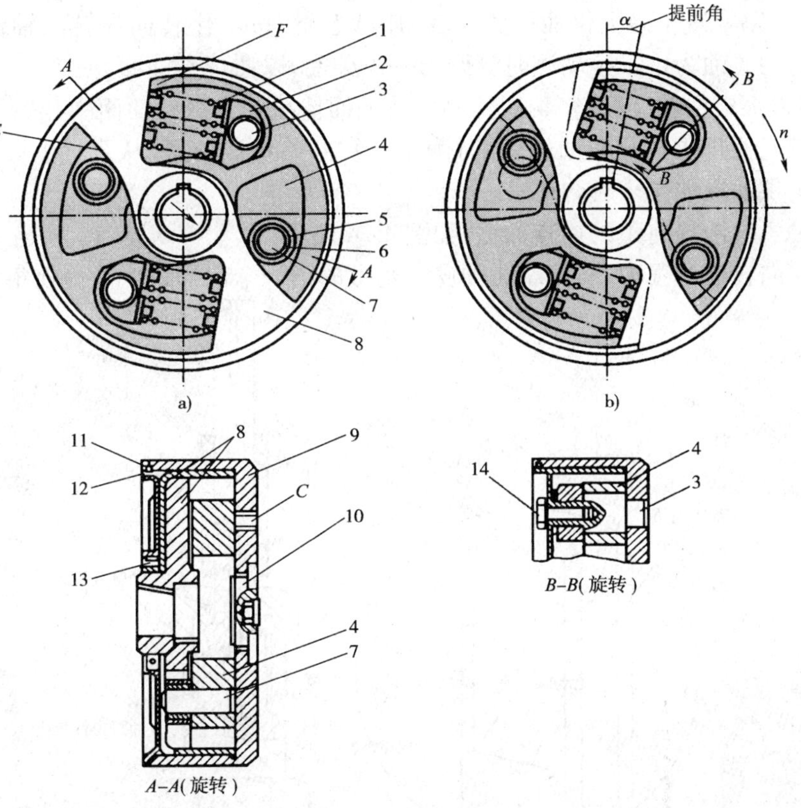

图 4-23　供油提前角自动调节器结构与工作原理

a)静止状态;b)提前状态

1-弹簧;2-弹簧座;3-主动盘销钉;4-飞块;5-滚轮;6-滚轮内座圈;7-飞块销钉;8-筒状从动盘;9-驱动盘;10-螺塞;11-壳体密封圈;12-调节器盖;13-油封弹簧;14-螺钉;C-螺孔

前角便相应地增大(最大调节范围约5°曲轴转角)。反之,柴油机转速降低时飞块收拢,从动盘便在弹簧的弹力作用下相对于驱动盘后退一个角度,供油提前角相应减小。

七、喷油泵的检查调整

1.供油提前角的检查的调整

在使用过程中,由于有关零件的磨损或相对位置改变等原因,喷油提前角会发生改变,会直接影响柴油机的性能。因此,必须定期地对其进行检查和调整。而在机(车)上检查供油提前角比检查喷油提前角更为方便。这种方法为维修人员所经常采用。

1)供油提前角的检查

供油提前角检查具体步骤如下:

(1)为便于准确地观察到供油的脉动,先自制一条测时管。其方法是找一根旧高压油管,把与喷油器连接的接头锯掉,套上一小段直径合适的透明塑料胶管即可。若不自制测时管,也可直接观察出油阀压紧座出油口油面,但不够清楚,也不准确。

(2)拆下第一缸高压油管,换装上自制的测时管,并使测时管管口向上。用手油泵泵油,排除喷油泵内的空气,使之充满柴油。

(3)将加速踏板置于最大供油位置,在减压状态下,按工作转向摇转曲轴,直到测时管内充满不带气泡的柴油为止。晃动测时管倾出一点柴油,以便观察油面。

(4)再缓慢摇转曲轴,同时密切观察测时管油面情况。当看到油面刚开始上升的瞬间(即油面刚一脉动),立即停止摇转曲轴,此时为第一缸开始供油位置,从飞轮上(或带轮上)指示的刻度可确定供油提前角是否合适。

多缸柴油机供油提前角的检查方法,如图4-24所示。

在曲轴正向转动过程中,飞轮或曲轴皮带轮上的第一个记号是供油提前角,第二个记号是

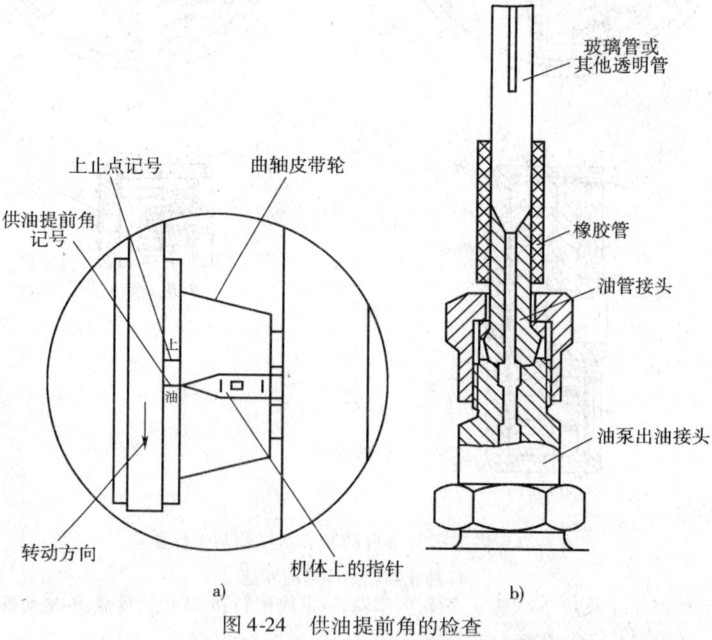

图4-24　供油提前角的检查

a)某柴油机曲轴皮带轮上的记号;b)测时管的安装

上止点。在管内液面波动的瞬间停下，如果还未到达第一个记号，说明供油太早；如果已过了第一个记号，说明供油较迟。在有的发动机的曲轴皮带轮或飞轮刻有度数，可以较为精确地显现出供油时间，便于进行调整。

2）供油提前角的调整

柴油机高压泵的驱动方式不同，调整方法也不一样。目前，较多的柴油机采用类似图4-21的联轴器方法，这种方法调整较为方便，只要改变油泵轴和其驱动轴的相对角度即可实现。

还有的柴油机采用偏转喷油泵泵体的办法来进行调整，如图4-25所示。

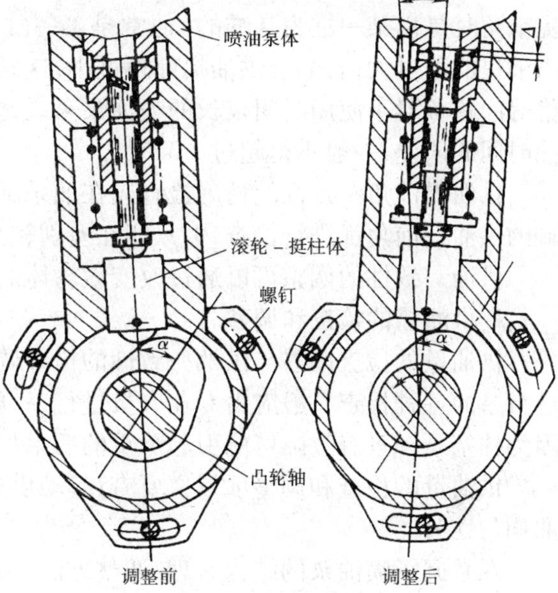

图4-25 偏转泵体的调整方法

这种喷油泵安装在机体，靠3根螺栓实现调整的，泵体上的螺栓孔呈弧形。在进行调整时可偏转泵体，改变了柱塞封闭进油孔的时间，从而实现调整。将泵体顺着泵轴的旋转方向转动泵体，供油提前角减小；将泵体逆着泵轴的旋转方向转动泵，则供油提前角增大。

还有些发动机，利用花键盘进行调整，如图4-26所示。

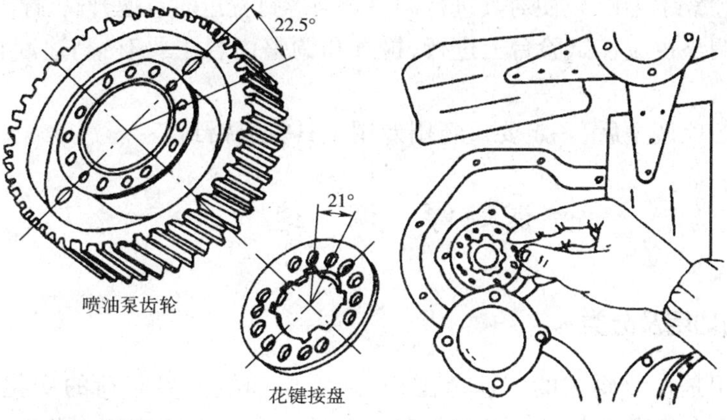

图4-26 花键盘调整方法

喷油泵轴插在花键接盘的孔中，孔中键槽为不对称结构，所以喷油泵轴只有一个位置能对上。花键接盘上的上下有两排小孔，孔间夹角为21°。喷油泵齿轮上有数目相等的小孔，小孔夹角为22.5°。用螺钉连接花键接盘和齿轮上的两对孔。换成相邻两对孔安装时，齿轮与花键盘就相对转动了1.5°。

3）供油一致性检查和调整

供油一致性是指多缸发动机的各个缸供油提前角的一致程度。具体表现在相继做功的两个缸间隔角相等。在实际使用中，技术人员往往重视整体供油提前角的检查调整，却忽视了供油间隔角（涉及单泵供油提前角调整）的检查调整。由于各个分泵及其传部件磨损不均匀，各个分泵建立压力的时间有差别,这样就导致各个缸供油提前角不一致。在发动机上调整供油提前角时是以某一缸为基准的(通常是第一缸),而其余缸的供油提前则可能不正时,有的缸供油提前角过大,有的缸供油提前角过小,这同样会导致柴油机起动困难、动力不足、运转不平稳等问题。对于使用时间较长的喷油泵来说,要重视对供油间隔角的检查调整。要求各缸供油时间的误差,一般不得超过 ±0.5°。

供油提前角一致性的精确检查应在油泵试验台上进行,但也可以就机检查,也就是对每一缸的供油提前角都进行检查,但只能在差别较大时才能看出。

供油一致性的调整可以通过改变滚轮体的高度来进行,如图 4-16 所示。

2. 供油量的检查和调整

供油量的检查调整与供油一致性的检查调整一样,应在油泵试验台上进行。使用试验台进行泵的各种检查一般应由专业人员进行,一般的操作和维修人员不得随意拆动泵上的零件。因为柱塞泵一旦有故障可能引起严重的后果!

供油量的检查和调整项目主要有:起动供油量、怠速供油量、额定供油量、校正供油量、供油均匀性等。

在掌握了喷油泵的结构原理、调整方法、油泵试验台的使用知识并取得相关的许可证后方可进行上述工作。各种泵的参数请参阅有关资料。

3. 转速的检查和调整

在喷油泵上有怠速限制螺钉和高速限制螺钉,分别用来调整发动的最低转速和最高转速。很多泵上均将这两个螺钉和调速器支承轴(总供油量调节螺柱)用铅封封死,不允许随意变动。也有的将怠速限制螺钉空出,以便对其进行调整。当螺钉拧进时怠速升高,拧出怠速降低。

转速的检查调整也应在试验台上进行,检查和调整内容主要有:高速起作用转速、停供转速、校正转速等。

在完成泵的各项调整后,一定要重新用专用工具打上铅封!

课题四　调　速　器

一、调速器的功用及分类

调速器的功用是在所要求的转速范围内,随着柴油机外界载荷的变化而自动调节供油量,以保持柴油机转速基本不变。调速器实际上是一个转速感应控制装置,其包括转速感应元件和驱动油量调节拉杆的动力机构两个基本组成部分。

按照工作原理的不同,调速器可分为机械式、气动式、液压式和电子式等类型。其中机械式调速器以其结构简单、工作可靠而得到广泛应用。按照控制调速范围的不同,机械式调速器又可分为单级式、两级式和全程式 3 种。

单级式调速器仅能在一定转速下起作用,适用于工作转速恒定的柴油机。两级式调速器仅在低速和最高转速下起作用,可稳定怠速运转,并能防止高速时“飞车”。其适用于转速变化频繁且要求具有良好加速性能的车用柴油机。全程式调速器则在所有转速范围内均能起作用,适用于载荷变化且工作转速范围广的柴油机,如拖拉机、大型载货汽车及工程机械用柴油机等。

调速器稳定转速的基本思想是:在发动机转速升高时,减小供油量;在发动机转速下降时增加供油量。

二、离心式调速器的基本原理

离心式调速器的型号很多,结构各异,但基本原理是相同的。其基本结构如图4-27所示,主要由传动盘、飞球(飞块)、调速弹簧和传动板(传动杆)等组成。现以压簧式调速器为例,介绍其基本工作原理。

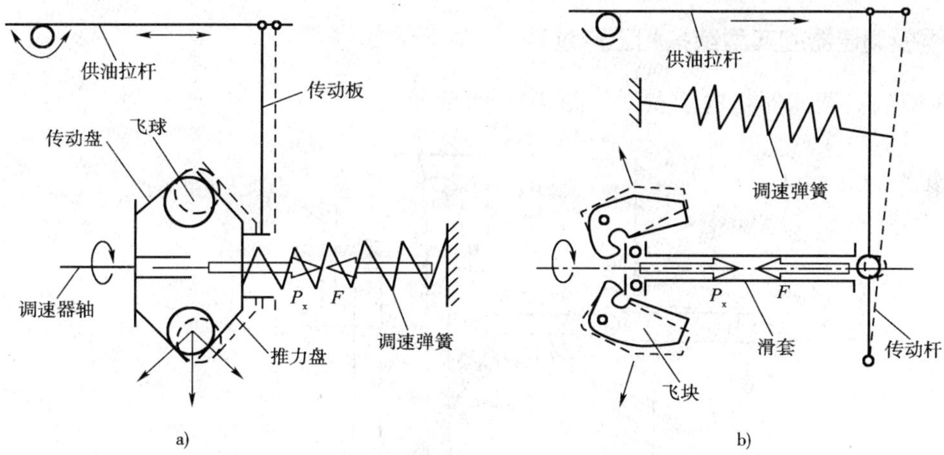

图4-27 离心式调速器基本原理

a)压簧式;b)拉簧式

飞球随同传动盘由调速器轴(通常与凸轮轴同轴)带动旋转,飞球离心力的轴向分力(可称为有效离心力)P_x 力图克服调速弹簧的弹力 F 将推力盘向右推开。

柴油机不工作时调速器手柄固定在熄火位置,供油拉杆被拉出,调速弹簧的预紧力使传动板左移,飞球收拢,$P_x=0$,调速器不工作。

柴油机运转时调速器手柄及供油拉杆处在某一位置。曲轴使喷油泵凸轮轴及调速器的飞球旋转,飞球在离心力的作用下向外张开,离心力的大小与转速的平方成正比。飞球有效离心力 P_x 和调速弹簧的推力 F 在某一转速下相平衡,使调速器和喷油泵保持在这一转速下工作,喷油泵供给一定量的柴油。若此时柴油机负荷不变且与喷油泵供给的柴油经燃烧产生的转矩相等,则调速器内部 $P_x=F$,柴油机在此转速下稳定运转。

当柴油机的负荷增加时,其转速下降,飞球有效离心力减小,即 $P_x<F$,此时在调速弹簧的作用下推力盘带动传动板和供油拉杆向左移动,使喷油泵柱塞旋转、循环供油量增加,进而使柴油机扭矩增加,直至与阻力矩相等,P_x 与 F 重新平衡为止。柴油机在新的转速下重新稳定运转。由于调速弹簧的伸张,故与之平衡的有效离心力减少,使这时的柴油机转速略低于负荷变化前的转速。反之,当柴油机的负荷减小时其转速上升,飞球有效离心力 P_x 大于调速弹簧的弹力 F,推力盘带动传动板和供油拉杆向右移动,使喷油泵柱塞反方向旋转,循环供油量减小,柴油机的转矩降低至与阻力矩相等,P_x 与 F 重新平衡为止。柴油机在新的转速下重新稳定运转。由于调速弹簧被压缩,故与之平衡的有效离心力增加,使这时的柴油机转速略高于负

荷变化前的转速。

图 4-27a)所示的调速器中的调速弹簧在工作中受压缩,故称之为压簧式调速器。同理,图 4-27b)所示的调速器被称为拉簧式调速器。

由上述调速器基本原理得知:

一定的调速弹簧的刚度和预紧力对应一定的柴油机转速,只要改变调速弹簧的刚度和预紧力就能改变调速器起作用的转速。如果调速弹簧只有一个刚度和预紧力就只能控制一个转速,这便是单速式调速器;如果有两个刚度和预紧力就能控制两个转速,这便是双速式调速器;如果调速弹簧的预紧力可以由驾驶员任意选定,则就能控制任意转速,这就是全程式调速器。

三、两极调速器的典型结构和工作过程

RAD 型两极调速器结构示意图如图 4-28 所示。

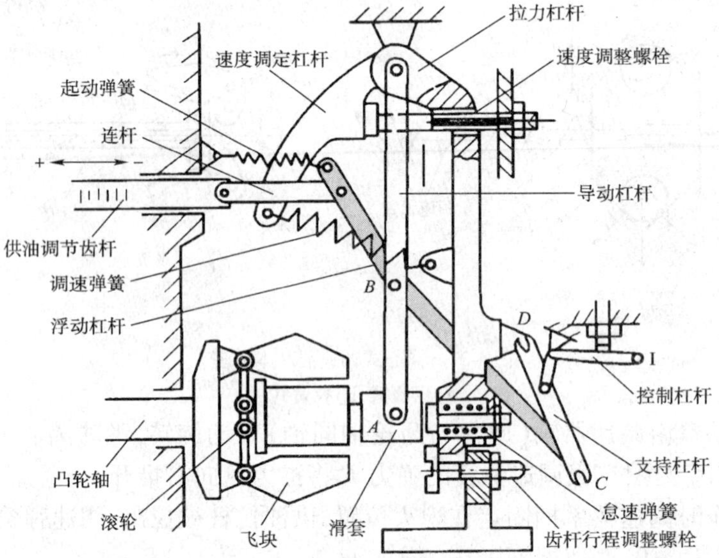

图 4-28　RAD 两极调速器结构示意图

调速器用螺钉与喷油泵连接构成一体。两个飞块装在喷油泵凸轮轴上,当飞块向外张开时,飞块臂上的滚轮推动滑套沿轴向移动。导动杠杆的上端铰接于调速器壳上,下端紧靠在滑套上(A 点),其中部(B 点)与浮动杠杆铰接。浮动杠杆的下部有一销轴,插在支持杠杆下端的凹槽内(C 点)。控制杠杆的一臂与支持杠杆相连,另一臂则由驾驶员通过加速踏板和杆系操纵。速度调定杠杆、拉力杠杆和导动杠杆的上端均支承在调速器壳体上的轴销上。用速度调整螺栓顶住速度调定杠杆,使装在拉力杠杆和速度调定杠杆之间的调速弹簧保持拉伸状态。因此在所有中间转速范围内,拉力杠杆始终紧靠在齿杆行程调整螺栓的头部。在拉力杠杆的中下部有一轴销,它插在支持杠杆上端的凹槽内(D 点)。怠速弹簧装在拉力杠杆的下部,用于控制怠速。

该调速器的工作过程如下:

1. 起动加浓

如图 4-28 所示,发动机静止时,两飞块在起动弹簧的作用下处于向心极限位置,起动前,

应将控制杠杆推至全负荷供油位置 I。此时，支持杠杆绕 D 点逆时针方向转动，浮动杠杆也绕 B 点逆时针方向转动，因此供油调节齿杆向增加供油的方向（图中为向左）移动。起动弹簧的作用就在于对浮动杠杆作用一个向左的拉力，使其绕 C 点作逆时针方向的偏转，同时带动 B 点（销轴）和 A 点（套筒）进一步向左移动直到飞块到达向心极限位置为止，从而保证供油调节齿杆越过全负荷进入起动最大供油位置（即起动加浓装置）。

2. 怠速稳定

如图 4-29 所示，发动机起动后将控制杠杆拉到怠速位置 II，发动机便进入怠速工作。此时，飞块的离心力与怠速弹簧和起动弹簧的合力平衡时，供油调节齿杆便保持在某一位置，柴油机就在相应的某一转速下稳定地工作。若此时阻力增大使柴油机转速降低，则飞块离心力随之减小，滑套便在怠速弹簧和起动弹簧的共同作用下左移，从而使导动杠杆向左偏转，带动 B 点左移，同时浮动杠杆绕 C 点逆时针转动，推动供油调节齿杆左移，增加供油量，使柴油机转速回升。相反，若发动机阻力下降使转速升高，则飞块的离心力增加，滑套右移，通过导动杠杆、浮动杠杆驱动供油调节齿杆右移，使供油量减小，柴油机转速下降。

调整怠速弹簧的预紧力就可以改变怠速稳定转速。

3. 正常工作的供油调节

如图 4-30 所示，当柴油机超过怠速转速时，怠速弹簧被完全压入拉力杠杆内，滑套直接与拉力杠杆接触。由于拉力杠杆被很强的调速弹簧拉住，在转速低于最大工作转速（标定转速）的条件下，飞块的离心力不足以推动拉力杠杆，因而支点 B 就不会移动。只有在改变控制杠杆的位置时才可使供油调节齿杆左右移动，从而增加或减少供油量。由此可见，在全部中间转速范围，即正常工作转速范围内，供油量的调节是由驾驶员控制的，调速器不起作用。例如将控制杠杆从怠速位置 II 推到部分负荷位置 III，则支持杠杆绕 D 点转动，同时浮动杠杆绕 B 点逆时针转动，使齿杆左移，从而增加了供油量。

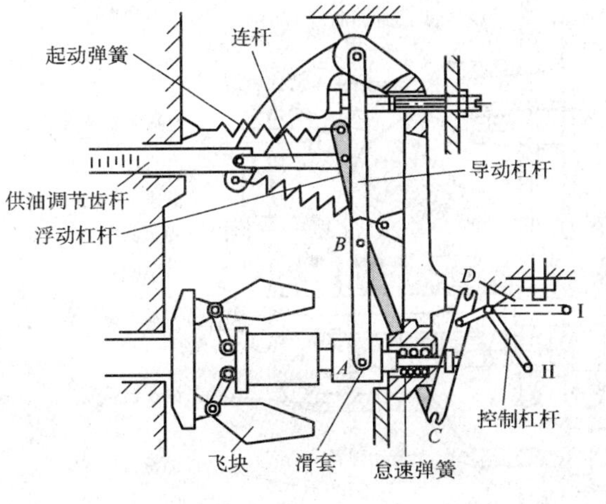

图 4-29　两极调速器的怠速工作示意图

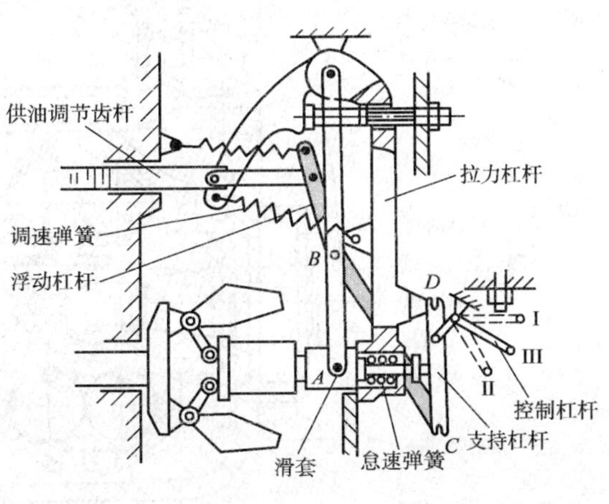

图 4-30　两极调速器在正常工作转速范围内的工作示意图

4. 限制最高转速

如图 4-31 所示，不管柴油机是在部分负荷还是在全负荷下工作，只要外载负荷的变化引起柴油机转速超过规定的最大转速标定转速时，飞块的离心力就能克服调速弹簧的拉力，推动滑套和拉力杠杆右移，使支点 B 移到 B'，同时 D 移到 D'，C 移到 C'，结果使供油调节齿杆向右移动，供油量减少，从而保证柴油机转速不会超过规定值。

利用速度调整螺栓（见图 4-28）改变调速弹簧的预拉力便可调节柴油机的最高转速。

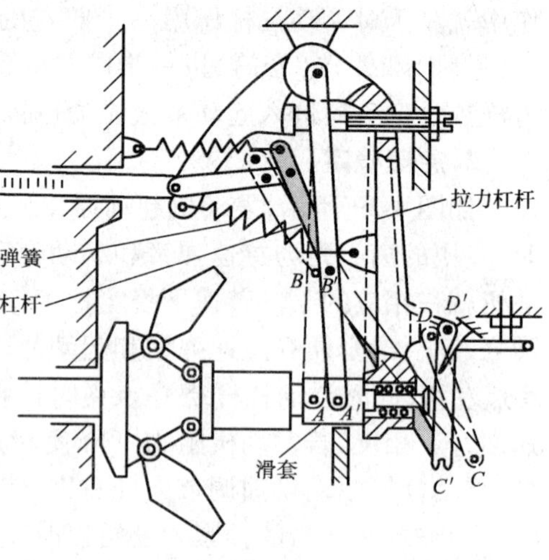

图 4-31　两极调速器限制超速的工作示意图

四、全程式调速器

全程式调速器在工程机械柴油机上应用广泛，在这里以Ⅱ号喷油泵调速器为例加以介绍。图 4-32 所示为Ⅱ号喷油泵调速器的结构。

调速器通常安装在喷油泵的后端，其驱动斜盘通过连接套装配在喷油泵凸轮轴上。驱动斜盘的内锥面上有 6 个半圆形的凹槽，用以带动飞球座总成转动。飞球座总成是由 6 个飞球座上成对装有 12 个飞球而组成。其中 6 个飞球座分别嵌在飞球保持架的径向槽内，旋转时可沿槽作径向滑动。飞球的另一端与推力斜盘接触，推力斜盘的端部装有滚动轴承。供油拉板就设在推力斜盘的滚动轴承与起动弹簧前座的凸缘之间，且其顶部与油量调节拉杆相连。当驱动斜盘带动飞球座总成旋转时，飞球座总成的离心力使推力斜盘做轴向移动，并带动供油拉板而使油量调节拉杆左右移动，以改变供油量。

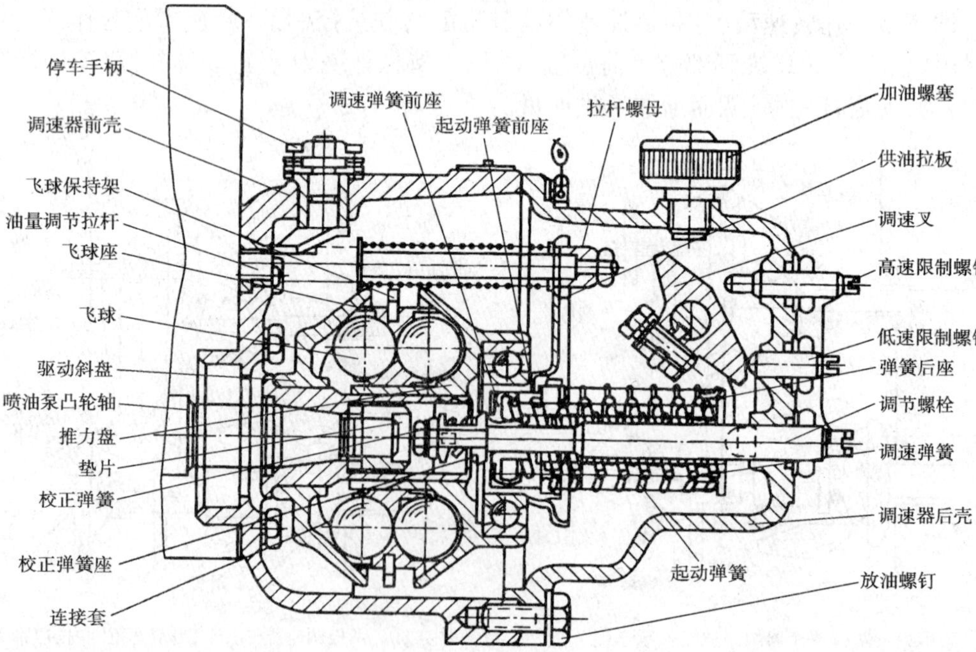

图 4-32　Ⅱ号喷油泵调速器结构

调节螺柱上共装有 4 根弹簧，调节螺柱的后端用螺母固定在调速器后壳上。最外边弹簧的是起动弹簧，在起动时起加浓作用；中间部分的调速弹簧包括中弹簧和内弹簧，是柴油机在正常工况下起调速作用的；安装在调节螺柱端部的校正弹簧，主要是用来在柴油机短时间超载荷时额外增加供油量的。

调速器后壳上通常装有低速限制螺钉、高速限制螺钉、放油螺钉和加油螺塞等，在其一侧还装有调速手柄。调速手柄可通过操纵轴带动调速叉转动，并压迫弹簧后座以改变调速弹簧的预紧力，从而改变转速。此外，调速器前壳的顶部还装有停车手柄。

II 号喷油泵调速器的基本工作原理如下。

1. 当调速手柄位置一定而外界载荷变化时调速器的作用

如图 4-33 所示，当外界载荷和调速手柄位置均一定时，柴油机在某一转速下稳定运转。

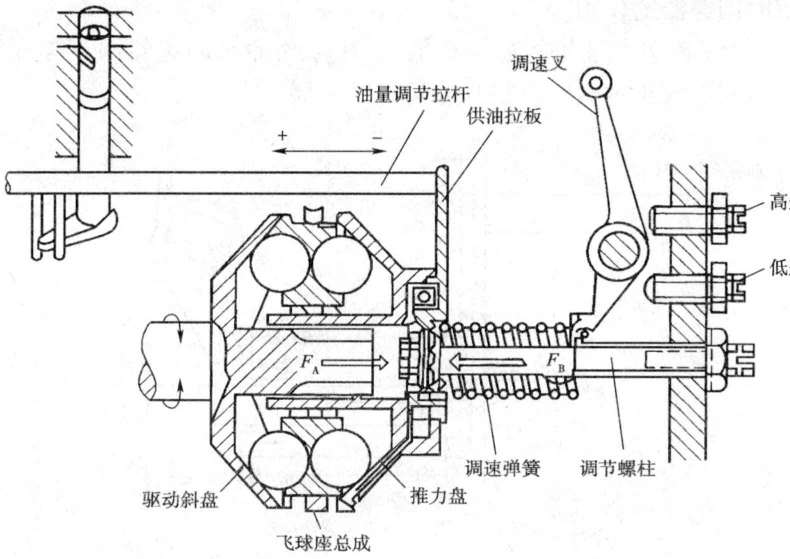

图 4-33　调速手柄位置一定而外界载荷变化时调速器的作用

此时，飞球座总成所产生的离心力的轴向分力 F_A 与调速弹簧的推力 F_B 相平衡，推力斜盘、供油拉板和油量调节拉杆的位置不变，即喷油泵的供油量不变。

当外界载荷减小而柴油机转速升高时，F_A 就会大于 F_B，而使推力斜盘右移，并带动油量调节拉杆向减少供油量的方向移动，从而限制了转速的升高。同时，由于推力斜盘的右移使调速弹簧被压缩，F_B 相应增大，直至 F_A 与 F_B 再次达到平衡为止，反之亦然。

由此可见，调速器在调速手柄位置一定时，随着载荷的变化可自动调节喷油泵的循环供油量，使柴油机的转速控制在一个很小的范围内，即保持柴油机的转速基本稳定。

2. 当外界载荷一定而改变调速手柄位置时调速器的作用

如图 4-34 所示，若要提高柴油机的转速，可

图 4-34　外界载荷一定而改变调速手柄位置时调速器的作用

向右扳动调速手柄,以增大调速弹簧的预紧力 F_B。此时 F_B 大于 F_A,而使推力斜盘和油量调节拉杆左移,增加了供油量。由于外界载荷未变而供油量增加,柴油机转速必会随之升高,F_A 相应增大,又推动推力斜盘和油量调节拉杆右移,使供油量减少到与比原先的供油量稍大一点的位置。此时,F_A 与 F_B 重新达到平衡,但 F_A 和 F_B 均比原先增大了。当调速手柄扳到调速叉和高速限制螺钉相碰的位置时,F_A 与 F_B 均达到最大值,柴油机便在最高转速下运转。反过来,若调速手柄向左扳动,柴油机转速就降低,当调速手柄扳到与调速叉和低速限制螺钉相碰时,F_A 与 F_B 均达到最小值,柴油机便在怠速下运转。

由此可见,当外界载荷一定时,改变调速手柄的位置,就可改变柴油机的转速。

3. 超载荷加浓时调速器的作用

如图 4-35 所示,为了改善柴油机的超载荷能力,II 号喷油泵调速器调节螺柱的凸肩是做成弹性的,即由校正弹簧、校正弹簧座及垫片等组成校正器。

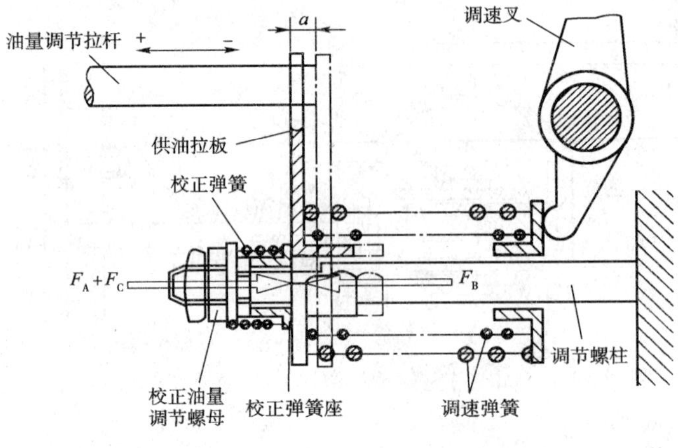

图 4-35 超载荷加浓时调速器的作用

当调速拨叉已位于最大位置时,如果柴油机的载荷再加大(超载),柴油要转速将下降,F_A 将减小,F_B 大于 F_A,二者的差值 F_B-F_A 将压缩校正弹簧。当 F_B-F_A 大于校正弹簧的预紧力时,校正弹簧被推向左方,使油量调节拉杆向增加供油量的方向移动一段距离 a(称为校正行程)。这样,就额外增加了供油量,起到了超载荷加浓的作用,使柴油机的转矩进一步增大。

柴油机超载荷越大,转速下降的就越多,则校正行程和校正供油量也越大。当油量调节拉杆左移到最大校正行程 a_{max} 后,若外界载荷再增大,供油量也不能再增加。此时,柴油机转速将迅速下降,甚至可能导致熄火。

超载荷加浓工况不是柴油机运转的正常工况。在这种工况下,柴油机供油量过多,燃烧不完全,会造成柴油机过热以及燃烧室积炭,从而影响柴油机的使用寿命和工作可靠性。因此,不允许柴油机在该工况下长期运转。

4. 起动加浓时调速器的作用

柴油机起动时转速很低,压缩终了汽缸内的温度和压力也很低,且喷雾不良,这些都不利于喷入汽缸的柴油雾化和混合。因此,必须供给比正常情况下更多的柴油,才能保证混合气的浓度。

如图 4-36 所示,起动前,飞球座总成的离心力 F_A 为零。起动时,扳动调速手柄使调速叉转到与高速限制螺钉相接触的位置，这时起动弹簧和调速弹簧均处于被压缩状态，其中调速弹簧的弹力 F_B 全部作用在校正弹簧上，直至校正行程达到最大值。若没有起动加浓装置，这时的供油量就是最大校正油量，不会再增大。但有了起动加浓装置后，在转动调速叉压缩调速弹簧的同时，也压缩起动弹簧，起动弹簧的推力 F_D 作用在起动弹簧前座的右端面上，使其带动油量调节拉杆左移一段距离 e（称为起动加浓行程），直至调速器的推力斜盘和驱动斜盘将飞球座总成向心压到底为止。

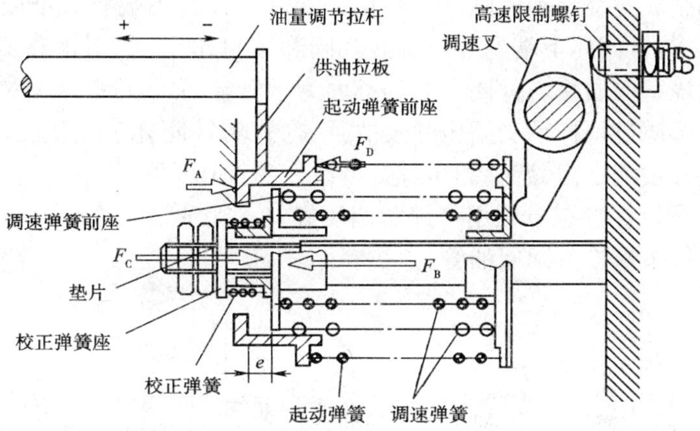

图 4-36　起动加浓时调速器的作用

起动弹簧很软，因而柴油机起动后转速稍有上升，F_A 很快就会大于 F_D，起动加浓行程 e 随之消失，起动加浓作用停止。接着应将调速手柄扳到怠速位置，使起动弹簧前座与调速弹簧前座贴合在一起，柴油机进入怠速运转。

5. 驻车

转动驻车手柄，使喷油泵的油量调节拉杆右移至停止供油位置，柴油机便会熄火停车，参见图 4-32。

课题五　喷　油　器

一、喷油器的功用及类型

喷油器的功用是将喷油泵供给的高压油以一定的压力、速度和方向喷入燃烧室，使喷入燃烧室的燃油雾化成细粒并合理地分布在燃烧室中，以便于和空气混合形成可燃混合气。

根据混合气的形成与燃烧的要求，喷油器应具有一定的喷射压力、射程、合理的喷雾锥角。此外，喷油器在规定的停止喷油时刻应能迅速地切断燃油的供给，不发生滴漏现象。

喷油器分为开式和闭式两种。开式喷油器的高压油腔通过喷孔直接与燃烧室相通，而闭式喷油器则在其之间装针阀隔断。目前，柴油机绝大多数采用闭式喷油器，其常见的形式有两种：孔式喷油器和轴针式喷油器。孔式喷油器多用于直接喷射式燃烧室上，轴针式喷油器则主要用于分隔式燃烧室上。

二、喷油器的结构与工作原理

1. 孔式喷油器

1）孔式喷油器的结构

孔式喷油器的结构如图 4-37 所示。

喷油器由针阀、针阀体、顶杆、调压弹簧、调压螺钉及喷油器体等零件组成。其中最主要的是用优质合金钢制成的针阀和针阀体一对精密偶件。针阀下端有 2 个或 3 个锥面，最下面的锥面为密封锥面，与针阀体下端的环形锥面共同起密封作用（如图 4-38 所示），用于打开或切断高压柴油与燃烧室的通路。针阀上端的锥面为承压锥面，该锥面承受燃油压力，推动针阀向上运动。针阀顶部通过顶杆承受调压弹簧的预紧力，使针阀处于关闭状态。该预紧力决定针阀的开启压力或称喷油压力，调整调压螺钉可改变喷油压力的大小（拧入时压力增大，拧出时压力减小），调压螺钉保护螺母则用来锁紧调压螺钉。喷油器工作时，从针阀偶件间隙中泄漏的柴油经回油管接头螺栓流回回油管。

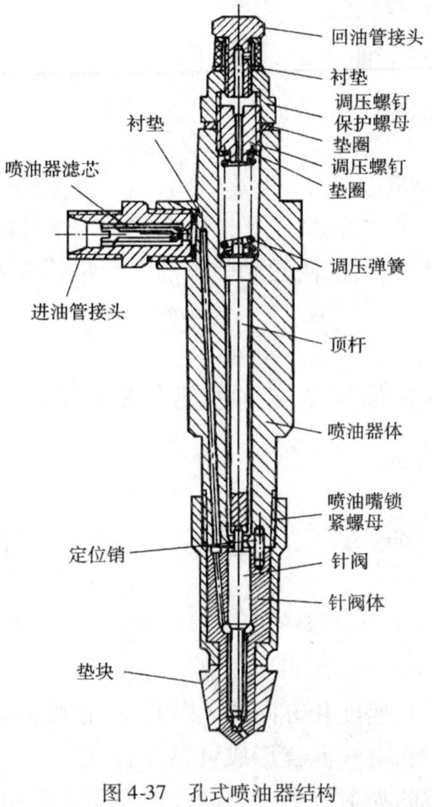

图 4-37　孔式喷油器结构

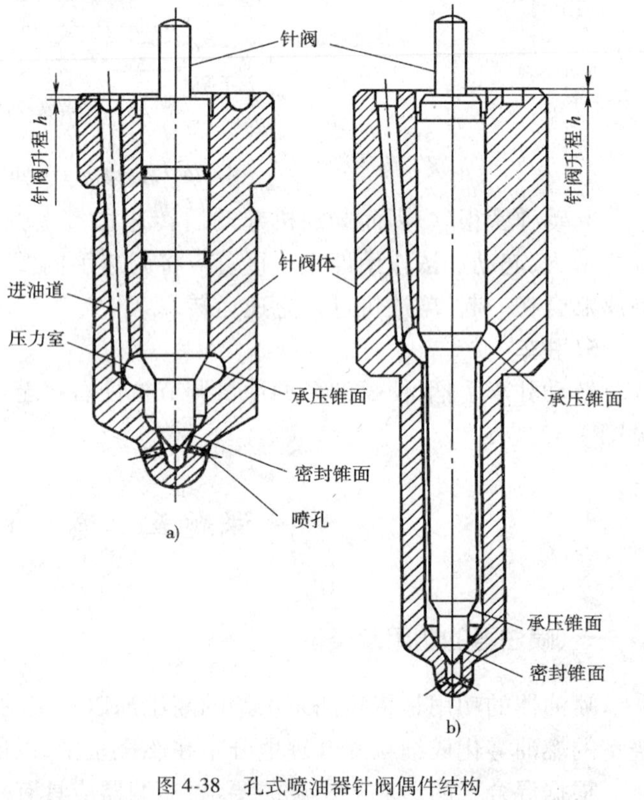

图 4-38　孔式喷油器针阀偶件结构

a）短型；b）长型

为防止细小杂物堵塞喷孔，在一些喷油器进油接头中装有缝隙式滤芯。

2）孔式喷油器的工作原理

柴油机工作时，来自喷油泵的高压柴油经喷油器体与针阀体中的油孔道进入针阀中部周围的环状空间——压力室。油压作用在针阀的锥形承压环带上形成一个向上的轴向推力，此推力克服调压弹簧的预压力及针阀偶件之间的摩擦力使针阀向上移动，针阀下端的密封锥面离开针阀锥形环带，打开喷孔，高压柴油喷入燃烧室中。喷油泵停止供油时，高压油路内压力迅速下降，针阀在调压弹簧作用下及时复位，将喷孔关闭。

孔式喷油器的特点是喷孔数目较多，一般为 1 ~ 7 个；喷孔直径较小，一般为 0.2 ~ 0.8mm。喷孔数目和分布的位置，根据燃烧室的形状和要求而定。多缸柴油机，为使各缸喷油器工作一致，各缸采用长度相同的高压油管。

2. 轴针式喷油器

轴针式喷油器的工作原理与孔式喷油器相同。其构造特点是针阀下端的密封锥面以下还延伸出一个轴针，其形状可以是倒锥形和圆柱形，如图 4-39 所示。轴针伸出喷孔外，使喷孔成为圆柱状的狭缝（轴针与孔的径向间隙一般为 0.005 ~0.025mm）。这样，喷油时喷注将呈空心的锥状或柱形。

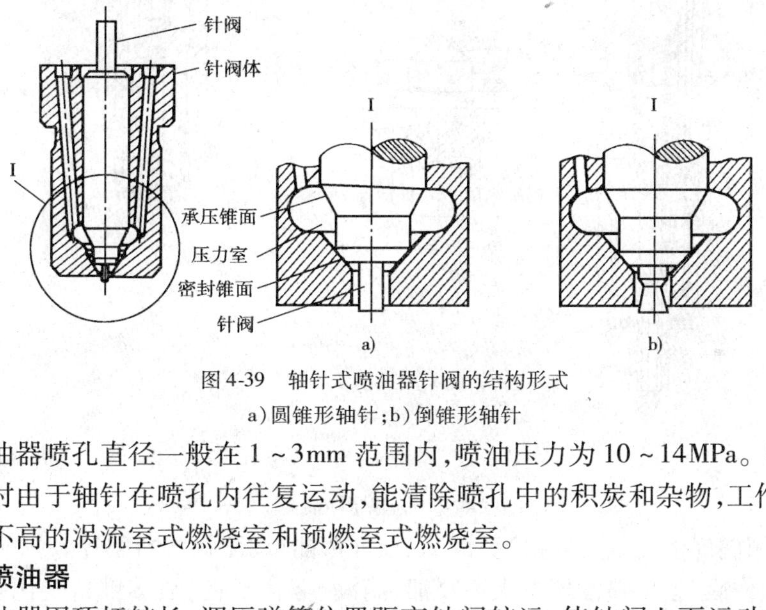

图 4-39　轴针式喷油器针阀的结构形式

a）圆锥形轴针；b）倒锥形轴针

轴针式喷油器喷孔直径一般在 1 ~3mm 范围内，喷油压力为 10 ~14MPa。喷孔直径大，加工方便。工作时由于轴针在喷孔内往复运动，能清除喷孔中的积炭和杂物，工作可靠。它适用于对喷雾要求不高的涡流室式燃烧室和预燃室式燃烧室。

3. 低惯量喷油器

传统的喷油器因顶杆较长，调压弹簧位置距离针阀较远，使针阀上下运动的惯性加大，对针阀上的密封锥面的冲击加大，针阀对油压的反应灵敏度降低，不能适应高速柴油机工作要求。为解决此要求，低惯量喷油器广泛投入使用。

图 4-40 为典型的低惯量喷油器。与普通喷油器相比，低惯量喷油器的调压弹簧下移，缩短顶杆，从而减少了运动质量。

图 4-40a）所示的喷油器的顶杆非常短，取消了调压螺钉。弹簧预紧力的调整依靠更换不同厚度的调整垫片来实现。压力只能有级调节，为了保证精度，每隔 0.05mm 为一级。

图 4-40b）所示的喷油器只是将顶杆进行了大量的缩短，其余结构及调整方法与前面的传统喷油器相同。

三、喷油器的检修

1. 喷油器的常见损伤

喷油器针阀偶件磨损的部位有：针阀与针阀体的密封锥面、针阀和针阀体导向圆柱面、针

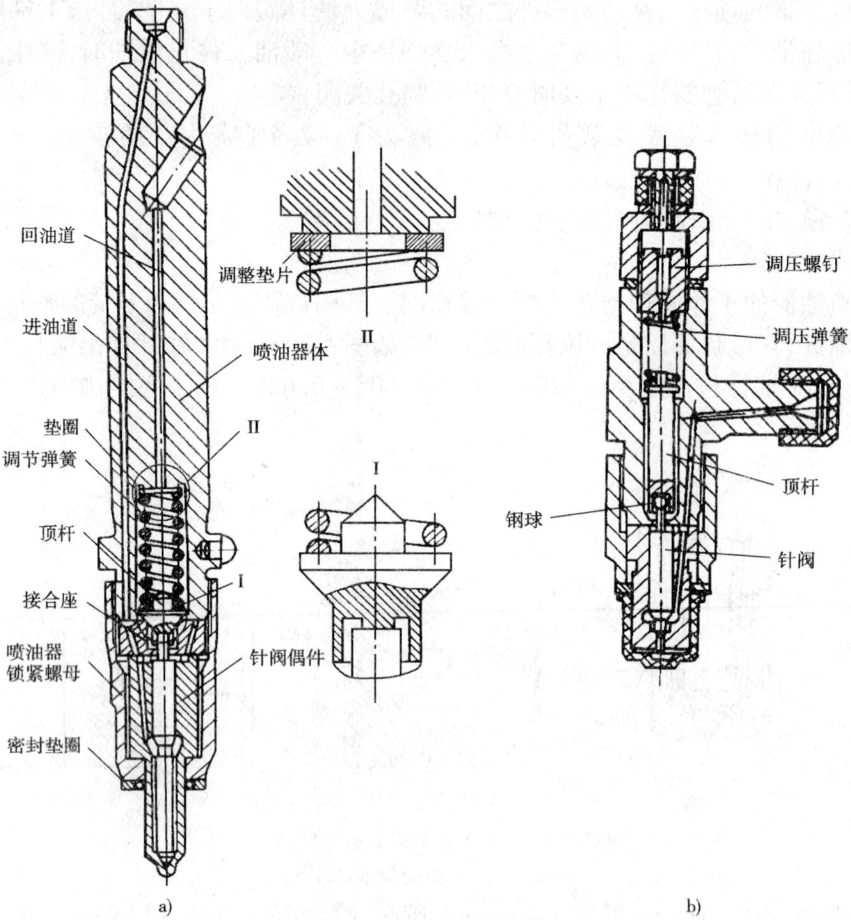

图 4-40　低惯量喷油器

阀轴针磨损、针阀偶件卡死、进油管接头漏油、顶杆弯曲、调压弹簧断裂等。

出现上述损伤后,会使喷油器发生不喷油、滴漏、雾化不良、喷雾锥角变化等故障,使柴油机燃烧不良、起动困难、发生排气冒烟现象。

2. 喷油器的检查和调整

1)在试验器上检查和调整喷油器

(1)密封性检查

①以长型孔式喷油器为例。将喷油器装在喷油器试验器上,均匀缓慢地用手柄压油,同时增加弹簧预紧力,直到油压在 23 ~ 25MPa 压力下喷油为止,观察压力自 20MPa 降到 18MPa 所经历的时间为 9 ~ 20s。如果所经历时间少于 9s,可能是接头处漏油,针阀体与喷油器体平面配合不严、密封锥面封闭不严或导向部分磨损等原因引起。

②以轴针式喷油器为例。按动手柄至表压力数值达 12MPa,继续缓慢按动手柄,将表压力升至 13.2MPa,观察喷油器喷油孔处,不得有滴油或渗漏现象。若有滴油或渗漏现象,说明针阀偶件锥面密封不严。

(2)喷油压力检查调整

将喷油器装在喷油器试验器上，均匀缓慢地用手柄压油，当喷油器开始喷油时，压力表所指示的压力即为喷油压力，如图 4-41c）所示。若不符合规定（表 4-1），应进行调整。喷油压力的调整是通过转动调节螺钉改变弹簧对针阀的压紧力来实现的。拧入调节螺钉时，喷油压力增加；退出时则减少。

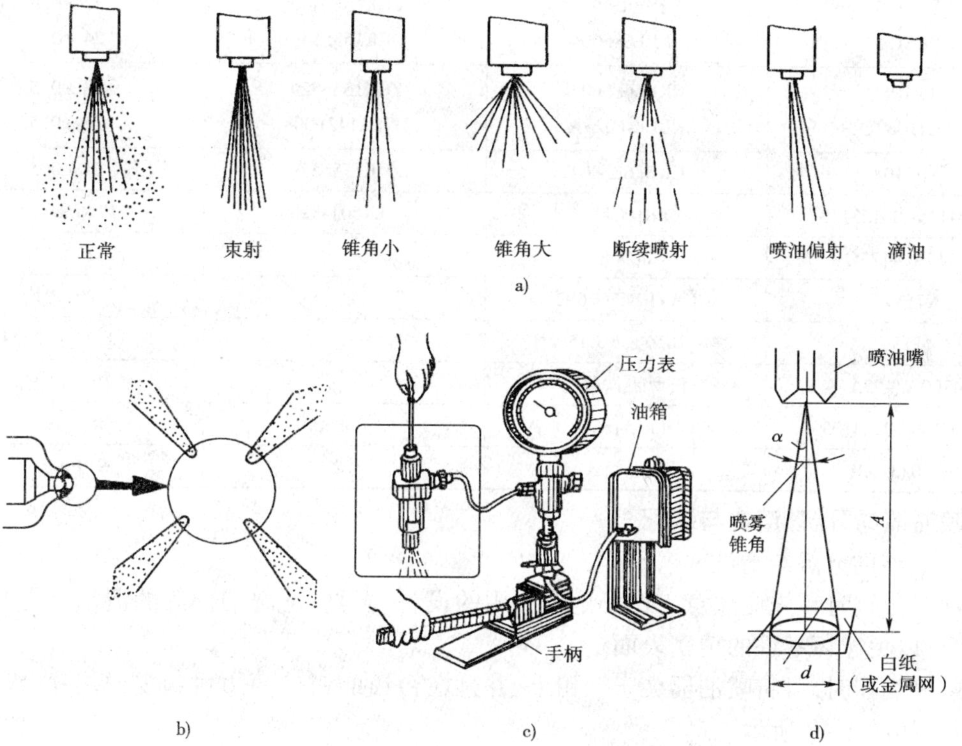

图 4-41　喷油器的检查与调整

a）喷油器的雾化情况；b）长孔型喷油器的喷雾形状；c）在试验器上检查调整喷油压力；d）检查喷雾锥角

（3）喷雾质量检查

在试验器上，以每分钟 60 ~ 80 次的速度压动手柄，使喷油器喷油，喷雾质量应符合如下要求：喷出的燃油应呈喷雾状，油雾应细碎均匀，没有明显可见的束射、油滴、油流以及断续喷油、浓淡不均现象；断油应干脆。喷射时，应伴有清脆的响声；喷射前后不允许有滴油现象，如图 4-41a）所示。经多次喷油后，喷孔口附近应干燥或稍有湿润。

（4）喷雾锥角检查

喷油器喷雾不应偏斜，其锥角应符合规定。检查方法是：在距喷油嘴 100 ~ 200mm 处放一张白纸作一次喷射，量出在纸上所得到的油迹直径 d 和喷孔到纸面的距离 A，如图 4-38d）所示。用下式算出：$\tan\alpha = d/2A$，从三角函数表查出 α 角，2 倍 α 角就是喷雾锥角。

2）喷油器的就机检查

拆下待检查的喷油器，将确认可靠的一缸高压油管松开后转向 180°，装上喷油器，用起动机带动发动机观察喷油器喷油状况，看是否喷油和雾化良好。还可以进行对比试验，即用其他性能良好的喷油器装上进行喷雾对比。

常见柴油机喷油器型号及喷油压力(MPa)　　表 4-1

柴油机型号	喷油器型号或形式	偶件型号	喷油压力
东方红 LR100/105 系列	LRR67026068 ZCK150J4300	PB86J01 681117	19.6 ~ 20.6
YC6105 YC6108	PF68S19 CKBL68S004	ZCK154S430 ZCK155S529	22 ±0.5 24 ±0.5
YC4108Q YC4108ZQ	CKBL68S004 KBEL-P023A	ZCK155S529 DSLA147P008	23 ±0.5 26 ±0.5
YC2108	CKBL68S004	ZCK155S529	21 ±0.5
B4125/B4125J	PB100J00	ZCK150J43200	19.6 ±0.49
4125A/4125G	PF36S	ZS15S15	12.25 ~ 12.26
X4115T	CAVRB6702602		20 ~ 21
4115T	BPZ-1.5 ×15		12.26 ~ 12.27
4100A/495A	长型闭式单孔		19 ~ 19.98
扬柴 YZ4102/4105	CDLL154S640D	CKB68S001	19 ~ 19.5
4100QB/3100QB	长型闭式		19.1 ±0.49

3. 喷油器的分解、清洗与装配

1)喷油器的分解与清洗

喷油器分解时首先应注意工作场地及所用的设备、工具、清洗油剂等的清洁。同时,操作时应细心,以免碰坏零件的精密表面。

分解喷油器时,可将喷油器夹于台钳上,并且在台钳的钳口两边衬铜皮或铝片,以免损伤喷油器件,如图 4-42 所示。

其操作步骤如下:

(1)首先将喷油器放在油盆中将外表面刷洗干净,操作时注意保护针阀偶件头部,并应用软毛刷刷洗。特别要注意轴针式喷油器,这种喷油器的轴针是伸出在针阀体外面,注意不要碰坏。

(2)将喷油器夹在有铜钳口的台钳上,旋下针阀偶件紧帽,拆下针阀偶件。应注意不要碰伤喷油器体下端的研磨平面,所以在拆下针阀偶件后应旋上针阀偶件紧帽,保护该平面。

(3)分解针阀偶件。针阀如果被卡在针阀体内时,不可硬拔,应该浸在干净的煤油中,经过相当长时间再拔(有时需浸一天)。应注意不得用台钳夹住针阀体,以免针阀体变形。针阀与针阀体是精密偶件,拆下后仍应成对配合存放,不得搞错,并注意保护精密加工的表面。

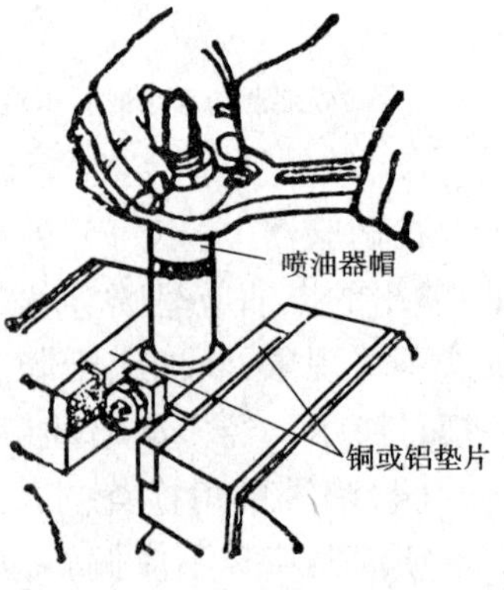

图 4-42　喷油器的拆卸

分解后的针阀偶件应放在清洁的柴油中进行清洗,清除积炭。如图 4-43 所示,用软毛刷或细铜丝刷清除针阀体和针阀外部积炭(图 4-43a、图 4-43b);用直径比喷孔小的探针清理针阀体喷孔积炭(图 4-43c);喷孔背部的积炭清理(图 4-43d);用黄铜制的弯头刮刀(刀头形状与压力室形状相似），伸入压力室内转动而刮除针阀体内压力室中的积炭（图4-43e）；用铜针清理针阀体油路（图4-43f）；最后将针阀偶件放在专用工具内用柴油清洗（图4-43g）。

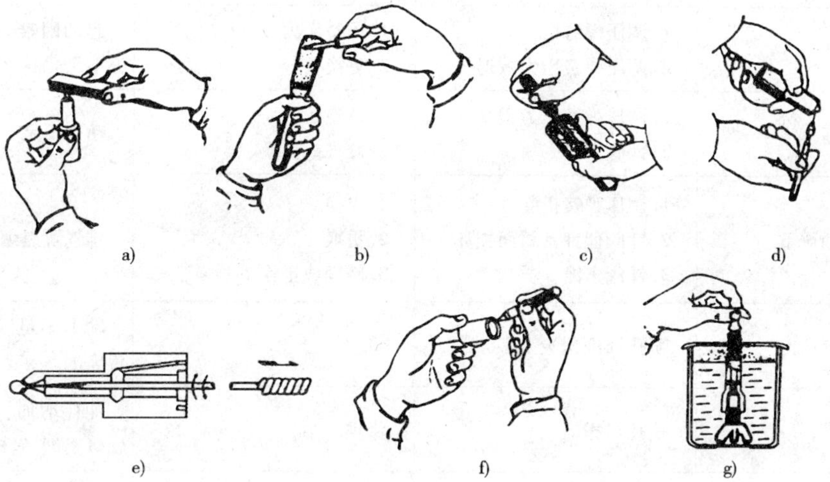

图4-43　针阀偶件的清洗与积炭清除

（4）将喷油器体夹在台虎钳上，拆下喷油器体上的调压螺钉和螺母、调压弹簧和弹簧座以及杆等其他零件，并在清洁柴油中仔细清洗，除去污物。

2）喷油器的装配

将所有零、部件仔细清洗干净、检验合格后方可进行装配。其操作步骤如下：

将喷油器体夹在装有紫铜钳口的台虎钳上，装入顶杆、弹簧座、调压弹簧，放入调压弹簧支承螺母，再旋入调压螺钉和螺母；倒转夹住喷油器体外壳，并洗净配合平面，将清洗干净的针阀与针阀体装合放在喷油器体的平面上，必须使针阀柄部准确地装入顶杆孔中，装上针阀偶件护帽并旋紧，装上油管接头和螺母等其他零件。

应当注意是：对于一些起密封作用的紫铜垫圈，应予以更新。如果继续要使用旧件时，应将紫铜垫圈退火软化并将两面磨平后再装入，否则密封作用不良，容易漏油。

4. 喷油器的故障与排除

喷油器的故障与排除方法见表4-2。

喷油器的故障与排除　　表4-2

故障现象	原　因	排除方法	柴油机可能发生的情况
喷油很少或喷不出油	1. 油路有空气 2. 喷油孔不畅通 3. 针阀卡滞 4. 针阀和针阀体间隙太松 5. 调压弹簧变形 6. 油路漏油严重 7. 喷油泵供油不正常 8. 滤清器堵塞	1. 放气 2. 清理喷孔 3. 修理或更换 4. 更换 5. 更换弹簧 6. 拧紧油管接头或更换零件 7. 排除故障 8. 拆洗或更换滤芯	起动困难、动力不足

续上表

故障现象	原　因	排除方法	柴油机可能发生的情况
喷油压力太低	1. 调压螺钉松 2. 调压弹簧压力减退	1. 调整压力 2. 更换	起动困难、排气冒黑烟、动力不足、油耗增加
喷油压力太高	1. 调压弹簧压力太高 2. 针阀卡滞	1. 调整压力 2. 修理或更换	动力不足
针阀偶件漏油严重	1. 调压弹簧折断 2. 针阀偶件密封面损坏 3. 针阀卡滞	1. 更换 2. 更换 3. 修理或更换	排气冒黑烟、油耗增大
喷油雾化不良	喷孔周围积炭太多	修理	动力不足、油耗增加、排气冒黑烟
喷油角度扩大	喷孔口积炭	修理	油耗增加、工作不稳定、排气冒黑烟、发动机过热
喷油成线	1. 喷孔损坏 2. 针阀体锥面磨损 3. 针阀卡滞	1. 更换 2. 更换 3. 清理或更换	动力不足、排气冒黑烟、油耗增加

课题六　柴油机燃油供给系统的辅助装置

一、输油泵

输油泵的功用是保证有足够数量的柴油自燃油箱输送到喷油泵，并维持一定的供油压力，以克服管路及燃油滤清器阻力，使柴油在低压管路中循环。输油泵的输油量一般为柴油机全负荷需要量的 3 ~4 倍。

输油泵有膜片式、滑片式、活塞式及齿轮式等几种形式。膜片式和滑片式输油泵分别作为分配式喷油泵的一级和二级输油泵，而活塞式输油泵则与柱塞式喷油泵配套使用。

1. 活塞式输油泵结构

活塞式输油泵安装在柱塞式喷油泵的侧面，并由喷油泵凸轮轴上的偏心轮驱动。其结构如图 4-44 所示，图 3-45 为其工作原理示意图。

2. 活塞式输油泵的工作原理

当喷油泵凸轮轴(图 4-45)转动时，在偏心轮和活塞弹簧的共同作用下，输油泵活塞在输油泵体内作往复运动。当输油泵活塞在活塞弹簧的作用下向上运动时，*A* 腔容积增大，产生真空，进油单向阀开启，柴油经进油口被吸入 *A* 腔。与此同时，*B* 腔容积缩小，其中的柴油压力增高，出油单向阀关闭，*B* 腔中的柴油经出油口被压出，送往燃油滤清器。当偏心轮推动滚轮、挺柱和推杆，使输油泵活塞向下运动时，*A* 腔油压增高，进油单向阀关闭，出油单向阀开启，柴油从 *A* 腔流入 *B* 腔。

若喷油泵用油量减少，或燃油滤清器阻力过大，则使 *B* 腔油压增高。当活塞弹簧的弹力

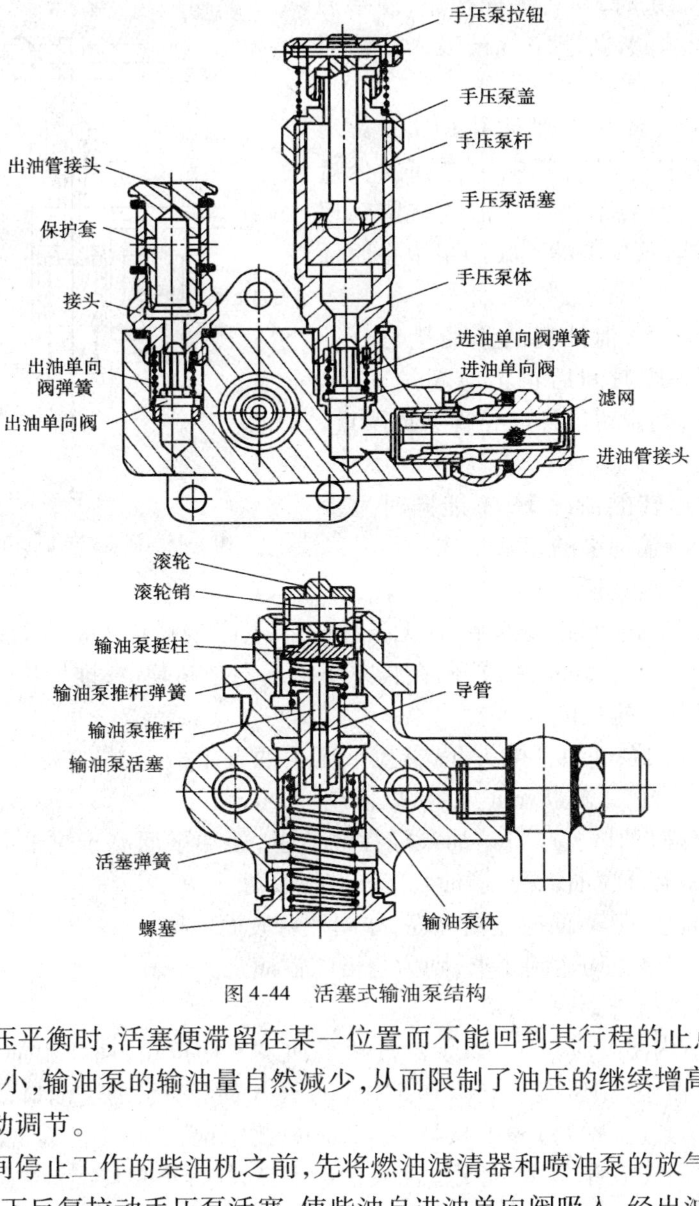

图 4-44　活塞式输油泵结构

恰好与 B 腔的油压平衡时，活塞便滞留在某一位置而不能回到其行程的止点处。在这种情况下，活塞的行程减小，输油泵的输油量自然减少，从而限制了油压的继续增高，即实现了输油量与供油压力的自动调节。

在起动长时间停止工作的柴油机之前，先将燃油滤清器和喷油泵的放气螺钉拧松，再将手压泵拉钮旋出，上下反复拉动手压泵活塞，使柴油自进油单向阀吸入，经出油单向阀压出，并充满柴油滤清器和喷油泵的低压腔，将其中的空气驱除干净。拧紧放气螺钉，并将手压泵拉钮拧紧在泵体上，然后再行起动发动机。

手压泵活塞与手压泵体、输油泵活塞与输油泵体以及推杆与导管等偶件，都经过选配研磨，达到较精密的配合，使用中需更换时要成对进行。

3. 活塞式输油泵的使用与维护

1)活塞式输油泵使用注意事项

(1)安装时，输油泵体与喷油泵体连接处纸垫的厚度要符合要求，纸垫不能过厚，否则，减少活塞行程，会使输油泵供油量不足。

(2)当不用手油泵时,应将手柄拧紧,使手油泵上的阀面压橡胶垫圈,防止空气被吸入油路而产生"气阻"。

(3)活塞式输油泵开有泄油孔(图中未示出),目的是使从推杆与导管间隙中渗漏的少量柴油排出来。因此,注意不要使泄油孔有堵塞现象,否则,柴油会顺着顶杆渗漏到喷油泵中去而稀释润滑油。

(4)在正常情况下,泄油孔的滴油量每分钟应小于3滴,使用一段时间后也不应超过6滴。如果滴油数量增加,则说明推杆与导管磨损严重,应及时修理或更换。

(5)在柴油机运转的情况下,不能同时用手油泵泵油,否则,影响输油泵的正常工作。

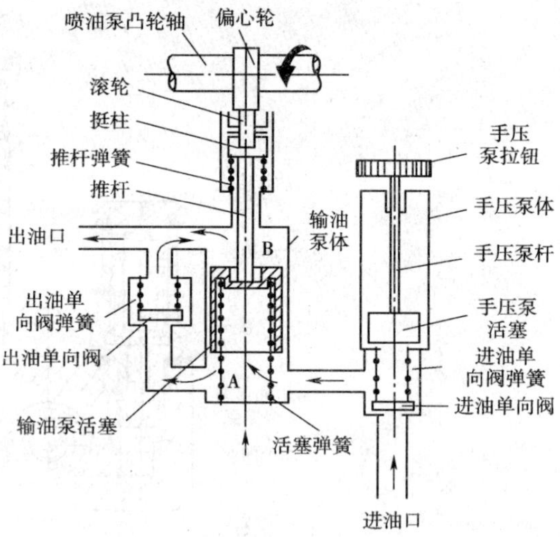

图4-45 活塞式输油泵工作原理示意图

2)输油泵简易试验判断

选购或修后装复的活塞式输油泵,在无条件的情况下,应做以下检查与试验:

(1)将推杆拉出10~15mm后放开,在真空作用下会自动复位;推杆压入后放开能弹回原位,压动时,应有吸气和排气的响声。

(2)用手掌堵住油泵进油管接头孔,上拉下压手油泵手柄,如果掌心感到有较大吸力时,说明手油泵密封性良好,工作状态正常,可以使用。

(3)在油盆内作吸油试验。将输油泵浸在油盆里,使油平面高于进油孔大拇指使劲堵住出油口,但压不住而向外喷油,说明输油泵工作状态良好。

(4)抽出推杆检查,其表面应光洁乌亮,如同柱塞表面一样。

以上4项试验与检查均达到要求,则为合格的输油泵。

3)输油泵密封性检查

检查试验时,室内温度应在5℃以上。拧紧手油泵手柄按钮,堵住出油口,把输油泵浸在盛有清洁柴油的容器中,用压缩空气以0.5MPa的压力灌入油泵的进油口,20s后,观察进、出油接头处,活塞弹簧紧座(螺塞)和手泵等结合面的密封情况,要求不能有气泡产生。

若有很多较大的气泡冒出,则说明输油泵密封不良,应拆下检修漏油之处。顶杆偶件允许有小量细小的气泡溢出。

4)输油泵的工作情况的就机检查

(1)先将油泵手柄拧紧,松开喷油泵的放气螺塞,然后用起动机带动柴油机运转,当观察到放气螺塞处有柴油喷出,说明输油泵工作正常;若没有柴油喷出或喷油不畅,则说明输油泵工作不正常。

(2)在用手油泵泵油时,感到阻力不大,将柴油滤清器进油管接头拆下,继续泵油检查,仍感到阻力不大,且柴油滤清器进油管孔中不流油或流油不畅。但将输油泵进油管接头拆下,如观察到有柴油流畅,可判断为输油泵的进、出油阀密封不严和弹簧折断。可再拆下输油泵仔细检查。

5)活塞式输油泵常见故障与排除

输油泵经长期使用,会出现输油量不足或泵不出油故障,从而影响喷油泵的正常工作。故障原因及排除方法见表4-3。

输油泵供油不足或泵不出油的原因及排除　　表4-3

产生故障的可能原因	检修和排除方法
进油管接头内小滤网堵塞	拆下后,用柴油清洗小滤网
输油泵各接头处进气、漏油。手压泵油缸或出油管接头座与输油泵壳体密封垫圈、进出油转向管接头螺栓密封垫圈不严	更换该处的密封垫圈,使其密封良好,没有漏气或漏油
对于手压泵活塞下端有钢珠的,如手压泵手柄螺母在手压泵油缸盖上拧得不紧,或手压泵活塞杆在手压泵手柄螺母上铆得不牢,也会引起进气、漏油	当不使用手压泵时,要把手压泵手柄螺母拧紧更换损坏的零件
活塞弹簧螺塞与输油泵壳体密封垫圈不严	更换该处的密封垫圈,并将螺塞旋紧
活塞弹簧折断,或活塞与泵壳体磨损严重,间隙过大,或拉伤有沟痕,内漏损失过多	更换活塞及弹簧,修复泵体内孔,消除沟痕
推杆与推杆孔磨损而漏油;推杆卡死在导向孔内,不能上下运动	更换磨损严重的零件;清洗、修复推杆及导向孔,保证推杆在导向孔内上下运动自如
进油阀(或出油阀)与壳体间隙过小,使柴油吸入(压出)不畅	增大进油阀(或出油阀)与壳体的配合间隙
进、出油阀与阀座磨损或损坏,或其间被机械杂质垫起,使进油阀(或出油阀)密封不严,或阀弹簧弹力减弱并圈甚至折断	磨损轻微时,可将阀与座互研修复;磨损严重时,则用端面铣刀将座铣平,换新阀,然后互研。更换阀弹簧,清洗阀与座之间的杂质
手压泵密封不严,导致空气进入,影响吸油效果	卸下手压泵,更换密封垫圈
输油泵挺柱磨损过度,滚轮和偏心轮磨损,造成低速进供油量不足	更换挺柱、滚轮,或在挺柱与推杆、弹簧之间增加一个适合的垫片:或减少输油泵与喷油泵连接处纸垫
输油泵与喷油泵连接处若纸垫过厚,会造成与输油泵挺柱磨损时同样的故障,致使泵油不足	减少输油泵与喷油泵连接处纸垫的厚度

二、燃油滤清器

燃油的清洁程度对燃油系统,尤其是对喷油泵和喷油器中精密偶件的工作可靠性和使用寿命有很大影响。柴油在运输和贮存过程中,不可避免地会混入灰尘、水分和金属容器表面的锈蚀等杂质。长期贮存之后,柴油还可能氧化变质而结焦。

燃油滤清器的功用是滤除柴油中的任何杂质。对滤清器的基本要求是阻力小,寿命长,过滤效率高。

现代柴油机多采用纸质滤芯滤清器,其结构如图4-46所示。来自输油泵的柴油经进油口进入滤清器壳体与纸质滤芯之间的空隙,然后经过滤芯过滤之后,由中心杆经出油口流出。在滤清器盖上设有限压阀,当油压超过0.1~0.15MPa时,限压阀开启,多余的柴油自进油口经限压阀直接返回燃油箱。在采用纸质滤芯的滤清器中，滤芯表面能过滤 1～3μm 的杂质。现有的纸质滤芯的使用寿命约为 400h。纸质滤芯具有质量轻、体积小、成本低、滤清效果好等优点，应用较为广泛。

在较重型的柴油机上，经常装置粗、精两级滤清器。当两级滤清器串联使用时，粗滤器采用毛毡等纤维滤芯，精滤器仍用纸滤芯。毛毡滤芯可滤除粒度为 5～10μm 的杂质。毛毡具有一定的机械强度和弹性，堵塞以后可清洗再用。

三、油水分离器

为了除去柴油中的水分，在一些柴油机上，于燃油箱和输油泵之间装设油水分离器。

油水分离器（图 4-47）由手压膜片泵、液面传感器、浮子、分离器壳体和分离器盖等组成。

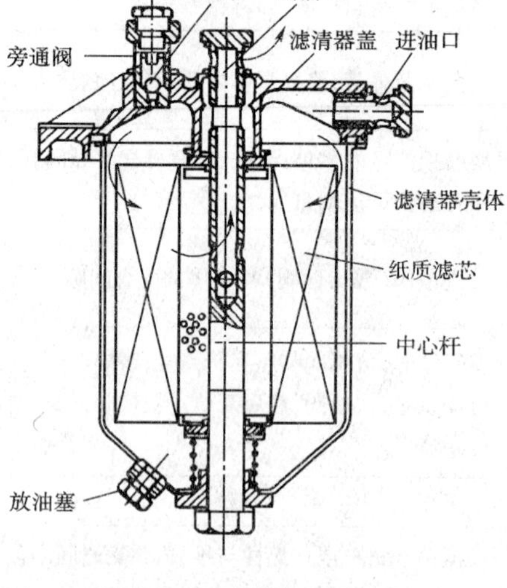

图 4-46　纸质滤芯柴油滤清器

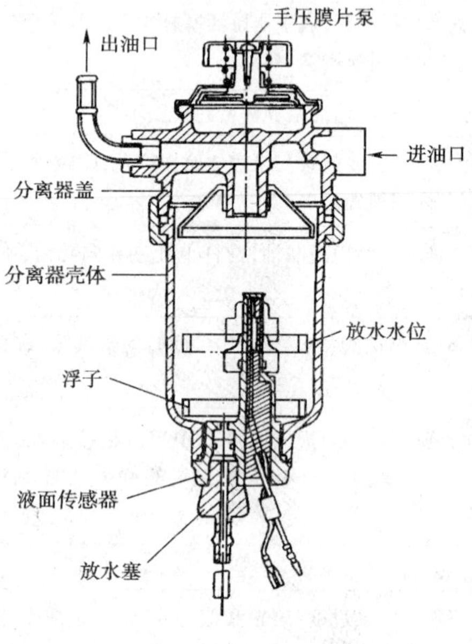

图 4-47　油水分离器

来自燃油箱的柴油经进油口进入油水分离器，并经出油口流出。柴油中的水分在分离器内从柴油中分离出来并沉积在壳体的底部。浮子随着积水的增多而上浮。当浮子到达规定的放水水位时，液面传感器将电路接通，仪表板上的报警灯发出放水信号，这时机驾人员应拧松放水螺塞放水。手压膜片泵供放水和排气使用。

课题七　分配式喷油泵

分配式喷油泵简称分配泵，有径向压缩式和轴向压缩式两大类。分配泵与柱塞式喷油泵相比，有许多特点：

（1）结构简单、零件少、体积小、质量也小，使用中故障少，容易维修。

（2）精密偶件加工精度高，供油均匀性好，因此不需要进行各缸供油量和供油定时的调节。

（3）运动件靠喷油泵体内的柴油进行润滑和冷却，因此，对柴油的清洁度要求很高。

(4)分配泵凸轮的升程小,有利于提高柴油机转速。

Bosch 公司生产的燃油分配泵包括 VA 和 VE 型两种(V 取自德文 Verteiler,其含义为分配泵;第二个字母 A 或 E 用于指代型号),本课题以 VE 型分配泵为例简述其结构与工作原理。这里的 VE 泵是轴向压缩分配泵,在小缸径柴油机上得到了广泛应用。

一、VE 型分配泵结构

此种泵主要由驱动机构、第二级滑片式输油泵、高压泵头,供油提前角自动调节机构和调速器等组成。

装有轴向压缩式分配泵的柴油供给系统如图 4-48 所示。图中驱动轴 28 由柴油曲轴正时齿轮驱动。驱动轴带动二级滑片式输油泵 3 工作,并通过调速器驱动齿轮 4 带动调速器旋转。在驱动轴的右端通过联轴器 29(图 4-50)与凸轮盘 6 连接,利用凸轮盘上的传动销带动分配柱塞 10。柱塞弹簧 8 将分配柱塞压紧在凸轮盘上,并使凸轮盘压紧滚轮(图 4-49、图 4-50)。滚轮轴嵌入静止不动的滚轮架上,当驱动轴 28 旋转时,凸轮盘与分配柱塞同步旋转,而且在滚轮、凸轮盘和柱塞弹簧的共同作用下,凸轮盘还带动分配柱塞 10 在柱塞套 30 内作往复运动。往复运动使柴油增压,旋转运动进行柴油分配。

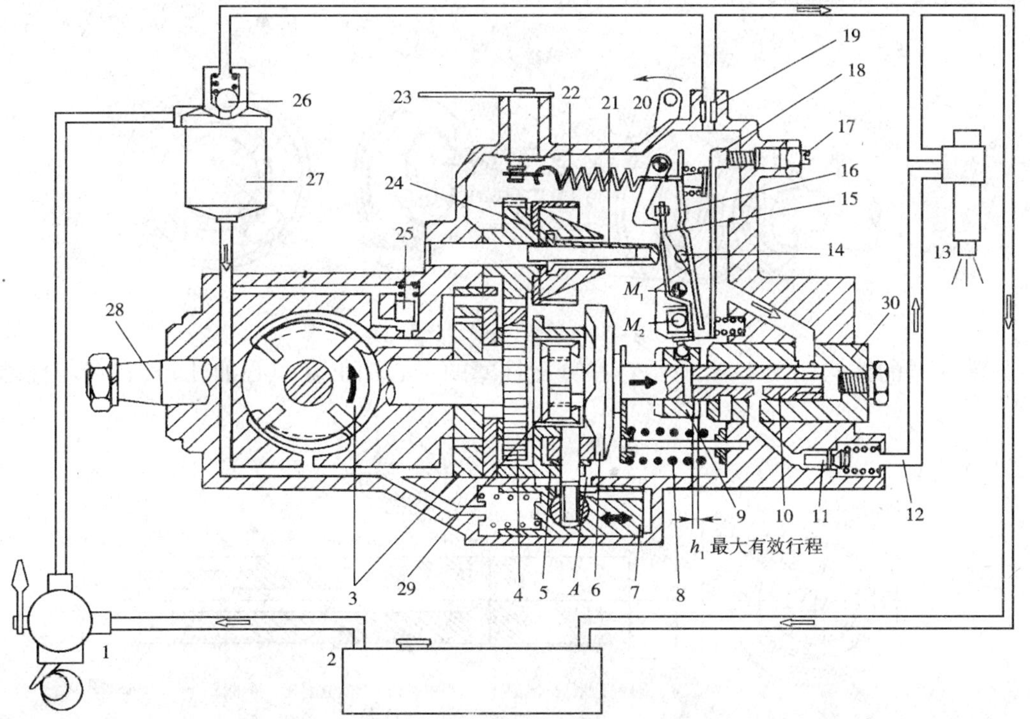

图 4-48 装有轴向压缩式分配泵的柴油供给系

1-膜片式输油泵;2-燃油箱;3-叶片式输油泵;4-调速器驱动齿轮;5-滚轮机构;6-凸轮盘;7-供油提前角自动调节油缸;8-柱塞弹簧;9-油量调节套筒;10-分配柱塞;11-出油阀总成;12-油管;13-喷油器;14-张力杠杆限位销钉;15-起动杠杆;16-张力杠杆;17-最大供油量调节螺钉;18-预调杠杆;19-溢流节流孔;20-停车操纵杆;21-滑动套筒;22-调速弹簧;23-调速手柄;24-飞锤;25-调压阀;26-溢流阀;27-燃油精滤器;28-分配泵驱动轴;29-联轴器;30-柱塞套(分配套筒);M_1-预调杠杆轴;M_2-起动杠杆轴

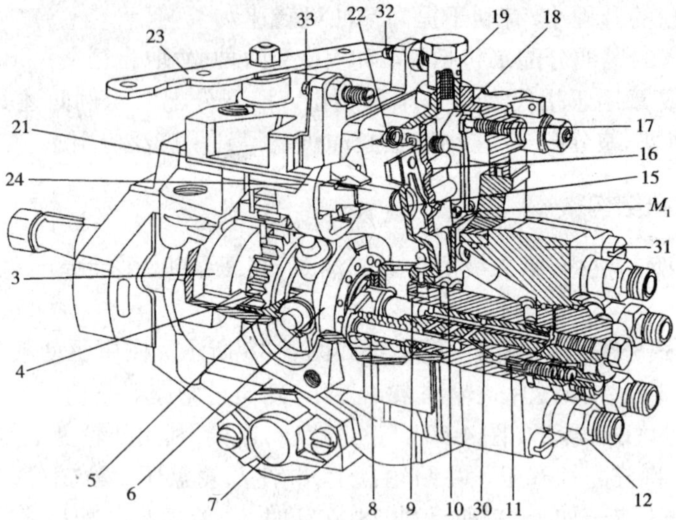

图4-49 轴向压缩式分配泵结构图

12-出油阀压紧座;31-高压泵头;32-怠速调节螺钉;33-高速调节螺钉(其他图注同图4-48)

凸轮盘上平面凸轮的数目与柴油机汽缸数相同。

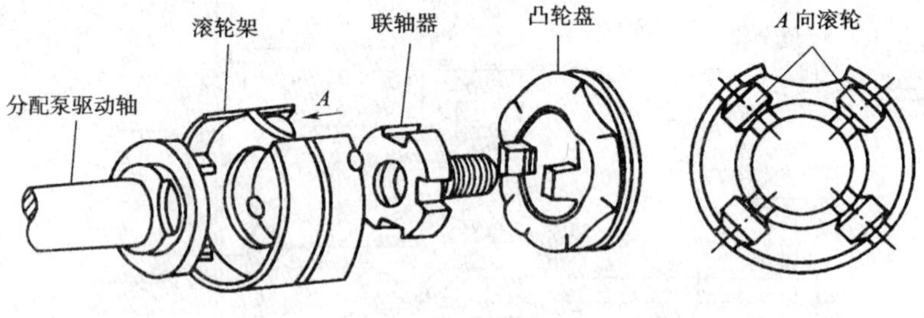

图4-50 滚轮、联轴器及凸轮盘

分配柱塞的结构如图4-51所示。在分配柱塞的中心加工有中心油孔,其右端与柱塞腔相

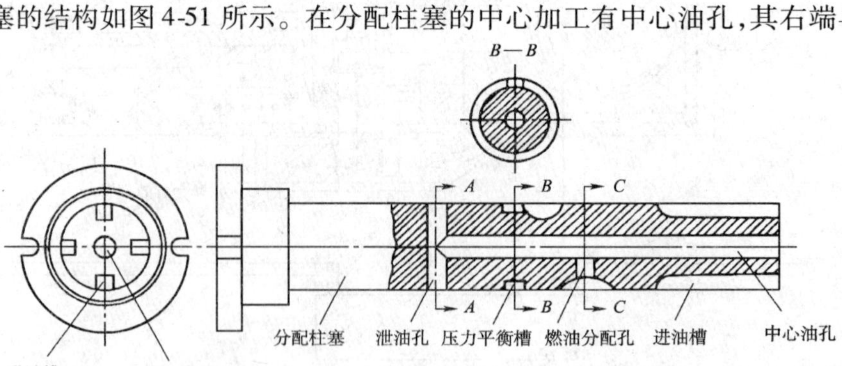

图4-51 分配柱塞

通,而左端与泄油孔相通。分配柱塞上还加工有燃油分配孔、压力平衡槽和数目与汽缸数相同的进油槽。

二、工作原理

VE 型分配泵的工作过程如图 4-52 所示。

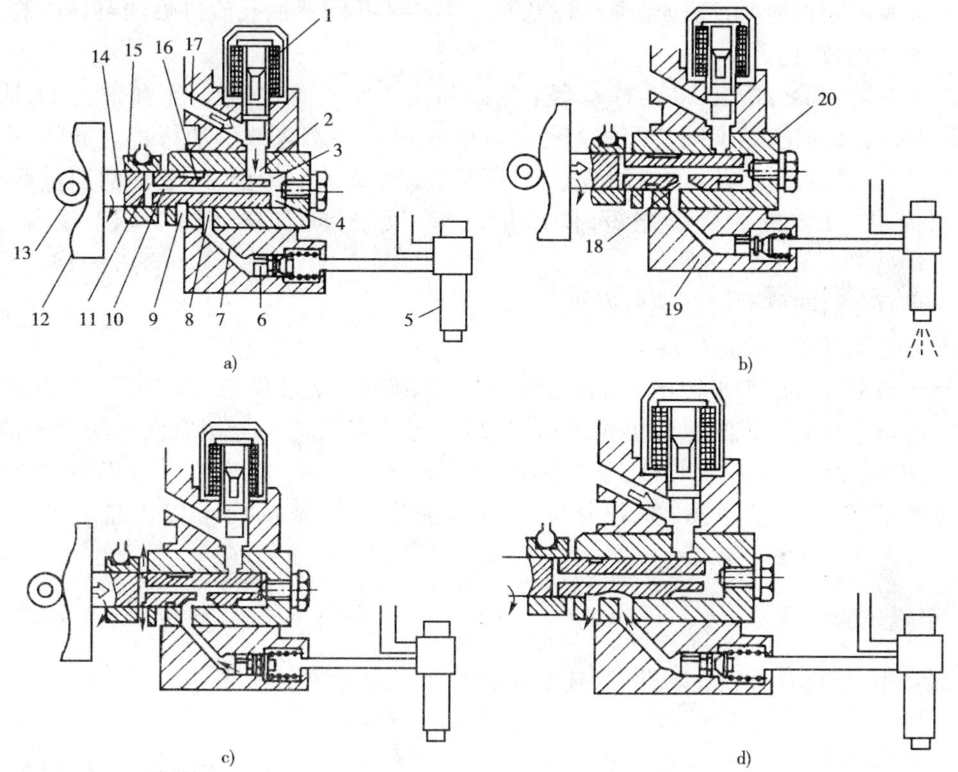

图 4-52 VE 型分配泵的工作过程

a)进油过程;b)泵油过程;c)停油过程;d)压力平衡过程

1-断油阀;2-进油孔;3-进油槽;4-柱塞腔;5-喷油器;6-出油阀;7-分配油道;8-出油孔;9-压力平衡孔;10-中心油孔;11-泄油孔;12-(平面)凸轮盘;13-滚轮;14-分配柱塞;15-油量调节套筒;16-压力平衡槽;17-进油道;18-燃油分配孔;19-喷油泵体;20-柱塞套

1. 进油过程(图 4-52a)

当平面凸轮盘 12 的凹下部分转至与滚轮 13 接触时,柱塞弹簧将分配柱塞 14 由右向左推移至柱塞下止点位置,这时分配柱塞上的进油槽 3 与柱塞套 20 上的进油孔 2 连通,柴油自喷油泵体 19 的内腔经进油道 17 进入柱塞腔 4 和中心油孔 10 内。

2. 泵油过程(图 4-52b)

当平面凸轮盘由凹下部分转至凸起部分与滚轮接触时,分配柱 VE 型分配柱塞在凸轮盘的推动下由左向右移动。在进油槽转过进油孔的同时,分配柱塞将进油孔封闭,这时柱塞腔 4 内的柴油开始增压。与此同时,分配柱塞上的燃油分配孔 18 转至与柱塞套上的一个出油孔 8

相通，高压柴油从柱塞腔经中心油孔、燃油分配孔、出油孔进入分配油道7，再经出油阀6和喷油器5喷入燃烧室。

平面凸轮盘每转一周，分配柱塞上的燃油分配孔依次与各缸分配油道接通一次，即向柴油机各缸喷油器供油一次。

3. 停油过程(图4-52c)

分配柱塞在平面凸轮盘的推动下继续右移，当柱塞上的泄油孔11移出油量调节套筒15并与喷油泵体内腔相通时，高压柴油从柱塞腔经中心油孔和泄油孔流进喷油泵体内腔，柴油压力立即下降，供油停止。

从柱塞上的燃油分配孔18与柱塞套上的出油孔8相通的时刻起，至泄油孔11移出油量调节套筒15的时刻止，这期间分配柱塞所移动的距离为柱塞有效供油行程。显然，有效供油行程越大，供油量越多。移动油量调节套筒即可改变有效供油行程，向左移动油量调节套筒，停油时刻提早，有效供油行程缩短，供油量减少；反之，向右移动油量调节套筒，供油量增加。

油量调节套筒的移动由调速器操纵。

4. 压力平衡过程(图4-52d)

分配柱塞上设有压力平衡槽16，在分配柱塞旋转和移动过程中，压力平衡槽始终与喷油泵体内腔相通。在某一汽缸供油停止之后，且当压力平衡槽转至与相应汽缸的分配油道连通时，分配油道与喷油泵体内腔相通，于是两处的油压趋于平衡。在塞旋转过程中，压力平衡槽与各缸分配油道逐个相通，致使各分配油道内的压力均衡从而可以保证各缸供油的均匀性。

三、电磁式断油阀

VE型分配泵装有电磁式断油阀，其电路和工作原理如图4-53所示。

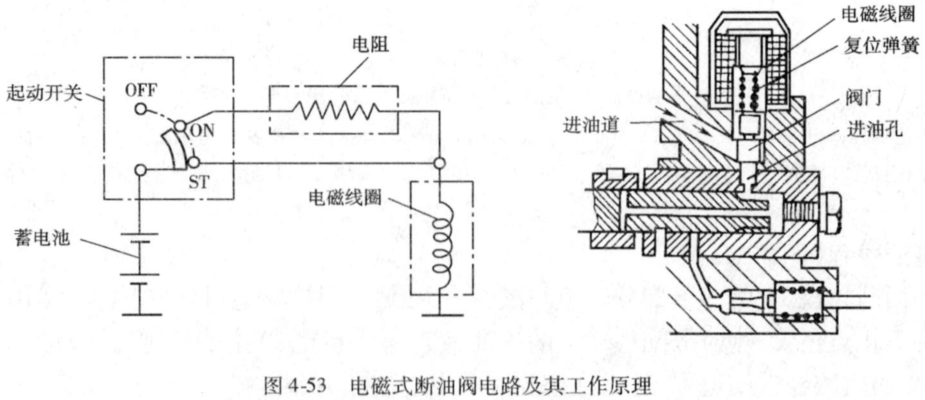

图4-53　电磁式断油阀电路及其工作原理

起动时，将起动开关旋至ST位置，这时来自蓄电池的电流直接流过电磁线圈，产生的电磁力压缩复位弹簧，将阀门吸起，进油孔开启。

柴油机起动之后，将起动开关旋至ON位置，这时电流经电阻流过电磁线圈，电流减小，电磁吸力相应减小，但由于有油压的作用，阀门仍然保持开启。

当柴油机停机时,将起动开关旋至 OFF 位置,这时电路断开,阀门在复位弹簧的作用下关闭,从而切断油路,停止供油。

四、液压式供油提前器

在 VE 型分配式喷油泵体的下部安装有液压式供油提前器,其结构如图 4-54 所示。

在喷油提前器壳体内装有活塞,活塞左端与二级滑片式输油泵的入口相通,并有弹簧压在活塞上。活塞右端与喷油泵体内腔相通,其压力等于二级滑片式输油泵的出口压力。当柴油机在某一转速下稳定运转时,作用在活塞左、右端的力相等,活塞处于某一平衡位置。若柴油机转速升高,二级滑片式输油泵的出口压力增大,作用于活塞右端的力随之增加,推动活塞向左移动,并通过连接销和传力销带动滚轮架绕其轴线转动一定的角度,直至活塞两端的力重新达到平衡为止。滚轮架的转动方向与平面凸轮盘的旋转方向正好相反,使平面凸轮提前一定角度与滚轮接触,供油相应提前,即供油提前角增大。反之,若柴油机转速降低,则二级滑片式输油泵的出口压力也随之降低,作用于活塞右端的力减小,活塞向右移动,并带动滚轮架向着平面凸轮盘旋转的同一方向转过一定的角度,使供油提前角减小。

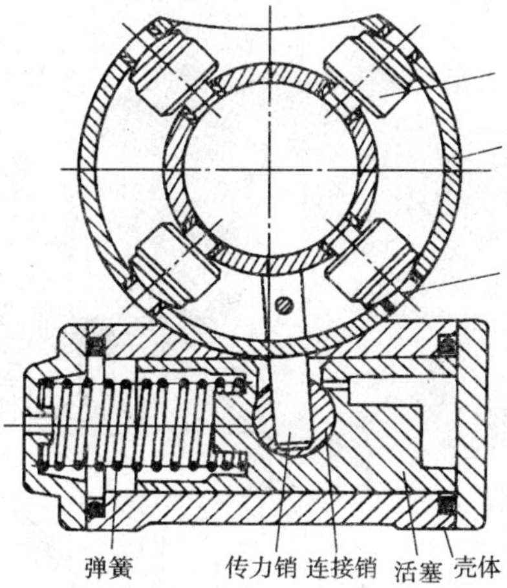

图 4-54　液压式供油提前器

五、增压补偿器

在有些柴油机的 VE 泵泵体的上部装有增压补偿器(图 4-55),其作用是根据增压压力的大小,自动加大或减少各缸的供油量,以提高发动机的功率和燃料经济性,并减少有害气体的产生。

用橡胶制成的膜片固定于补偿器下体和补偿器盖之间。膜片把补偿器分成上、下两腔。上腔由管路连接与进气管相通,进气管中由废气涡轮增压器所形成的空气压力作用在膜片上表面。下腔经通气孔与大气相通,补偿器弹簧向上的弹力作用在膜片下支承板上。膜片与补偿器阀芯相固连,阀芯下部有一上小下大的锥形体。补偿杠杆上端的悬臂体与锥形体相靠,补偿杠杆下端抵靠在张力杠杆上。补偿杠杆可绕销轴转动。

当进气管中增压压力升高时,补偿器上腔压力大于弹簧的弹力,使膜片连同阀芯向下运动。补偿器下腔的空气经通气孔逸入大气中,与阀芯锥形体相接触的补偿杠杆绕销轴顺时针转动,张力杠杆在调速弹簧的作用下绕其转轴逆时针方向摆动,从而拨动油量调节套筒右移,使供油量适当增加,发动机功率加大。反之,发动机功率相应减小。

上述供油量补偿过程是根据进气管中增压压力的大小而自动进行的。它避免了柴油发动机在低速运转时,因增压压力低,空气量不足而造成的燃烧不充分,燃料经济性下降及产生有害排放物的弊端。同时使发动机在高速运转时可获得较大功率并提高燃料经济性。

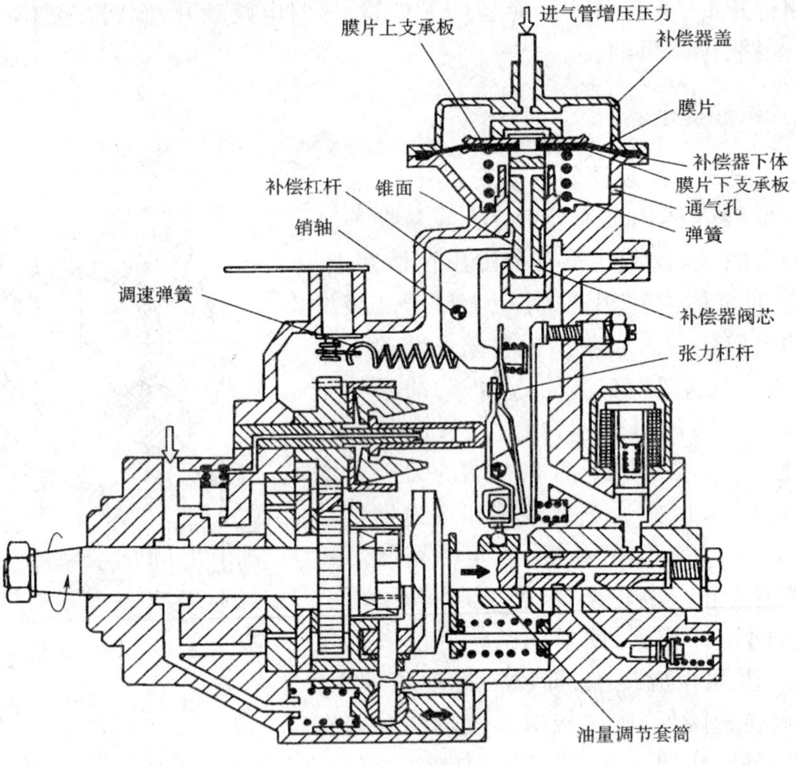

图 4-55　增压补偿器

课题八　PT 燃油系统

PT 供油系统是利用压力(Pressure)—时间(Time)原理来调节循环喷油量的供油装置。

从流体力学知识知道,通过某一截面的液体流量与截面面积、截面两侧的压力差、液体流过截面的时间成正比。在截面面积不变的情况下,可以通过改变压力和时间来改变流过某截面的液体流量。

1919 年克莱西·康明斯(Clesse Cummins)创建的美国康明斯内燃机公司于 1954 年创造性地在其生产的 NT、KT、NH 等系列柴油机上,装用了独特的 PT 燃油系统,极大地改善了柴油机的动力性和经济性。因此,PT 泵系统广泛地应用于工程机械及重型汽车上。

一、PT 泵的特点

PT 泵的结构和工作原理与传统的柱塞泵系统和泵喷油器系统都不同,PT 泵系统有以下特点:

(1)柱塞式喷油泵供油装置中,柴油高压的建立、定时供给与油量调节等都在喷油泵中进行,喷油器控制油压的高低。而 PT 系统中,低压油的油压建立与油量调节是在燃油泵中进行。柴油高压的建立、计量和喷射由喷油器完成。

(2)PT 供油装置中的喷油泵是一个低压输油泵,取消了高压油管,避免了油压脉冲现象对喷油特性的影响，使各缸喷油量均匀稳定。

（3）喷油压力可高达100MPa，喷孔直径很小（0.18mm），有利于柴油雾化，着火落后期短，柴油机工作柔和，燃烧比较完全，排气烟色好，使柴油机具有良好的动力性和经济性。

（4）进入喷油器的柴油只有20%喷入燃烧室，余下的柴油对喷油器进行冷却后流回油箱，这有利于提高喷油器的工作可靠性及使用寿命。

（5）利用断油阀关闭油路，切断柴油的流动，使柴油机停止操作简单。

（6）喷油正时由喷油器凸轮控制柱塞的下行时间而定。

（7）零件数目少，结构紧凑，维修、调整简单。

二、PT系统的组成

PT泵系统组成如图4-56所示。它主要由主油箱、浮子油箱、滤油器、PT泵、喷油器等组成。

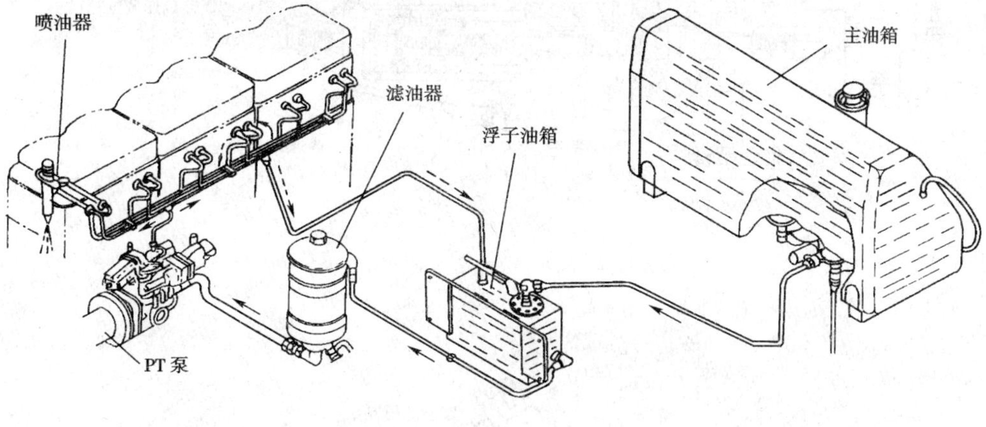

图4-56　PT泵系统组成

三、PT泵

图4-57为PT泵的结构剖面图。

PT泵的主要功用是根据柴油机不同工况的要求，将燃油从油箱吸来后，以适当的压力（低压）和流量输送给喷油器。它主要由齿轮泵、PTG调速器、节流阀、MVS调速器以及断流阀等5个部分组成。

柴油机动力输入PT泵主轴后，再由主轴驱动齿轮泵和PTG调速器。

图4-58为PT泵的油路示意图。

齿轮泵从燃油箱，经滤油器吸入燃油，将油压提高后，经脉动减振器消除油压的脉动，再送到柴油滤清器进一步过滤。进入柴油滤清器中的燃油，一部分经滤油器的下网过滤后输入PTG调速器；另一部分经滤油器的上网过滤后输入MVS调速器柱塞左端的空腔内。进入PTG调速器的燃油，一部分经节流阀或怠速油道流入MVS调速器柱塞的环槽内，再经断流阀输送到喷油器；另一部分自柱塞内的轴向油道经柱塞右端的缝隙Δ流回齿轮泵入口处。

1. 齿轮泵和脉动减振器

齿轮泵主要用来向整个燃油系统输送压力油。为消除油压的脉动，在齿轮泵的出口处设

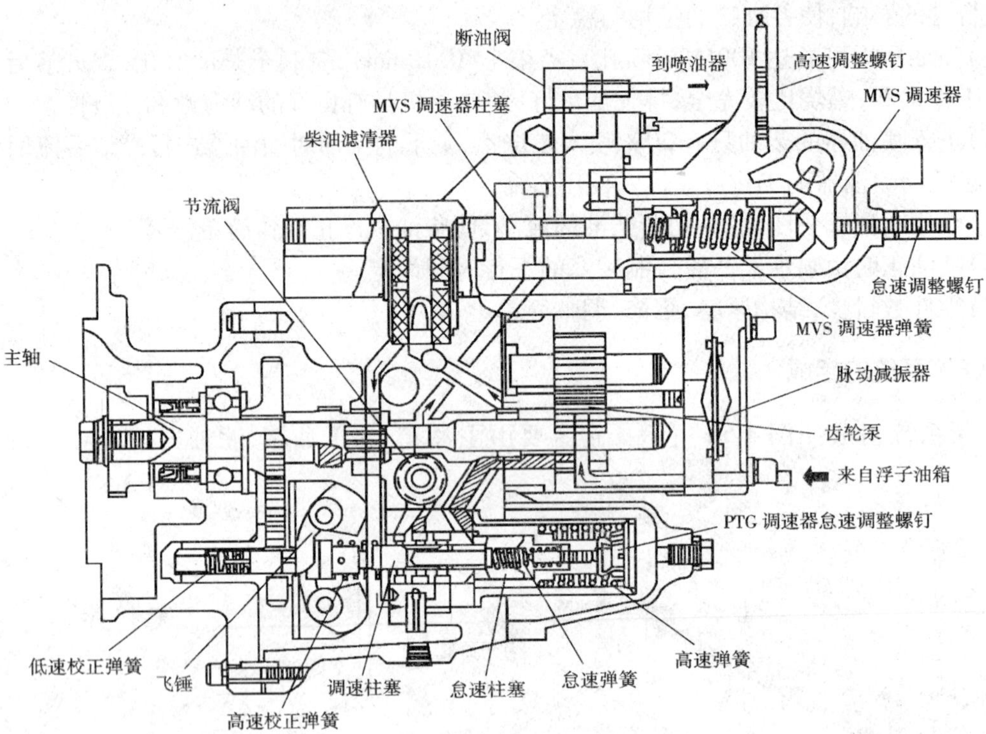

图 4-57　PT 泵的结构剖面图

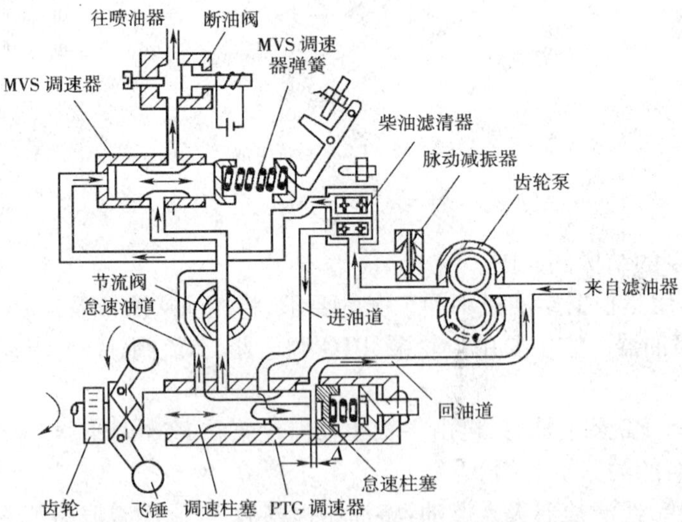

图 4-58　PT 泵油路示意图

有脉动减振器。脉动油压作用在减振器空气室钢质膜片上，借气室中空气的弹性，对脉动油压起缓冲作用，使油压稳定、油流平顺。

2. PTG 调速器

PTG 调速器是一种机械离心式两级调速器（图 4-59）。其主要由高速弹簧、怠速弹簧、怠速柱塞、调速柱塞、飞块(锤)、低速校正柱塞和低速校正弹簧等零件组成。其中调速柱塞可在调速套筒中旋转并做轴向移动,其右端受怠速柱塞与调速柱塞之间油压的作用,左端受飞块离心力的轴向分力及高速校正弹簧的作用。

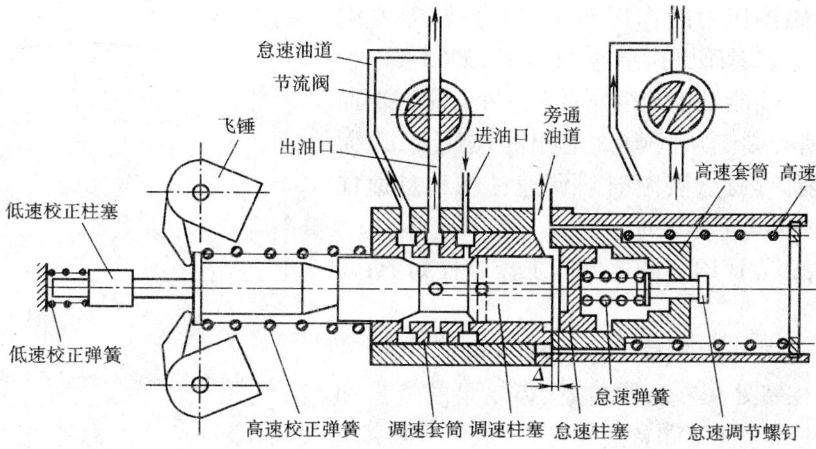

图 4-59 PTG 调速器

PTG 调速器不仅可以用来限制高速和稳定怠速,还可以随着柴油机转速的变化来自动调节供油压力,并校正柴油机的转矩特性。

当柴油机工作时,燃油从齿轮泵加压后,进入调速柱塞的内腔油道内。燃油的压力将调速柱塞和怠速柱塞向左右推开,使调速柱塞和怠速柱塞之间产生间隙 Δ。部分燃油经此间隙流回齿轮泵进油腔。除起动工况外都有一部分燃油经此间隙旁流。这旁流间隙处的压力实际上就取决于飞块离心力和调速弹簧的弹力。因为这时调速柱塞的左边受到飞块离心力产生的向右的轴向推力,与此同时,调速柱塞的右边受到燃油压力产生的向左的作用力;而怠速柱塞右边受到弹簧向左的弹力作用力,左边受到燃油压力产生的向右的作用力。

柴油机工作时,调速器柱塞所受到的推力,由间隙 Δ 处燃油压力 F_f 来平衡,而 F_f 由怠速柱塞弹簧弹力所平衡时,调速器柱塞和怠速柱塞处于平衡状态,调速柱塞的位置就稳定不变,柴油机就处于某个工况下稳定运转。

当柴油机转速升高时,飞块离心力 F 增大(图 4-60a),对调速柱塞的推力增加,瞬间大于间隙 Δ 处的燃油压力,调速柱塞向右移,同时压缩怠速弹簧和高速弹簧至弹力与增大了的柱塞推力平衡为止。此时旁流间隙 Δ 变小,即 $\Delta_2 < \Delta_1$,节流作用增加,使燃油压力增加,即使喷油压力 P 增加,所以使循环供油量不因转速升高(喷油时间 T 减少)而减少。

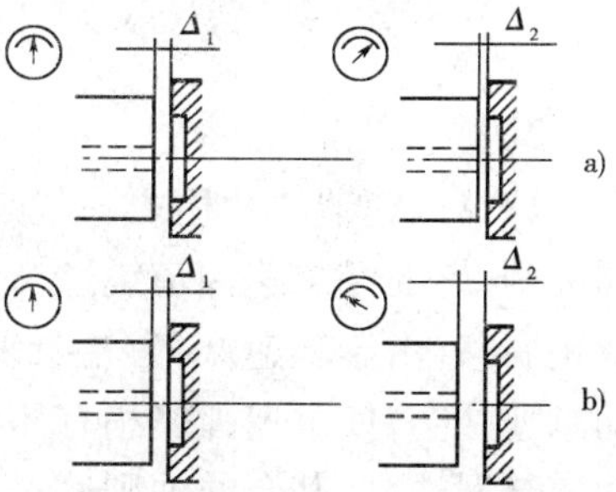

图 4-60 旁流间隙随转速的变化

反之,若发动机转速下降,则飞块离心力 F 减小,调速柱塞轴向推力减小,瞬间小于间隙处的燃油压力,调速柱塞和怠速柱塞向左移,怠速弹簧和高速弹簧伸长,弹力减小,调速柱塞和怠速柱塞之间的间隙 Δ 增大,即 $\Delta_2 > \Delta_1$,燃油压力减小,如图 4-60b)所示,从而使循环供油量不因转速下降(喷油时间 T 增加)而增加。

因此怠速柱塞的作用使燃油压力随柴油机转速变化而变化,如图4-61,起压力调节阀的作用,即柴油转速上升,推力加大,燃油压力亦增高,反之燃油压力下降。这就是PT燃油泵调节供油压力的作用原理。

调速柱塞上燃油压力的作用面积与怠速柱塞左端凹部面积大致相等。因而更换怠速 柱塞时,如凹部面积发生变化,则PT泵性能发生改变。此外,两个柱塞端面不允许损伤,否则会影响从间隙Δ泄出的燃油量,进而影响PT泵的性能。因此,装配时对调速柱塞和怠速柱塞要小心,不要碰伤其工作表面。

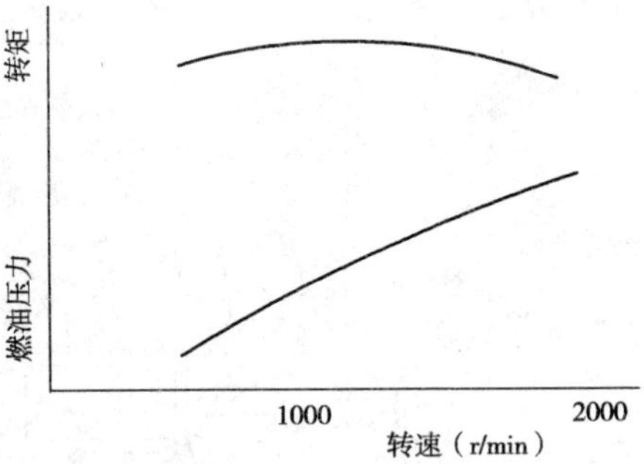

图4-61 转速与燃油压力的关系

柴油机各种工况下PTG调速器的工作过程如下:

1)起动工况

起动时,节流阀开度较大,由于转速很低(190~250r/min),调速柱塞处在左极限位置,齿轮泵的流量和压力极小,不能使调速柱塞和怠速柱塞分开,使旁通油道关闭,全部柴油经怠速油道和节流阀通道流往喷油器,如图4-62所示。

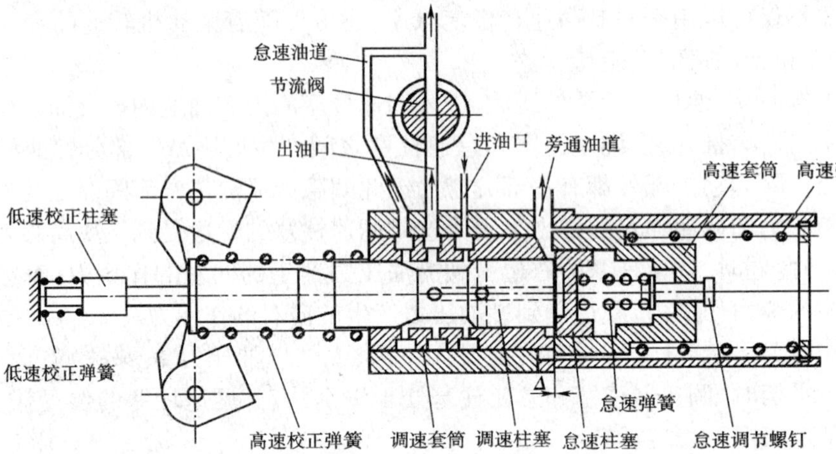

图4-62 起动工况

2)怠速工况

PTG调速器的功用之一就是能使柴油机保持稳定怠速。如图4-63所示,怠速时,将节流阀关闭,燃油经怠速油道绕过节流阀流往喷油器。具体过程是:当柴油机怠速转动时,调速柱塞稍右移,由于转速低,齿轮泵来的油压也低,压力油穿过调速柱塞的径向孔道、中心孔道,推动怠速柱塞,使怠速弹簧稍有压缩,从而使调速柱塞和怠速柱塞略有分开,少量的柴油从旁通油道流回油泵,其余的油则通过怠速油道流往喷油器。如果由于某种外界原因使柴油机转速下降,由于飞块离心力减小,调速柱塞因推力瞬时小于两个柱塞端面间的油压而左移,与此同时怠速弹簧便推动怠速柱塞也向左移动,于是怠速油道开度增加,柴油机转速相应升高,柴油机转速相应回升。反之,如果柴油机转速升高,调速柱塞右移,关小怠速油道,燃油量减少,柴油机转速下降,这样就保证了柴油机在怠速下稳定运转。

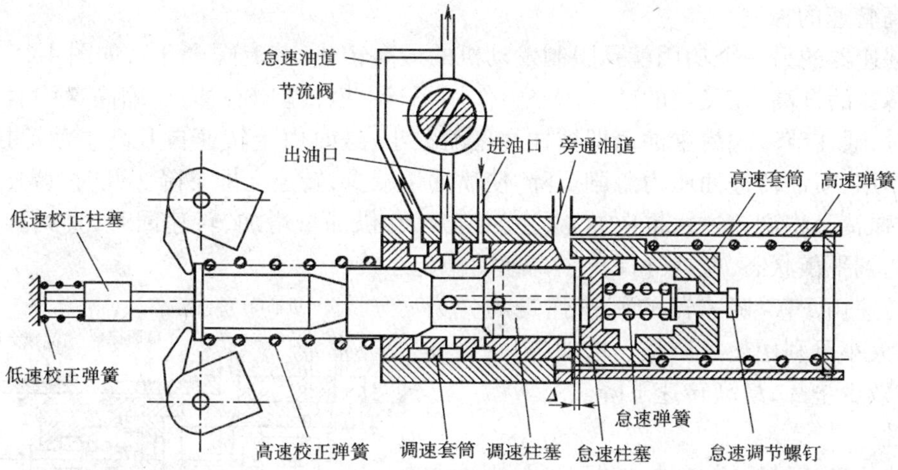

图 4-63　怠速工况

推压怠速柱塞的弹簧力是由怠速弹簧和高速弹簧两者弹力所组成。调速柱塞的位移取决于怠速弹簧的刚度。在怠速时,高速弹簧已伸长到自由状态,仅怠速弹簧起作用。因怠速弹簧刚度较小,飞块推力稍有改变就会使怠速柱塞有较大的位移,因此可使燃油量及时改变,转速波动就很小。卸下螺塞后,拧进或旋出怠速调节螺钉,就可以对怠速进行调整:拧进螺钉,怠速转速提高;拧出螺钉,怠速转速降低。

3)中速工况

如图 4-64 所示,柴油机在中速时,由驾驶员控制使节流阀开度增大,怠速弹簧受到较大的压缩,高速弹簧也开始受压缩,轴向推力使调速柱塞右移,关闭了怠速油道。此时,齿轮泵油压使调速柱塞和怠速柱塞分开,调速柱塞和怠速柱塞的间隙增大,从旁通油道回流的油量比怠速时稍有增加,其余的燃油则从主油道(出油口)、节流阀流向喷油器,流向喷油器的燃油流量和压力均比怠速时高。

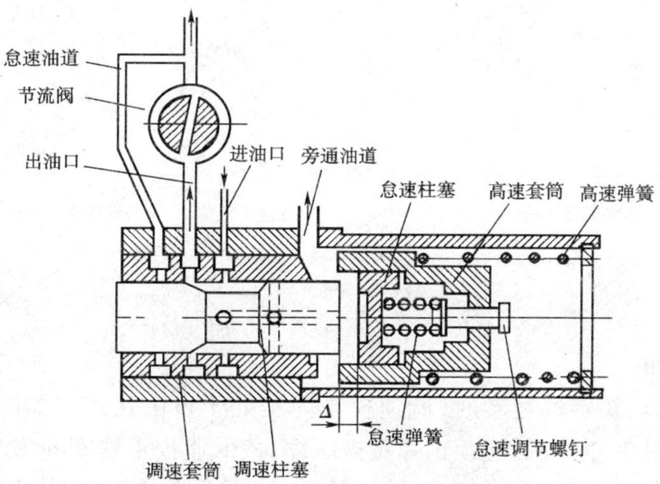

图 4-64　中速工况

4)最高转速的控制

PTG 调速器的另一个功用就是限制发动机的最高转速(节流阀全开),如图 4-65 所示。随着发动机转速的升高,在飞块的较大离心力作用下,调速柱塞向右移,压缩高速弹簧。在接近最高转速时,通往节流阀的主油道即被柱塞逐渐关小,这时由于转速再升高主油道接近关闭。由于节流作用,喷油器进油压力急剧下降,使喷油量减少,转速立即下降。此时,调速柱塞推力减弱,调速弹簧又将调速柱塞推向左移,主油道开大,供油量增加,转速回升,直到推力与弹簧力又重新达到平衡状态,就这样保持了高速的稳定运转。

最高转速由 PTG 调速器的调速弹簧的弹力所决定,其大小可利用垫片调整。增加垫片,最高转速升高;减少垫片,最高转速下降。

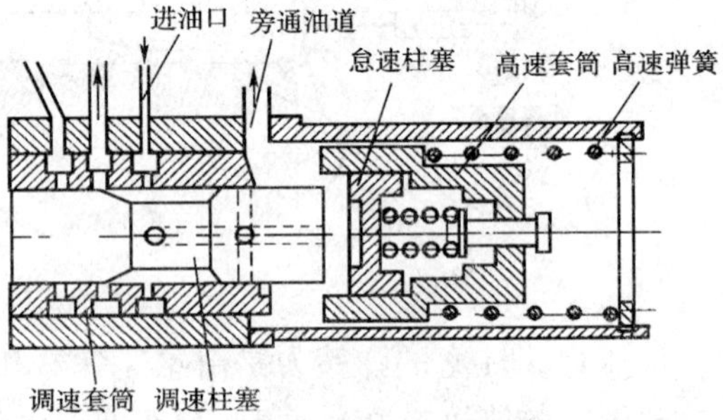

图 4-65　最高转速的控制

5)超速

在柴油机转速继续增高时,柱塞右移,压缩调速弹簧,当转速增高到额定转速时,调速柱塞移向极右端,柱塞将通往节流阀的油道关小。同时柱塞上的小孔露出,并对准旁通油道,使大量柴油旁通回齿轮泵进口处,因此通向 PT 喷油器的油压骤降,从而使喷油量及转速受到限制,使柴油机停车以防超速。

6)转矩校正

(1)高速转矩校正

当发动机转速较低时,飞块右端的高速校正弹簧处于自由状态。当转速升高到最大转矩转速时,高速校正弹簧开始与调速套筒相接触。如图 4-66a)所示,随着转速的继续升高,调速柱塞右移,高速校正弹簧被压缩,使调速柱塞的右移受阻,从而使燃油压力降低,喷油量减少,转矩下降。如此,转速越高,转矩下降的就越多,从而改善了内燃机高速时的转矩适应性。

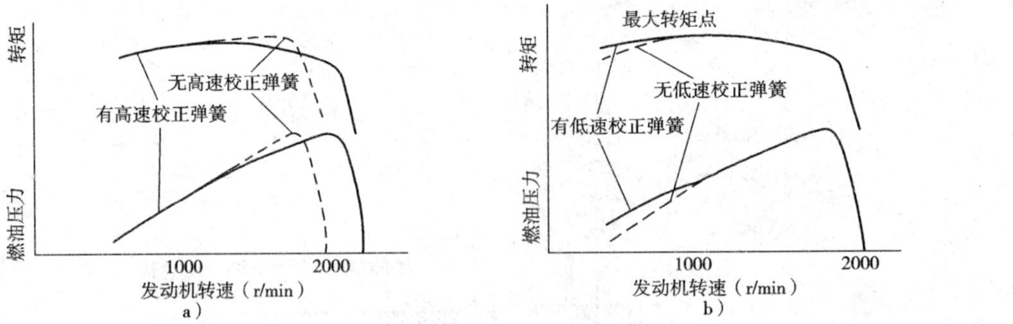

图 4-66　转矩曲线

a)高速时的转矩校正;b)低速时的转矩校正

(2)低速转矩校正

当内燃机在最大转矩转速运转时,低速校正弹簧处于自由状态。如图 4-66b)所示,当转速降低时,低速校正柱塞左移,低速校正弹簧被压缩,使低速校正柱塞的移动受阻,从而使燃油压力升高,喷油量增加,转矩上升。如此,转速越低,转矩下降的越少,从而改善了内燃机低速时的转矩适应性。

3. MVS 调速器

由于重型运输机械、推土机等工程机械用柴油机的运转阻力矩预见性差，必须用全速式调速器协助驾驶员控制柴油机的转速。

在 PT 泵系统中，在具有 PTG 调速器的输油泵上，再安装 MVS(Mechanical Variable Speed) 液力式全速调速器，并将节流阀固定在全开位置、加速踏板连接在操纵 MVS 调速器的双臂杠杆销轴上，即可满足上述要求。

MVS 调速器的结构和工作原理如图 4-67 所示。它由高速调整螺钉、怠速调整螺钉、双臂杠杆、高速弹簧、怠速弹簧和调速柱塞等主要零件组成。

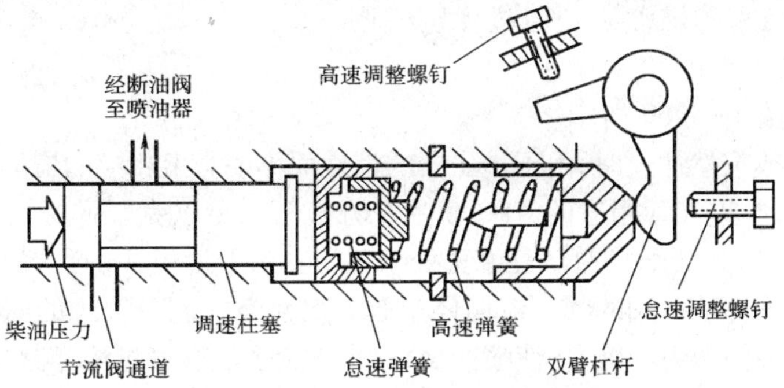

图 4-67 MVS 调速器

加速踏板位置一定时，调速弹簧具有一定的弹力，并与油压平衡。此时若柴油机负荷不变，则输油泵供给喷油器的油量维持柴油机在一定转速下稳定运转；若柴油机负荷增加，其转速及输油泵内的油压随之降低，调速弹簧推动调速柱塞左移，使燃油通道加大、出油量增加，阻止柴油机转速继续降低；反之，若柴油机负荷减小，其转速及输油泵内的油压随之升高，推动调速柱塞右移，使燃油通道和出油量减少，阻止柴油机转速继续升高。因此，MVS 调速器能够对柴油机在使用转速范围内的任一转速，包括怠速和最高空转转速起调节、稳定作用。

柴油机的最低转速和最高转速分别由怠速调整螺钉和高速调整螺钉来调整。

4. 空燃比控制装置(AFC)

1) AFC 空燃比控制装置的功用

增压柴油机，空气是经过增压后送入汽缸与柴油混合成所需的混合气成分的。但是，柴油机在起动或加速时，由于增压器的惯性而滞后起作用，使空气量瞬时相对减少，混合气变浓，燃烧不完全，排出大量的黑烟，不仅功率下降，而且污染了环境。

AFC 空燃比控制装置的功用就是在上述工况下，相对地减小燃油的压力和流量，使供油量相对地减小。从而，保证了空气与燃油的较理想的混合比，保证了燃烧完全，限制排黑烟的作用，故称空气燃油混合比控制装置(简称 AFC 装置)。

2) AFC 空燃比控制装置的工作原理

AFC 装置是装在 PT(G) 燃油泵中旋转式节气门的上方。来自油箱的燃油经粗滤清器到齿轮泵燃油泵中的磁性滤清器、套筒上的油道到节流阀后，必须通过 AFC 装置，然后流经断油阀再到喷油器。

AFC 装置的结构如图 4-68 所示。

AFC 柱塞安装在 AFC 套筒中，在 AFC 柱塞左端的中央螺栓上装有 AFC 活塞，活塞的前端装有膜片、密封垫圈，并通过锁紧螺母固定。AFC 活塞的右端有弹簧支承在泵体上，AFC 柱塞可在 AFC 套筒中轴向移动，AFC 套筒上有油道 A 与旋转式油门（节流阀）油道相通，油道 B 通向断油阀。无空气调节针阀装在泵体上端部由锁紧螺母固定，从旋转式油门来的燃油必须通过无空气调节针阀后，再流向断油阀。

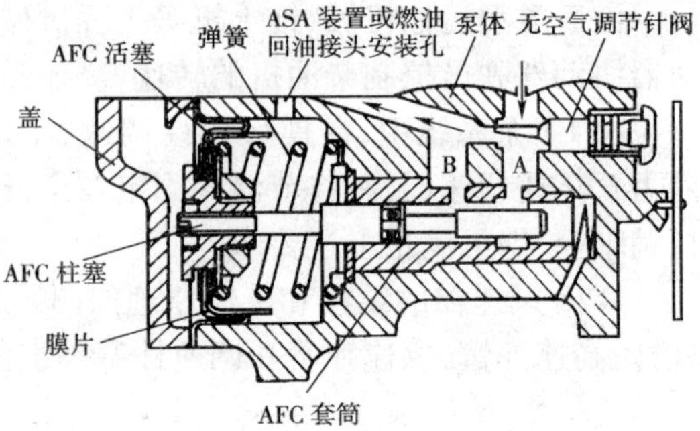

图 4-68　AFC 阀结构

AFC 工作原理如图 4-69 所示。

在柴油机起动或突然加速时，由于增压器的惯性而不能马上相应的增加所需要的空气量，导致进气管压力很低，与进气管相通的 AFC 膜片左方气压不足以克服弹簧的作用力，AFC 柱塞处于图 4-69a）所示的位置。此时，AFC 柱塞正处于关闭套筒上油道 A 的位置。从旋转式节气门来的燃油只经过无空气调节针阀的油道流向停车阀。而无空气调节针阀的前端过油断面很小，限制了流向停车阀的燃油压力和流量，使喷油量减少，避免了混合气过浓，防止了柴油机冒黑烟。

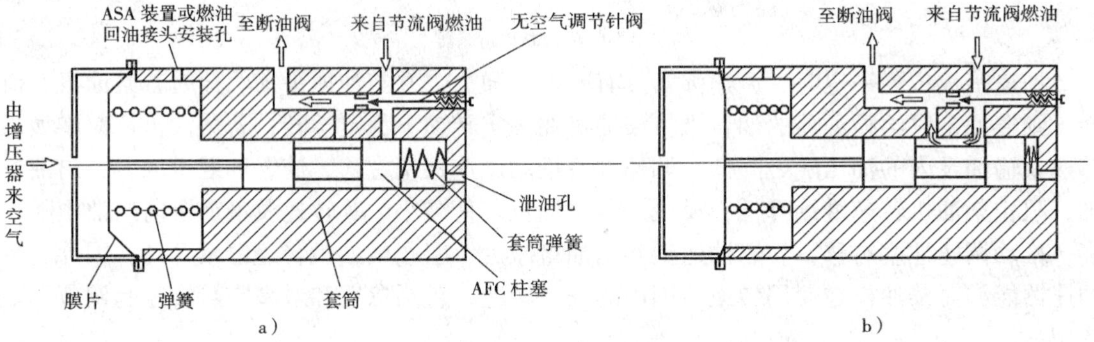

图 4-69　AFC 装置工作原理

a）AFC 装置在不工作装置；b）AFC 装置在工作装置

当柴油机转速增高，待增压器转速上升使进气管中气压增高时，作用在膜片左方的空气压力大于 AFC 弹簧的作用力，使膜片连同 AFC 柱塞向右移动，如图 4-69b）。AFC 柱塞上的环形槽打开 AFC 套筒上的油道时，燃油便从无空气调节针阀经 AFC 柱塞的环形槽和套筒构成的油道流向断油阀，使燃油供油量增加。当进气管中空气压力继续增加时，AFC 柱塞继续右移，直到 AFC 柱塞的环形槽与套筒所构成的过油断面达最大时为止。此位置称“全气压位置”。

5. 空气信号衰减阀

空气信号衰减器（ASA）是一个噪声和烟度控制阀，为了减少发动机加速时产生的噪声和进一步降低烟度，液压 ASA 装置（如采用气压 ASA 装置，则安装于 AFC 盖上的进气接头上）安装在 AFC 装置弹簧腔的回油口上，如图 4-68 所示。

液压 ASA 的结构如图 4-70 所示。它由止回阀上体、止回阀下体、喷嘴滤网和钢球等部分组成。钢球和喷嘴孔板上的节流孔，其作用是增加AFC装置弹簧腔的回油阻力，使AFC柱塞的运动滞后于增压压力的增加。发动机快加速时，由于ASA装置延缓了AFC柱塞向全开位置移动的速度和时间，从而限制了发动机的加速噪声和烟度博世值。

ASA和AFC装置均在出厂时进行过校准，操作者不得随意变动。

6. 冒烟限制器

冒烟限制器的结构原理如图4-71所示。在柴油机负荷急剧变化（如突然加速）时，由于涡轮的惯性，使涡轮转子转速升起后滞后一段时间，瞬时供油过多，从而气量不足，造成燃烧不完全，在柴油机冒黑烟的情况下，该装置起作用。它可根据进气压力的变化，把来自PT燃油泵的燃油适当地旁通一部分，使其与进气量相适应，防止发动机冒黑烟。

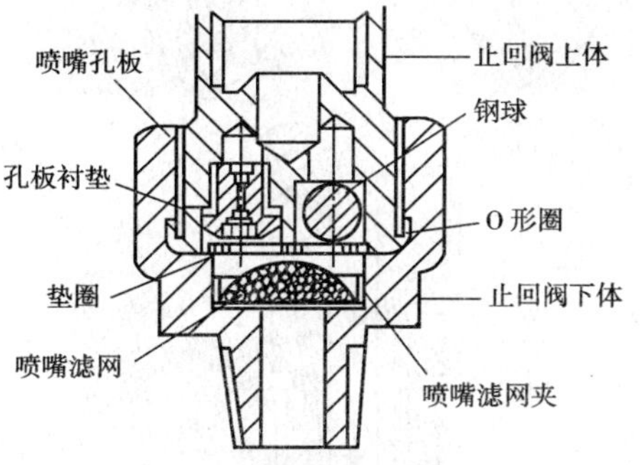

图4-70　液压ASA装置的结构

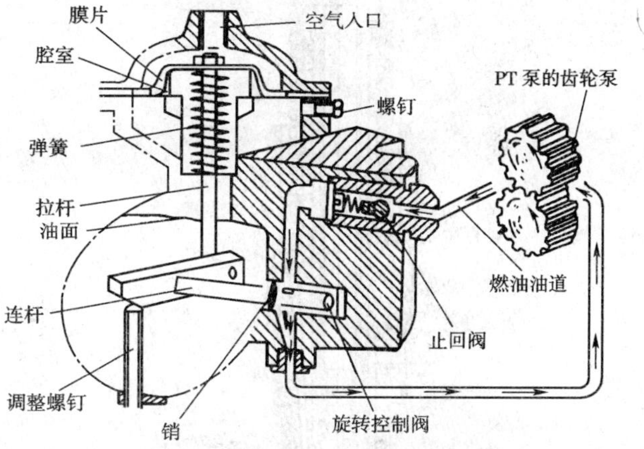

图4-71　冒烟限制器的结构原理

正常情况下，燃油压力把止回阀推开，使燃油油道和旋转控制阀与油道连通。旋转控制阀的另一端通过连杆和拉杆相连，空气入口是与进气管相连的。当进气管压力低于调定值时，膜片上的气压降低，在弹簧的作用下，拉杆上升通过连杆使旋转控制阀转动，燃油经该阀旁通一部分返回齿轮泵，使供给PT喷油器的油量减少。旁通油量的多少可以用调整螺钉进行调整。

在发动机起动时，由于进气压力和燃油压力都很低，止回阀处于关闭状态，所以冒烟限制器在柴油机起动时不起作用。

7. 喷油器

PT喷油器一般有两种类型：一种是具有安装法兰型的PT喷油器；一种是圆筒形的PT喷油器。前者是一种老式喷油器，在现代PT燃油系统中已很少采用。因此，在这里我们只重点介绍应用广泛的圆筒形PT喷油器。这种喷油器最大的特点是燃油的进出不用明管连接，在汽缸盖和汽缸体上钻有油道进行供油和回油，使发动机外表更干净而简单，并减少了由于管路损坏、泄漏引起的各种故障。

图4-72所示为PT(D)型喷油器结构。其具有对燃油进行计量、增压、定时喷射等多种功能。

1）喷油器的工作原理

PT(D)型喷油器的工作过程一般可分为三个阶段（见图4-73）。

（1）进油—回油阶段

当曲轴旋转到进气行程上止点时，针阀升起，进油孔与回油孔 2 相连通。此时，计量量孔被关闭，来自 PT 燃油泵的柴油直接经进油量孔、进油孔及回油孔 2 和回油孔 1 流回柴油箱。此外，喷油器的来油和回油由三道 O 形密封圈分隔开。

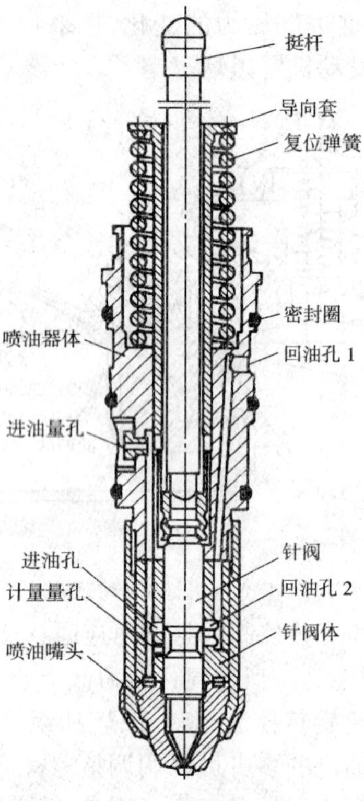

图 4-72　PT（D）喷油器结构

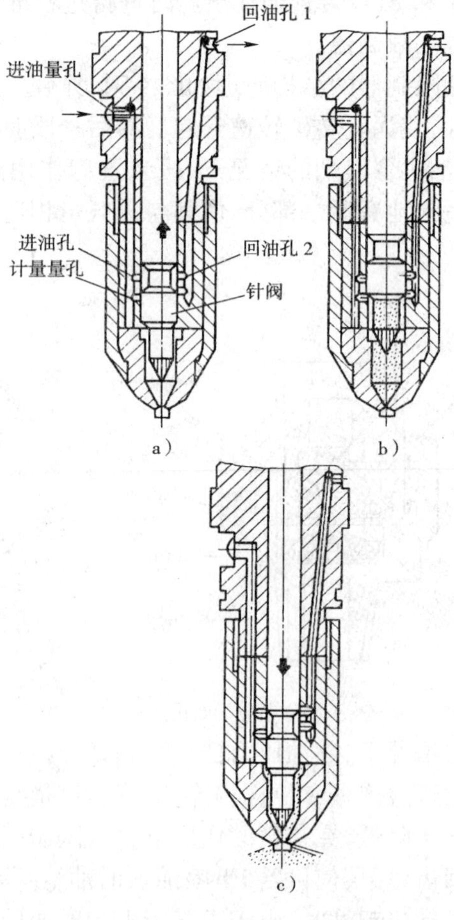

图 4-73　PT（D）喷油器的工作过程

a）进油—回油阶段；b）计量阶段；c）喷射阶段

在该阶段，柴油在喷油器内循环流动，有利于针阀和针阀体的冷却和润滑。

（2）计量阶段（数据以 NH—220 为例）

当曲轴旋转到进气行程上止点后 44°时，针阀升起，计量量孔被打开。此时，进油孔和回油孔 2 均被关闭，柴油经计量量孔进入喷油嘴头的内腔。曲轴继续旋转直至进气上止点后 132°6′22″时，针阀上升到最高位置，随后停住不动，直到曲轴转到压缩行程上止点前 62°时，针阀才开始下降。当曲轴转到压缩行程上止点前 28°时，计量量孔关闭。计量量孔从开启到关闭的这段时间，称为柴油计量阶段。

（3）喷油阶段

当内燃机压缩行程接近终了时，针阀迅速下行，将喷油嘴头内腔的柴油以高压喷入汽缸，直至压缩行程上止点后 18°时喷油结束。此时，针阀锥面紧压在喷油嘴头的内锥面上，使柴油完全喷出。而后由于凸轮下凹，针阀在稍稍开启后便保持在此高度不变，直至做功行程和排气行程终了。

2）喷油器的传动机构

如图4-74所示，柴油机工作时，凸轮的凸起顶推随动轮，通过推杆、摇臂顶压柱塞杆头，克服复位弹簧的弹力，强制将柱塞压下，使其下端锥形油腔内产生高压，把燃油喷入燃烧室。凸轮的凸起转过随动轮后，柱塞使在复位弹簧的作用下而上升，将PT泵输送来的燃油充入锥形油腔。凸轮和复位弹簧对柱塞的交替作用，使柱塞不断往复运动，不断吸油和喷油。

8. 辅助装置

辅助装置主要包括主油箱、浮子油箱、滤油器等。

主油箱主要用于贮存燃油。设置浮子油箱的主要作用，是防止主油箱里的燃油流进喷油器。图4-75为未设浮子油箱与设置浮子油箱的PT燃油系统比较简图。

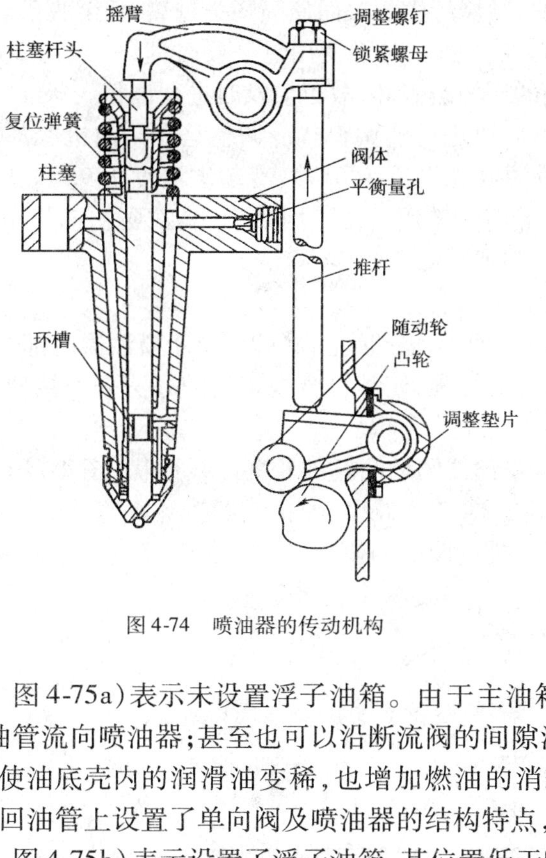

图4-74　喷油器的传动机构

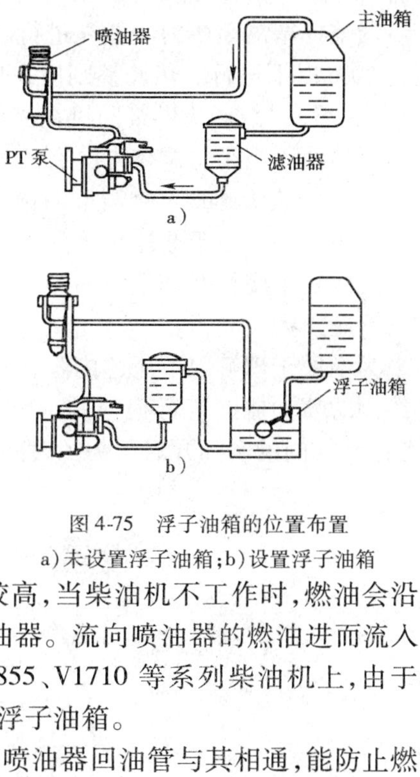

图4-75　浮子油箱的位置布置

a）未设置浮子油箱；b）设置浮子油箱

图4-75a）表示未设置浮子油箱。由于主油箱位置较高，当柴油机不工作时，燃油会沿着回油管流向喷油器；甚至也可以沿断流阀的间隙流向喷油器。流向喷油器的燃油进而流入汽缸，使油底壳内的润滑油变稀，也增加燃油的消耗。NT855、V1710等系列柴油机上，由于在出、回油管上设置了单向阀及喷油器的结构特点，故不需浮子油箱。

图4-75b）表示设置了浮子油箱，其位置低于喷油器，喷油器回油管与其相通，能防止燃油流向喷油器。图4-76为浮子油箱结构。当流入浮子油箱的燃油油面达到规定的高度时，浮在

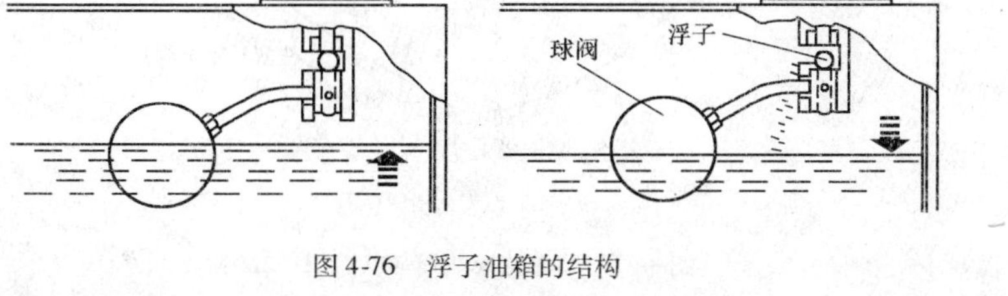

图4-76　浮子油箱的结构

油面上的浮子将进油阀关闭,使主油箱的燃油停止流入。当油面下降时,浮子也随之下降,开启进油阀,燃油流入浮子油箱,并使油面始终保持在规定的高度。

装有纸质滤芯的滤油器,滤去燃油中的杂质。防止 PT 泵和喷油器中精密件发生故障。

四、PT 系统的调整

1. PT 喷油器柱塞落座压力的调整

在喷油器喷油终了柱塞锥体占据整个计量室之后,柱塞还要继续下行一段距离,对喷嘴头施加一定的压力,以便将柱塞与锥形座而之间的残余燃油全部压出,此压力叫 PT 喷油器柱塞落座压力。此压力不能过大也不能过小。过大会使喷油器驱动机件变形,甚至顶坏喷油器喷嘴头;过小会使柱塞与锥形座之间有残余燃油,燃烧产生积炭而使喷嘴头过热,甚至脱落。

对于重新装配的柴油机,应重新调整此落座压力。对于使用过一段时间(一般约 2 000h 左右)的柴油机,因磨损等因素会使原来正确的压力被破坏,故也应及时进行调整。

调整柱塞落座压力一般先进行冷调整,之后再进行热调整。冷调整是在柴油机冷却水温度为 60℃以下进行。热调整则应在柴油润滑油底壳温度为 88℃,冷却水温度为 95℃以上时进行。"热调"数据是供柴油机在测功器上试验时调整用的,此时调整工作必须迅速。

喷油器落座压力调整方法有两种:仪表法和力矩法。

1)用仪表法调整 PT 喷油器柱塞落座压力

仪表法只适用于非顶止式(图 4-72)喷油器,而不适于顶止式(弹簧装于喷油器内部)喷油器。此法是用测量并调整喷油器柱塞上下运动的行程,使其符合规定值的办法来间接地调定柱塞落座压力。

为了便于理解以下所述内容,先给出根据喷油器驱动凸轮外轮廓曲线形状(图 4-77)计算并绘制的喷油器柱塞行程与曲轴转角关系图(图 4-78),及柴油机实际工作循环表(表 4-4)(考虑到气门的实际开启与关闭时间,表中只标排气门的相位)。

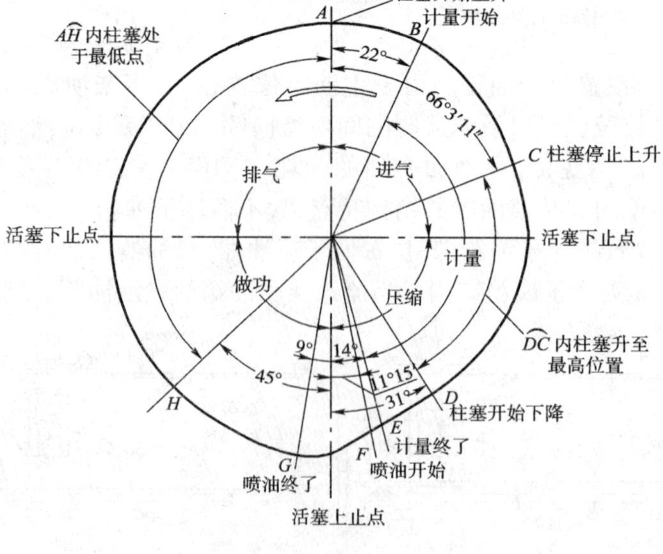

图 4-77　凸轮轮廓曲线形状(NH—220)

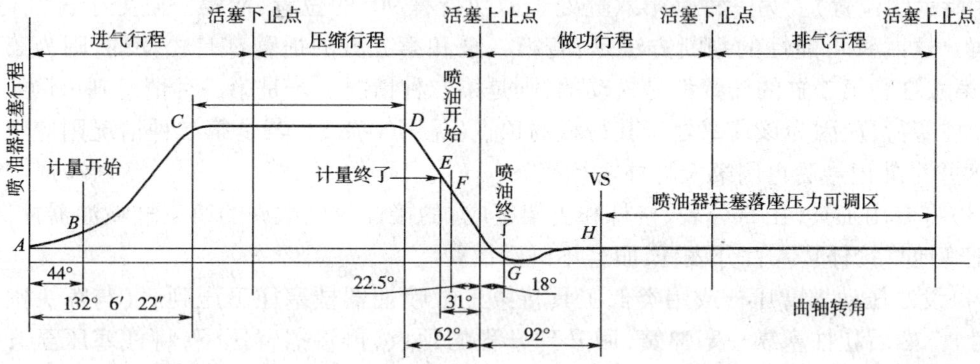

图 4-78 喷油器柱塞行程与曲轴转角的关系(NH—220)

发动机工作循环(1—5—3—6—2—4)

表 4-4

曲轴转角(°)		第一缸	第二缸	第三缸	第四缸	第五缸	第六缸
0～180	0～60		排气			压缩	
	60～120	做功					进气 —1-VS90°
	120～180			压缩	排气		
180～360	180～240		进气			做功	
	240～300	排气					压缩
	300～360			做功	进气		
360～540	360～420		压缩			排气	
	420～480	进气					做功 —6-VS90°
	480～540			排气	压缩		
540～720	540～600		做功			进气	
	600～660	压缩		进气	做功		排气
	660～720						

具体调整步骤如下:

现以 N 和 NH 系列六缸、发火顺序为 1—5—3—6—2—4 的柴油机(如 NH—220 柴油机)为例来说明。

(1)为防止喷油器驱动件过载和损坏,从正常工作位置拧松喷油器调整螺钉 0.5～1 圈,再拧紧锁紧螺母。并压下减压杆(如果有的话),以便转动柴油机轻便。

(2)先调第三缸喷油器柱塞行程(当然也可先调其他缸)。顺柴油机转向转动柴油机,使附件传动皮带轮上的气门调整记号"A"或"1—6VS"(旧)(图 4-79)与齿轮室盖上的记号对准,放回减压杆。

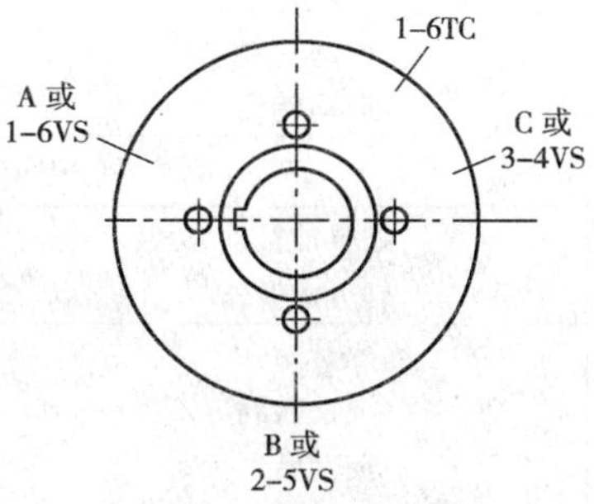

图 4-79 附件传动皮带轮上的定时记号

TC-压缩上止点记号;VS-气门调整记号

这一位置,反映到实际工作循环表(表 4-4)是一、六缸处于上止点后 90°的位置,有两种可能:一种可能是第一缸处于做功行程 90°的位置,而第六缸处于进气行程后 90°的位置(如

表4-4所示的位置)。另一种是第六缸处于做功行程90°的位置,而第一缸处于进气行程90°的位置。这两种可能性的判断方法是:若第一缸和第五缸的摇臂都是松动的,则为第一种情况;若第六缸和第二缸的摇臂都是松动的,则是第二种情况。若是第一种情况则可调第三缸的喷油器柱塞行程,因为该柱塞处于其行程的顶点(见图4-78)。若是第二种情况则应将曲轴再转360°并对准记号后再调第三缸柱塞行程。

(3)将专用工具(由百分表、接杆和支架组成)的接杆放到欲调的第三缸喷油器柱塞顶端。务必正确地将接杆装入百分表杆,而且不碰到摇臂。

(4)设法压动摇臂压杆或用类似工具将第三缸喷油器柱塞往下压到底(与嘴头锥形座面已接触)。然后让柱塞靠柱塞弹簧,回升到升程的顶点,再将摇臂压下,将柱塞压至升程的最低点时将十分表对准"0"(使柱塞上下几次的目的是为了提高测量的精度)。

(5)再让柱塞回升至顶点后再压下柱塞至最低点,视百分表对准"0"无误时,放松摇臂,柱塞回升至顶点时的百分表的读数,即为柱塞行程,此柱塞行程必须与表4-5所列值相 符。否则,应通过调拧摇臂调节螺钉使柱塞的行程达到表4-5所列出的规定值。

NT、NH系列柴油机喷油器柱塞行程 表4-5

温度状态	柱塞行程(mm/in)	摇臂室材料
冷、热调	4.32 ±0.031/0.170 ±0.001	铝合金
冷、热调	4.45 ±0.03/0.175 ±0.001	铸铁

(6)顶住调节螺钉(参见图4-74)不动,拧紧锁紧螺母到54~61N·m。

调完后,还须复调一次,直到合格为止。

(7)以表4-6所列的顺序,按上述方法调整第六缸、第二缸、第四缸、第一缸和第五缸的喷油器柱塞行程。

喷油器柱塞落座压力和气门间隙调整位置 表4-6

右转柴油机	发火顺序:1—5—3—6—2—4		
顺柴油机旋转方向撬转	皮带轮位置	调整的缸号	
		喷油器	气门
开始	*A* 或1—6VS	3	5
向前转到	*B* 或2—5VS	6	3
向前转到	*C* 或3—4VS	2	6
向前转到	*A* 或1—6VS	4	2
向前转到	*B* 或2—5VS	1	4
向前转到	*C* 或2—4VS	5	1
左转柴油机	发火顺序:1—4—2—6—3—5		
顺柴油机旋转方向撬转	皮带轮位置	调整的缸号	
		气门	喷油器
开始	*A* 或1—6VS	2	4
向前转到	*C* 或3—4VS	6	2
向前转到	*B* 或2—5VS	3	6
向前转到	*A* 或1—6VS	5	3
向前转到	*C* 或3—4VS	1	5
向前转到	*B* 或2—5VS	4	1

如前所述，仪表法不适用于顶止式喷油器。对于顶止式喷油器的调整简述如下。

调整带有机械式定时调节机构（MVT）机型的喷油器时，调整前必须将 MVT 执行器退到底。

顶止式喷油器的柱塞升程只是在从柴油机上拆下后才可进行调整。调整柱塞行程时须用专用工具（康明斯公司用 3379160 调整工具）。

具体步骤如下：

①顺柴油机转向转动曲轴，将附件皮带轮上的记号“VS”与齿轮室盖上和箭头对准调整顺序见表 4-6。

②松开摇臂调节螺钉锁母，拧紧调节螺钉直到摇臂与喷油器顶杆之间没有间隙为止，然后再将调整螺钉拧进一圈。

③松开调节螺钉，让弹簧上座碰到喷油器顶部限位螺套。

④用康明斯公司的 3375232 扭力扳手拧进调节螺钉，至拧紧力矩为 0.56 ~ 0.68N · m。如果没有扭力扳手，则将螺钉拧到在喷油器顶杆上稍有压力为止。用手转动顶杆应足够灵活。

⑤顶住调节螺钉不动，拧紧锁母到 54 ~ 61N · m。用康明斯公司的 ST—669 接头拧紧锁母时应拧紧到 41 ~ 47N · m。

2）用力矩法调整喷油器柱塞落座压力

这种方法是用专用扭力扳手将喷油器调整螺钉拧到规定的力矩值的办法来调定喷油器柱塞落座压力。

因此，必须当喷油器柱塞下行至其下部锥体接触到喷嘴头的锥形座面时才能调整。从图 4-78 不难看出，在 *HA* 区间柱塞都是与喷嘴头的锥形座面相接触，所以，在 *HA* 区间均可调整此缸的喷油器，故称 *HA* 为柱塞落座压力可调区。

具体调整方法和步骤：可以按发火顺序逐缸进行调整，但此方法须转动柴油机同缸数相同的次数才能调完。例如，6 个缸需要转 6 次曲轴才能调整完，太费时间。这里介绍一种快速（两次）调整法（以六缸柴油机为例）。

（1）使第一缸处于做功行程并使 1—6VS 记号与齿轮室盖上记号对准。为此：

①压下减压杆（如果有的话），顺曲轴转动方向转动，同时观察第六缸气门摇臂动作，当进、排气门交替动作时，继续转动曲轴，待 1—6VS 记号与齿轮室盖上的记号对准时停止转动。这一位置反映到柴油机实际工作循环表（表 4-4）上就是 1—VS 的位置，即第一缸做功行程 90°的位置。从表 4-4 不难看出，在此位置上第一缸（做功行程 90°）、第二缸（排气）、第四缸（排气）的喷油柱塞均处于柱塞落座力可调区（图 4-78 中的 HA 段），即柱塞均处于与喷嘴头锥形座面相接触的位置，所以，此位置可同时调整第一缸、第二缸、第四缸的喷油器柱塞落座压力。

②松开调节螺钉的锁紧螺母，拧紧调节螺钉直到喷油器柱塞处于升程为零的位置（与喷嘴头锥形座面相接触），再将调节螺钉拧进 15°，以确保喷嘴头中的燃油全部压出（此时柱塞处于最低位置 *G*，参见图 4-77、图 4-78），柱塞升程呈负值。将调节螺钉退出 1 圈。

③用扭力扳手（必须有螺丝刀接头）将调节螺钉拧紧到表 4-7 规定的力矩。将调节螺钉退出再拧进到规定值，反复 2 ~ 3 次，以确保调整的准确性。

④顶住调节螺钉不动，拧紧锁紧螺母到 54 ~ 61N · m。若用康明斯公司的 ST—669 接头

时应拧紧到41～47N·m。

用力矩法调整喷油器的力矩值　N·m(in-lbf)　表4-7

摇臂室材料	冷　态	热　态
铸铁摇臂室	5.4(48)	8.1(72)
铝摇臂室	8.1(72)	8.1(72)

(2)继续转动曲轴一圈(360°),并使1—6VS记号再次与齿轮室盖上记号对正。这一位置反映到实际工作循环表(表4-4)上就是6—VS位置,即第六缸做功行程90°位置。

从表4-4不难看出,柴油机处于6—VS位置时,第六缸(做功)、第三缸(排气)、第五缸(排气)的喷油器柱塞均处于柱塞落座压力可调区(图4-78*HA*段)内,所以,在此位置可同时调整第六缸、第三缸、第五缸的喷油器柱塞落座压力。

具体调整方法和步骤同前。

这样,曲轴转动两个位置便可将六缸柴油机各缸的喷油器柱塞落座压力调整完毕。这种喷油器柱塞落座压力快速调整法不仅速度快(提高3倍),而且也比较准确。

比较仪表法和力矩法不难看出,仪表法较精确,但需要量具,而力矩法只需要扭力扳手,不需其他量具,但准确度低于仪表法。

2. 喷油器的正时检查

PT系统喷油正时的检查是测量在某缸活塞位于压缩上止点前19°时(活塞离上止点的距离为5.161mm),喷油器柱塞驱动推杆从底部升起的距离。这个距离小于标准值,则喷油过早;大于标准值,则喷油过迟。例如,某型号柴油机的标准值为1.676mm,如测量值为1.42mm,则喷油过早,因为柱塞更接近于喷头的底部;如果测量值为1.93mm,则喷油过迟,因为柱塞还要下行更远距离才能喷油。

不同的柴油机,这个数值有所不同,可参阅相关资料。

测量的工具可以是康明斯专用的喷油正时检查仪,现在也有自制简易检查仪。其原理都是利用两个百分表加上接杆,一个用来测量活塞的位移量;一个用来测量喷油器驱动推杆的行程量。正时仪及其安装如图4-80所示。

1)喷油正时的检查

以第一缸为例:

(1)按曲轴转动方向转动曲轴,使上止点记号对准,判断是不是一缸压缩上止点,如不是则再转360°。

(2)在这个位置,将活塞行程表杆下移至碰到活塞柱塞,并使表杆完全压缩后再回升高0.64mm左右(为下一步留有余量),将表固定在测量仪上,并将转动百分表外圈使指针指向“0”。

(3)顺曲轴转向转动曲轴到压缩上止点后90°位置(此时喷油器柱塞行程应到达最低点),在此位置将喷油器推杆行程测量表杆移到碰到推杆柱塞,并使表杆完全压缩后再回升0.64mm左

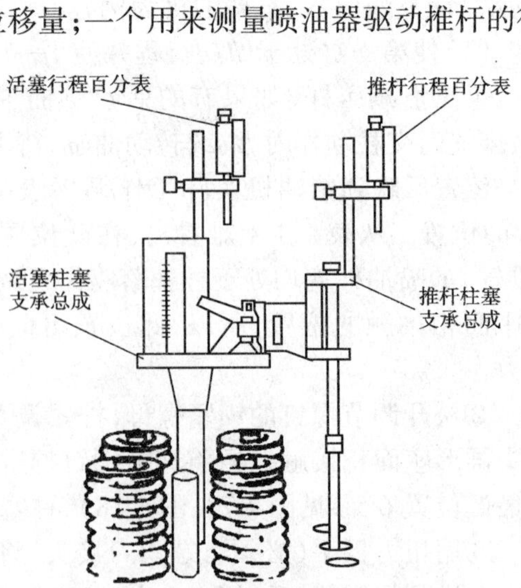

图4-80　正时检查仪及其安装

右，将表固定并调“0”。

(4)反转曲轴至压缩上止点前45°。

(5)缓慢正转(按曲轴转向)曲轴，并注意观察活塞行程表的读数，当该表量程为-5.161mm时，停转曲轴(此时活塞位于压缩行程上止点前19°)。在此位置时，读出推杆行程表读数；若符合标准值，说明喷油正时正确；若大于标准值，说明喷油提前角过小；若小于标准值，则说明喷油提前角过大。

2)喷油正时的调整

喷油正时可以通过摆动式顶杆盖与机件之间的调整垫片或偏位键来调整。

(1)通过调整垫片调整

通过可换摆动式顶杆盖与机件之间的调整垫片(图4-81)来调整。这种方法是通过改变摆动挺杆与凸轮的相对位置，来达到使喷油提前或延迟。增加垫片厚度可使喷油提前；减少垫片厚度可使喷油滞后。

不同型号柴油机，调整垫片厚度有规定，如NH—220C型柴油机3种调整垫片的厚度分别为0.18mm、0.38mm、0.80mm。

(2)通过偏位键调整

大多数康明斯柴油机不是采用上述调整垫片，而是利用更换不同“偏位量”的喷油器驱动凸轮轴的偏位键(图4-82)来调整喷油正时的。偏位键用来改变凸轮轴与正时齿轮的位置。当齿轮的正时记号保持不变的情况下，用偏位键可使凸轮轴作小的转动，从而可微小地改变喷油提前角的大小。偏位键顶部在凸轮轴的旋转方向偏移量越多，喷油正时延后就越多；反过来，若偏位键的顶部在凸轮轴旋转方向的相反方向偏移量越多，则喷油正时提前量就越多。

每改变0.025mm的偏位量，将改变推杆行程量0.0127mm。

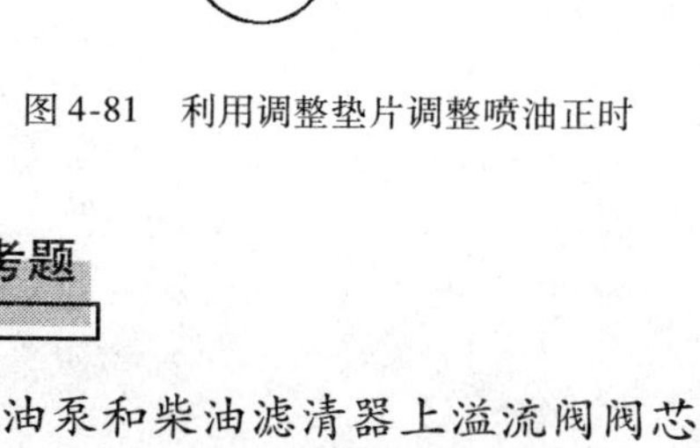

图4-81　利用调整垫片调整喷油正时

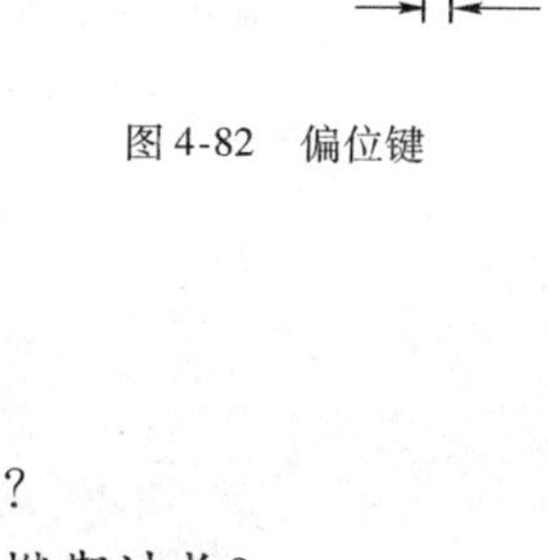

图4-82　偏位键

思考题

1. 喷油泵和柴油滤清器上溢流阀阀芯丢失会有什么后果？
2. 为什么后燃期过长会使柴油机过热？哪些因素会使后燃期过长？
3. 为什么使用ω形燃烧室的柴油机工作粗暴？
4. 分隔式燃烧室有什么特点？
5. 如果在更换柱塞时，不小心换上了与原来旋转方向相反的柱塞会有什么后果？

6. 如果出油阀的减压环带发生了严重磨损对柴油机会有什么影响?
7. 滚轮体的高度变化会影响什么?
8. 调速器中的润滑油过多、过少会有什么问题?
9. 喷油提前角与供油提前角有什么区别? 过大、过小会对发动机有什么影响?
10. 如果将调速器中的钢球取出一个会发生什么问题?
11. 经常发现新购的喷油嘴喷雾锥角和雾化质量不合要求,你认为是什么原因?
12. 输油泵的进出油阀多是非金属材料,磨损后应如何修理?
13. 为什么 VE 泵不适用在大缸径、多缸柴油机上?
14. 如果改变了 PT 喷油器喷嘴头与针阀体之间的垫片厚度,会有什么影响(图 4-72)?

Danyuanwu
单元五

柴油机电子控制喷射系统

知识点

1. 柴油机电子控制系统的工作过程；
2. 柴油机电子控制系统的优点；
3. 位置控制式电控喷油系统的工作原理；
4. 时间控制式电控喷油系统的工作原理；
5. 电控共轨系统的结构组成；
6. ECD—U2 系统的工作原理；
7. 二通式喷油器的结构与工作原理。

课题一　柴油机电子控制系统概述

为了改善柴油机运转性能和降低燃油消耗率,同时也为了适应严格的柴油机排放标准,从20世纪80年代初期开始,各种柴油机电子控制系统相继问世。

一、柴油机电子控制系统的基本组成

尽管目前已发展出许多功能各异的柴油机电子控制系统,如喷油控制、调速控制、进/排气控制及废气涡轮增压器喷嘴环截面控制系统等,其基本组成大体上是相同的,如图5-1所示。它们均与被控对象(柴油机或动力装置)构成一闭环反馈控制系统。一般可将电控柴油机分为4个部分,即:柴油机(被控对象)、传感器、控制器(以单片机为核心)及执行器。后3个部分组成柴油机电子控制系统。

1. 传感器

传感器的主要功能是检测发动机的运行参数或状态。它将非电量的有关参数或状态转化成电信号,然后不失真地将有关信息提供给控制器。

2. 控制器

以单片机为核心的控制器是柴油机电子控制系统的核心。柴油机能否可靠、经济地运行,在很大程度上取决于该控制器。它是一个典型的数字式控制器,由单片微型计算机、接口电路

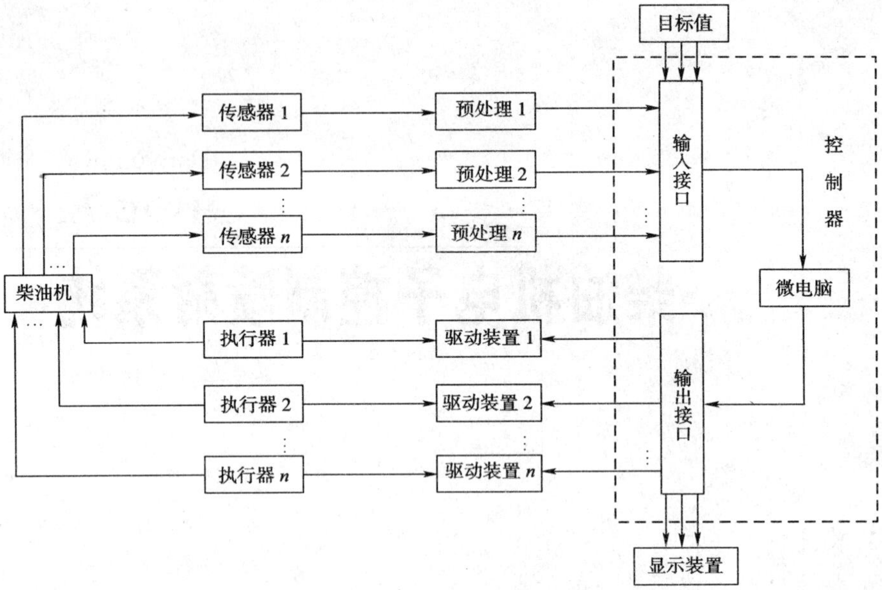

图 5-1 柴油机电子控制系统基本组成

等硬件和软件组成。信息的采集、处理、传输和时间程序控制是该控制器的主要功能。

目前的柴油机电子控制系统中大都采用单片机,以减小体积,降低成本和提高可靠性。控制器中的单片机由硬件和软件组成。主要硬件有中央处理器(CPU)、存储器、输入输出设备、定时器、计数器等。硬件构成了控制器的实体。软件分为两种类型,即系统软件和应用软件。软件通过硬件来实现系统的控制与管理功能,它是计算机控制管理功能的实施标志和依据。

3. 执行器

执行器是柴油机电子控制系统实现对柴油机进行调控的器件,它按照控制器的"意图"动作。执行器由驱动部分、执行电器和机械执行机构 3 部分组成。控制器输出的控制决策信号一般很小,不能直接驱动执行电器,需要专门设计驱动电路。目前在柴油机执行器中使用的执行电器分别有:动铁式力马达,如比例电磁铁、高速开关电磁铁;动圈式力马达,如直流直线电机;此外还有直流伺服电机、步进电机和力矩电机等。另外,还采用电液机构、机械执行机构,其形式则依据其控制对象和在发动机上的布置而定。执行器是柴油机电子控制系统的最后一个环节,也是控制系统对被控对象实施调控的唯一手段。

二、柴油机电子控制系统的工作过程

柴油机电控系统工作流程大体如下:传感器检测到的各种信号(柴油机运行参数)先送入模/数(A/D)转换器(如果输入信号是模拟量),然后进入控制器的输入接口。在控制器的存储器中,存有所需的发动机的调控参数或状态的目标数据。这些目标数据是柴油机的各种不同参数和最优运行结果的综合,一般是通过统计或实测而得到的。当由传感器检测到的发动机的某一实际参数进入单片机控制器后,先与存储器中的相应参数和最优运行结果比较。如果两者相同,则整个柴油机电子控制系统保持原状态,发动机继续按先前状态运行。反之,当实际参数偏离目标参数时,单片机控制器则会根据该偏离值的大小和极性(正或负),按一定的控制策略进行有关信息的处理。

对数字信号的处理主要有两种方法:第一种是根据预定控制规律的控制算法对输入信号进行直接运算和处理,然后输出控制信号,这是一种较为简单的控制;第二种是对输入的数字信号进行特征抽取,即对输入信号的处理并不是为了得到直接控制决策和作用,而是从大量的输入信号中抽取那些有用的信息,然后根据所抽取的特征值来决定控制决策,这是一种较为复杂的高级控制。经过运算处理后,控制器通过 I/O 通道输出控制决策信号。这些信号只能以数码形式出现,它既可以表示数值的大小或极性,也可以代表约定的确定信息。当执行器所需要的是连续时间函数信号(模拟量)时,控制器的输出信号还必须通过数模转换器(D/A)处理,然后再输给执行器的驱动部分。这样,执行器就按特定的规律调节发动机的有关机构,使发动机的相应参数或状态向目标值逼近。逼近程度如何又可由传感器来检测,并将检测结果再次送给单片机控制器。如此循环,就形成了一个闭环反馈控制系统,使发动机按最优状态运行。

三、柴油机电子控制系统的主要特点

柴油机电子控制的一个突出特点是借助单片机的功能,可以实现更为复杂的控制规律。

1. 改善柴油机的经济性和排放

柴油机采用电子控制系统,能对柴油机的喷油量、喷油时间等参数进行精确控制,改善了柴油机的工作性能,使其油耗降低,动力性提高,污染物排放降低。

2. 提高发动机的工作可靠性

当一个单片机控制系统建立以后,可以很方便地扩展其控制功能。如为柴油机提供各项保护功能就是一例。借助传感器的输入信号,单片机控制器可随时检测影响发动机工作可靠性的一些参数,如润滑系统的润滑油压力、排气温度、曲轴轴瓦温度及发动机的转速等。一旦某一项或某些项的参数或状态超出或低于设定值,控制系统会立即显示报警,同时控制执行器进行相应的调节,直到这些参数或状态正常为止。对于一些影响发动机运转可靠性的重要参数,控制系统还可为发动机提供双重甚至是多重保护,以免造成巨大损失。例如,当柴油机发生重大事故时,控制系统一方面控制直列式喷油泵调节齿杆迅速移动到停供位置,同时也控制喷油泵进油管路上的电磁阀切断燃油通路或关闭进气阀,使发动机迅速停车。

3. 响应快、控制精度高

控制系统从接收到一个信息开始,到处理完毕并输出控制信号所需的时间一般为毫秒级,这个时间要远远小于发动机或其他机械控制机构的响应时间。因此,一旦发动机及其系统的运行参数或状态稍微偏离目标值,电子控制系统就能立即进行跟踪并予以实时调节和控制。正是由于响应快这一特点,使得单片机控制系统能实现机械控制系统所不能实现的一系列功能。

4. 控制策略灵活

单片机电子控制系统的最大特点之一是其控制策略的灵活性。对于不同用途的柴油机,其控制策略往往不同,当需要改进或与其他机型匹配时,传统方法是改变相应的机械式控制系统,重新设计、试制和加工,因而其周期长、成本高,极不方便。单片机电子控制系统则能很方便地与各种不同用途的柴油机或动力装置匹配,需要改变的仅仅是 EPROM 中的软件程序,而基本上不涉及硬件系统。在某些情况下,由于控制系统甚至不需要任何变更便能用于不同种类的柴油机。如全能电子调速器便是一例:在出厂前的软件编程中,已考虑了各种不同调速率的要求,控制盒上设有不同调速率的转换开关,用户可根据发动机的工作性质设定调速率,这既增强了电子调速器的匹配适应能力,也大大地方便了用户。

四、柴油机电控喷油系统控制原理

柴油机电控喷油系统的控制原理如图 5-2 所示。传感器包括柴油机转速、加速踏板位置、齿条位置、喷油时刻、车速及进气压力、进气温度、燃油温度、冷却水温等传感器。电控单元(ECU)根据各种传感器实时检测到的柴油机运行参数,与 ECU 中预先已经存储的参数值或参数图谱(称为 MAP 图)相比较,按其最佳值或计算后的目标值,把指令输送到执行器。执行器根据 ECU 指令,控制喷油量和喷油定时。柴油机电控喷油系统还可和整车传动装置的 ECU、制动防抱死系统(ABS)的 ECU,以及其他系统的 ECU 进行通信,从而实现整车的电子控制。

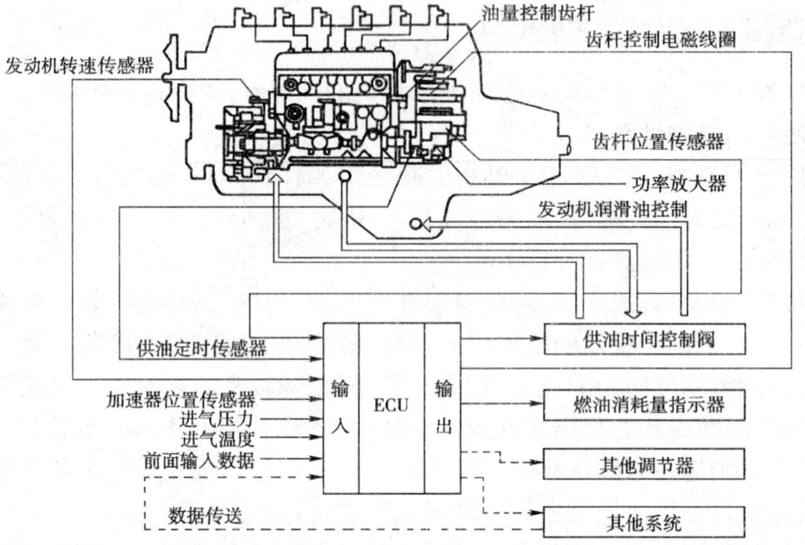

图 5-2　柴油机电控喷油系统控制原理

五、柴油机电控喷油系统的分类

柴油机电控喷油系统的开发研究从 20 世纪 70 年代开始,已经经历了三代。

1. 第一代位置控制式电控喷油系统

位置控制系统的特点是不仅保留了传统的喷油泵—高压油管—喷油器系统,而且还保留了喷油泵中机械式油量控制机构,只是对齿条或滑套的运动位置,由原来的机械调速器控制改为电子控制,使控制精度和响应速度得以提高。柴油机的结构几乎无需改动,故生产继承性好,便于对现有机器进行升级改造。其缺点是控制自由度小,控制精度差,喷油率和喷射压力难于控制,而且不能改变传统喷射系统固有的喷射特性,也很难大幅度地提高喷射压力。位置控制式喷油系统主要是在直列泵和分配泵上进行改进。在直列泵上,它是通过控制喷油泵齿杆位移来控制喷油量,通过控制液压提前器来实现喷油正时控制;在分配泵上,它是通过控制滑套位移来控制喷油量,控制 VE 泵上的提前器或改变凸轮相位来进行喷油正时控制。

在直列式喷油泵上实施位置控制的主要有:日本 Zexel 公司的 COPEC 系统、德国 Bosch 公司的 EDR 系统、美国 Caterpillar 公司的 PEEC 系统,以及日本 Zexel 公司的可变预行程 TICS 电控系统等。

在分配泵上实施位置控制的主要有:日本电装公司 ECD-V1 电控喷射系统、德国 Bosch 公司的 EDC,以及日本 Zexel 公司的 COPEC 系统、英国 Lucas 公司的 EPIC 电控喷射系统、美国 Stanadyne 公司的 PCF 系统等。

2. 第二代时间控制式电控喷油系统

所谓时间控制,就是用高速电磁阀直接控制高压燃油的适时喷射。这种系统可以是保留原来的喷油泵—高压油管—喷油器系统,也可以采用新型的高压燃油系统。用高速电磁阀直接控制高压燃油的喷射,一般情况下,电磁阀关闭,执行喷油;电磁阀打开,喷油结束。喷油始点取决于电磁阀关闭时刻,喷油量则取决于电磁阀关闭时间的长短。

在分配泵上实施时间控制的系统主要有:日本 Zexel 公司的 Model-1 电控喷射系统、日本电装公司的 ECD-V3 系统;英国 Lucas Diesel System 开发的 EPIC-80 和 EPIC-70 电控分配式油泵;日本丰田公司的 ECD-2 电控分配泵。

电控泵喷嘴系统主要有:德国 Robert Bosch 公司研制的电控泵喷嘴系统(PDE27/PDE28);英国 Lucas 公司的电控泵喷嘴 EUI;美国底特律柴油机阿列森公司的 DDECI、DDECII 电控泵喷嘴系统。

电控单体泵系统有德国 Robert Bosch 公司研制的电控单体泵。

3. 第三代电控共轨式喷油系统

第三代电控喷油系统是时间—压力控制式,即电控共轨式喷油系统。这是国外于 20 世纪 90 年代中期开始,推向市场的一种新型柴油机电控喷油技术。它摒弃了以往传统使用的泵—管—嘴脉动供油的形式,代之用一个高压油泵在柴油机的驱动下,以一定的速比连续将高压燃油输送到共轨(即公共容器)内,高压燃油再由共轨送入各缸喷油器。在这里,高压油泵并不直接控制喷油,而仅仅是向共轨供油以维持所需的共轨压力,并通过连续调节共轨压力来控制喷射压力,采用压力—时间式燃油计量原理,用高速电磁阀控制喷射过程。喷油压力、喷油量及喷油定时由电控单元(ECU)灵活控制。这种系统具有下述优点:

(1)可实现高压喷射,喷射压力可比一般直列泵系统高出一倍,最高已达 200MPa。

(2)喷射压力独立于发动机转速,可以改善发动机低速、低负荷性能。

(3)可以实现预喷射,调节喷油速率形状,实现理想喷油规律。

(4)喷油定时和喷油量可自由选定。

(5)具有良好的喷射特性,可优化燃烧过程,使发动润滑油耗、烟度、噪声及排放等性能指标得到明显改善,并有利于改进发动机转矩特性。

(6)结构简单,可靠性好,适应性强,可在所有新老发动机上应用。

共轨喷油系统可分为高压共轨喷油系统和中压共轨喷油系统。高压共轨喷油系统的特点是:高压输油泵直接输出高压燃油到共轨容器,压力可达 120MPa 以上,因此整个系统从高压输油泵到喷油器均处于高压状态。中压共轨喷油系统中,输油泵输出的燃油是中、低压油,压力为 10~30MPa。此压力燃油进入共轨,然后进入喷油器。喷油器中有液压放大结构(即增压器),燃油在此被加压到 120MPa 以上,然后再喷入汽缸。因此中压共轨喷油系统中,高压区域仅局限在喷油器中。目前已投入使用的共轨喷油系统中,大多数都是高压共轨喷油系统。

目前国外已开发出许多共轨喷油系统,其中比较典型的有:

(1)美国 BKM 公司的 Servojet 系统。这是一种典型的中压共轨式电控燃油喷射系统(共轨蓄压式电控喷油系统)。

(2)美国 Caterpiller 公司的 HEUI 系统,属于共轨液压式喷油系统,也属于中压共轨。

(3)日本电装公司的 ECD-U2 高压共轨式喷油系统。

(4)德国博世(Bosch)公司的高压共轨式喷油系统。

柴油机电控喷油系统除了上述分类之外,还可以根据其产生高压燃油的机构,可分为直列泵电控喷射系统、分配泵电控系统、泵喷嘴电控喷射系统、单体泵电控喷射系统及共轨式电控喷射系统。其中共轨式电控喷油系统是一种新型的电控喷油系统,其他系统都是在原来的喷油系统机构上加上电控系统后形成的。

柴油机电控喷油系统由于在机械控制时代,就已经有了直列泵、分配泵、泵喷嘴、单体泵等结构形式完全不同的系统,每个系统都有其特点和适用范围,每种系统又有多种不同结构。因此相应的电控系统也是多样化,而且各种电控系统的执行器都比较复杂。执行器也是柴油机电控系统的关键技术和技术难点。

课题二　位置控制式电控喷油系统

1982 年,ECD-V1 应用于丰田 2L-TE 型 4 缸增压、缸径 × 冲程为 92 × 92 非直喷柴油机上。该机标定功率 70.5kW,标定转速 4 000r/min。ECD-V1 是将 Bosch VE 型分配泵改为电控喷油泵,结构见图 5-3。该系统保留了 VE 型分配泵控制油量的供油量调节套筒(有的称溢油环或滑套),取消了机械调速器,代之以供油量控制电磁阀,通过杠杆来改变供油量调节套筒的位

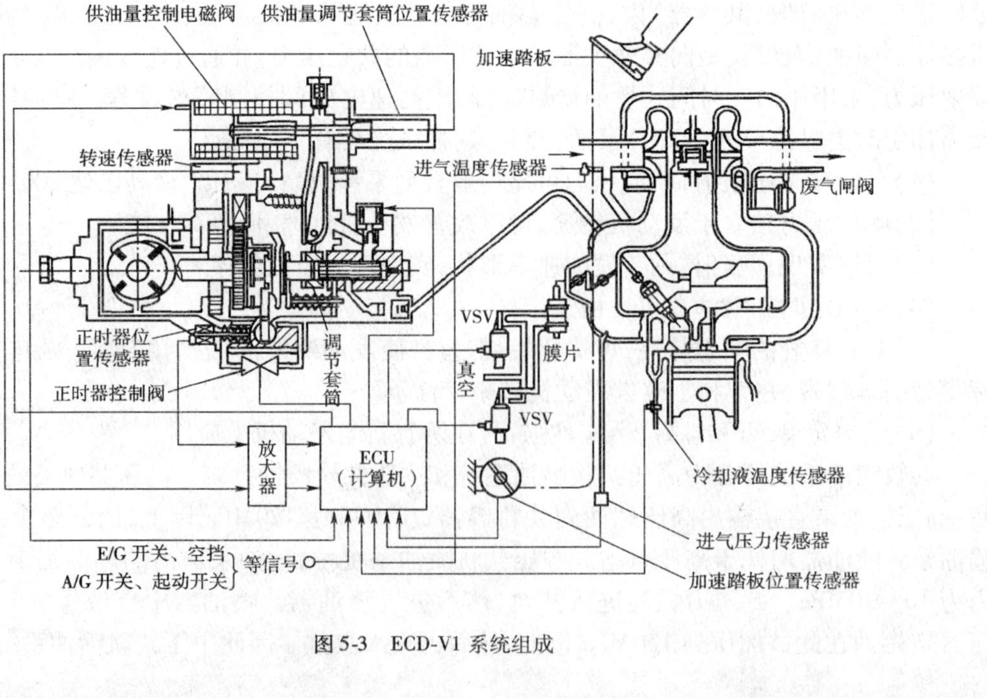

图 5-3　ECD-V1 系统组成

置，以实现喷油量的控制。同时，还通过供油量调节套筒位置传感器的反馈信号，实现闭环控制。ECD-V1 系统保留了 VE 型分配泵的液压式喷油提前器，增设一个正(定)时器控制阀，以实行喷油定时的电子控制。

1. ECD-V1 系统的控制功能及组成

ECD-V1 系统的组成如图 5-3 所示，其控制功能示于图 5-4。

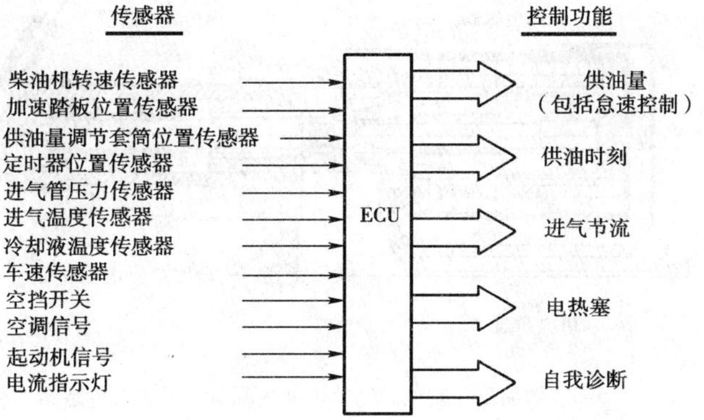

图 5-4　ECD-V1 系统的控制功能及传感器

电控柴油喷射系统的控制部分一般由传感器、电控单元(ECU)和执行器等 3 部分组成。传感器的功用是实时检测柴油机与车辆的运行状态、驾驶员的操作意向和操作量等信息，并将其传输给电控单元。电控单元的核心部分是计算机，它与系统中设置的软件一起负责信息的采集、处理、计算等，并将运行结果作为控制指令输出给执行器。执行器的功用是按照电控单元的控制指令，调节供油量和供油定时。

2. 供油量的控制

在 ECD-V1 系统中，电控单元(ECU)根据加速踏板位置传感器和柴油机转速传感器的输入信号，首先算出基本供油量。然后根据来自冷却液温度、进气温度和进气管压力等传感器的信号以及起动机信号，对基本供油量进行修正。再按供油量调节套筒位置传感器信号进行反馈修正之后，确定最佳供油量(图 5-5)。因此，不论发动机是低温起动、加速，或是在高原使用，ECD-V1 系统都能精确地确定适应柴油机运转的最佳供油量。

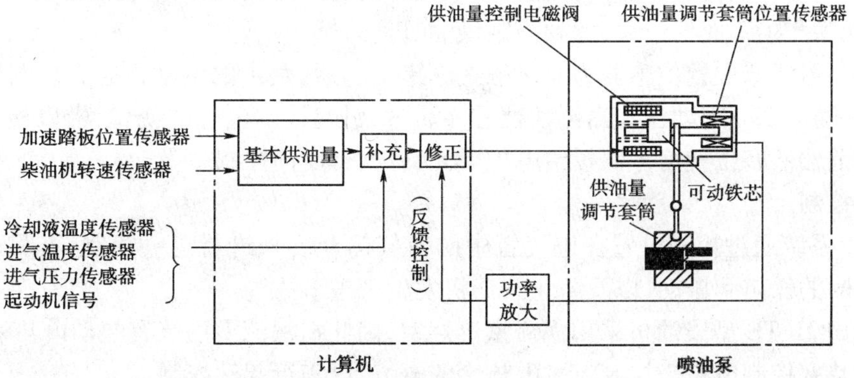

图 5-5　供油量的控制与修正

电控单元把计算和修正的最后结果作为控制信号传输给供油量控制电磁阀的电磁线圈，产生电磁力，吸引可动铁芯。控制信号的电流越大，磁场就越强，可动铁芯向左的移动量越大，通过杠杆将供油量调节套筒向右推移的越多，供油量也就越多。

供油量控制电磁阀及供油量调节套筒位置传感器如图5-6所示。

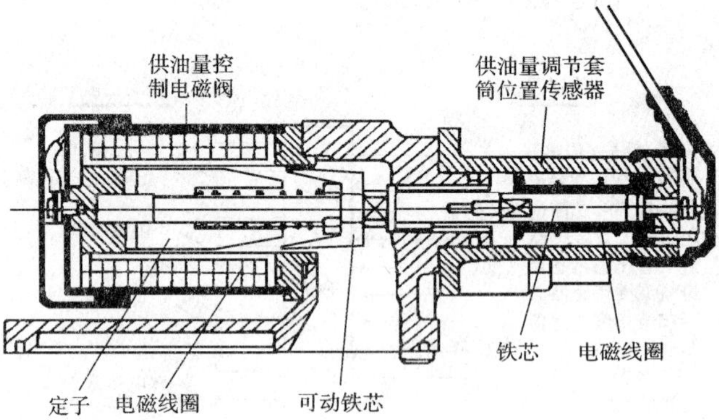

图5-6　供油量控制电磁阀及供油量调节套筒位置传感器

3. 怠速转速的控制

电控单元根据加速踏板位置传感器、车速传感器等的输入信号以及起动机信号，决定何时开始怠速控制，并根据冷却液温度传感器、空调及空挡开关等信号，计算出设定的怠速转速及相应的供油量。为了使设定的怠速转速保持稳定，还需根据柴油机转速的反馈信号，不断对供油量进行修正。

4. 供油定时的控制

电控单元首先根据柴油机转速和加速踏板位置等传感器的输入信号，初步确定一个供油时刻，然后根据进气管压力、冷却液温度等传感器的信号和起动机信号再进行修正（图5-7）。电控单元根据最后确定的供油时刻，向供油定时控制阀的线圈通电，可动铁芯被电磁力吸引，压缩弹簧向右移动，打开喷油提前器由高压腔通往低压腔的油路，使喷油提前器活塞两侧的压差缩小，活塞向右移动，供油时刻推迟，即供油提前角减小。

供油定时控制阀是电磁阀，通过其线圈的电流是脉冲电流，电控单元通过改变脉冲电流的占空比，来改变由喷油提前器的高压腔到低压腔的流通截面积，以调整喷油提前器活塞两侧的压力差，使活塞产生不同的位移，达到控制供油时刻的目的。

喷油提前器活塞位置传感器为非接触式电感传感器，其中的可动铁芯直接与喷油提前器活塞相连，并随活塞一起动作。当可动铁芯移动时，引起线圈电感的变化，借以检测活塞的位置。喷油提前器活塞位置信号回授给电控单元，以实行反馈控制。

5. 其他控制

ECD-V1 系统通过控制设置在进气管中的节气门开度来进行进气控制，其目的是降低柴油机低负荷时的噪声和振动，以及防止柴油机发生飞车事故。

由于丰田2L-TE型柴油机采用涡流室燃烧室，因此在涡流室内装有起动电热塞。ECD-V1系统通过电热塞控制电路来控制流过电热塞的电流，以实行起动控制。

此外，系统还具有故障自诊断及后备控制等功能。

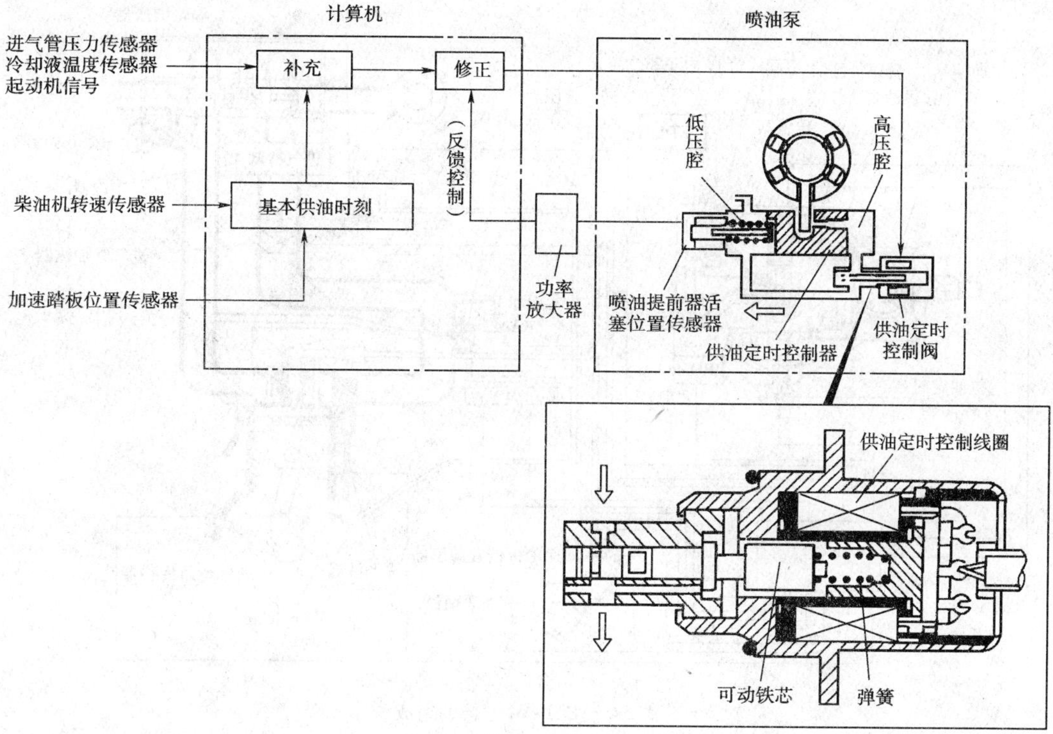

图 5-7　供油定时的控制

课题三　时间控制式电控喷油系统

1. ECD-V4 系统的组成

ECD-V4 系统是在 ECD-V3 基础上改进设计而成的。增加了若干新机构，是一种新型的电子控制式分配泵，其组成如图 5-8 所示。

ECD-V4 系统中的供油泵采用 DPA 型分配泵的内凸轮压油机构，从而提高了喷油压力（130MPa）。同时，系统装置了具有高响应特性的电磁溢流阀和电子驱动单元（EDU），以及用来修正供油量和供油定时的 ROM（只读存储器），这使得 ECD-V4 系统的控制精度和响应速度均有较大的提高。ECD-V4 系统取消了供油量调节套筒及其操纵机构，使结构进一步得到简化。

2. 供油量的控制

电控电元（ECU）根据加速踏板的位置和柴油机转速算出基本供油量之后，再按照进气压力、进气温度和燃油温度等的高低对基本供油量进行修正，最后确定出最佳供油量。

柴油机起动时，ECU 根据柴油机转速和冷却液温度计算起动供油量。在增压状态下，则根据进气管压力传感器信号计算进气量，并按照进气量的多少增减供油量。

最佳供油量确定之后，ECU 通过安装在供油泵上的电磁溢流阀控制供油泵的供油持续时间，借以控制循环供油量。控制方法如图 5-9 所示。

当供油泵的滚柱在内凸轮的下降段滚动时，ECU 不对电磁溢流阀通电，电磁溢流阀保持

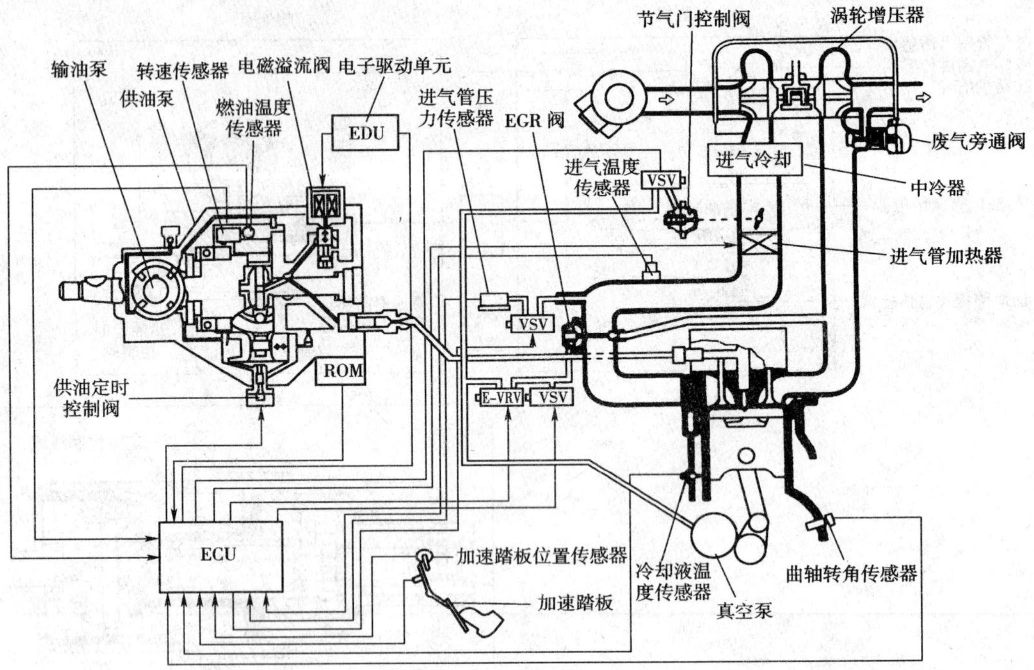

图5-8　ECD-V4 系统的组成

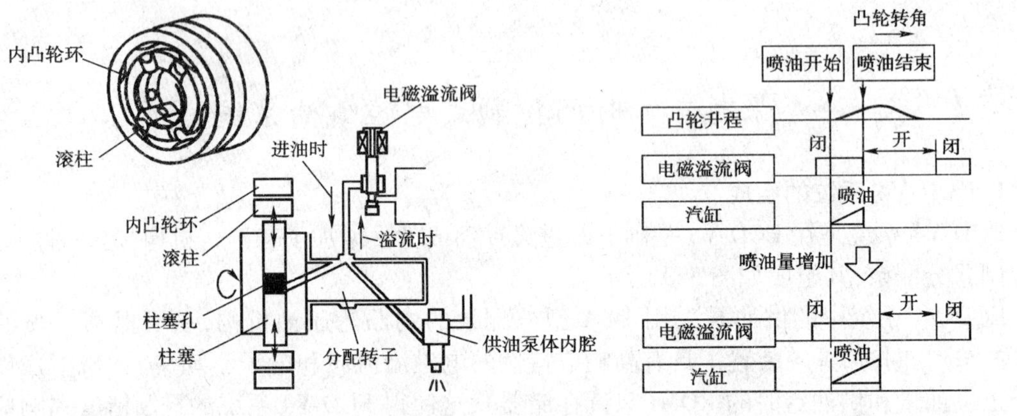

图5-9　供油量控制方法

着开启状态,燃油自供油泵体内腔经电磁溢流阀进入柱塞孔。在滚柱滚上内凸轮的上升段之前,ECU 对电磁溢流阀通电,电磁溢流阀关闭,这时燃油在柱塞孔内不进不出。当滚柱开始滚上内凸轮的上升段时,所对应的曲轴转角即为供油始点,油泵开始供油。柱塞孔内的燃油由于受到柱塞的压缩而提高了压力,高压燃油经分配转子和喷油器喷入汽缸。供油持续一定时间后,完成循环供油量的喷射,ECU 对电磁溢流阀断电,电磁溢流阀开启,高压燃油经电磁溢流阀溢出,进入供油泵体内腔,柱塞孔内的燃油降压,喷油器停止喷油。显然,供油始点决定于供油泵内凸轮形面的形状,而供油终点则决定于电磁溢流阀开启的时刻。电磁溢流阀开启得越迟,供油的持续时间越长,供油量越多,即电控单元通过控制由供油始点到电磁溢流阀开启这段时间来控制供油量。

ECD-V4 系统中的电子驱动单元(EDU)实际上是一个放大器,它将 ECU 输出的弱信号 放大为强信号,以便能够快速驱动在高燃油压力下工作的电磁溢流阀。

3. 怠速转速的控制

ECD-V4 系统的怠速转速控制与 ECD-V1 系统相似,只是在暖机过程中,ECU 将增加供油量,使怠速转速提高,即所谓快怠速功能。

4. 供油定时的控制

ECD-V4 系统的供油定时控制方法与 ECD-V1 系统相同。

5. 其他控制

ECD-V4 系统除保留了 ECD-V3 系统所有的各种控制功能外,还增加了废气再循环控制功能,通过 EGR 真空电磁阀(VSV)和 EGR 阀对废气再循环数量进行控制,以降低 NO_X 的排放。

课题四 燃油分配管(共轨)式电控柴油喷射系统

20 世纪 90 年代研制出一种全新的燃油喷射系统——电控共轨燃油系统。该系统正式问世时间还不长,但已显示出它的巨大的优越性和发展潜力。高压电控共轨燃油系统是 21 世纪新一代绿色柴油机的燃油系统。

一、典型的电控共轨式燃油系统

图 5-10 是博世(Bosch)公司的第一代高压电控共轨燃油系统。

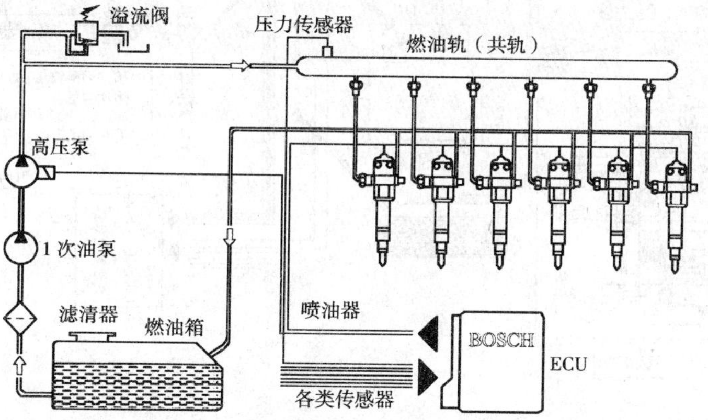

图 5-10 博世公司的电控共轨式燃油系统

该电控共轨系统的特点是:

(1)共轨压力 135MPa。

(2)可以实现预喷射。

(3)闭环控制。

(4)可用于 3 ~ 8 缸轿车柴油机,可满足欧 III 排放法规。

日本电装公司开发成功的高压电控共轨系统分为两种:

适用于轿车柴油机的 ECD-U2(P)型电控共轨系统(图 5-11)。

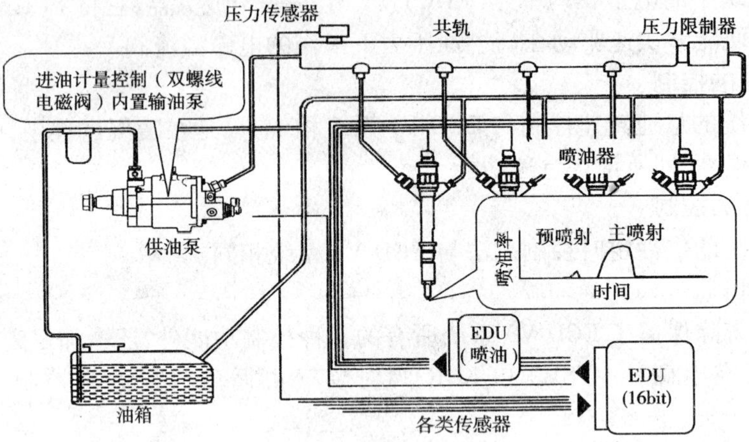

图 5-11　ECD-U2(P)型高压共轨燃油系统

适用于中型和重型载货车柴油机的 ECD-U2 型电控共轨系统(图 5-12)。

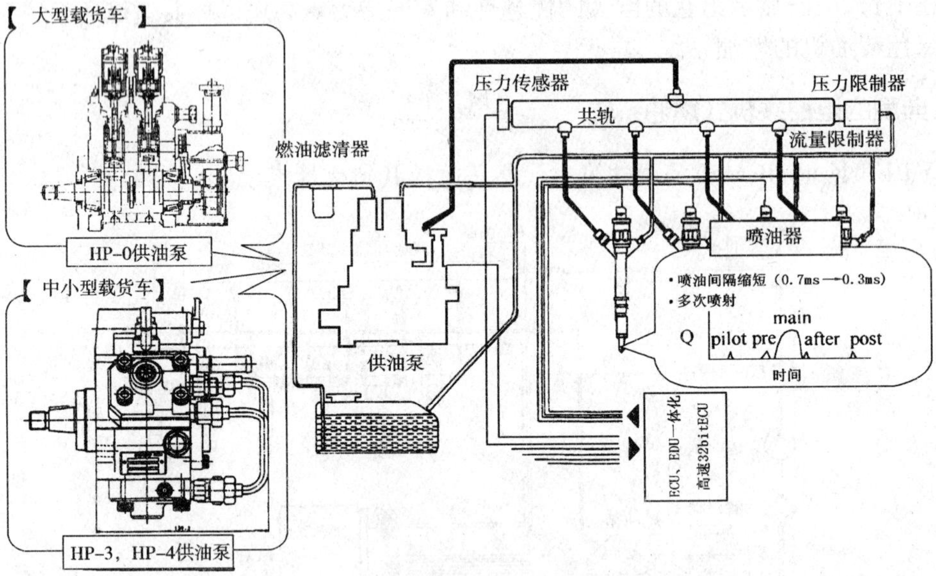

图 5-12　ECD-U2 型共轨系统

图 5-13 是博世公司电控共轨系统在 4 缸柴油机上的安装图。

由于欧洲大量使用柴油机轿车,德国博世公司的电控共轨系统在小排量轿车柴油机上得到大量应用;日本电装公司也在匈牙利开设工厂,生产小型电控共轨系统——ECD-U2(P)系统供给欧洲的轿车柴油机市场。日本国内的轿车柴油机很少,所以,日本电装公司的电控共轨系统大量应用于大排量的载货车柴油机上。

图 5-14 是 ECD-U2 电控共轨系统在载货车上的实际布置图。

二、ECD-U2(P)的工作原理

1. 控制功能(参见图 5-11)

1)喷油量的控制

ECU 根据加速踏板位置和柴油机转速等传感器的信号确定基本喷油量,再按进气管压力和燃油温度等传感器及起动开关输入的信息进行修正,最后计算出最佳喷油量,并向喷油器通电。ECU 通过控制通向喷油器的电脉冲宽度(通电时间)来控制喷油量。

2)喷油定时的控制

ECU 根据加速踏板位置和柴油机转速确定基本喷油时刻,再按进气管压力和冷却液温度等传感器以及起动开关输入的信号进行修正,最后确定出最佳喷油时刻,ECU 按此时刻向喷油器通电,即 ECU 对喷油器通电的时刻决定了喷油始点。

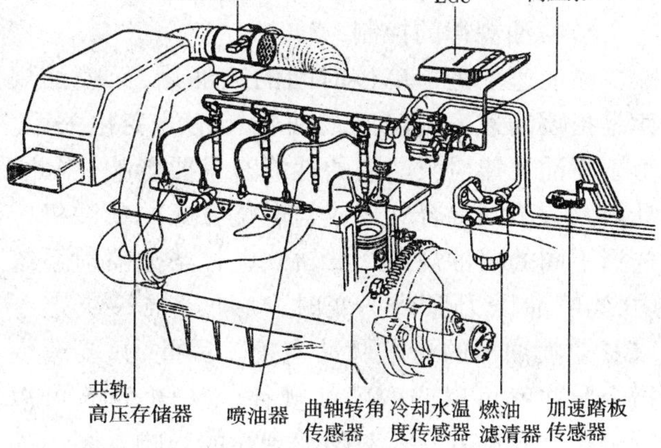

图 5-13　装用博世共轨系统的 4 缸柴油机

3)喷油压力的控制

喷油压力等于燃油分配管内的燃油压力。在燃油分配管上设置燃油压力传感器和压力限制阀,后者用来防止燃油分配管内油压过高(图 5-11)。

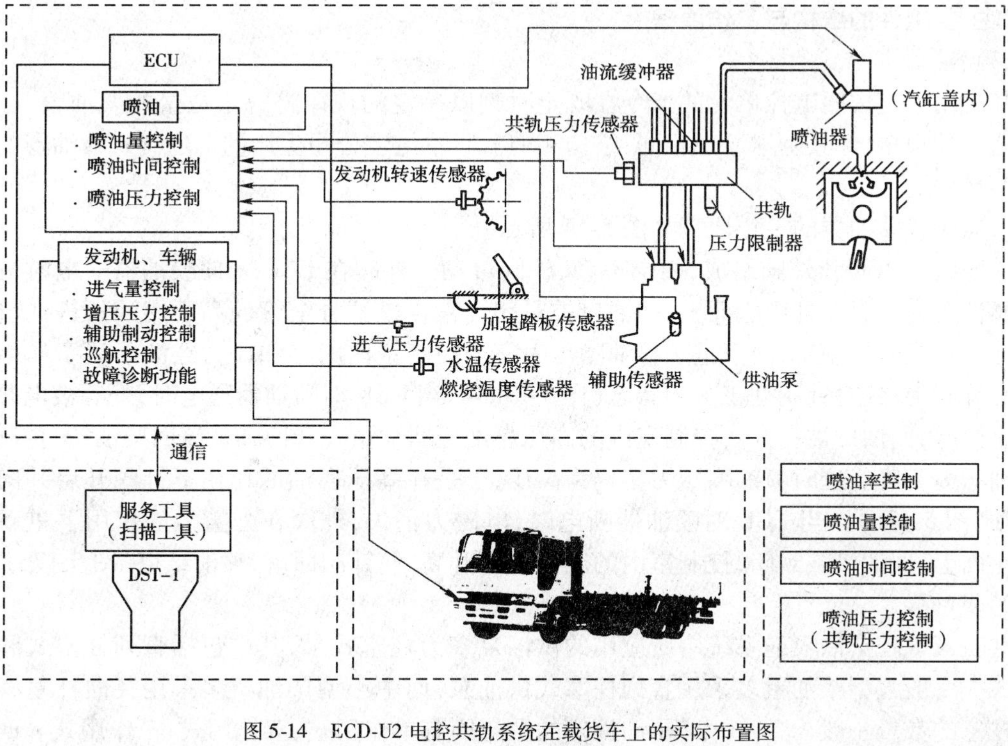

图 5-14　ECD-U2 电控共轨系统在载货车上的实际布置图

共轨式电控柴油喷射系统容易实现喷油压力的独立控制。电控单元根据柴油机工况的要求，对燃油分配管内的油压进行调节，并根据燃油压力传感器的信号，对油压进行反馈控制，使燃油分配管内的油压稳定于目标值。当油压低于目标值时，ECU 对供油量控制阀通电，控制阀关闭，供入燃油分配管内的燃油数量增多，油压增高；相反，当油压高于目标值时，ECU 对供油量控制阀断电，控制阀开启，部分燃油经控制阀流回供油泵的低压油腔，供入燃油分配管内的燃油数量减少，油压降低。

4）喷油规律的控制

喷油速率是指单位时间的喷油量，而喷油规律是指喷油速率随时间或曲轴转角的变化关系。由于喷油规律对柴油机的性能有重要影响，因此，针对具有不同混合气形成与燃烧方式的柴油机应选择不同的喷油规律。共轨式电控柴油喷射系统中，当喷油压力保持不变时，喷油量惟一决定于 ECU 对喷油器的通电脉冲宽度。因此，只要改变指令脉冲就可以改变喷油规律。从图 5-15 可以看出指令脉冲的变化对喷油规律的影响。图中喷油量较大的喷射过程称主喷射，而在主喷射之前且喷油量很少的喷射过程称作预喷射。预喷射可以缩短主喷射的着火延迟期，并可降低 NO_X 的排放。

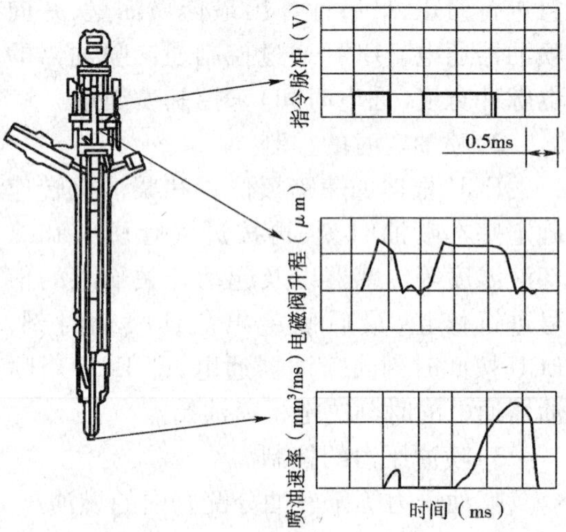

图 5-15　喷油规律的控制

2. 主要组件的结构与工作原理

1）喷油器

其功用就是按照电控单元的指令在既定时刻以一定的规律将一定数量的燃油喷入汽缸。喷油器品种很多，但其基本原理相同，结构相似。日本电装公司生产的二通阀式喷油器的结构如图 5-16 所示。

二通阀式喷油器的工作原理如图 5-17 所示。

二通阀由内阀和外阀组成，内阀不动，外阀可动。外阀在 ECU 未向喷油器通电时被弹簧力和燃油压力压紧在外阀座面上，回油口被封闭。来自燃油分配管的高压燃油从进油口向上经进油量孔进入控制室，向下进入喷油嘴压力室。控制室内的燃油压力经油压活塞作用到喷油嘴的针阀上，这时针阀处于关闭状态（图 5-17a）。当 ECU 对喷油器通电时，外阀被电磁力吸引向上提起，回油口被打开。控制室内的高压燃油经回油量孔和回油口流回柴油箱，控制室内的燃油压力下降。这时喷油嘴压力室仍为高压，于是在高压燃油的作用下针阀开启并向汽缸内喷油（图 5-17b）。当 ECU 对喷油器断电时，电磁力消失，外阀在弹簧力的作用下重新压在外阀座面上，回油口被封闭，控制室内的燃油压力升高，使针阀回落，喷油结束（图 5-17c）。

2）供油泵

共轨式电控柴油喷射系统中所应用的供油泵多为柱塞式泵，其中包括直列柱塞式和径向柱塞式。一般大型柴油机多采用直列柱塞式供油泵，而中小型柴油机多采用径向柱塞式供油泵。柱塞的数量一般为 2～3 个，驱动柱塞的凸轮则有单作用式、双作用式、三作用式和四作用

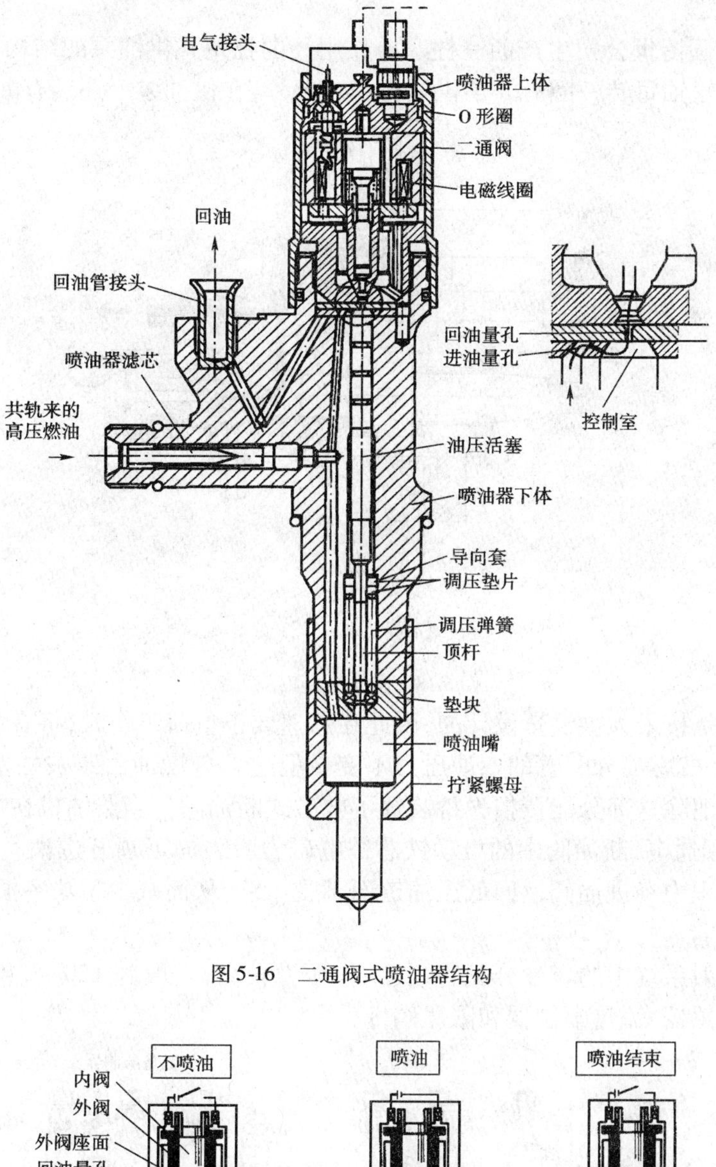

图 5-16　二通阀式喷油器结构

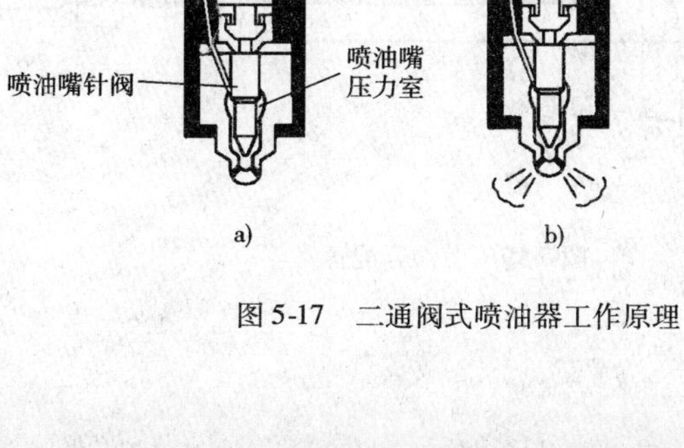

图 5-17　二通阀式喷油器工作原理

式等多种形式。

图 5-18 为德国博世公司生产的三柱塞单作用径向柱塞式供油泵的结构简图。3 个柱塞互成 120°夹角。凸轮轴每转一圈有 3 个供油行程。此外，在供油泵上还装有断油阀和调压阀。

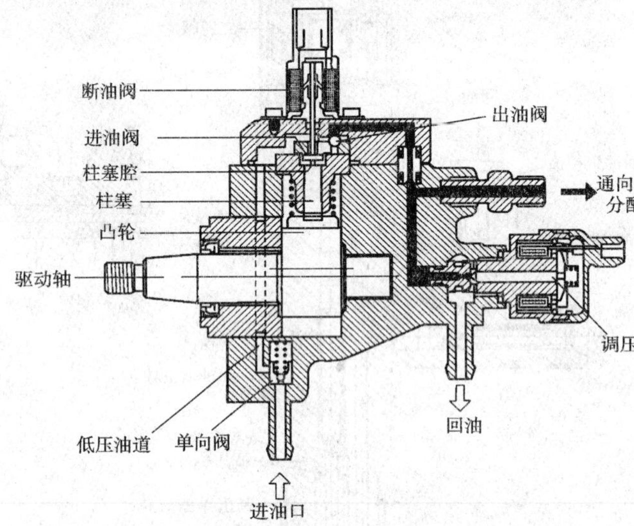

图 5-18　博世供油泵结构图

由于供油泵是按最大供油量设计的，因此在怠速或小负荷工作时，将有部分燃油经调压阀流回柴油箱，以保持燃油分配管的燃油压力不变。但这部分燃油由于被柱塞压缩而消耗了部分压缩功。为了消除这部分能量损失特装置了电磁式断油阀。当柴油机在怠速或小负荷工作时，ECU 对断油阀通电，断油阀中的可动铁芯被电磁力吸引向下顶开进油阀，使柱塞腔内的燃油在柱塞压油行程中经进油阀返回低压油道而不受压缩，从而减少了功率损失。

3）燃油分配管

电控柴油喷射系统中的燃油分配管，其工作压力较高，一般为 120 ~ 140MPa，并在其上安装有燃油压力传感器、流量限制器和限压阀等(图 5-19)。

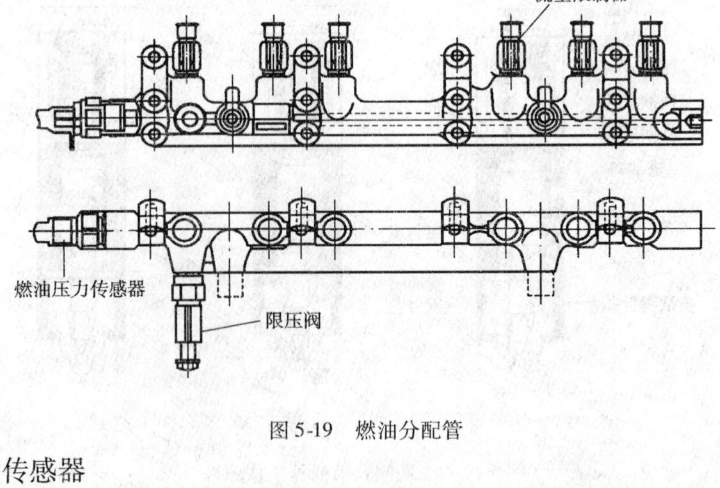

图 5-19　燃油分配管

4）燃油压力传感器

燃油压力传感器的功用是测量燃油分配管中的实时压力，并将测量结果传输给 ECU 作为燃油分配管内油压的反馈控制信号。燃油压力传感器由膜片、电路板、电器接头和外壳等构成（图 5-20）。燃油分配管内的燃油压力经燃油压力传递孔作用于由半导体压电敏感元件制成的膜片上，膜片因受压而变形，从而使膜片表面涂层的电阻值发生改变，并在电阻电桥中转换为电压信号，此电压信号经求值电路（电路板）放大后传输给 ECU。

5）流量限制器

流量限制器的功用是防止喷油器可能出现的超常喷油现象。流量限制器一端连接燃油分配管，另一端连接喷油器，其结构如图 5-21a）所示。

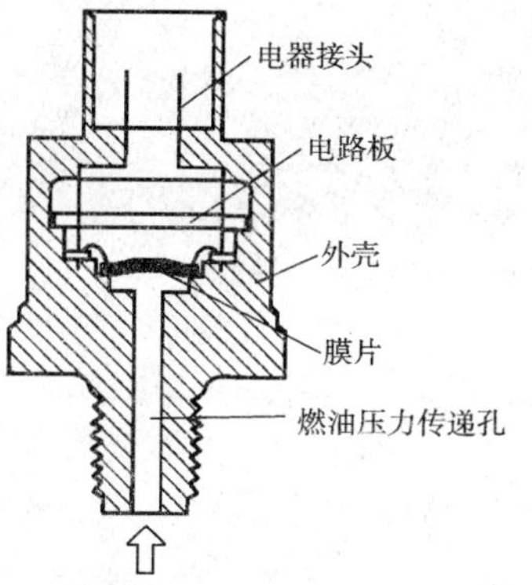

图 5-20 燃油压力传感器结构示意图

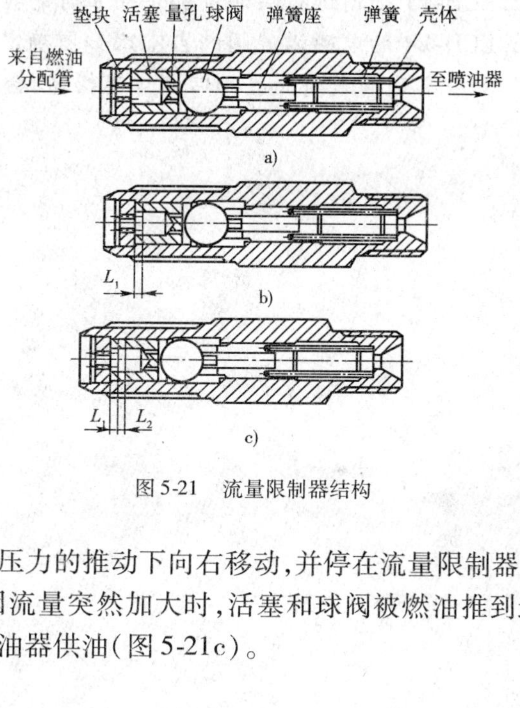

图 5-21 流量限制器结构

在正常流量的情况下，活塞和球阀在燃油压力的推动下向右移动，并停在流量限制器内的某一中间位置上（图 5-21b）。若由于某种原因流量突然加大时，活塞和球阀被燃油推到最右端，球阀压在阀座上，将出油孔封闭，终止向喷油器供油（图 5-21c）。

6）限压阀（压力限制阀）

限压阀的功用相当于安全阀，用来限制燃油分配管中的油压过高。限压阀的结构如图 5-22所示。

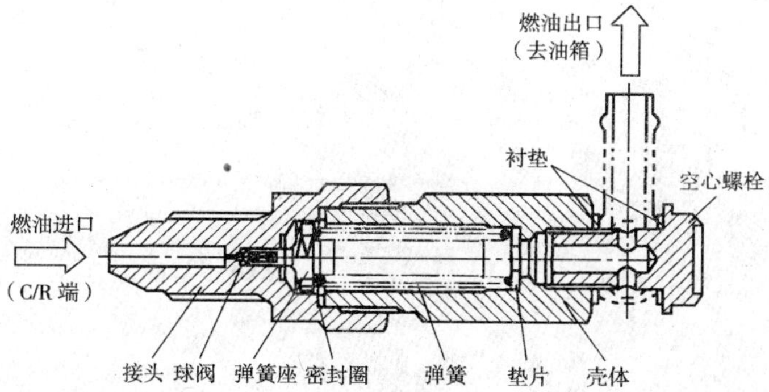

图 5-22 限压阀

当燃油分配管中的油压为正常值时，弹簧通过弹簧座将球阀压紧在阀座上。当燃油压力超过正常值时，燃油克服弹簧力将球阀顶开，部分燃油从燃油分配管经球阀、弹簧座的边缘和空心螺栓流回柴油箱，使燃油分配管中的油压下降。当油压恢复正常后，球阀又被弹簧压紧在阀座上，终止回油。

思考题

1. ECU 是什么用途？由哪些组成？
2. ECD-V1 如何进行供油量和供油正时的控制？
3. ECD-V4 的电磁溢流阀的占空比如何确定？
4. 如果二通阀式喷油器的回油口不畅通，会有什么问题？

Danyuanliu

单元六

润滑系统

知识点

1. 润滑的基本原理和保证润滑的条件；
2. 润滑油的作用；
3. 柴油机润滑系统的组成与工作原理；
4. 润滑油泵的结构与工作原理；
5. 滤清器的结构；
6. 曲轴箱通风的原理；
7. 导致润滑油过早变质的原因。

技能点

1. 进行润滑油泵的拆装与检修；
2. 拆装、清洗、更换滤清器滤芯；
3. 进行润滑油的更换与润滑系统的清洗；
4. 进行曲轴箱通风系统的拆装和清洗。

课题一　概　述

一、润滑原理

两个运动零件的工作表面（见图 6-1），从微观角度看是粗糙不平的，在相对运动中会因摩擦发热而消耗一定功率，同时引起磨损。

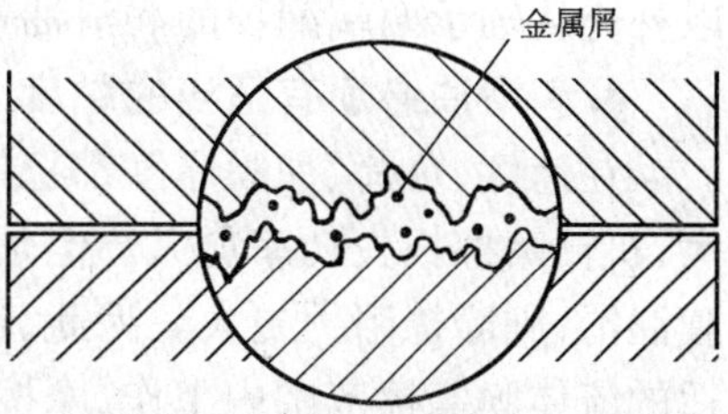

图 6-1　干摩擦零件表面局部放大图

为了减少上述磨损和功率消耗，在两个零件的工作表面之间加入一层润滑油使其完全或部分隔开，两表面的摩擦系数会减小,摩擦引起的功率消耗和磨损就大为减少。对于轴和其支座,两配合表面还会由于二者的相对运动而形成油楔,从而进一步减小摩擦阻力。

利用油楔作用形成润滑油膜的原理如图 6-2 所示。当轴在静止状态时,在自重作用下与轴承最低处 P 点相接触。由于轴与轴承接触面较小,润滑油被挤出(图 6-2a)。当轴转动时,粘附在轴表面的润滑油便随轴一起转动。由于轴与轴承的间隙成楔形,运动的润滑油会产生一定的压力,在此压力作用下,轴被推向一侧(图 6-2b)。轴的转速愈高,单位时间被带动的润滑油也愈多,压力相应地也愈大,当轴的转动达到一定转速时,轴便被油压抬起(图6-2c)。这样,油膜将轴与轴承完全隔开,使它们之间变为液体摩擦,从而减小了轴的运转阻力,减少了轴与轴承的磨损。

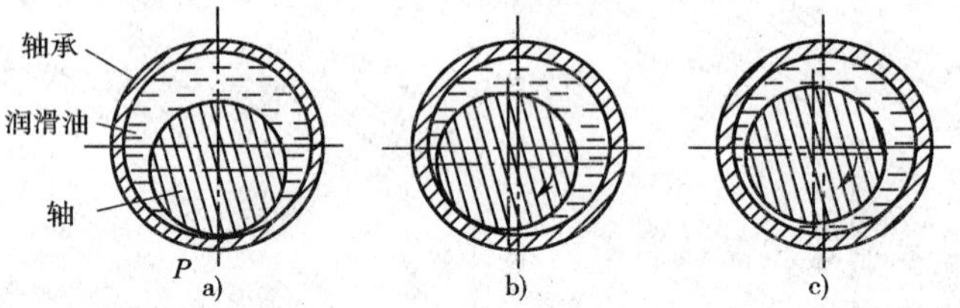

图 6-2　旋转零件的润滑油膜

同理,作直线运动的零件,其前端制有倒角时,润滑油也可楔入摩擦表面而形成油膜(图 6-3)。

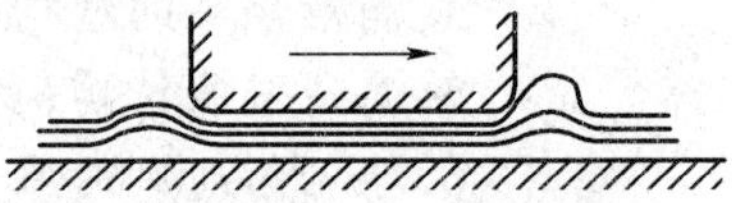

图 6-3　滑动零件的润滑油膜

为了保证发动机长期可靠地工作,发动机的各运动表面都要得到适当的润滑。

二、保证发动机润滑的条件

1. 有足够的润滑油量和合适的压力

足够的油量才能保证各个需要润滑的表面有足够的油来形成油膜,而合适的压力才能保证润滑油被可靠地送达各个摩擦表面。

2. 运动件表面之间有合适的间隙

当有足够的润滑油后,还必须使两个相对运动件之间有一定的空隙,才能让润滑油进入到两个表面之间。当两个表面逐渐收敛时,润滑油被挤压到一个窄的空间而产生一个压力,这个压力将两个表面强制分离,从而形成完整的油膜。

3. 足够快的速度

如果轴的转速不够快,它将没有足够快的速率来带动或泵压足够量的润滑油进入压力楔,以补充从轴承两端漏掉的润滑油量,其结果是无法保持完整的油膜润滑。

4. 润滑油必须有适当的黏度

在速度、负荷、油膜厚度都稳定的情况下,润滑油的黏度愈大,摩擦阻力愈大,摩擦系数愈大,机械摩擦损失功率愈大。但是,黏度过小也不行,太小了油膜承载能力不够,无法维持流体膜润滑,则摩擦阻力更大。因此,选用的润滑油黏度应与转速、负荷配合得当,机械就能处于合适的流体膜摩擦范围内工作,摩擦系数低(0.002 ~0.005),机械磨损最小,所以控制润滑油的黏度是十分重要的。

三、润滑油的作用

润滑油俗称机油，其作用有以下几个方面：

1. 润滑

在各零件的摩擦表面形成润滑油膜，减小零件的摩擦、磨损和功率消耗。

2. 清洁

发动机工作时内部会有杂质产生，也会有外部杂质侵入。如：发动机工作时产生的金属磨屑，进气带入的尘埃，燃油和润滑油中的固态杂质，燃烧时产生的固体杂质等。这些杂质中的硬质颗粒进入零件的工作表面就会形成磨料，大大加剧零件的磨损。而润滑系通过润滑油的流动将这些磨料从零件表面冲洗下来并带回到油底壳。大的颗粒杂质沉到油底壳底部，小的颗粒杂质被润滑油滤清器滤出，从而起到清洁的作用。

3. 冷却

由于运动零件受到摩擦和高温燃烧的影响，某些零件具有较高的温度。而润滑油流经零件表面时可吸收其热量，这部分热量通过润滑油散油热器（又称冷却器）和油底壳散发到大气中，起到冷却作用。

4. 密封

例如发动机汽缸壁与活塞、活塞环以及活塞环与活塞环槽之间都留有一定的间隙，并且这些零件本身也存在几何偏差，这些零件表面上的油膜可以补偿上述原因造成的表面配合的微观不均匀性。由于油膜充满在可能漏气的间隙中，减少了气体的泄漏，保证汽缸的应有压力，因而起到了密封作用。

5. 防锈防腐

由于润滑油粘附在零件表面上，避免了零件与水、空气、燃气的直接接触，起到了防止或减轻零件锈蚀和化学腐蚀的作用。

6. 降低噪声

零件工作表面之间的润滑油膜能减轻金属零件之间的撞击噪声，此外液体润滑油具有一定的吸振能力。

7. 分散应力

液体润滑油能使局部受到的集中应力分散，此外液体润滑油增大了零件的实际承压面积，因此起到缓冲局部峰值压力的作用。

课题二　润滑系的作用与组成

一、润滑系的作用

润滑系的作用就是连续不断地将润滑油以一定的压力和流量输送到各个需要润滑的摩擦表面，维持润滑油的正常工作温度，并保证润滑油的循环。

二、润滑方式

由于发动机各运动副的工作条件不同，对润滑强度的要求也不同。它取决于工作环境的

好坏,承受载荷的大小和相对运动速度的大小。发动机各部件的润滑方式主要有:

1. 压力润滑

对负荷大、相对运动速度高的摩擦面,例如:主轴承、连杆轴承、凸轮轴轴承和气门摇臂轴(因位置偏高)等都采用润滑强度较大的压力润滑。即利用润滑油泵加压,通过油道将润滑油输送到摩擦面。

2. 飞溅润滑

对外露表面、负荷较小的摩擦面,例如:凸轮与挺杆、偏心轮与汽油泵摇臂、活塞销与销座及连杆小头等,一般采用飞溅润滑。即依靠从主轴承和连杆轴承两侧漏甩出的润滑油和油雾来进行润滑。

3. 喷油润滑

某些零部件如活塞的热负荷非常严重,某些发动机(如康明斯),在缸体内部活塞的下面壁上装了一个喷嘴,将润滑油喷上活塞的底部来冷却活塞。但一般低负荷的发动机,活塞与汽缸壁之间虽然工作条件较差,为了防止过量润滑油进入燃烧室而使发动机工作恶化,都采用飞溅润滑。事实上喷油润滑与飞溅润滑没有本质区别。

4. 定期润滑

是定期定量加注润滑脂。

三、润滑系的组成与类型

发动机的润滑系统主要有润滑油的贮存部件、泵送部件、滤清部件、冷却部件、压力温度检测部件等组成,对于不同的系统稍有差别。现代柴油机根据其润滑油大量贮存的位置不同,可分为湿式油底壳和干式油底壳两大类。

1. 湿式油底壳柴油机润滑系统

图 6-4 为柴油发动机上采用最多的润滑系统之一。

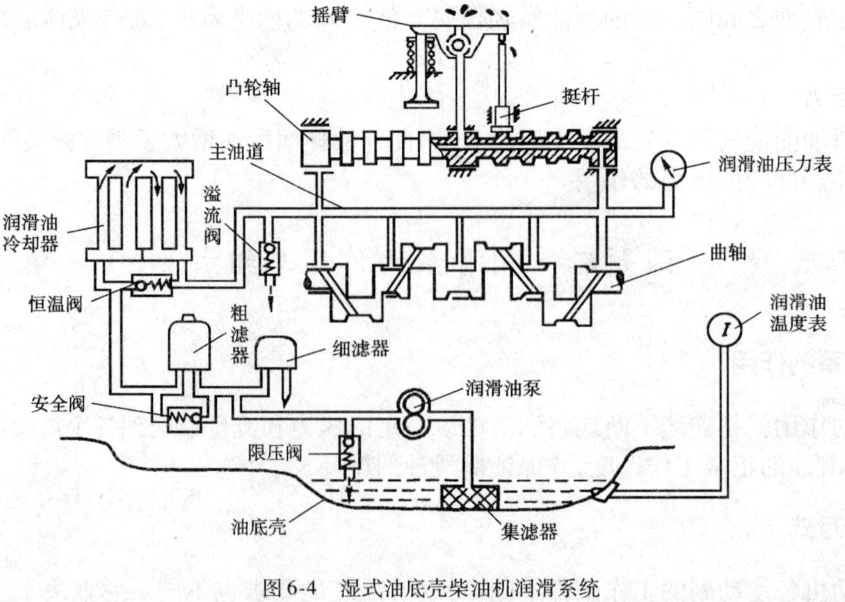

图6-4　湿式油底壳柴油机润滑系统

其主要组成及作用如下：

(1)油底壳。收集、贮存、冷却及沉淀润滑油。

(2)润滑油泵。提高润滑油压力，向摩擦表面强制供油。

(3)集滤器、细滤器和粗滤器。滤去润滑油中的杂质，以减轻零件的摩擦和磨损，防止油路堵塞。

集滤器和粗滤器的流动阻力较小，串联在油路中。细滤器的阻力较大，与主油路并联布置，润滑油经细滤器过滤后流回油底壳。流经细滤器的润滑油约占总流量的10% ~30%，流经粗滤器的润滑油则约占70% ~90%。

(4)润滑油冷却器及恒温阀。在柴油机工作过程中，润滑油将吸收摩擦产生的热量以及燃烧传导给零件的热量，润滑油温度升高。润滑油的温度若过高，不仅会加速润滑油的老化变质、缩短润滑油的使用期限，而且也使润滑油的黏度下降，润滑性能变差，导致零件磨损量增大。故在大部分柴油机的润滑油路中装有润滑油冷却器，对润滑油进行适当冷却。并联在润滑油冷却器两端的恒温阀为一单向阀，用来自动控制润滑油的冷却强度，使润滑油温度保持在最适宜的范围内。当柴油机温度较低时，润滑油的黏度较大，润滑油流过冷却器的阻力增大，润滑油压力升高，此时恒温阀开启，大部分润滑油不经过冷却器而直接由此阀流过，使润滑油温度不致降低；当润滑油的温度升高到一定数值时，恒温阀关闭，润滑油便全部流经冷却器而得到冷却，从而维持润滑油温度在一个合适的范围内。

(5)限压阀(调压阀)。它位于润滑油泵的出油道上，用来限制油路的最高油压，防止润滑油泵过载以及避免密封件损坏等。当出油道润滑油压力超过规定数值时，限压阀打开，让一部分润滑油流回油底壳。

(6)安全阀(旁通阀)。安全阀通常是装在粗滤器上并与滤芯并联，当粗滤器滤芯被污物堵塞时，润滑油流过滤芯的阻力增大、流量减少，有可能造成摩擦表面得不到良好的润滑。此时粗滤器进油管内的油压升高，安全阀被推开，润滑油不经粗滤器过滤而直接流向主油道以保证润滑。柴油机低温启动时润滑油黏度大，流动阻力大，安全阀也会开启。

(7)溢流阀。它安装在主油道上，用来保证主油道压力不致过高。油压超过正常数值时溢流阀开启，一部分润滑油流回油底壳。

☆柴油机的润滑系并不是全都装有上述4种阀，如有些柴油机用限压阀来兼作溢流阀，有些柴油机采用手操纵的转换开关来代替恒温阀。但柴油机润滑系中至少应有限压阀和安全阀。很多阀都与润滑油泵、滤清器制成一体，在一些油路图中可能并未见到，其实阀是存在的，只是未示出而已。

(8)油压表、油温表。它们分别用来指示主油道的油压和润滑油的温度。

(9)油管、油道。它们被用来输送润滑油。

2. 干式油底壳柴油机润滑系统

干式油底壳润滑系统的特点为：回流到油底壳内的润滑油不断被一只或两只吸油泵抽出，并输送到位于发动机外边的蓄油箱中，然后由另一只压油泵将润滑油送到发动机内部的润滑系统中去，见图6-5。

采用干式油底壳的目的如下：

(1)使发动机适于在纵向和横向大倾斜度条件下工作，不致使供油间断。

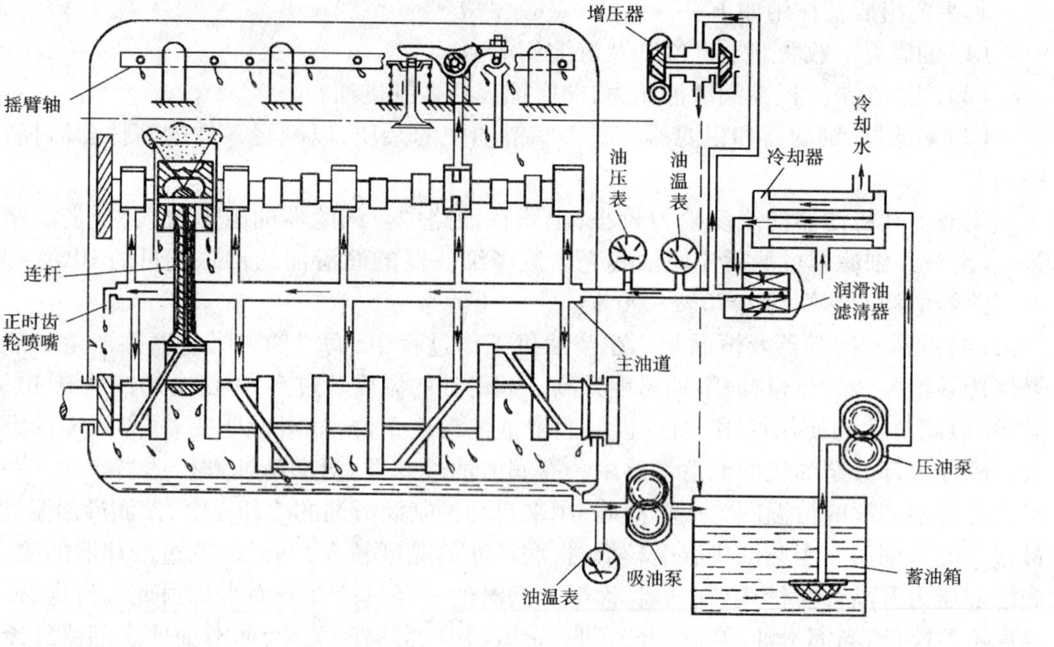

图6-5　干式油底壳柴油机润滑系统

(2)使大量的润滑油免除与曲轴箱中的高温气体接触,可以有效地减少润滑油的氧化变质。

四、典型润滑油路

公路工程机械用柴油机润滑油路布置基本相同,这里介绍公路工程机械常用的几种具有代表性的发动机润滑系统。

1. 小松 6D105 润滑系统

图6-6为小松6D105柴油机润滑油路。柴油机工作时润滑油经过集滤器过滤后被吸入润滑油泵,从润滑油泵排出的润滑油经润滑油滤清器滤清后进入柴油机各润滑部位。

进入柴油机的润滑油分5路:如图6-6所示,油路①中的润滑油经曲轴上的斜油道进入各连杆轴承进行润滑,同时借离心力飞溅到汽缸壁与活塞配合面,并由活塞冷却器利用润滑油控制活塞的温度;油路②中的润滑油去润滑配气机构,润滑油由主油道进入凸轮轴油道润滑凸轮轴承,同时经汽缸盖油道去润滑摇臂轴承和气门导管,从汽缸盖流回的润滑油则润滑从动件和凸轮工作表面;油路③中的润滑油去润滑正时齿轮室内的各传动齿轮;油路④将润滑油引入废气涡轮增压器,润滑其浮动轴承;油路⑤中润滑油则对喷油泵进行润滑。

2. 康明斯 N 系列润滑系统

康明斯柴油机润滑系统可分为全流量冷却式润滑系统和用于大凸轮轴颈(21/2in)N系列的变流量冷却式润滑系统,现分别叙述如下:

全流量冷却式润滑系统的润滑油流向如图6-7所示。

工作时,润滑油经集滤器和油管被吸入润滑油泵,加压后从机体前端油道横穿过去,进入柴油机左侧的润滑油冷却器,在润滑油冷却器中冷却以后,一部分润滑油送到润滑油细滤器后

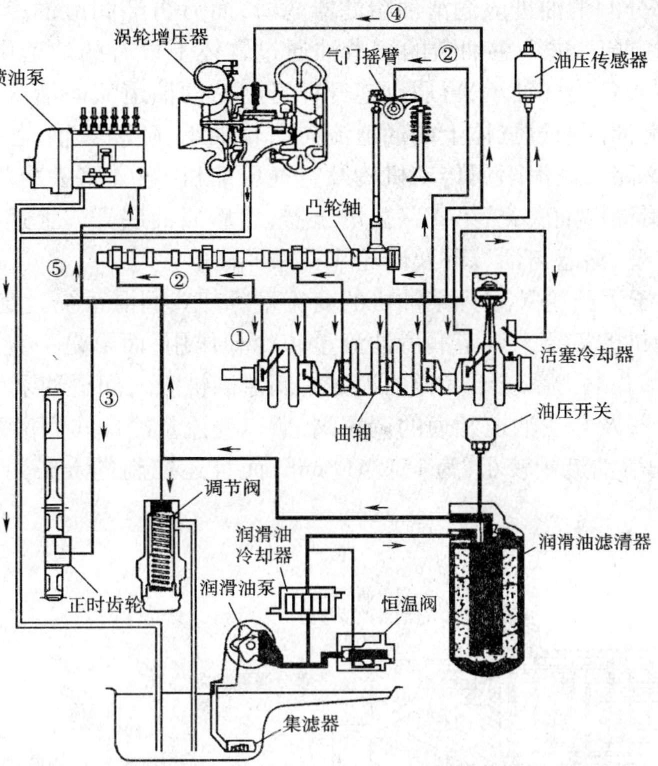

图 6-6　小松 6D105 型柴油机润滑系统

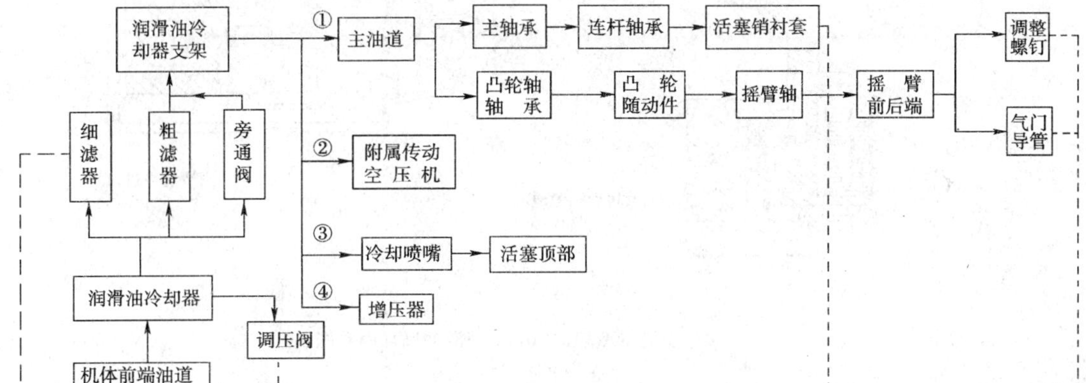

图 6-7　NH/NT、NT855 型柴油机润滑油路示意图

回油底壳。另一部分润滑油进入润滑油粗滤器滤清，而后再经润滑油冷却器前座返回而分成4路：第①路流向主油道，进入主油道的润滑油通过缸体上设有的油道供往各主轴承，然后经过曲轴上的孔道进入各连杆轴承，再通过连杆杆身上钻的油道流向活塞销和连杆小头之间的衬套，主油道的润滑油还通过缸体上的油道流向凸轮轴承、随动臂轴、各摇臂轴以及摇臂前后端和推杆等处；第②路去润滑附属传动机构及空气压缩机；第③路去冷却喷嘴，用来冷却活塞内顶部，喷出的润滑油回油底壳；第④路去增压器，然后回油底壳。上述各处的润滑油润滑后均回油底壳。汽缸壁、活塞与活塞环及凸轮靠飞溅润滑。

图6-8为应用于大凸轮N系列柴油机的变流量冷却式润滑系统。变流量冷却式（DFC）润滑系统可根据柴油机的需要来调节润滑油流量和冷却作用，而不是一直以最大流量运转。工作时，与全流量冷却式润滑系统不一样的地方是润滑油被吸入润滑油泵后，因为变流量式的润滑油泵内设有限压阀及与主油道相通的调压阀，所以变流量冷却式润滑系统主油道压力较低，为241～310kPa，润滑油流量较小，为151.4L/min，而且还控制进入柴油机主油道之前冷却的润滑油量。

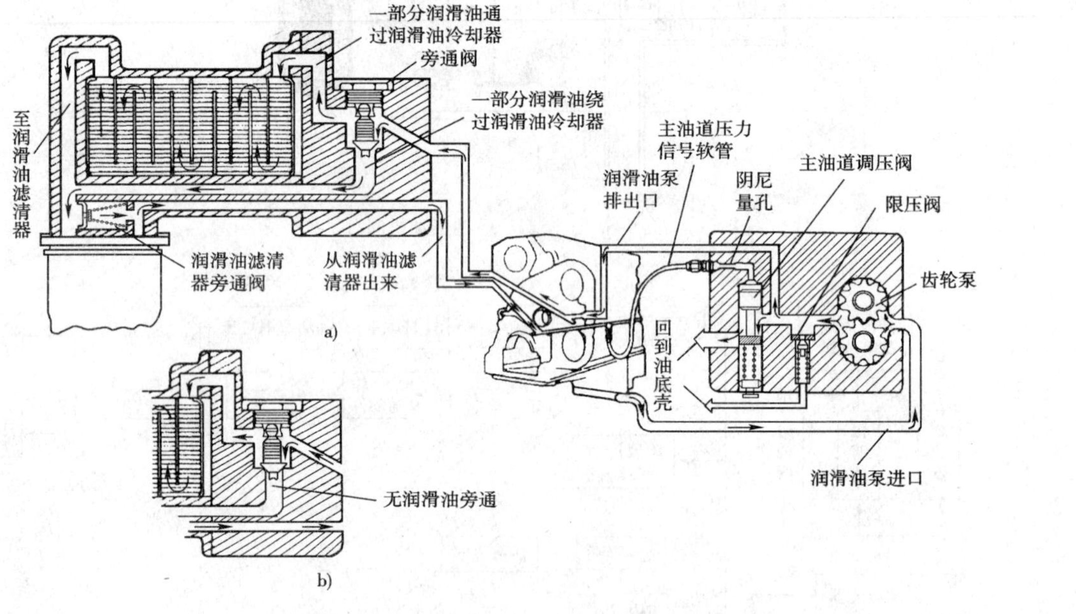

图6-8　变流量冷却式（DFC）润滑油循环油路图

a）冷态；b）热态

润滑油流量是通过两个独立回路来控制的。一个回路是具有内部调压机构和外部反馈信号软管的低流量润滑油泵回路。第二回路是包括润滑油冷却器总成中的温度控制旁通阀的回路。

工作时与全流冷却式润滑系统一样，润滑油被吸入润滑油泵加压后，从机体前端横穿油道，进入柴油机左侧的润滑油冷却器，冷却器的旁通阀根据润滑油的温度来控制进入冷却器的润滑油量，以调节润滑油的冷却作用。冷却后的润滑油（或部分冷却和部分未冷却的润滑油）进入润滑油滤清器。滤清后的润滑油流向与全流量冷却式相同。

课题三 润滑系统主要机件

润滑系的主要机件有润滑油泵、润滑油滤清器和润滑油冷却器等。

一、润滑油泵

润滑油泵通常采用转子式和齿轮式两种结构形式。

1. 润滑油泵的结构与工作原理

1)转子式润滑油泵

转子式润滑油泵由泵壳、内转子、外转子、限压阀、驱动用链轮等组成,如图 6-9 所示。

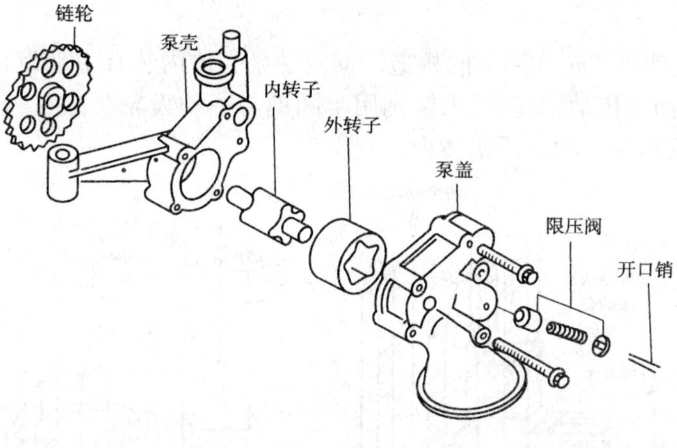

图 6-9 内外转子润滑油泵一般结构

转子式润滑油泵的工作原理如图 6-10 所示。润滑油泵工作时,内转子带动外转子朝同一方向旋转。由于内外转子不同心,而且齿数不相等(4:5),故在旋转过程中便将内、外转子之间的空腔分隔成几个互不相通、容积不断变化的空腔。正对进油道一侧面的空腔,由于转子脱离啮合,容积逐渐增大,产生真空吸力,润滑油被带到出油道一侧,这时转子进入啮合,空腔容积减小,润滑油便从齿间挤出,并经出油道压送出去。润滑油就是这样随着转子的不断旋转而连续不断地被吸入和压出。

2)齿轮式润滑油泵

齿轮式润滑油泵主要由壳体、主动齿轮、被动齿轮、润滑油泵轴等组成,如图 6-11 所示。

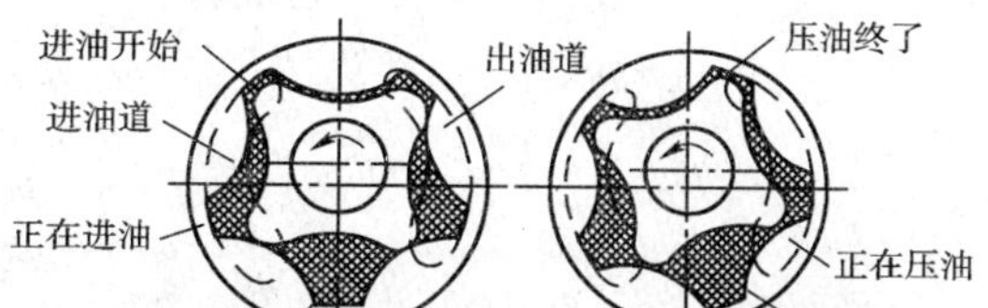

图 6-10 内外转子式润滑油泵工作原理

齿轮式润滑油泵的工作原理如图 6-12 所示。油泵工作时,主动齿轮和被动齿轮啮合旋转,进油腔容积增大,腔内产生真空度,润滑油从进油口被吸进,充满进油腔。齿轮旋转时把齿间贮存的润滑油带到出油腔内,由于出油腔一侧轮齿进入啮合,出油腔容积减小,油压升高,润滑油便经出油口压送出去。由此不断啮合旋转而连续不断地泵油,轮齿在进入啮合时,啮合齿间的润滑油由于容积变小而产生很大的推力,为此在泵盖上开出一条卸荷槽,使齿间挤出的润滑油可以通

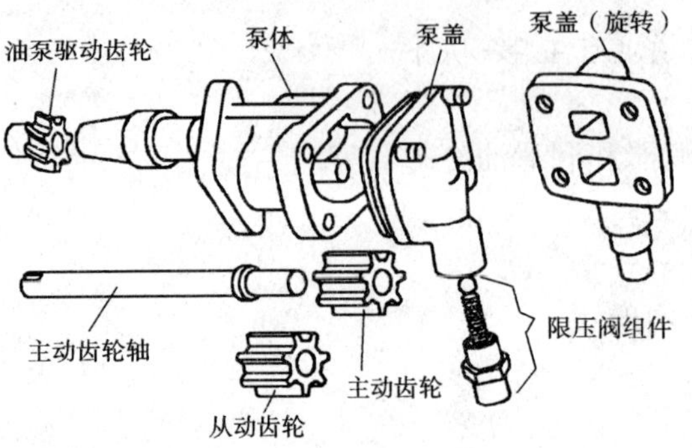

图 6-11　齿轮式润滑油泵

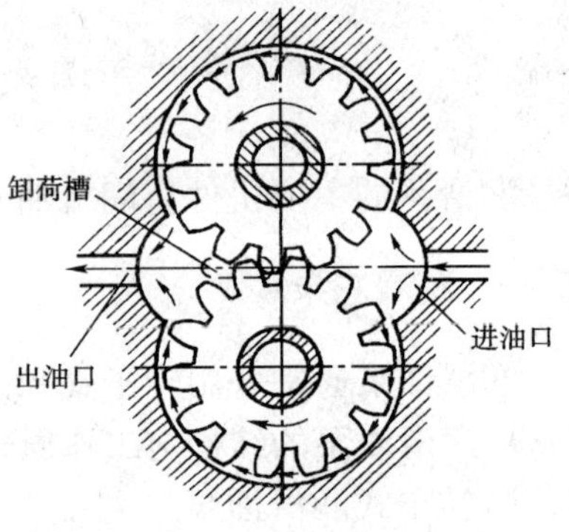

图 6-12　齿轮式润滑油泵工作原理

过卸荷槽流向出油腔。

图 6-13 是某发动机齿轮式油泵的构造。润滑油泵壳体内装有主动齿轮，主动齿轮轴上端通过连轴套与润滑油泵传动轴连接，下端则用半圆键与主动齿轮装配在一起。从动齿轮滑套在从动齿轮轴上，从动齿轮轴压入泵体内。

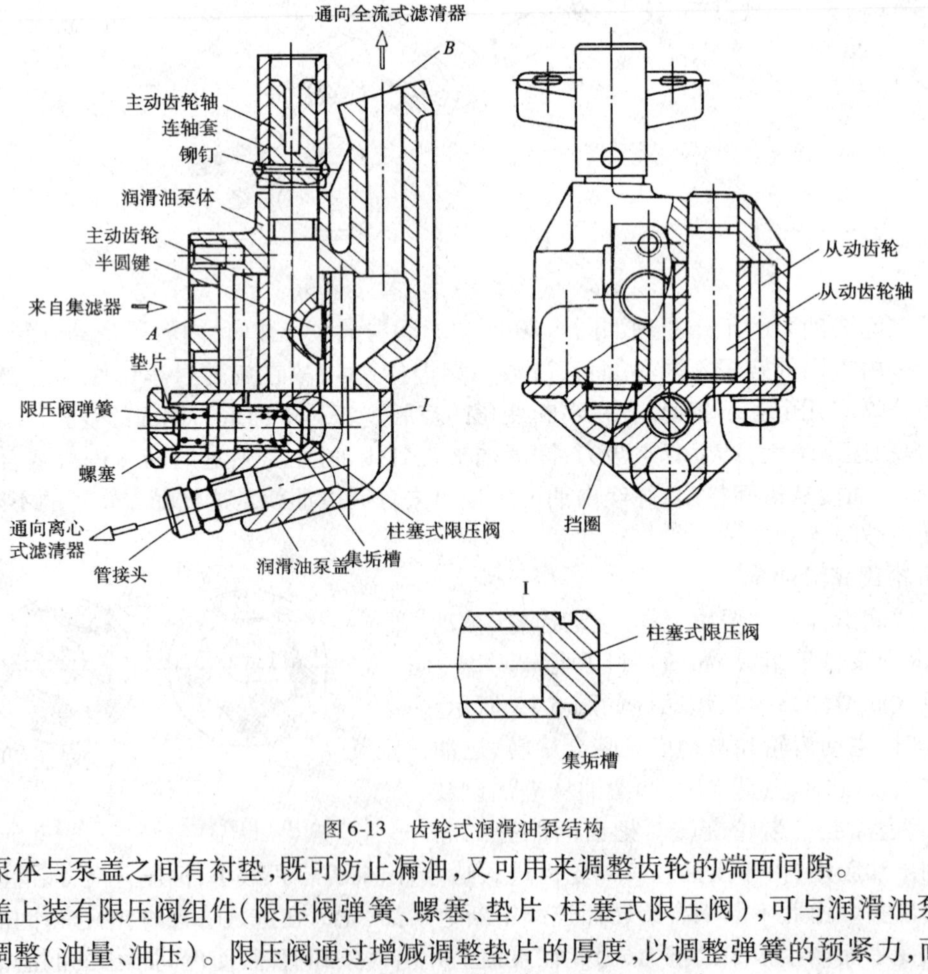

图 6-13　齿轮式润滑油泵结构

在泵体与泵盖之间有衬垫，既可防止漏油，又可用来调整齿轮的端面间隙。

泵盖上装有限压阀组件（限压阀弹簧、螺塞、垫片、柱塞式限压阀），可与润滑油泵一起进行检验调整（油量、油压）。限压阀通过增减调整垫片的厚度，以调整弹簧的预紧力，而维持主油道内的正常油压。在使用中不能因润滑油压力过低而随意改变限压阀弹簧的预紧力,因为此时油压的降低不一定是弹簧预紧力的变化所造成的。

☆有的柴油机上采用双层润滑油泵。采用双层润滑油泵有两个目的:一是有的发动机为了防止工程机械上坡时因润滑油后流而中断润滑;二是由于发动机要保持合适的润滑油温度和黏度,多在润滑系中设置润滑油散热器,将散热器并联在主油道和油底壳之间,利用进油限压阀控制。当主油道的油压因温度的升高或发动机各运动副配合间隙增大而降低时,可能造成通过润滑油散热器的油量减少,使润滑油难以得到合适的冷却。为了防止该现象的发生,采用双层油泵或两个结构完全相同的润滑油泵。主油泵的尺寸和泵油量较大,它满足主油道的供油;副油泵的尺寸和泵油量较小,专门供往润滑油散热器。在副油泵上也设有限压阀,以控制通往润滑油散热器的油压,防止润滑油散热器的管芯损坏。

2. 润滑油泵的缺陷及检修

润滑油泵的主要缺陷表现在泵油压力和泵油量两个方面。在一般情况下,润滑油泵在未拆修之前应先在试验台上检查其泵油压力与泵油量。如都符合规定值且转动中无机械碰擦响声,各部螺栓紧固都很正常,大修时可不拆修。因为润滑油泵工作中润滑充分,受力较均,在一个大修间隔期内如系正常工作,磨损是微小的。如一经拆卸,原件装复,常会出现一些故障。

经试验,如润滑油泵供油压力和供油量不足,转动中有不正常的响声,轴与齿轮晃动过大等,则必须拆检修理。

1)齿轮式润滑油泵的缺陷及检修

如图6-14a)所示,端面间隙 s 为齿轮端面与泵体、泵盖磨损量之和。

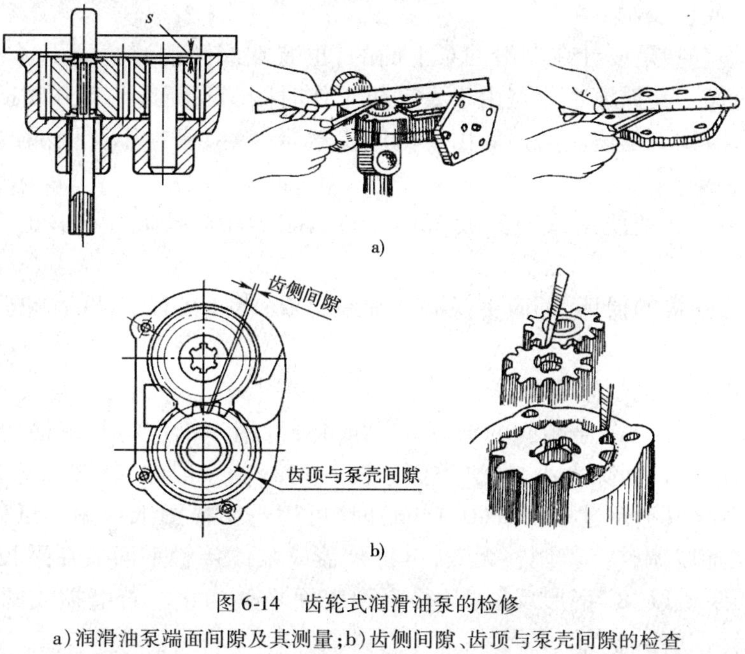

图6-14　齿轮式润滑油泵的检修

a)润滑油泵端面间隙及其测量;b)齿侧间隙、齿顶与泵壳间隙的检查

s 可用直尺及厚薄规测量,如图6-14a)所示。端面间隙也可在不拆的状况下,测量主动轴的轴向移动量,凭感觉前后推动试验(或用百分表测量)。端面间隙过大,润滑油内部泄漏过多,是造成润滑油泵供油压力不足的一个主要原因。

(1)齿轮端隙

齿轮端隙过大时,可将油泵齿轮端面置于平板上,用气门砂呈往复的"8"字形研磨,以去除端面的不平(同心圆的划痕),磨平为止,不得磨偏。

根据齿轮的高度以同样的方法研磨泵体的接合平面,边磨边用直尺及厚薄规按图6-14所示的方法测量间隙,一般为0.05~0.10 mm。

泵盖平面如磨损严重或有明显拉槽,则必须换用新的润滑油泵。

(2)齿侧间隙与齿顶间隙

齿侧间隙与齿顶间隙的测量如图6-14b)所示。

常用的齿轮式润滑油泵的齿侧间隙一般为0.1~0.2mm,使用极限0.3mm。但实际使用中发现,在大流量润滑油泵上,齿侧间隙对其性能影响并不大,有时虽然超限,但流量和压力并不会有太大的变化,因此可以继续使用。

齿顶间隙(齿顶与泵壳内腔间隙)一般为0.150~0.275mm,使用极限0.3mm。间隙达到或接近极限值时,应换用新的润滑油泵。

(3)衬套与轴的径向间隙

润滑油泵工作过程中,在衬套与轴间存在着定向的脉动压力,因此这一摩擦副就会发生磨损。如润滑油中硬杂质过多,磨损就会加剧。当轴承间隙增大后还会造成齿顶磨泵体。此间隙增大后,泵油量减少,并使供油压力减低。检查衬套与轴的间隙,可用外径百分尺和内径百分表分别测量轴及衬套孔的直径,有时也可凭齿轮的径向晃动量来判定或观察泵体齿轮室内壁有无齿顶磨损的痕迹。

(4)限压阀与阀座磨损

润滑油限压阀有些是设计在润滑油泵上面的,也有在润滑油滤清器上。密封形式有钢珠式、锥面式和平面式。其损坏主要是由于发动机工作时阀门不断地跳动开闭造成磨损,尤其当润滑油过脏时,磨损就更迅速。磨损后由于阀座接触带变坏,密封不严而漏油,造成润滑油泵泵油压力降低。

限压阀弹簧由于长期使用致使其疲劳而变软,限压阀弹簧弹力不够也会引起泵油压力下降。

无论是磨损或弹簧的损坏,都应更换润滑油泵总成,当然在有配件的情况下可以考虑更换个别零件来修复。

2)转子式润滑油泵的缺陷及检修

(1)内、外转子端面与泵盖端面的磨损。检查时,可用一钢尺将其侧横置于泵盖上,用厚薄规插入其空隙,以测得间隙大小,方法类似于图6-14a)。一般内、外转子与泵体端盖间隙为0.04~0.08mm,当间隙不超过极限值(0.1mm)时,可用透明描图纸或耐油纸做垫片,改变(减少)其厚度的方法加以调整。若调整无效,再将泵盖或泵体接触平面放在平板或玻璃上,涂上气门研磨砂,按压泵盖以"8"字形反复推磨,直到表面平整为止。若磨损或凹坑超过0.1mm,则先车削后再进行推磨。

(2)转子轴与泵体轴孔的磨损。当转子轴与泵体轴孔(或衬套)的间隙超过极限值(0.1mm)时应更换新套或新轴。

(3)内外转子齿顶的径向磨损。内、外转子齿顶的径向啮合间隙一般为0.06~0.15mm,

检查齿轮之间的啮合间隙时，仅需将厚薄规插入两啮合的轮齿中间即测得。当内、外转子配合间隙超过极限值（0.25mm）时，应成对更换内、外转子体。如磨损不严重，可将内转子翻转换面安装使用。

转子式润滑油泵配合间隙的检查与测量，如图6-15所示。

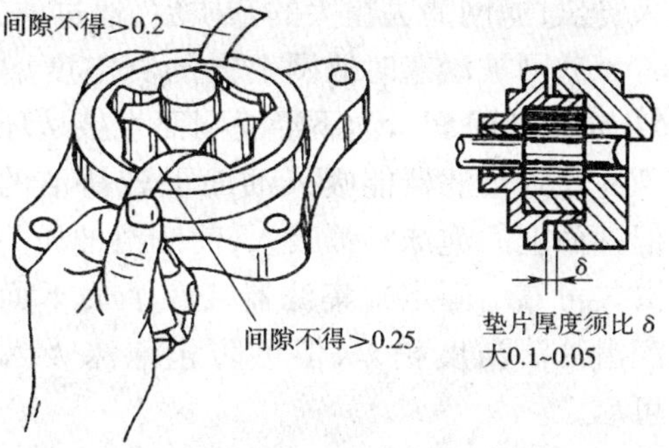

图6-15 转子式润滑油泵配合间隙检查

（4）外转子与泵体径向摩擦面之间的磨损。

外转子与泵体（径向）间隙一般为0.075～0.142mm，直接将厚薄规插入其间即可测得。当磨损超过极限值（0.20mm）时，应更换新件。

3. 润滑油泵的安装和试验时注意事项

（1）要注意转子的装配方向。外转子有倒角的一端应向里安装，即外转子有倒角的一面应先装入泵体内。

（2）润滑油泵安装后，转动应灵活自如，不得有卡滞现象。

（3）最好能在0.588MPa压力下试运转5min。除泵体与轴配合处允许有少量渗油外，其他部位不得渗油。

二、润滑油滤清器

发动机工作过程中金属磨屑、尘土、高温下被氧化的积炭、胶状沉淀物等不断混入润滑油，润滑油滤清器的作用就是滤掉这些机械杂质和胶质，保持润滑油的清洁，以延长其使用期限。润滑油在流动过程中所经过的滤清器滤芯愈细密，滤清次数愈多，将使润滑油流动阻力愈大。为此在润滑系中一般装用几个不同滤清能力的滤清器——集滤器、粗滤器和细滤器，分别并联和串联在主油道中（与主油道串联的滤清器称为全流式滤清器，并联的则称为分流式滤清器），这样既能使润滑油得到较好的滤清，而又不至于造成很大的流动阻力。

1. 滤清器的结构与工作原理

1）集滤器

为了防止较大的机械杂质进入润滑油泵，通常在润滑油泵之前安装一集滤器。集滤器一般是滤网式的，分为浮式集滤器和固定式集滤器两种。运动的机械一般都采用浮式集滤器，浮式集滤器的构造如图6-16所示。

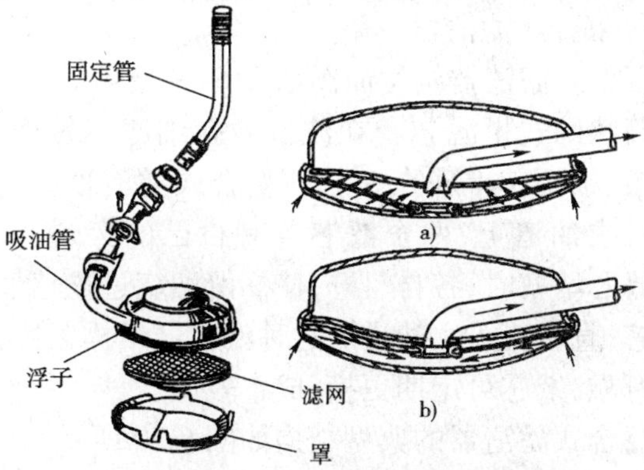

图6-16 浮式集滤器

a）滤网畅通；b）滤网阻塞

浮式集滤器由浮子、滤网、罩及焊在浮子上的吸油管所组成。浮子是空心的，以便浮在油面上。固定管通往润滑油泵，安装后固定不动。吸油管活套在固定管中，使浮子能自由地随油面升降。浮子下面装有金属丝制成的滤网，滤网有弹性、中央有环口，平时依靠滤网本身的弹性使环口紧压在罩上。罩的边缘有缺口，与浮子装合后便形成狭缝。工作时润滑油从罩与浮子之间的狭缝被吸入，经过滤网滤去粗大的杂质后，通过油管进入润滑油泵（图 6-16a）。

滤网被淤塞时滤网上方的真空度增大，克服滤网的弹力，滤网便上升而环口离开罩（图 6-16b）。此时润滑油不经滤网而直接从环口进入吸油管内，保证润滑油的供给不致中断。

浮式集滤器能吸入油面上较清洁的润滑油，但油面上的泡沫易被吸入，使润滑油压力降低，润滑欠可靠。固定式集滤器装在油面下面，吸入的润滑油清洁度稍差，但可防止泡沫吸入，使润滑可靠。

2）粗滤器

粗滤器用以滤去润滑油中粒度较大（直径为 0.05 ~0.1 mm 以上）的杂质，它对润滑油的流动阻力较小。根据滤清元件（滤芯）的结构和材质不同，粗滤器可分用为刮片式、线绕式和纸质式等 3 种。现代发动机大都采用纸质式粗滤器，见图 6-17。其壳体由铸铁上盖和钣料压制的外壳组成。滤芯用经过树脂处理的微孔滤纸制成，滤芯的两端由上下两个滤芯密封圈（环形）密封。

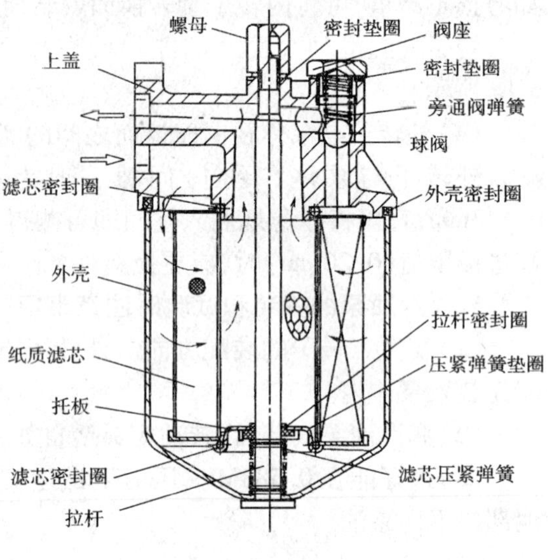

图 6-17　纸质滤芯式粗滤器

润滑油由上盖上的进油孔流入，通过滤芯后经盖上的出油孔流入主油道。当滤芯被杂质堵塞，其内外压差达到 0.15 ~0.17MPa 时，旁通阀的球阀被顶开，大部分润滑油不经滤芯滤清而直接进入主油道，以保证主油道所需的润滑油量。

图 6-18 为纸质滤芯的构造，芯筒是滤芯的骨架用薄铁皮制成，其上加工出许多圆孔。微孔滤纸一般都折叠成折扇形（图 6-18a）和波纹形（图 6-18b），以保证在最小体积内有最大的过滤面积，并提高滤芯刚度。滤芯用塑胶与上下端盖粘合在一起。

微孔滤纸经过酚醛树脂处理，具有较高的强度、抗腐蚀能力和抗水湿性能。因此，纸质滤清器具有质量小、体积小、结构简单、滤清效果好、过滤阻力小、成本低和维护方便等优点，目前在发动机上得到了广泛应用。

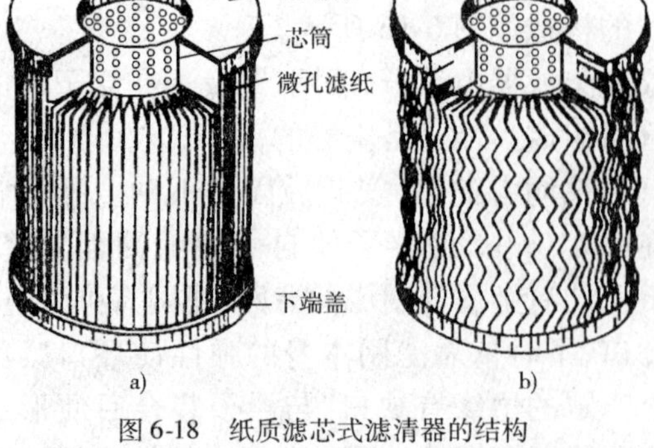

图 6-18　纸质滤芯式滤清器的结构

a）折扇形；b）波纹形

3）复合式滤清器

复合式滤清器结构简图如图 6-19 所示。

筒状网式粗滤芯套在波折微孔细滤芯外面，形成粗、细滤芯串联在一起的复合式滤清器。它串联在主油道上，两个滤芯各有自己的旁通阀。一旦滤芯堵塞时，各自打开，使润滑油绕过被堵塞的滤芯，直接流入主油道。这种滤芯器结构紧凑，工作可靠，纸芯可定期更换，成本较低。

复合式滤清器的典型结构如图 6-20 所示。

4）离心式细滤器

上述各种滤清器，按清除杂质的方法都是属

于过滤式滤清器。这类滤清器不同程度地存在以下3个问题：

（1）滤清能力与通过能力的矛盾。

（2）通过能力随淤积物的增加而下降。

（3）定时更换滤芯而使保养费用增加。

为了解决上述问题而发展了一种靠离心力来分离杂质的滤清器，称为离心式滤清器。如图6-21所示，转子轴3固定在滤清器外壳1上，转子体14上压有3个衬套13，并与转子套6连成一体，套在转子轴上可以自由转动。压紧套12将转子盖8与转子体紧固在一起后经动平衡检验。转子下面装有止推轴承4，转子上面装有支承垫9，并用弹簧10压紧以限制转子轴向窜动。弹簧的压紧力以及衬套等零件的加工质量可保证转子转速达10 000r/min左右。转子下端有两个水平安装的互成反向的喷嘴5。滤清器盖7用压紧螺母11装在滤清器壳体上使转子密封。滤清器盖与壳体具有高度的对中性，使转子达到一定转速，以保证润滑油的滤清质量。

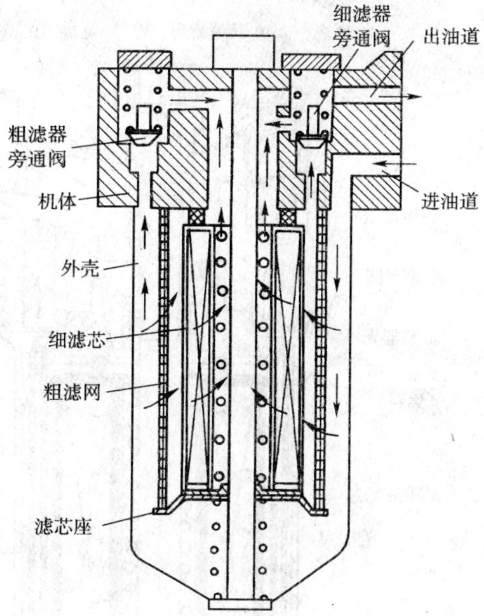

图6-19　复合式滤清器简图

发动机工作时，从润滑油泵来的润滑油进入细滤器进油孔 *B*。当润滑油压力低于100kPa时，进油限压阀19不开，润滑油不进入细滤器而全部流向主油道，以保证发动机可靠润滑。当润滑油压力超过100kPa时，进油限压阀被顶开，润滑油沿外壳和转子轴的中心孔经出油孔 *C* 进入转子内腔，然后经进油孔 *D*、油道 *E* 从喷嘴喷出，转子在喷射反作用力的推动下高速旋转（油压为0.3MPa时转子转速可高达到5 000～6 000r/min）。由于转子内腔的润滑油随着转子高速旋转，润滑油中的杂质被甩向转子盖内壁并沉淀。因此清洁的润滑油由 *D* 孔进入、再经喷嘴喷出，喷出的润滑油经滤清器出油口 *F* 流向油底壳。

润滑油温度过高时可旋松散热器开关17，润滑油通过钢球、管接头20流向冷却器。油压高于0.4MPa时，旁通阀打开，润滑油流回油底壳。

离心式滤清器滤清能力强，并且不需要滤芯。但它对胶质的滤清效果差，同时，制造和装配精度要求较高。喷嘴喷出润滑油没有压力，一般只能作分流式连接。

转子上的喷嘴又是油的限量孔，它保证了通过细滤器的油量为油泵出油量的10%～15%左右。判别转子是否旋转正常的方法，是发动机熄火后由于惯性应有轻微的嗡嗡声。否则，应检查维护。

2. 滤清器的检修

1）润滑油集滤器的检修

润滑油集滤器的滤网是最容易损坏的，损坏后较大颗粒的杂质将直接进入润滑油泵及粗滤器，加剧润滑油泵的磨损，并加大粗滤器的负担。滤网堵塞严重时，会影响发动机中、高速运行时的润滑油压力。

在检修时，要检查滤网、油管是否损坏。滤网损坏要更换，油管损坏时，可以焊修。

浮子的检查是重点。检查方法是用手握住浮子摇动，查听是否有润滑油波动声，若有声

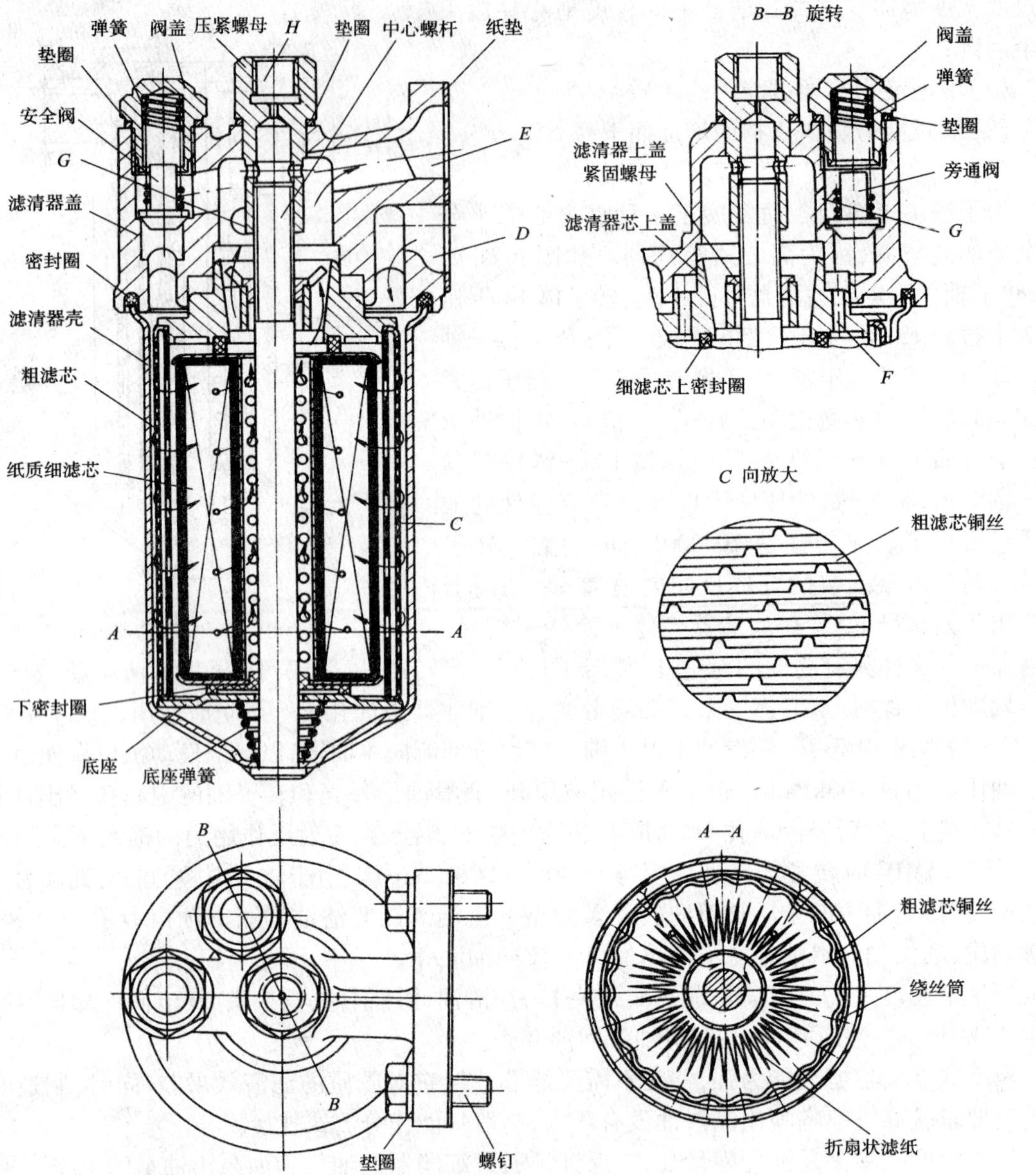

图 6-20　复合式滤清器典型结构

响，则说明润滑油渗入，应放出润滑油，焊封后继续使用。

2）润滑油粗滤器的检修

一般每运行 200h（时间视具体发动机而不同）后，都应将滤芯总成放入干净的柴油中漂洗。

金属片式和绕线式是永久性的，可用刷子刷洗，需要时可用压缩空气吹干，然后再使用。

纸质在清洗时则不宜用刷子刷洗，运行 600h 后，要同时更换纸质新滤芯总成和密封胶圈。解体后，除了要检查滤芯和密封圈外，还要检查旁通阀组件，疏通油道。装复时，不能让垫圈扭歪。必须注意的是:润滑油滤清器座上的调压阀和旁通阀是按规定压力调整的,如无故障,一般不能拆卸解体。

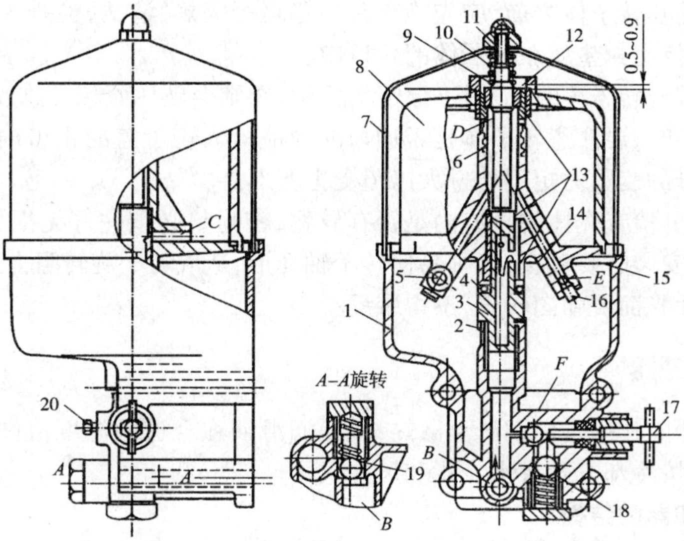

图6-21　离心式细滤器

1-壳体;2-锁片;3-转子轴;4-止推轴承;5-喷嘴;6-转子套;7-滤清器盖;8-转子盖;9-支承座;10-弹簧;11-压紧螺母;12-压紧套;13-衬套;14-转子体;15-挡板;16-螺塞;17-散热器开关;18、19-限压阀;20-管接头;*B*-滤清器进油口;*C*-出油孔;*D*-进油孔;*E*-通喷油器油道;*F*-滤清器出油道

3)润滑油细滤器的检修

(1)离心式润滑油细滤器的检查

将发动机运转至正常温度下,然后停机。用耳朵直接听或借助听棒倾听滤清器内有无"嗡嗡"声,并记下声音停止时间。如自停机至声音停止时间短于2min,即说明其工作状况不佳。时间越短其故障越严重。若声音持续少于0.5min或存在异响或有严重振动时,必须立即拆开检查,排除故障。

(2)离心式润滑油细滤器的常见故障及处理见表6-1。

离心式润滑油细滤器的常见故障及处理　　表6-1

故障现象	原　　因	处理方法
转速低或根本不转	喷嘴、转子内的油孔被异物堵塞	清洗
	转子轴承阻力大或损坏	清洗或更换轴承
	转子不密封,喷嘴螺纹缺损、松动	更换密封件或喷嘴
	喷嘴磨损	更换喷嘴
	转子上体变形,严重刮伤转子上体内壁	更换转子
振动严重、转子失去平衡	清理沉积物不彻底	重新清理
	转子上、下体安装记号不对	重新安装
	未按时维护	维护
滤清效率降低	转子内壁沉积物过多	清洗
	润滑油太脏	更换润滑油

(3)离心式润滑油细滤器的装复

离心式润滑油细滤器的装复可参考拆卸的相反顺序进行,并注意以下事项:

①装合转子盖和转子体之前,应先检查密封垫是否完好、清洁,检查转子体的止口内有无污物,然后平整地将密封垫放在转子体的止口内。

②装合转子盖与转子体时,应对准原箭头标记,否则会破坏原转子总成的平衡。在拧紧转子盖上的压紧螺母时,要注意转子体是否均匀准确地落入转子盖的止口内,做到上下兼顾,防止歪斜。压紧螺母的旋紧力矩不能过大以免受力变形。

③装外罩前,要检查壳体的止口内是否有异物,密封垫必须完好无损、清洁。外罩的下沿应无缺口、碰伤。安装时要放正,否则易使转子轴变形,造成转子旋转阻力过大的故障。

④转子止推片光面要朝向转子,不得装反。

三、润滑油冷却器

润滑油冷却器的作用是使润滑油散热,保证润滑油在合适的温度范围内工作。润滑油冷却器类型有多种,按冷却方式有水冷式和风冷式。

1. 润滑油冷却器的结构

1)水冷式润滑油冷却器

水冷式润滑油冷却器是用水作为介质冷却润滑油的一种装置。水冷式润滑油冷却器的一般结构如图6-22所示,它主要由带散热片的散热管和水冷室组成。散热管在水冷室内,串联或并联在润滑油路中,冷却水从水冷室流过,冷却润滑油。水冷式润滑油冷却器安装位置比较自由,润滑油温度不随气温而变化,起动后润滑油加热快,阻力小,但结构比较复杂。

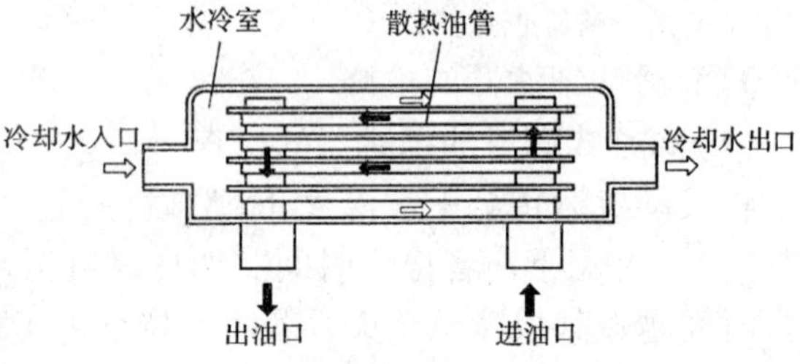

图6-22　水冷式润滑油冷却器一般结构

图6-23为135系列柴油机采用的水冷式润滑油冷却器。装在外壳内的冷却芯子是一组铜管,两端与冷却器前后盖内的水室相通。工作时冷却水在管内流动,而润滑油则在管外受隔片限制而成曲折路线流动。高温润滑油的热量通过水管上的散热片传给冷却水而被带走。

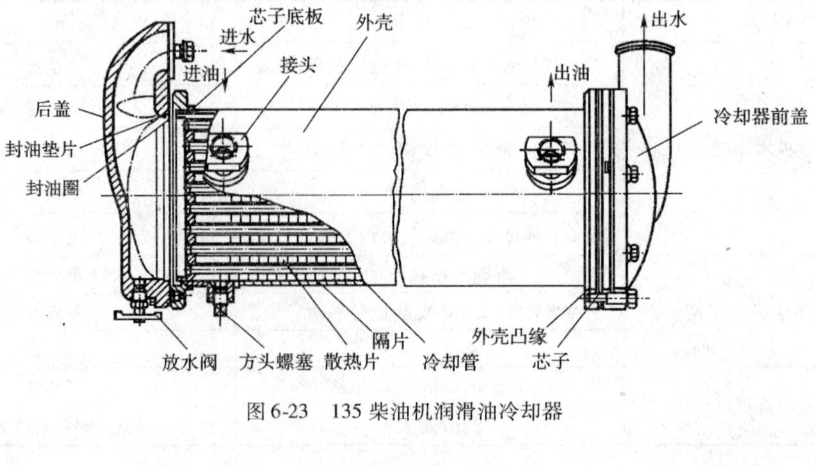

图6-23　135柴油机润滑油冷却器

图 6-24 为康明斯润滑油冷却器及其油流通道。

润滑油冷却器为 7 片板翘式润滑油冷却器，各芯片之间、芯片与底板之间的垫片焊在一起。润滑油冷却器为内藏式，安装在缸体水套内，7 块散热片浸泡在缸体水腔中，高温润滑油从进油孔流入润滑油冷却器，各散热片将热量传给冷却液，从而降低润滑油温度。

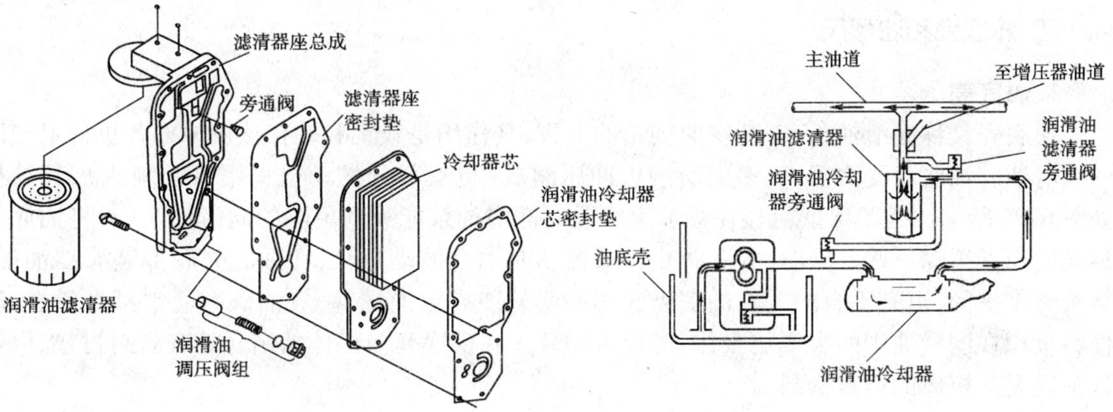

图 6-24　康明斯内置板式润滑油冷却器

发动机正常工作时，高温润滑油从油底壳经集滤器吸入油泵，润滑油被送到润滑油冷却器后再送入滤清器，然后再送到各个需润滑部位。当旁通阀两边的压力差较大时，旁通阀将打开，润滑油将直接进入主油道。

2）风冷式润滑油冷却器

风冷式润滑油冷却器是以空气为介质带走润滑油热量的一种冷却装置。风冷式润滑油冷却器一般为管片式。风冷式润滑油冷却器通常安装在发动机前面，利用风扇对冷却器中流动的润滑油进行强制冷却。润滑油冷却器既可以串联也可以并联在主油路中。

图 6-25 为风冷式润滑油冷却器的一般结构形式。为了增加散热面积，在散热油管的周围焊有许多散热片。散热油管和散热片一般采用导热性能好的黄铜制成。这种润滑油冷却器结构简单，使用可靠，且可免除冷却水渗出而进入润滑油中的可能。

风冷式润滑油冷却器的典型结构如图 6-26 所示。

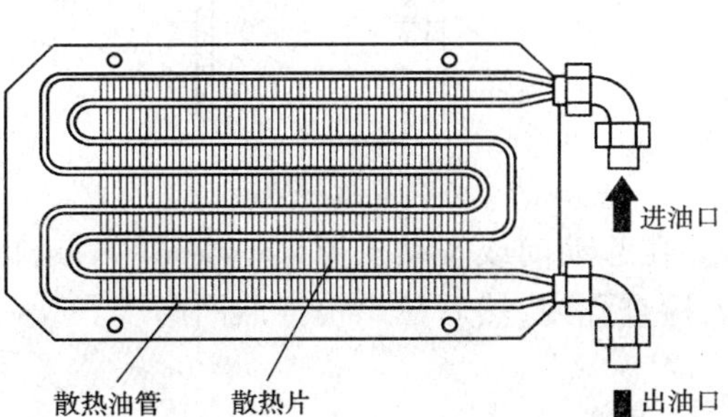

图 6-25　风冷却式润滑油冷却器一般结构

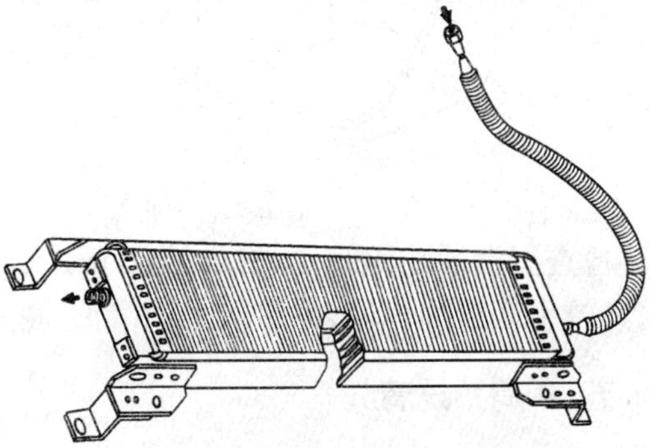

图 6-26　典型风冷式润滑油冷却器的结构

2. 润滑油冷却器的检修

（1）检查冷却器体、盖和支架有无裂纹、损坏和腐蚀，如有应更换。

(2)润滑油冷器拆卸后,冷却器芯和冷却器体要用专用的溶剂(清洗润滑油道和清洗水道用)浸泡和清洗。

(3)检查冷却器芯有无损坏或渗漏,一般情况下,如果冷却器中管子变形或损坏不超5%可以进行修理;如果超过则应更换芯子。

四、油底壳和油标尺

1. 油底壳

油底壳又称润滑油盘,安装在曲轴箱的下方,其作用是收集和贮存从机体内各机件上流回的润滑油。油底壳受力很小,多用薄钢板冲压而成(也有部分发动机采用铸铁制成),其结构如图6-27所示。为了保证机械在纵坡道行驶时润滑油泵能吸到足够的润滑油,一般将油底壳后端底面做得深一些。同时,为了防止机械振动时油面波动过大,在油底壳底部装有挡油板,挡板有水平的,也有垂直的。在油底壳底部最低处装有放油螺塞,放油螺塞通常具有磁性,以便将沉积在润滑油中的金属屑吸住,避免再循环。在油底壳与机体的结合处有密封衬垫,以保证油底壳与机体的可靠密封。

2. 油标尺

润滑油标尺用来检查油底壳中润滑油的存量。它是一根扁平杆(图6-28)插在汽缸体油平面检查孔内。标尺的一端刻有2/4、4/4的刻线,润滑油的液面应处于2/4与4/4范围内,低于2/4表示润滑油不足,将影响润滑效果,甚至引起烧瓦抱轴等机械事故,应及时补充;高于4/4表示油面过高,将造成润滑油激溅加剧,发动机运动阻力增加等,应及时放出过多的润滑油。

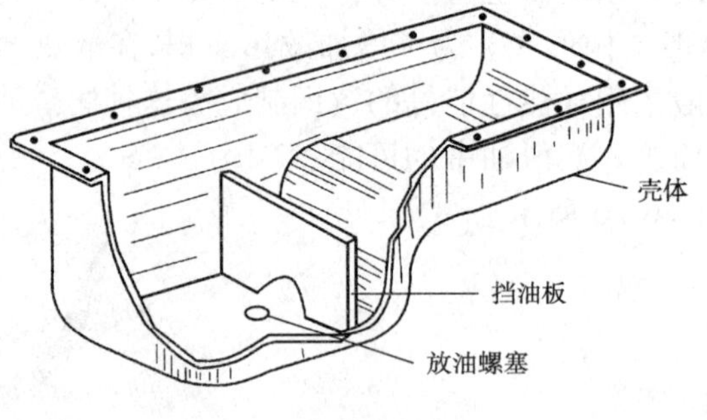

图6-27 油底壳

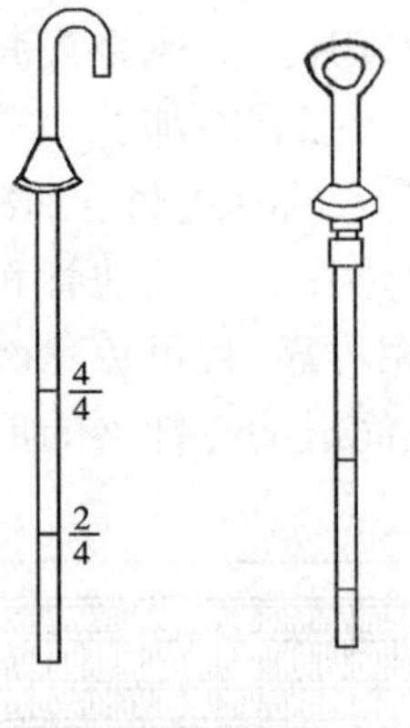

图6-28 油标尺

检查润滑油油面时,应将机械停于水平位置,并在起动前或发动机熄火一段时间后进行检查,先拉出润滑油标尺,擦尽尺上润滑油,重新插入检查孔内,然后拉出检查油面高度。

五、润滑系统清洗

随着发动机使用时间的延长,在发动机内部会积存油泥。油泥会使油流不畅,甚至堵塞油道或滤清器。在发动机二级维护时应进行润滑油道的清洗,清洗方法如下:

(1)将油底壳、润滑油滤清器与润滑油散热器中的脏润滑油放干净,再将放油螺塞拧紧。

(2)在润滑系统中加注柴油后,可起动柴油机中速运转3~5min,再把柴油放掉。这样,可以将油道中的脏润滑油清洗干净。

(3)换上新滤芯或滤清器(指一次性滤清器),再加上符合说明书规定牌号的润滑油。

课题四 曲轴箱通风

发动机运转时少量的可燃混合气和废气经活塞与汽缸壁的间隙泄漏到曲轴箱内,可燃混合气凝结后使润滑油变稀,性能变坏。废气内含有水蒸气和二氧化硫,水蒸气凝结在润滑油中形成泡沫,破坏润滑油的供给,这种现象在冬季尤为严重。二氧化硫遇水生成亚硫酸或硫酸。这些酸性物质出现在润滑系中,会使零件受到腐蚀。此外,由于可燃混合气和废气进入曲轴箱内,曲轴箱内的压力便增大,润滑油将从油封、衬垫等处渗漏出去。因此,为了延长润滑油的使用期限,减少零件的磨损和腐蚀,防止润滑油渗漏,必须使曲轴箱通风。

1. 自然通风

曲轴箱内的气体直接导入大气中去,这种通风方式称为自然通风。如图6-29所示,在与曲轴箱连通的气门室盖或润滑油加注口接出一根下垂的出气管,管口处切成斜口,切口的方向与机械行驶的方向相反。由于机械的前进和冷却系风扇所造成的气流作用,使管内形成真空而将废气吸出。

2. 强制封闭式通风

非增压柴油机强制封闭式通风装置如图6-30所示。

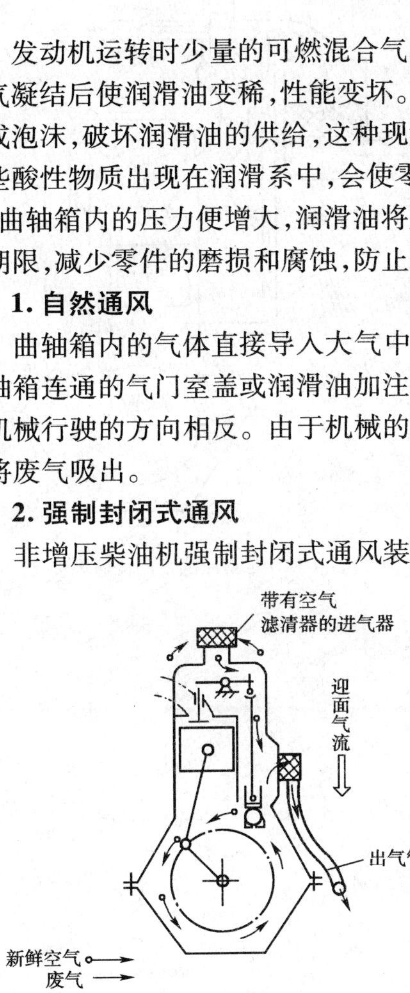

图6-29 自然通风

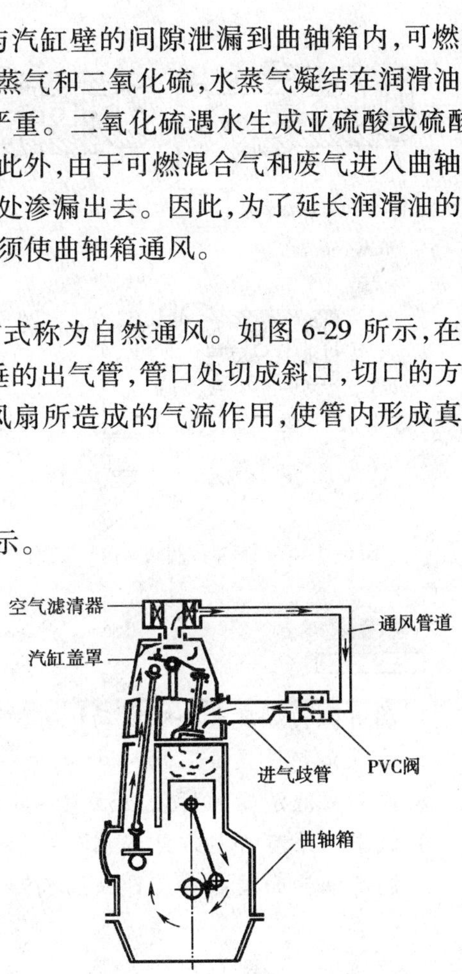

图6-30 非增压柴油机强制通风

进入曲轴箱内的可燃混合气和废气在进气管真空度的作用下,经挺柱室、推杆孔进入汽缸盖后罩盖内,再经小空气滤清器、管路、单向阀、进气歧管进入燃烧室。新鲜空气经汽缸盖前罩盖上的小空气滤清器进入曲轴箱。为了降低曲轴箱通风抽出的润滑油消耗,除在汽缸盖后罩盖内装有挡油板外,在后罩盖上部还装有起油气分离作用的小滤清器,在管路中串联曲轴箱单向阀。单向阀的结构与工作原理如图6-31所示。

发动机小负荷低速运转时由于进气管真空度大,单向阀克服弹簧力被吸住在阀座上,曲轴箱内的废气只能经单向阀上的小孔进入进气管,流量较小。随着发动机转速提高、负荷加大,进气管真空度降低，弹簧将单向阀逐渐推开，通风量也逐渐增大。发动机大负荷工作时单向阀全开，通风量最大，从而可以更新曲轴箱内的气体。

增压发动机可利用抽气管将曲轴箱体内的气体通到增压器的吸气端，有较好的通风效果。道依茨发动机即采用的这种通风装置，如图 6-32 所示。

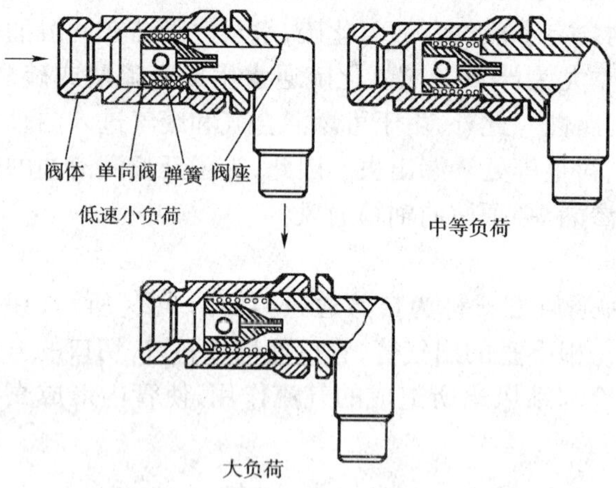

图 6-31 单向流量控制阀结构与工作情况

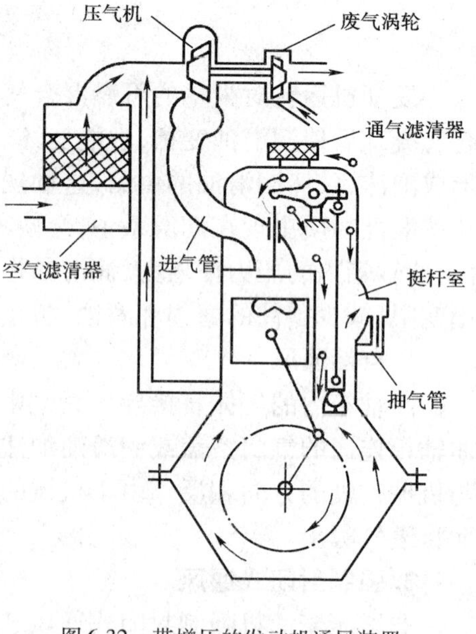

图 6-32 带增压的发动机通风装置

思考题

1. 润滑油的黏度大小对发动机有何影响？
2. 为什么要设置恒温阀？
3. 离心式滤清器的拆装应注意哪些问题？
4. 润滑油泵有哪些常见损伤？
5. 润滑油油面过高会有什么影响？

Danyuanqi

单元七

冷却系统

知识点

1. 水冷却系统的组成与工作原理；
2. 水泵的工作原理；
3. 散热器盖的工作原理；
4. 节温器的工作原理；
5. 风扇离合器的工作原理；
6. 风冷却系统的工作原理；
7. 风冷却系统冷却强度自动调节系统的工作原理。

技能点

1. 进行水泵的拆装及水封的更换；
2. 进行风扇皮带张紧度的检查与调整；
3. 进行风扇的检修；
4. 进行节温器的检查；
5. 进行风扇离合器的检查；
6. 进行冷却系统的清洗。

课题一　概　　述

一、冷却系统的作用

发动机工作时，由于燃料的燃烧（汽缸内气体温度高达 1 170 ~ 2 270K）和运动零件的摩擦而产生大量的热量，使发动机零部件温度升高，特别是直接与高温气体接触的零件，若不及时和适当地冷却，将不能保证发动机正常工作。冷却系的作用是保持发动机在最适宜的温度范围内工作。

二、冷却方式

根据所用冷却介质可分为风冷却系和水冷却系。

水冷却系以水为冷却介质，热量先由机件传给水，依靠水的循环流动把热量带走，而后散入大气中，散热后的水再重新流回到受热机件处。适当调节水路和冷却强度，便能保持发动机的正常工作温度。此外可用热水预热发动机，便于冬季冷起动。目前，多数公路工程机械用柴油机采用水冷却方式；也有不少采用风冷却，风冷却系是利用空气流动将高温零件的热量直接散入大气中，所以也称空气冷却。

三、发动机正常工作温度

水冷式柴油机保持正常运转时，其冷却水的温度应在353～368K(80～95℃)之间，这样才能保证可燃混合气的形成和正常燃烧，并能保证零件间的配合间隙处于正常范围内。此时汽缸壁温度为393～413K(120～140℃)；汽缸盖、活塞顶部的温度为573～673K(300～400℃)；润滑油的温度在333～353 K(60～80℃)。风冷却式柴油机汽缸壁的温度允许为423～453 K(150～180℃)，铝汽缸盖则为433～473 K(160～200℃)。上述温度能保证柴油机具有较好的动力性、燃料使用经济性和净化性，使零件的运动和磨损正常。

四、柴油机温度异常的危害

柴油机冷却必须适度，过热或过冷都会给柴油机带来危害。

1. 柴油机过热

(1)降低充气效率，使柴油机功率下降。

(2)温度过高会破坏运动件的正常间隙，使运动阻滞、磨损加剧，甚至损坏。

(3)润滑油在高温下易氧化变质、黏度下降、润滑条件恶化、摩擦和磨损加剧，并使功率消耗增加。

(4)高温下零件的机械性能，如刚度和强度会显著降低，导致其变形或损坏。

2. 柴油机过冷

(1)汽缸内气体温度过低，不利于可燃混合气的形成和燃烧，使柴油机功率下降、运转不稳，柴油消耗量增加。

(2)燃烧生成物中的水蒸气和硫化物在低温下易凝结成酸类，造成零件腐蚀。

(3)未汽化的油料洗刷零件表面(汽缸壁、活塞、活塞环等)上的油膜，使零件磨损加剧。

(4)润滑油黏度增大，运动件间摩擦阻力增加，从而使柴油机功率损失增大。

课题二　水冷却系

一、水冷却系的组成及水循环路线

目前在工程机械发动机上应用最普遍的是强制循环式水冷却系，如图7-1所示。它由水泵、节温器、水箱(散热器)、风扇等组成。水泵通过水管从散热器内吸入低温水,使冷却水在发动机缸体和缸盖的水道中不停地循环流动,冷却水吸收热量后又流回散热器。风扇使空气高速流过散热器,将散热器中水的热量散发到空气中去。

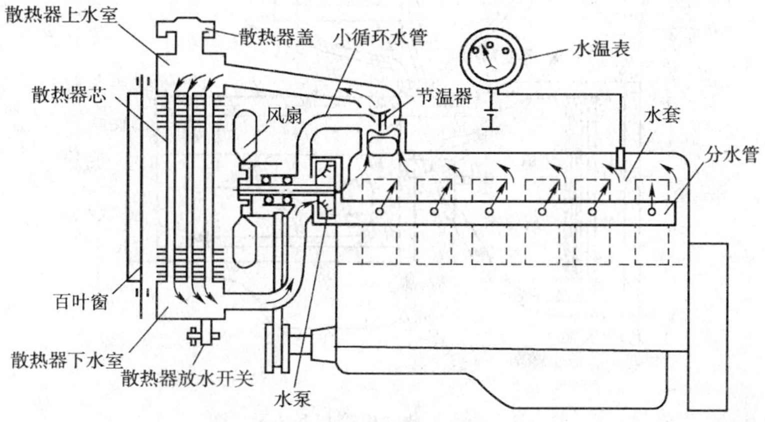

图 7-1　强制循环式水冷却系统示意图

为了控制冷却水的温度,强制循环式水冷却系一般还附有百叶窗(或挡风帘)、节温器、等冷却强度调节装置。节温器的作用是随发动机水温的高低调节水的冷却强度(路线和流量),以保证发动机的正常工作温度。

发动机的水循环路线如图 7-2 所示,发动机温度较低时(低于 83℃左右,不同发动机数据有差异),主阀门关闭(图 7-2a),旁通阀门开放,冷却水只能经小循环水管直接流回水泵的进水口,然后又被水泵压入分水管进入水套。此时,水不流经散热器,称小循环(图 7-2c)。水流路线是:节温器→小循环水管→水泵→分水管→缸体水套→节温器。

当发动机内水温升高时到某一温度(95℃左右,不同发动机数据有差异),主阀门全开(图 7-2b),旁通阀门关闭,冷却水经大循环管全部流进散热器。此时,冷却强度增大,使水温不致过高,由于这时的冷却水流动路线长因而称为大循环(图 7-2c)。水流路线是:散热器→水泵→分水管→缸体水套→节温器→散热器。

当发动机内冷却液处于上述两种温度之间时,主阀门和旁通阀均部分开放,冷却水的大小循环同时存在,此时冷却液的循环称为混合循环。

发动机中的冷却液就是这样周而复始地在发动机中行进,从而带走发动机的热量,最终将这些热量散发到大气中去,以保证发动机正常运转。

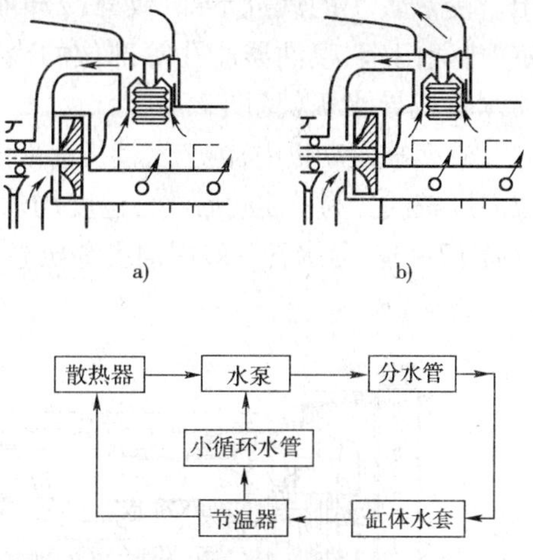

图 7-2　节温器动作及冷却液循环路线

现代不少公路工程机械和车辆的冷却系统都带有暖风装置和膨胀水箱,图 7-3 为斯太尔柴油机的冷却系统,暖风装置是利用发动机冷却液的热量给驾驶室取暖,膨胀水箱的用途及工作原理详见本节后续内容。

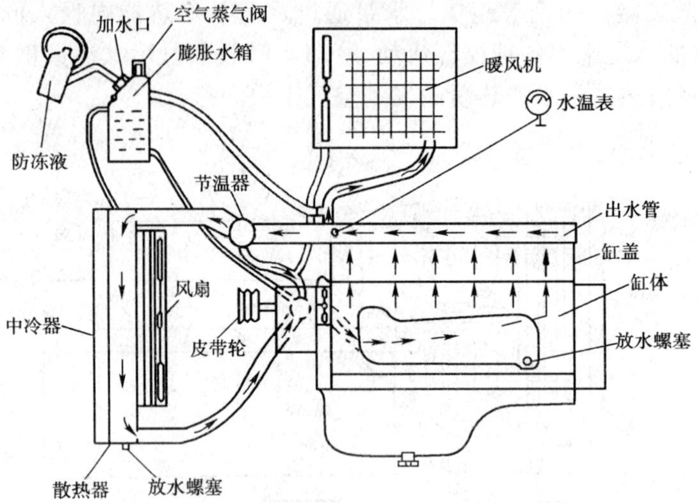

图7-3　斯太尔柴油机冷却系统示意图

二、冷却系统主要零部件

1. 水套

发动机的水套是汽缸体和汽缸盖的双层壁所形成的空间，其间充满冷却液。水套各处应保证冷却液畅通和迅速循环，不应有使冷却液可能停滞的死角。

为了保证发动机各部的温度均匀，冷却液通常先从汽缸体上部进入水套，然后从汽缸盖流出。受热较小的汽缸下部，仅靠冷却液的对流散热。某些发动机，为了加强对温度较高的燃烧室、排气门座、喷油器座孔等部位的冷却，在水套内壁加铸扩大散热面积的翼片，或设置专门的喷水管或导水板（见图7-4b）。

在多缸发动机中，位于发动机前部的汽缸因靠近风扇，且冷却水由发动机前端进入汽缸体，所以温度较低。为了使前后汽缸温度均匀，某些发动机在汽缸盖或汽缸体中的水套中压入一分水管（见图7-4）。分水管一般用铜皮冲压卷制，分水管上开有由前向后依次加大的孔眼（图7-4a）。两

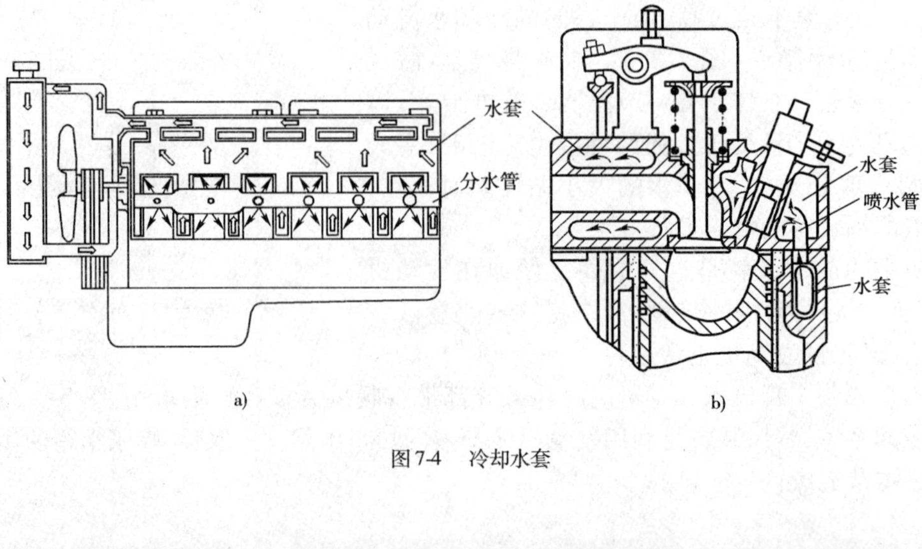

图7-4　冷却水套

侧的孔眼分别对准排气门导管,下面的孔眼对准气门座。这样不仅使前后汽缸的温度一致,同时还加强了对高温部件的冷却。

2. 水泵

离心式水泵具有尺寸小,出水量大,结构简单,损坏后不妨碍水在冷却系中循环等特点,普遍地为强制循环式水冷却系所采用。

工作原理如图7-5所示。当叶轮旋转时,水泵中的水被叶轮推动一起旋转,在离心力的作用下向叶轮边沿甩出,在涡形壳体内将动能转变为压能,经与叶轮成切线方向的出水口压送入发动机的水道。与此同时,叶轮中心处造成一定的负压而将水从进水口吸入。

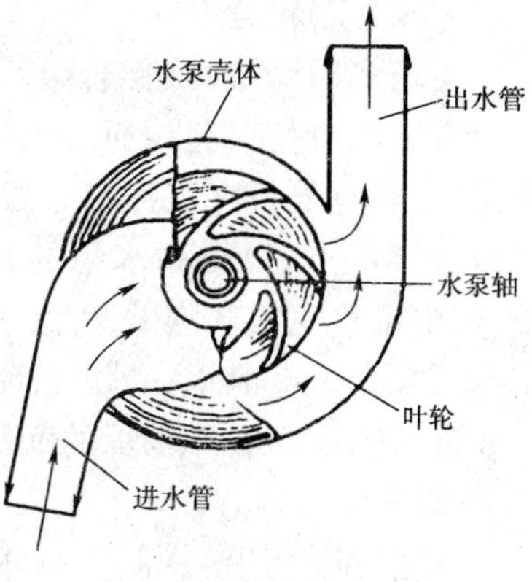

图7-5　水泵工作原理

1)水泵的构造

离心式水泵一般由叶轮、叶轮轴(水泵轴)、水泵壳体等组成。图7-6为某水泵立体分解图。

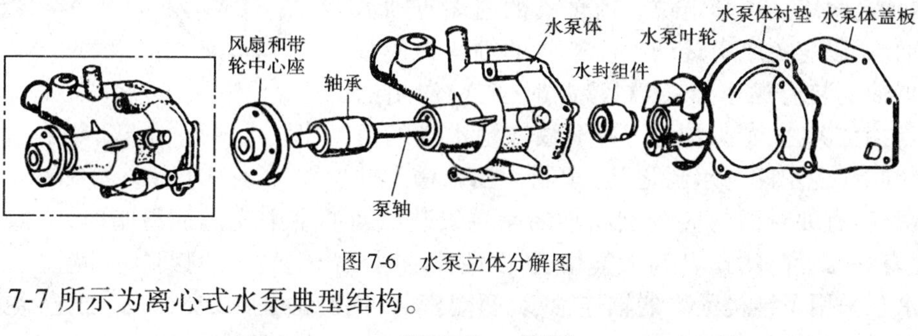

图7-6　水泵立体分解图

如图7-7所示为离心式水泵典型结构。

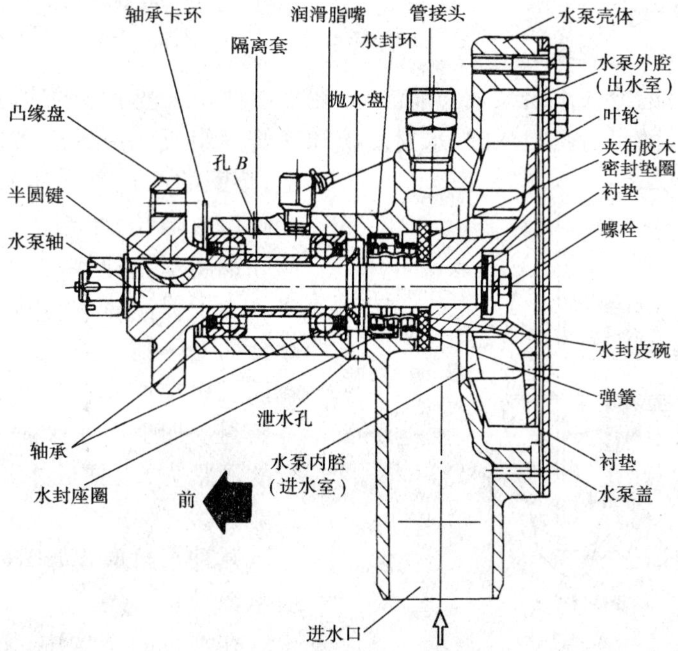

图7-7　离心式水泵典型结构

(1)泵壳和盖

泵壳多用铸铁(或铝合金)制成,水泵盖及衬垫用螺钉装在泵壳的后面,使泵壳密封。泵盖上有出水口与水套相通。泵壳的进水口用橡胶软管与散热器相连。泵壳内部是叶轮的工作室,其中铸有隔板将工作室分成两部分。水泵内腔与进水口及旁通口相通。出水室的圆周表面做成螺旋形,以提高水泵的泵水效率。进水室与出水室有平衡孔相通,以提高进水室的水压,减少进水室内气泡的产生。

水泵壳上有泄水孔,位于水封之前。一旦有冷却液漏过水封,可从泄水孔泄出,以防止冷却液进入轴承而破坏轴承的润滑。

(2)叶轮

叶轮与叶片用铸铁制为一体,用键或销固装于水泵轴上。叶轮叶片形状有放射形和漩涡形两种,如图7-8所示。

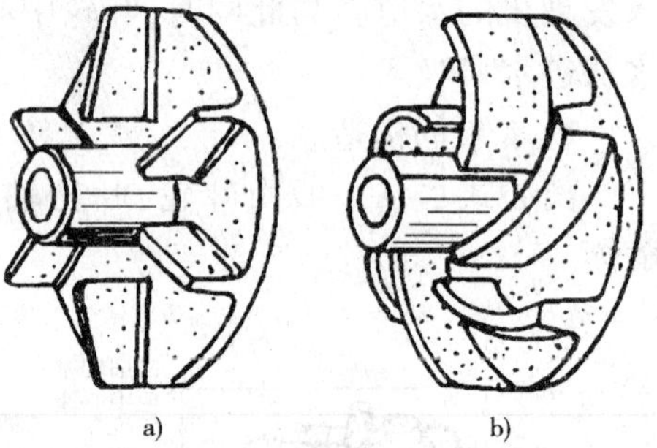

图7-8 叶轮叶片的形状
a)放射形;b)漩涡形

(3)水泵轴和轴承

水泵轴用两个轴承支承在壳体上,两个轴承间充有润滑脂,轴承之间用隔离套定位。前轴承的前端有轴承卡环固定轴承,以避免风扇转动时所产生的轴向力使泵轴前移。泵轴上装有抛水盘,水封渗漏时,向前渗出的水被抛水盘挡住并甩向泄水孔。为了减轻抛水盘的负担,在水泵轴上(抛水圈与水封之间)车制一挡水槽。轴承为单面密封,有油封面的应分别朝轴的两端安装。当油室中充满润滑脂时,为避免油封损坏,外壳上有一个专门的孔 B 与大气相通,以便注油时放出空气和油膨胀时外溢。

有的水泵采用了结构紧凑的轴连轴承,两端密封,润滑油在制成时一次加足,在使用中不必再加油润滑。

(4)水封

为了防止进水室的冷却水沿泵轴向前渗漏,在水泵轴穿出进水室的地方装有自紧式水封。它是由夹布胶木制成的水封密封垫圈、水封皮碗和弹簧等组成。密封垫圈和水封皮碗套在轴上,垫圈的凸出部分卡在泵壳水封座的两个缺口内定位,水封皮碗用弹簧压紧在垫圈和铜制水封座圈之间,以防止其端面漏水。为了提高密封效果,水封皮圈两端的贴合面上压制有环形槽。加工后的叶轮前端面压靠在胶木垫圈上,与胶木垫圈滑磨并密封。加工尺寸保证了对水封弹簧有一定的预紧力,以便胶木垫圈磨薄后仍有密封能力。

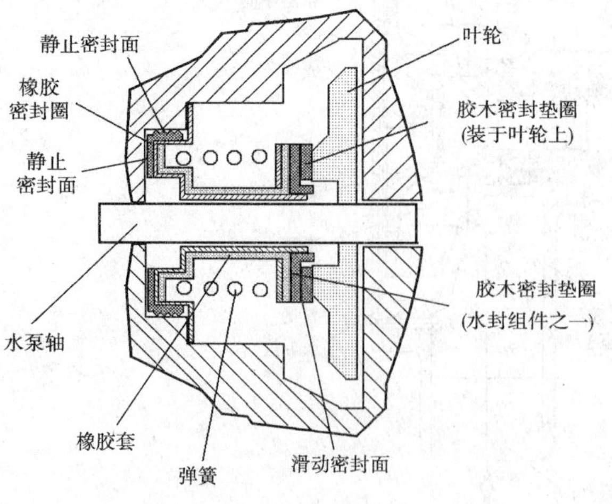

图7-9 常用水封

几种水封形式如图7-9、图7-10、图7-11所示。

在水泵的结构中,影响可靠性的关键是水封。目前采用的自紧式水封形式较多。过去常见的为装在叶轮座孔中的水封,水封弹簧经常浸在水中(图7-9),易受腐蚀,水封随叶轮旋转,滑磨发生在胶木垫圈和泵壳之间。图7-10和图7-11为装在泵壳座上的水封。水封弹簧不受水的侵蚀,水封组件成了静止件,滑磨发生在叶轮端面与胶木垫圈之间。近年来采用了耐热、耐蚀橡胶帽式密封,滑磨的垫圈采用了陶瓷石墨垫圈(图7-10)。它利用垫圈和水封及水封与座孔间压紧配合定位,该水封的使用寿命较长。

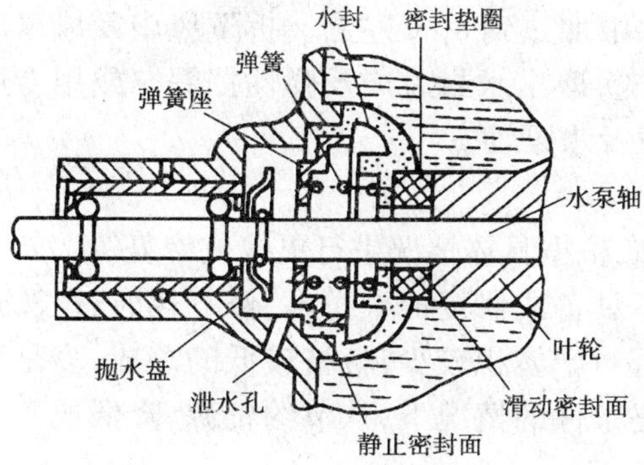

图7-10 石墨水封

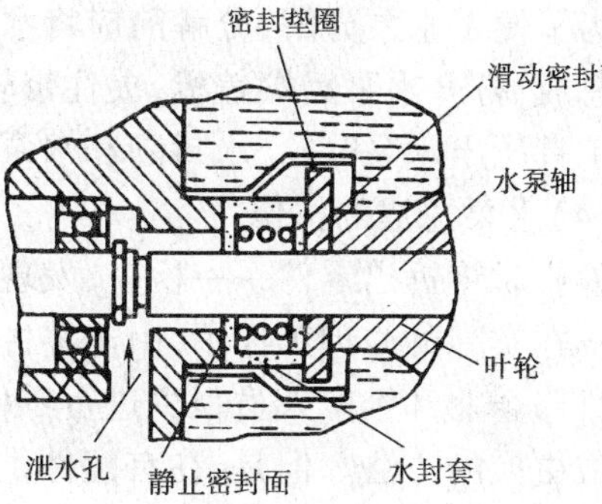

图7-11 新型套式水封

(5)水泵轴两端的连接形式

水泵轴两端的连接形式因泵而异,常见的多用切削平面连接风扇带轮和叶轮。为了使更换水封组件方便,叶轮孔内加工有安装拉器用的螺纹,只要将叶轮拉出,就可更换水封组件。有的水泵前端用键连接,后端用静配合连接。有的水泵后端叶轮和轴用销钉固接,更换水封组件时,需将叶轮连同轴一齐拉出。当采用铸铁的风扇带轮时,因质量较大,再加上风扇的转动惯量,使带轮的键槽对半圆键的冲击磨损较大。因此,在水泵轴和带轴之间加一个有切槽的弹性锥形套,用内、外圆的摩擦力代替了半圆键的连接。

2)水泵的检修

(1)水泵的常见故障

①水泵严重漏水。漏水多发部位一是在泄水孔处;二是在叶轮室壳体接合面。从泄水孔漏水表明水封有故障;水泵叶轮室壳体接合面漏水,主要是使用日久造成接合面锈蚀、麻坑或壳体变形所致。

②叶轮与叶轮室内壁磨损,使叶轮与叶轮室配合间隙增大,水泵泵水量降低。叶轮与叶轮室壁的磨损主要是水中夹有脱落的水垢和泥沙等磨料的冲刷以及水锈作用的结果。

③水泵叶轮的破裂。大多是由于冬季使用时水泵中存水未放完,冻结后起动发动机造成的水泵叶轮的破裂;有时也会由于配合过紧而产生裂纹,但仍继续使用造成破裂。

④水泵轴与轴承孔磨损。有些发动机的水泵轴轴承是铜套。经长期使用后,因摩擦磨损使间隙增大,造成叶轮及轴晃动。轻者影响泵水量,重者会造成泵壳与叶轮擦伤,甚至打坏叶轮,其配合间隙一般为0.05~0.12mm。有时也会由于水封压紧螺母压得过紧,造成水泵轴的过量发热而与铜套咬死的现象。目前大多数水泵轴采用滚动轴承,在使用中经常发生的是轴承内座圈与轴颈松动或滚子与滚道磨损的情况。

(2)水泵的就机检查

起动发动机,查看水泵泄水孔是否有渗漏,若渗漏,则表明水封已损坏;查听有无异常响声。停机后用手扳动风扇叶片,查看带轮与水泵轴配合是否松旷,稍有间隙感觉为正常;若明显松旷,表明带轮与泵轴或带轮与锥形套配合松旷。

如果就机检查水泵无漏水、发卡、异响及带轮摇摆现象,可不用对其分解,只加注润滑油即可。如有上述异常现象,则应分解检查,并予以修理。

(3)水泵的分解

为了便于水泵分解,分解前应将水泵体放在热水中加热到80℃左右。拆下风扇及风扇离合器总成,打开水泵后端盖板,夹住带轮旋下水泵叶轮,取出水封总成及弹性挡圈。或用专用拆装工具压出水泵叶轮、水封副和水泵轴承的组件以及水泵轴。

(4)水泵总成的检修

检修时将拆出零件一一检查,发现零件出现缺陷,根据具体情况进行更换或修复。

☆在实际的修理工作中,由于零件的修复条件不具备或修复成本过高、修复耗时过长,众多的维修企业和维修人员很少进行零件的修复工作,对于体积较少,价格较低的总成,多是采用总成更换的方法。但是,在有配件供应或具有修复条件的情况下,从节约资源、降低成本的前提出发,还是应通过零件修复来恢复总成件的性能。

①泵体有裂纹或破裂,可用铸铁焊修复;轴承松旷超过规定应更换;轴承孔磨损超过规定时,用镶套法修复;壳体与盖结合面如翘曲变形,可磨修平整。

②泵轴弯曲超过规定(不大于0.05mm),应予校正。轴磨损过限,可磨光后镀铬修复。

③水泵叶轮破裂、穴蚀,应更换。

④水封、密封垫失效,应换新件。

⑤皮带轮毂与水泵轴松旷,可镶套修复。

(5)离心式水泵的装复

水泵的装复按水泵分解的反顺序进行。

①把水泵加热到80℃左右,用水泵轴承拆装工具把水泵轴承压进水泵体,配合过盈量为0.027~0.031mm。

②在水泵的连接部位涂抹液态密封胶,当每次将水泵总成分解再重新装复时,须更换新的水封副,并用水泵修理专用工具压进。在安装水泵叶轮之前,应将沟槽部位清洁干净,再将密封垫圈放进水泵叶轮,把水泵叶轮压进泵体并试转。

③用水泵修理专用工具把带轮压到规定位置。

应特别注意如下事项:

①装水封总成时,勿使橡胶密封圈翻边。

②应保持叶轮各轮叶与壳体的间隙为0.70~1.70mm,叶轮外轮廓与壳体内壁最窄处的间隙应为0.45~1.0mm。

③应保证叶轮端面与水泵盖(连垫片厚度)留有1.30~2.60mm的间隙。

④装复后的水泵,叶轮应转动自如,无卡滞现象。

⑤将轴承套入轴时不能压外圈,将轴和轴承一起压入泵体时不能压内圈,以免压伤滚道。

(6)水泵的试验

水泵装复后要进行试验,有条件的可在试验台上进行试验,测定泵的流量和扬程。无试验设备也可进行人工检验，其检验方法是：用手转动带轮，应无卡阻现象；堵住泵壳进水口，然后将水加入叶轮工作室，转动泵轴，泄水孔应无漏出。否则应查明原因予以排除。

3. 冷却风扇

1）风扇的作用和构造

风扇多为轴流式，与水泵同轴驱动。它用来提高流经散热器的空气流速和流量，以增强散热器的散热能力。同时，对发动机其他附件也有一定的冷却作用。

图7-12为几种常见的风扇形式。风扇叶片多用薄钢片压制而成（有的采用铝合金、尼龙材料铸制），其数目为4～6片。有的风扇叶片之间的夹角不等，使叶片在旋转时对空气冲击间隔时间不等，以减小振动波和噪声。叶片与其旋转平面成30～45°的偏扭角，借以产生吸风能力，使之沿轴向流动。为了提高冷却效果，在散热器的后面还装有护风圈。风扇的扇风量的大小决定于风扇的直径、转速、叶片形状、叶片偏扭角及叶片的数目。

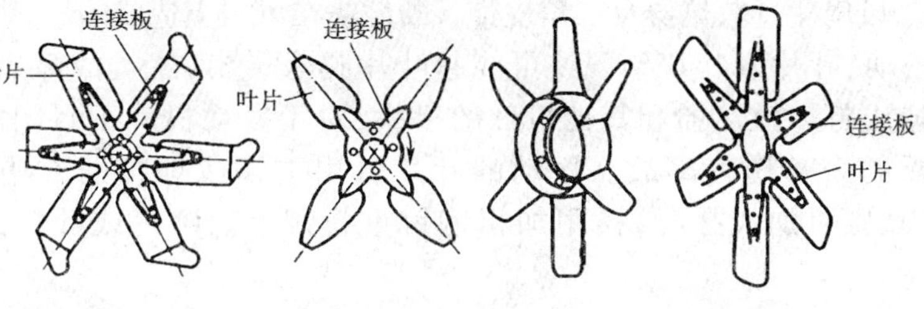

图7-12 风扇形式

a）叶尖前弯的风扇；b）尖窄根宽的风扇；c）尼龙压铸整体风扇；d）直喷形风扇

2）风扇的驱动和风扇皮带张力的调整

风扇用螺钉固装在水泵轴前端的带轮或凸缘盘上，在散热器后方的中央位置，通过带轮和1～2根V形带被曲轴带轮柔性地驱动。风扇带轮多用薄钢板压制或用铸铁、铸铝、胶木制成。为了保证风扇、水泵的转速，传动带应有一定的张紧力，多利用发电机带轮作为张紧轮。若传动带太松，传动带将在带轮上打滑，使风扇的扇风量、水泵的泵水量及发电机的发电量减少。若传动带太紧，则加速水泵轴承、发电机轴承及传动带自身的磨损。通常将发电机支架做成可移动的，以便调节传动带的张紧程度（见图7-13）。

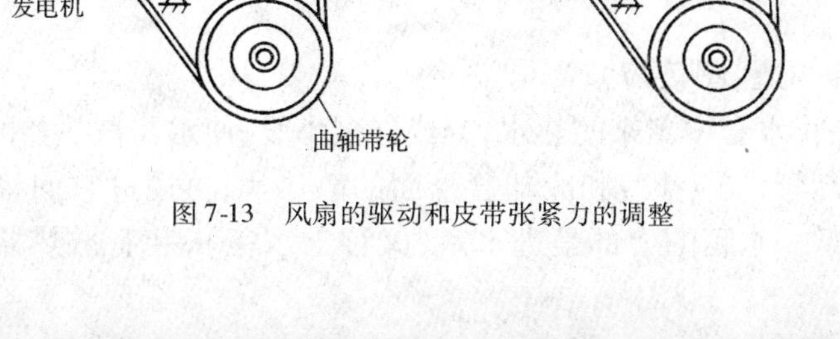

图7-13 风扇的驱动和皮带张紧力的调整

风扇皮带的张力检查:在两皮带轮之间,用拇指以约 39N 按下单根皮带,皮带应凹下 10mm,否则应进行调整,见图 7-13。

有的大功率发动机风扇轴不和水泵轴同轴,轴固定在支座上不再旋转,而轮毂和带盘在轴承上旋转。这样,传动带的张紧程度的调整可利用风扇轴的移动或增设专门的调节带轮来实现。

近年来,有的公路工程机械发动机采用了液压马达驱动风扇。液压马达的开关由散热器的水温来控制,需要冷却时自动起作用。在高负荷工作时,液压马达驱动风扇高速旋转,使发动机能得到充分的散热;一般行驶条件下,液压马达驱动风扇低速旋转或几乎不工作,从而使功率消耗减小,油耗率降低。

3)风扇的检修

风扇在工作中常出现的缺陷是叶片铆钉松动、叶片或叶片架裂纹以及叶片变形等。主要是由于铆接不牢、风扇碰过散热器及三角皮带折断缠绕在风扇上造成的。

叶片铆钉松动、叶片或叶片架裂纹可能起叶片脱落飞出,这类故障后果较为严重,因为一旦出现会造成打坏散热器和其他机件的事故,对于发动机室不封闭的机械设备来说甚至会造成严重的人身伤害事故。松动的叶片可用重铆或焊接的方法使之可靠固定。如铆钉孔有磨损,则可加大孔径,换用加粗铆钉重新铆上。叶片或叶片架裂纹则应焊修或更换。

叶片变形或修理后的风扇平衡可能被破坏,工作中发生摆动而加速轴承的磨损。由于风扇的振动,很容易引起水泵轴的断裂和泵体与缸体连接螺栓的松动。变形的叶片和叶片架可用冷压法校正。变形严重时应更换。不论重铆、校正或更换都应进行下列的检验:

(1)叶片端面的检查

叶片端面在回转平面内的偏差不得大于 1 ~ 2mm,如图 7-14 所示。

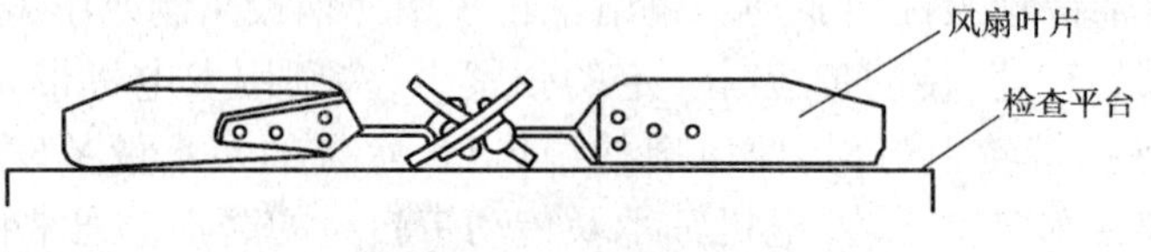

图 7-14　叶片端面的检查

(2)叶片对叶片架的倾角

叶片对叶片架回转平面的倾角如图 7-15 所示,α 应符合该种机型的规定值,而且各叶片的倾角应一致。

(3)叶片的静平衡检查

如图 7-16 所示,将装配好的风扇总成放在穿以心轴的两块菱形铁上。风扇在任一位置都能保持平衡。当不平衡时,允许在风扇皮带盘上相应部位钻去金属以达到平衡。

4. 散热器

1)散热器作用和构造(图 7-17)

散热器的作用是将水套中出来的热水,分成许多小股,使水与散热器的水管的接触面积很大,水的热量传给冷却管(图 7-17)和冷却管外面的散热片,再通过它们将热量散发到周围的空气,使水的温度降低。水箱的上部是进水室(又称上水室),装有散热器盖和加水口。当冷却水沸腾时,水蒸气即可从加水口盖的限压阀排出。进水室经进水口用橡胶软管与汽缸盖的出水管相连。

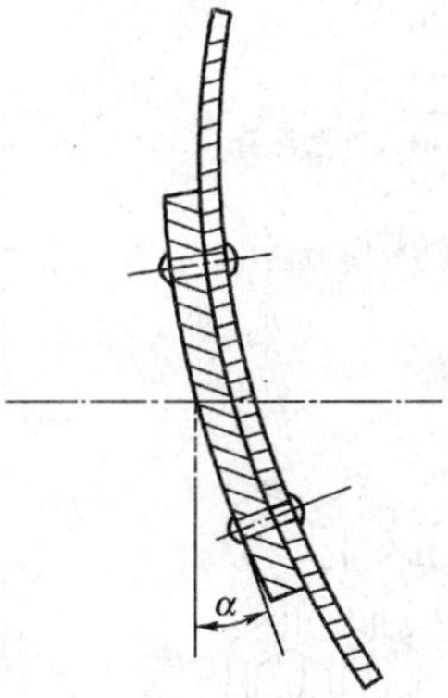

图 7-15 叶片倾角的检查

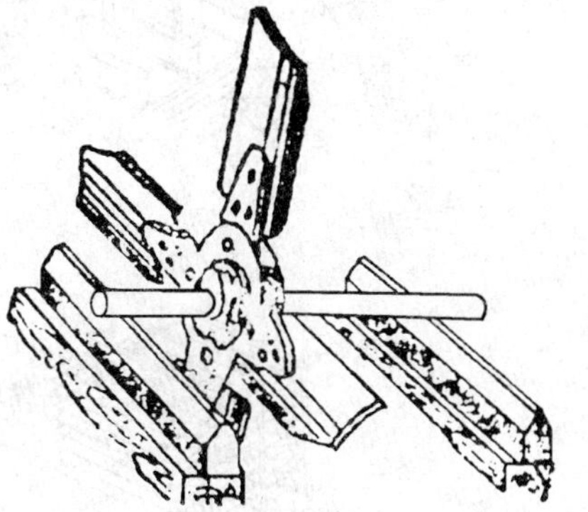

图 7-16 风扇作静平衡检查

水箱的下部是出水室(又称下水室),经出水口用软管与水泵进水口相连。这样,在机械使用中因发动机振动而与散热器之间发生一定位移时,可允许做相对移动而不损坏其连接。

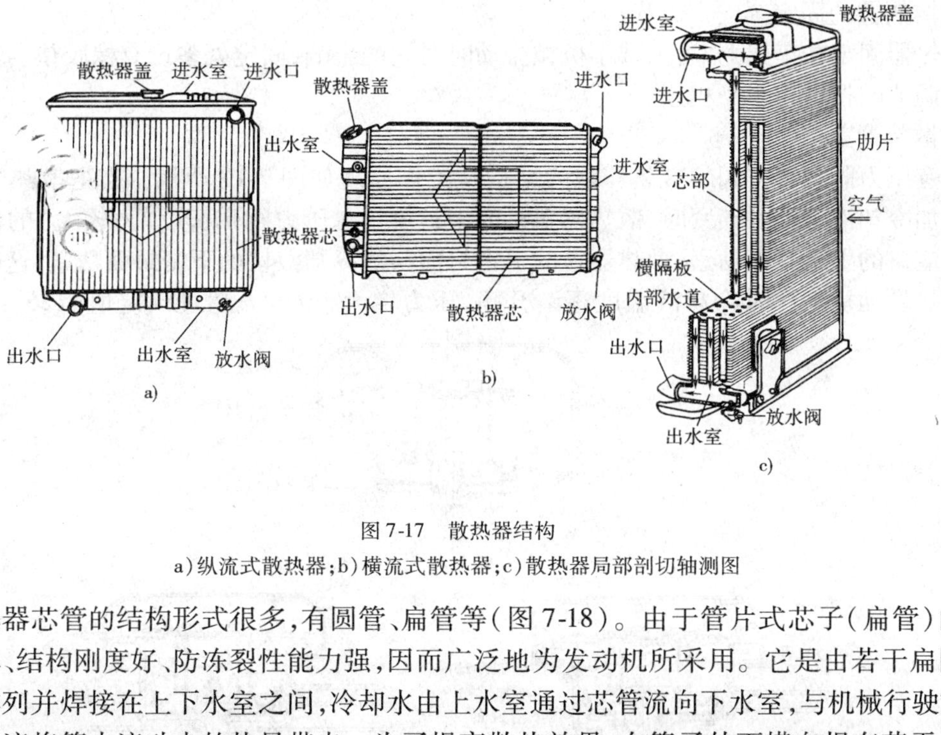

图 7-17 散热器结构

a)纵流式散热器;b)横流式散热器;c)散热器局部剖切轴测图

散热器芯管的结构形式很多,有圆管、扁管等(图 7-18)。由于管片式芯子(扁管)的制造工艺简单、结构刚度好、防冻裂性能力强,因而广泛地为发动机所采用。它是由若干扁圆形直管参差排列并焊接在上下水室之间,冷却水由上水室通过芯管流向下水室,与机械行驶方向相反的空气流将管内流动水的热量带走。为了提高散热效果,在管子外面横向焊有若干金属散热片,有的散热片还冲压出凹凸的波纹,以加强空气流的扰流,提高散热效果。

2)散热器的材料

散热器的上、下水室,芯管和散热片多用耐腐蚀、导热性好的铜或铝制成;为了节省黄铜,有的将散热片用铝锰合金制成。

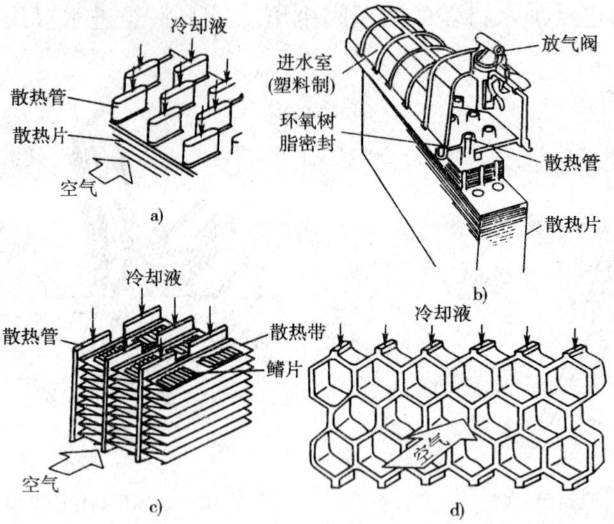

图 7-18 散热器芯

a)管片式(扁管);b)管片式(圆管);c)管带式;d)板式

3)散热器的固定

散热器固定在车架上,为了减小机械振动时对它的影响,固定处多设有橡胶垫。其上部用长度可调节的拉杆与车身相连。

4)散热器盖

带有压力阀和真空阀的散热器盖的结构及工作原理如图 7-19 所示。当把散热器盖盖在散热器加冷却液口上并锁紧时,散热器盖上的密封衬垫在压力阀弹簧(弹力较大)的作用下与加冷却液口的上密封面贴紧,散热器盖的下密封面与加冷却液口的下密封面贴紧,这时冷却水被封闭。发动机工作时冷却液温度逐渐升高,压力增大,当压力超过预定值(126 ~ 137kPa)

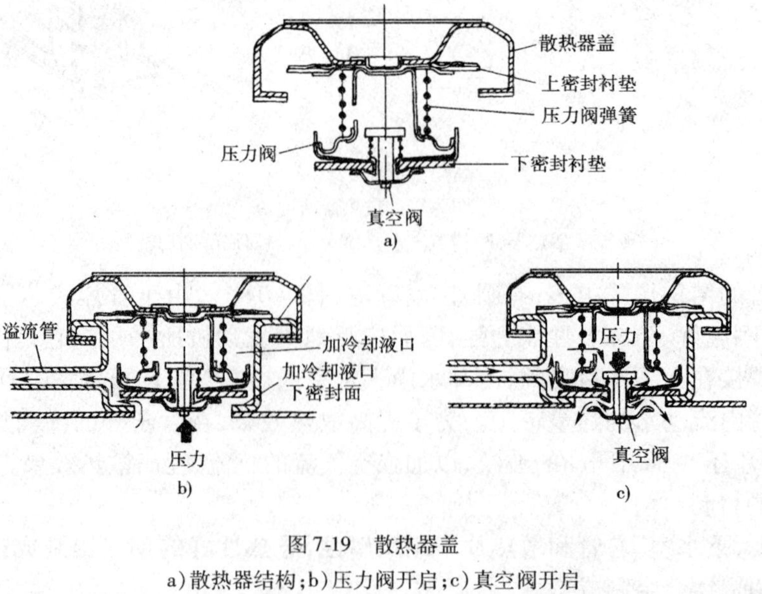

图 7-19 散热器盖

a)散热器结构;b)压力阀开启;c)真空阀开启

时，压力阀门（图 7-19b）开放，部分水蒸气经溢流管排入大气或膨胀水箱。真空阀以较软的螺旋弹簧压住，当热发动机停止运转时，冷却系的蒸汽即冷凝为水。此时水箱内部的压强下降，当压强降到 99 ~ 87kPa 时，真空阀开启（图 7-19c），空气或补偿水箱中的部分冷却液流回散热器，避免水箱内部真空使水的沸点降低，也防止水箱内外压力差将芯管压扁，阻碍冷却水正常循环。

要注意的是，应避免在热态，特别是高温时开盖，因为开盖后压力降低，热水和蒸汽会喷涌而出，造成烫伤。所以，要确认冷却方可开启，并以毛巾覆盖保护。未加防冻液的发动机，在低温环境下停机后（下班）应放掉冷却水，放水时应打开水箱盖，否则冷却系的水不易放净，易造成冻坏发动机的事故。

5. 膨胀水箱

在闭式冷却系统中，水蒸气混在水中无法分离。散热器盖的阀门虽然能调节冷却系统的压力，但在调节过程中会放掉部分水蒸气，冷却时又会吸进一部分空气。冷却系中的空气、蒸汽和水一起循环，会使冷却能力下降，水泵的泵水量降低，并造成冷却系内压力不稳定和冷却水的不断消耗，也可能导致防冻液浓度升高而腐蚀发动机部件。

所以，有不少发动机的冷却系统中设有膨胀水箱，如图 7-20 所示。在水套和散热器的上部，容易积存空气和蒸汽的地方用水套出气管、水箱旁通管与膨胀水箱相连，使空气和蒸汽不再放出而引导到膨胀水箱内。在这里，蒸汽会冷凝为水，后又可通过补充水管进入水箱，使水泵进水口处保持较高的水压，增大了泵水量。而积存在膨胀水箱液面以上的空气，得到了冷却，不再受热膨胀，因而变成了冷却系内压力上升的缓冲器和膨胀空间，使压力保持稳定状态。所以，膨胀箱解决了水气分离和冷却液过快消耗的问题。

膨胀箱多用透明材料制成，位置略高于散热器水平面。这样可以不打开散热器盖检查液面。也可用金属材料制成，位置略高于散热器水平面。有的冷却系将散热器排气管连通到膨胀水箱的底部，管子插入水中，以便蒸汽冷凝后再吸回散热器。

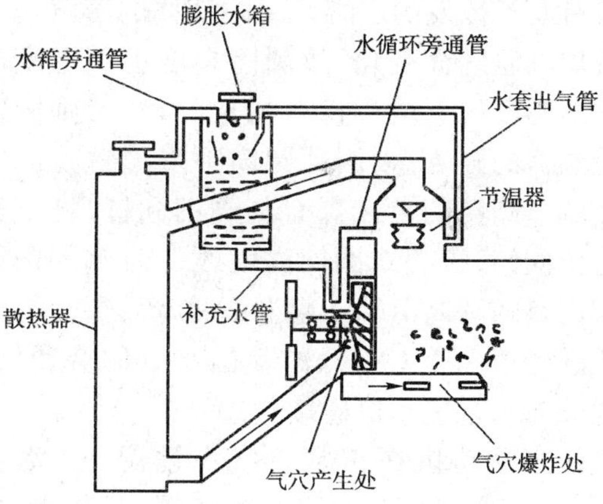

图 7-20　膨胀水箱示意图

三、冷却强度调节装置

发动机冷却系统的温度受到机械的运动速度、发动机的负荷、环境的温度与风速等影响，为了保证发动机在任何工况和环境下都能处于正常温度下工作，避免发动机“过热”和“过冷”现象，必须有自动调节冷却强度的装置。通常的方法有：

（1）改变水的循环强度，利用节温器进行大小循环的改变来自动调节冷却强度。

（2）改变流过散热器的空气流强度。例如：

①在水箱前面加装百叶窗或挡风帘，调节空气流量，并防止冬天冻坏水箱。百叶窗或挡风帘多用人工调节，也有的发动机采用自动调节装置。

②采用柔性风扇,低速时风扇偏扭角较大,使风的流速增加;高速时偏扭角较小,风的流速减小,冷却强度也因此减小。

③改变风扇的转速,在风扇上装有离合器,使风扇在高温时转得较快,低温时转得较慢或停止转动。

1. 节温器

节温器的作用是随发动机负荷和水温的大小改变水的循环强度(路线和流量)。同时能缩短发动机的热起时间,减少燃料的消耗和机件的磨损。

根据节温器内部的感应材料的不同,节温器分乙醚皱纹筒式和蜡式两种。蜡式节温器具有对冷却系内的工作压力不敏感、工作性能稳定可靠、对水流阻力小、使用寿命长等优点,在发动机上应用最为广泛。

根据节温器阀门的多少,节温器又可分为单阀式和双阀式两种。

1)节温器的结构与工作原理

(1)乙醚皱纹筒式

如图 7-21 所示,该节温器由折叠式圆筒、托架、上阀门、侧阀门、阀座、外壳等零件组成。具有弹性的折叠式的密闭圆筒用黄铜制成,内装有易于挥发的乙醚。筒内液体的蒸汽压力随着周围温度而变化,故圆筒高度也随温度而变化。圆筒的下端焊接在托架上,托架则固定在节温器的外壳上,因此圆筒下端位置是固定不变的。圆筒的上端焊有侧阀门和杆,杆上又焊有上阀门,折叠式圆筒高度改变时侧阀门及上阀门将随圆筒上端一起上下移动。节温器外壳上的旁通孔正对着汽缸盖出水管的旁通管,旁通管与水泵进水口连接。

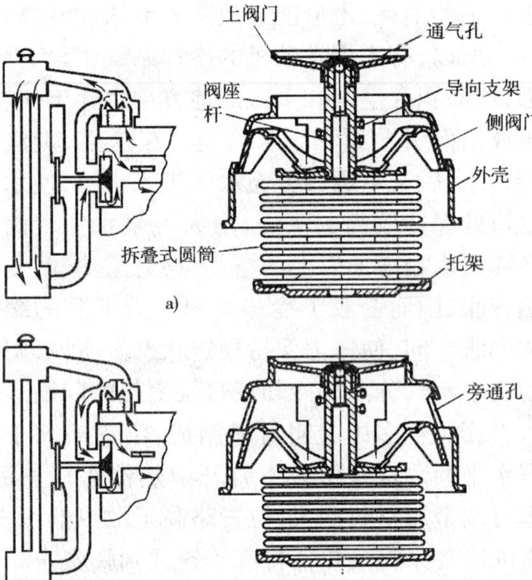

图 7-21　乙醚皱纹筒式节温器

a)水温高时;b)水温低时

当发动机在正常热状态情况下(水温约 368 K),冷却水全部流经冷却器,形成大循环。此时节温器的上阀门完全开启,而侧阀门将旁通孔完全关闭(见图 7-21a)。

当冷却水温度低于(约)356 K 时,折叠式圆筒内的蒸汽压力很低,使圆筒收缩到最小高度(见图 7-21b)。上阀门压在阀座上,即上阀门关闭,同时侧阀门打开。此时切断了由发动机水套通向冷却器的水路,水套内的水只能由旁通孔流出,经旁通管进入水泵,此时冷却水并不流经冷却器,只是在水套与水泵间循环(小循环),从而防止发动机过冷,并使发动机迅速地升温。

当水温在 356 ~368K 范围内时,上阀门与侧阀门便处于与温度相适应的中间位置,此时部分冷却水流经冷却器,部分冷却水由旁通孔、旁通管直接流向水泵,即冷却水大、小循环同时存在。

上阀门上的通气孔是用来将阀门上面的出水管的内腔与发动机水套相连通,加注冷却水时水套内的空气可以由通气孔排出,以保证水能充满水套。

(2)蜡式节温器

蜡式单阀节温器的构造如图7-22所示。节温器的上支架和下支架与阀座铆成一体。反推杆固定在上支架中心处,并插在橡胶管的中心孔中,橡胶套与节温器外壳之间形成的腔体内装有石蜡。常温时,蜡成固态,弹簧把阀门关闭在阀座上;温度升高时,蜡逐渐变成液态,体积膨胀,迫使橡胶套压缩,节温器外壳克服弹簧力下移,打开阀门。阀门的开度随温度升高变大,阀门的最大升程可达11mm。

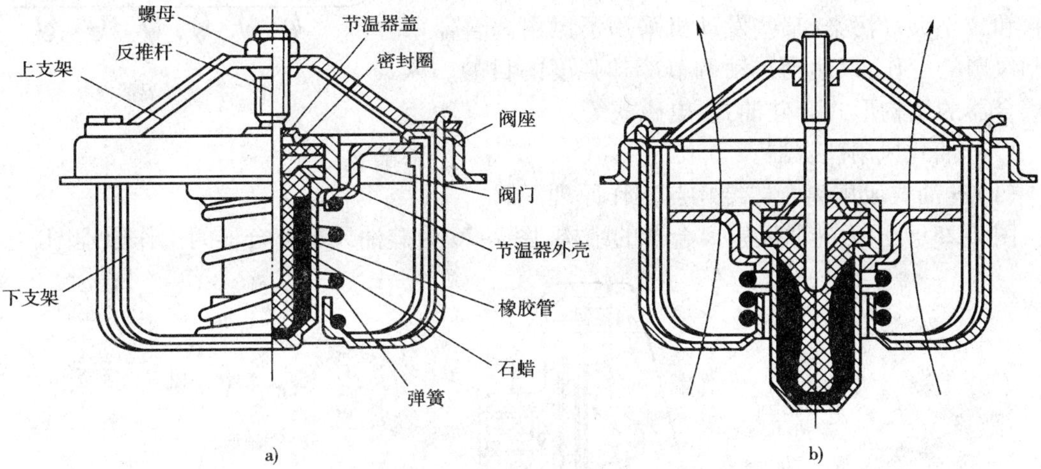

图7-22　单阀门蜡式节温器

a)关闭状态;b)开启状态

双阀门蜡式节温器如图7-23所示。节温器的上半部采用折叠式节温器的主阀门和旁通阀门的结构,下半部的感应体则采用单阀蜡式节温器的结构。感应体的工作原理与单阀门蜡式节温器相同,而阀门的开闭则与折叠式节温器的阀门工作情况相同。

2)节温器的检修

在发动机使用中,如发现预热时间过长或容易过热,则可能是节温器失灵,此时可打开水箱盖,观察缸盖出水情况,如发现刚起动的发动机水温还很低时,就有大股水流,或当水温已超过90℃时仍无大股水流,则应拆检节温器。

检查时,将节温器浸入水容器中,并逐步加热提高水温,检查阀门的开启温度和阀门的提升情况,如图7-24所示。节温器有低温型和高温型两种。低温型在80~84℃时,阀门开始开启,在95℃时提升应大于8mm。高温型在86~90℃时,阀门开始开启,阀门100℃时升程应大于8mm。当升程衰减到8mm以下时就不能继续使用,应予更换。

☆要指出的是,各种发动机节温器的开启温

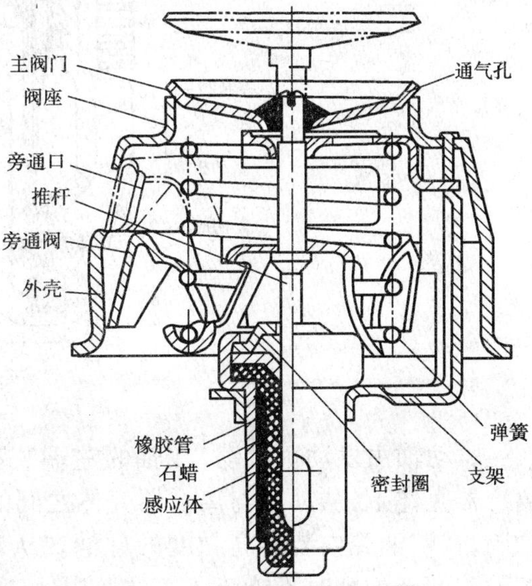

图7-23　双阀门蜡式节温器

度不一样。如康明斯 B 系列柴油机:节温器开启温度为 83℃,全开温度 95℃;斯太尔 WD615 系列柴油机:节温器在 80±2℃时,开启行程为 1mm,95℃达到全开,升程为 10mm。

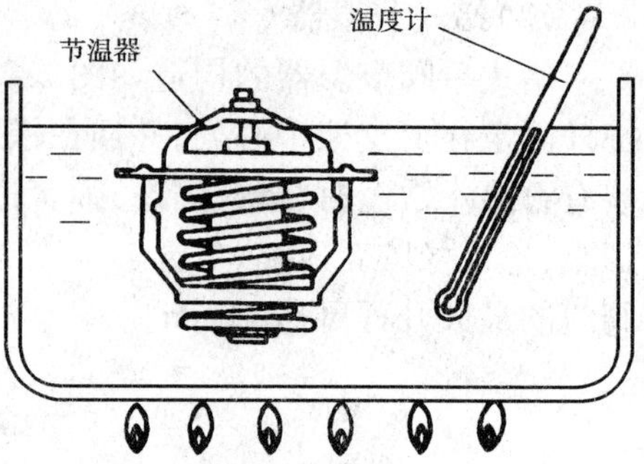

图 7-24　节温器检查

2. 风扇离合器

为了防止发动机过热或过冷,缩短热起时间,减小磨损,降低发动机风扇的功率消耗,减小风扇噪声,节省燃料和减小大气污染,某些发动机采用了风扇离合器来控制风扇的工作,以达到自动调节冷却强度的目的。风扇离合器的结构形式有硅油式、电磁式等。

1)硅油式风扇离合器

(1)硅油式风扇离合器结构与工作原理

图 7-25 所示为硅油风扇离合器的结构,图 7-26 为硅油风扇离合器的工作原理图。

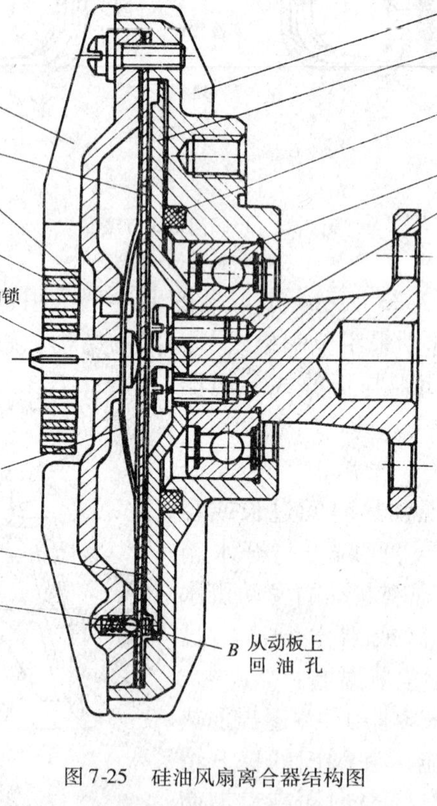

图 7-25　硅油风扇离合器结构图

驱动轴由发动机带动,在轴的左端装有主动板,它随驱动轴一起旋转。从动板固定在离合器壳体上,从动板与离合器壳体之间的空间为工作腔。前盖与从动板之间的空间为贮油腔,在贮油腔内装有高黏度的硅油。从动板上的进油孔 A 在常温时被控制阀片所关闭,贮油腔的硅油此时不能流入工作腔内。工作腔内没有硅油,主动板上的转矩不能传到从动板上,离合器处于分离状态。驱动轴旋转时,装有风扇叶片的离合器壳体在驱动轴的轴承

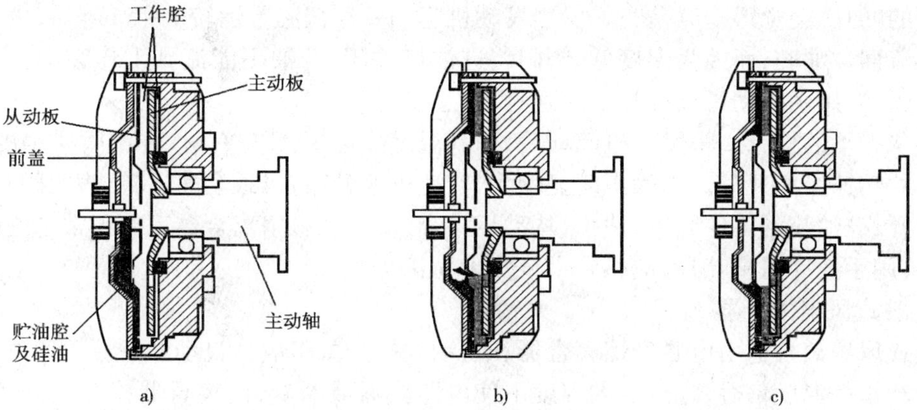

图 7-26　硅油风扇离合器工作原理示意图
a)静态;b)进油;c)回油

上打滑,在密封毛毡圈和轴承摩擦力作用下,以很低的转速旋转。在前盖上,装有螺旋形的双金属片感温器,一端固定在前盖上,另一端嵌在阀片传动销中。当发动机负荷增大,冷却液温度升高时,通过散热器芯部气流的温度也随之升高。高温气流吹在双金属片感温器上,使双金属片受热变形,带动阀片传动销和控制阀片偏转一个角度。气流温度超过 65℃后,从动板上的进油孔 A 被打开,贮油腔中的硅油通过此孔进入工作腔中。黏性的硅油流进主动板与从动板及主动板与离合器壳体之间的间隙中,将主动板上的转矩传给离合器壳体,带动风扇高速旋转,离合器此时处于接合状态。进入工作腔的硅油在离心力的作用下甩向外缘,顶开单向阀并通过从动板上的回油孔 B 流回贮油腔,然后再进入工作腔。如此反复,形成循环。硅油在循环时将热量传给铸有散热片的前盖和离合器外壳而得到冷却,以避免工作时硅油温度过高。

当发动机因负荷下降等原因,吹向双金属片感温器的气流温度低于 35℃时,控制阀片将进油孔 A 关闭,硅油不再进入工作腔,而原来在工作腔中的硅油仍不断地在离心力作用下返回贮油腔,直至排空为止。离合器此时又处于分离状态,风扇空转打滑。

单向阀可防止硅油在发动机不工作时从贮油腔流入工作腔中。

(2)硅油风扇离合器的使用和检查

从前述的内容可知,硅油风扇离合器是利用发动机温度的高低来控制阀门的开闭,使硅油从贮油腔流进或不流进工作腔。发动机温度高,硅油流入工作腔多,黏结力大,风扇的转速就高,反过来,转速就较低。

不同发动机装用的硅油风扇离合器在结构上大致相同,风扇的工作情况可以在发动机的冷热两种状态下检查:

①冷状态下检查。发动机停止运行一段时间(发动机完全冷却后),用手扳动风扇叶片,觉着十分费力。但当发动机起动并在冷状态下以中速运转 1 ~ 5min 后,熄火,再用手扳动风扇的叶片时应较为轻松。符合上述要求,即是风扇离合器的工作正常。

当发动机在正常工作温度下熄火时,风扇的工作腔内仍充满硅油,风扇的主、从动盘之间仍保持一定的相对连接关系,因此,当发动机停止运转一段时间或经一定时间的冷却后,用手扳动风扇的叶片,会觉得十分费力。但当发动机起动并在低温下运转 1 ~5min 后,由于工作腔内硅油已流回贮油腔,而因为温度低,阀门将进油口关闭,硅油不能流到工作腔内,主、从动板之间失去联系,用手扳动风扇叶片才感到轻松。

②热状态下的检查。将发动机起动后,当其温度接近 90℃左右时,仔细听风扇的声音,并查看风扇的转速。如几分钟内噪声明显增大,转速迅速升高,以致全速运转,表明阀片已开启,出油口打开,硅油流到工作腔内,使主、从动板接合,则硅油风扇离合器工作正常。这时将发动机熄火,再用手扳动风扇叶片,应感到十分费力为正常。

2)电磁式风扇离合器

电磁式风扇离合器由电磁摩擦离合器和自动温控开关组成。自动温控开关通过温度传感器接收冷却水的温度信号,在规定的温度下使电路接通或断开,使离合器接合或分离,从而使风扇工作或不工作。

电磁离合器的构造如图 7-27 所示,工作原理如图 7-28 所示。电磁风扇离合器总成分为主动与从动两部分。主动部分包括带有三角皮带槽的电磁壳体、线圈、滑环和摩擦片,主动部分随水泵轴一起转动。从动部分包括衔铁环、风扇毂和导销等。衔铁环可随导销做轴向移动,风扇毂通过轴承装在电磁壳体上。线圈用环氧树脂固定在电磁壳体内。引线壳体装于防护罩上,从温控开关引来的导线接在接线柱上,又经弹簧压紧的炭刷连到滑环上。

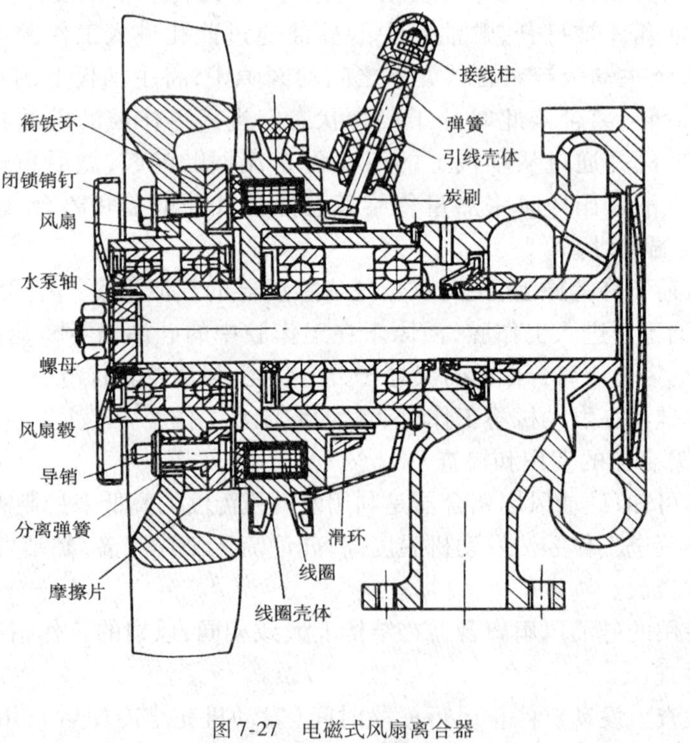

图 7-27 电磁式风扇离合器

当冷却水温度低于 365K(92℃)时,温控开关的电路不通,线圈中设有电流通过,电磁壳体对衔铁环不产生吸力,衔铁环在分离弹簧的弹力作用下贴在风扇毂上,与摩擦片分离。此时离合器处于分离状态,风扇不转动(图 7-28a)。当冷却水温超过 365K(92℃)时,温控开关的电路自动接通，线圈通电后电磁壳体产生吸力将衔铁环压紧在摩擦片上。此时离合器处于结合状态，风扇随风扇毂一起被电磁壳体带动旋转(图7-28b)。

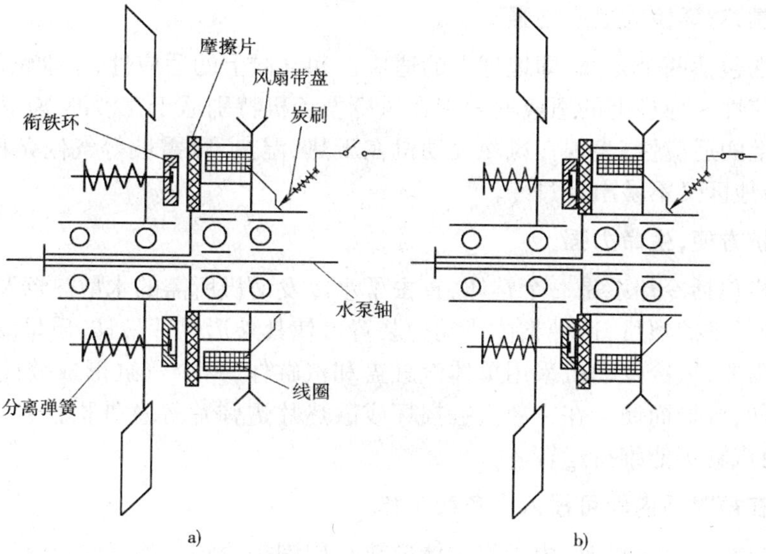

图7-28 电磁式风扇离合器工作原理图
a)断电分开；b)通电接合

在无电供应和线圈失控的情况下，其应急措施是在风扇毂上备有两个M6的螺孔。在此两孔中旋入两个M6×30的螺钉(闭锁销钉)，使衔铁环压紧摩擦片，使其机械结合。

四、冷却系的清洗

一般来说，公路工程机械每工作600h应对冷却系统进行清洗。清洗的方法和步骤如下：

(1)放掉冷却系统中的防冻冷却液，加入清水。

(2)清洗水中加入清洗剂，按清洗剂使用说明加入清洗剂数量。

(3)起动发动机，以较高转速动运半小时，使含有清洗剂的清洗液在冷却系统内充分洗涤。

(4)运转半小时后，使发动机熄火，然后拧开散热器的排水阀，排尽所有清洗剂。

(5)拧紧排水阀后，向水箱内加入新的清水。

(6)再行起动发动机，运转半小时后放出冷却水，检查是否还有残留的污垢。如清水仍有铁锈色，应用水洗到污垢完全排出为止。

课题三 风冷却系

一、风冷发动机的特点

风冷却发动机的发展已有多年的历史。特别是自改革开放以后，我国从德国相继引进了

B/F413F 和 FL912/913 系列柴油机。它们被广泛应用于公路工程机械、建筑机械、矿山机械、重型车辆等场合。风冷发动机具有以下几个特点:

1. 使用可靠,对环境的适应性强

环境适应性包括两个方面,即地理上的适应性和气候上的适应性,个别情况还包含对道路和使用上的适应性。地理上的适应性表现在风冷发动机特别适于在沙漠、森林、高原等缺水地区工作。气候上的适应性,表现在风冷发动机在干热、湿热、爬雪坡等气候条件下不会出现过热;而在极寒冷地区又不易出现过冷。

2. 使用维护方便,生命力强

风冷发动机包括冷却系是一个整体,省去了水冷发动机所需的水散热器及不少安装管道,使用方便,减少了维护项目,这种整体式动力装置可使其外形尺寸最佳,质量减小。

由于冷却需要,风冷发动机采用单体汽缸盖和汽缸体,每个汽缸形成彼此独立的冷却系。装、拆、抢修方便,维护简便。在少数汽缸损坏或散热片遭弹片等意外损伤甚至大部分打破的情况下,靠其余汽缸仍能维持运转。

3. 起动后在短时间内即可投入全负荷工作

风冷发动机起动后暖机时,由于汽缸体散热片周围是冷却气流,汽缸体的热容量比水冷发动机周围充满冷却液的汽缸套热容量小,汽缸壁面温度上升快,能在短时间内超过燃气的冷凝温度,这不但缩短了暖机时间(可缩短 1/3),改善了汽缸壁与活塞组的润滑条件,而且可大大减少燃气在露点温度下析出的腐蚀性液体,减少汽缸体的冷态磨损。

4. 通用化、系列化、标准化程度高

多缸风冷发动机各缸采用独立的汽缸盖、汽缸体,呈积木式结构,可最大限度地实现发动机的通用化、系列化、标准化,易于多品种大量生产,装、卸容易,维修、维护方便。系列风冷发动机的主要部件都是相同的,可以互换,互换率可达 2/3 左右,因而可减少零件储备库面积和减少整个运营费用。由于产品的系列化程度高,所以功率覆盖范围大。

5. 主要受热件热负荷高

风冷发动机汽缸盖、汽缸体的壁面温度和热负荷高,其重要部位散热困难。这一不足除了通过采取精心设计、合理布置散热片和组织冷却气流等措施以减轻它们的热负荷外,也限制了较大缸径的风冷发动机的使用。

6. 对风道布置要求高

在布置风道时,需注意正确的引风与排风,否则会使发动机受到过热损伤。冷却风扬起的尘土会缩短空气滤清器寿命。夏天要注意车内的隔热,冬天车内采暖需有特别的措施。在海上使用不便,需有大风口。

二、冷却系的布置

对于风冷发动机其冷却系统的布置形式及主要组成部件如图 7-29、图 7-30、图 7-31 所示。

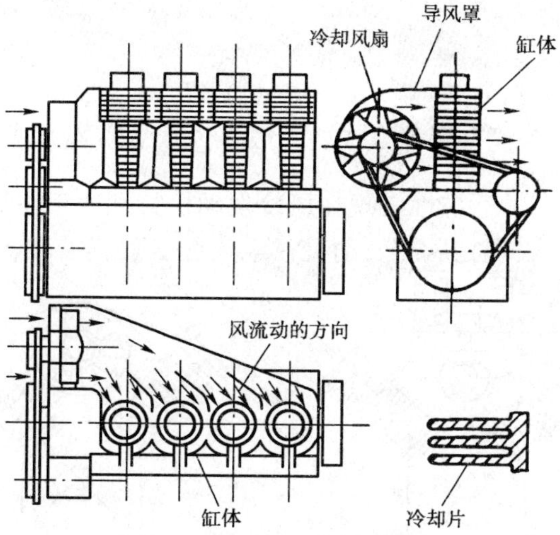

图 7-29　直列四缸发动机冷却方式

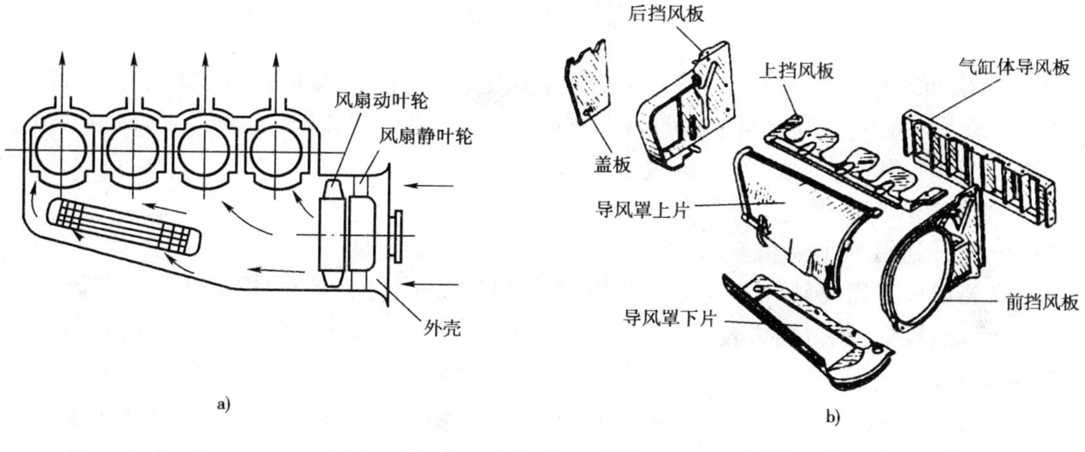

图 7-30　B/F912/W/913 系列机型冷却系统与导风罩

a)冷却系；b)导风罩

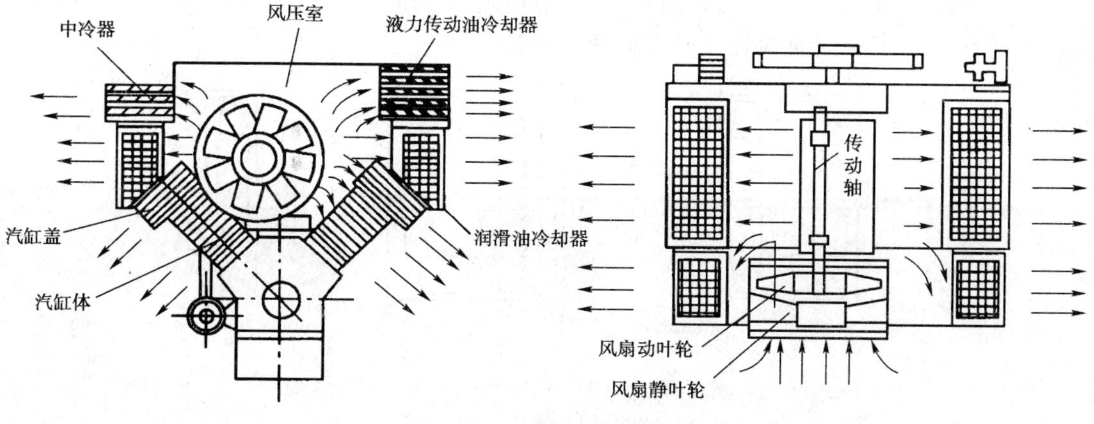

图 7-31　V 型发动机(BFL413F)冷却系统

三、风扇

1. 风扇的布置

B/F413F 系列的风扇布置有两种方式。一般多为水平布置方式(图 7-32b),垂直布置(图 7-32a)只在特殊用途上使用。

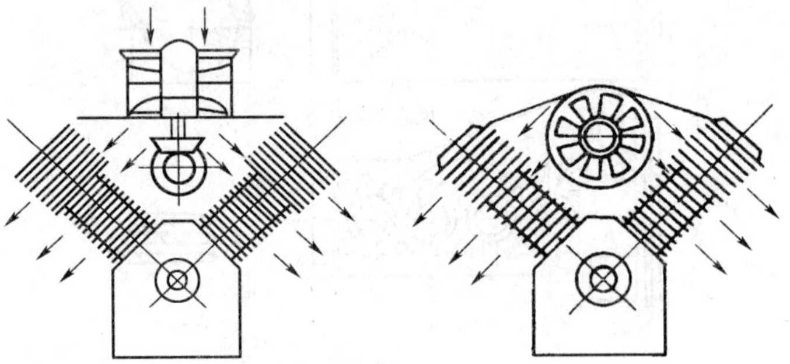

图 7-32　风扇布置

a)垂直风扇; b)水平风扇

水平风扇布置在 V 形夹角中,用卡箍把风扇固定在发动机后端的附件支架上面。在 V 形夹角中,为错开风扇传动与喷油泵轴的布置,将风扇中心提高到曲轴中心上方 326mm,横向偏离曲轴中心线 54.5mm 处。

这种布置方式有以下优点:

(1)能充分利用 V 形夹角空间。

(2)安装风扇不需要额外的位置和设备,附件可以减少,使发动机体积小、结构紧凑。

(3)导风道较短,压力损失较小。

2. 风扇形式

两缸以上的风冷发动机大都采用轴流风扇。由于风冷发动机风扇的压力系数大于 0.25,常在 0.25 ~0.6 范围内(B/FL413F 机型压力系数高达 0.68),所以必须采用静叶。静叶可以布置在风扇前面,称前置静叶(图 7-33a);也可布置在后面,称后置静叶(图 7-33b)。后置静叶的风扇效率高,但风扇前必须另设防护罩,在静叶叶栅内因空气流速降低而易于积垢,而且风扇轴承的布置较困难。前置静叶可以避免上述缺点。

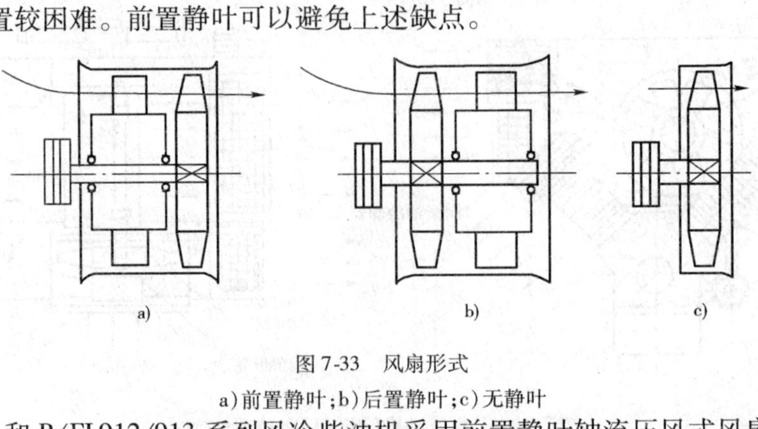

图 7-33　风扇形式

a)前置静叶;b)后置静叶;c)无静叶

B/FL413F 和 B/FL912/913 系列风冷柴油机采用前置静叶轴流压风式风扇。

3. 风扇总成与结构

这里以 BF8L413F 机型的风扇为例，BF8L413F 机型的风扇主要由静叶轮和动叶轮两部分组成，如图 7-34 所示。

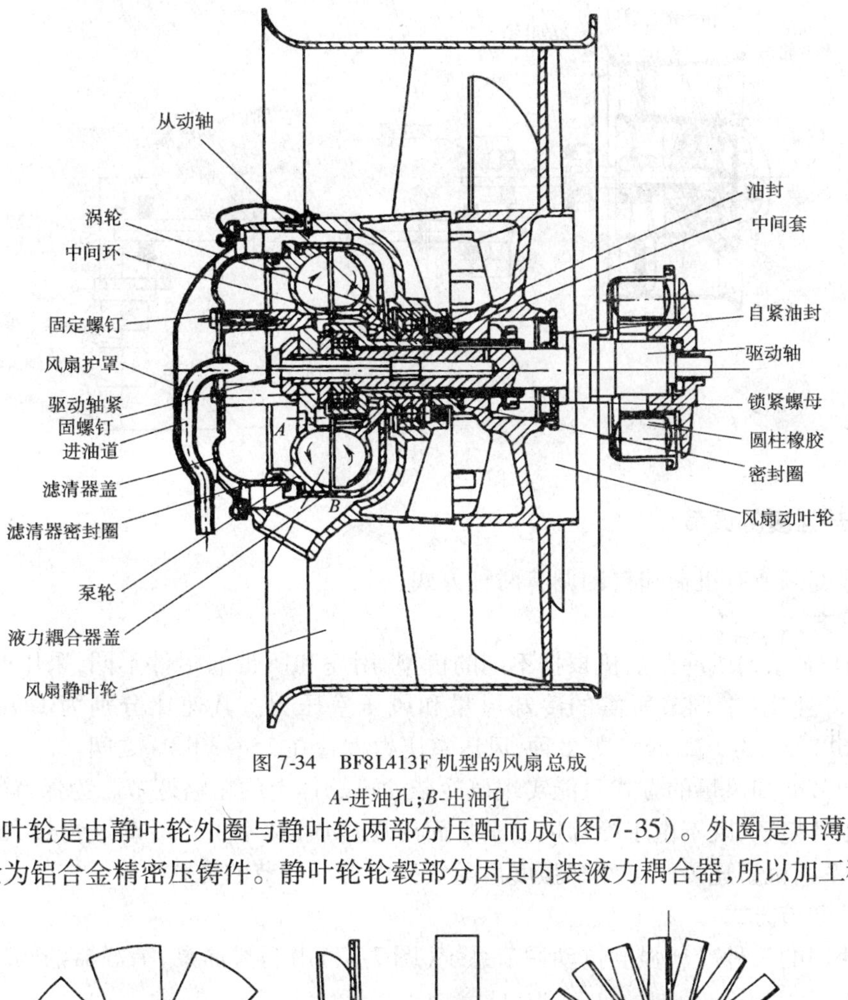

图 7-34　BF8L413F 机型的风扇总成

A-进油孔；*B*-出油孔

风扇静叶轮是由静叶轮外圈与静叶轮两部分压配而成（图 7-35）。外圈是用薄钢板对卷而成的，静叶轮为铝合金精密压铸件。静叶轮轮毂部分因其内装液力耦合器，所以加工精度高。

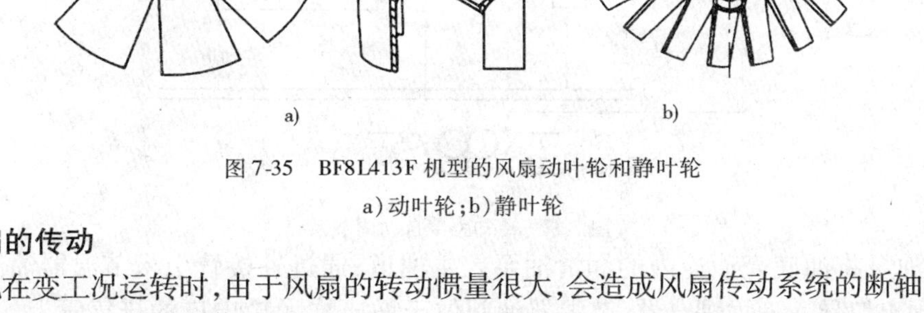

图 7-35　BF8L413F 机型的风扇动叶轮和静叶轮

a) 动叶轮；b) 静叶轮

4. 风扇的传动

发动机在变工况运转时，由于风扇的转动惯量很大，会造成风扇传动系统的断轴和打齿。为此,风扇的传动一般采用挠性方式。对于 B/FL912W/913 机型,由于风扇驱动功率小而采用带驱动(如需要也可采用液力耦合器的冷却风扇)。B/FL413F 机型的风扇采用了液力耦合器驱动。如图 7-36 所示。这种传动具有防止过载能力强,拆装容易,便于冷却强度的调节的优点。

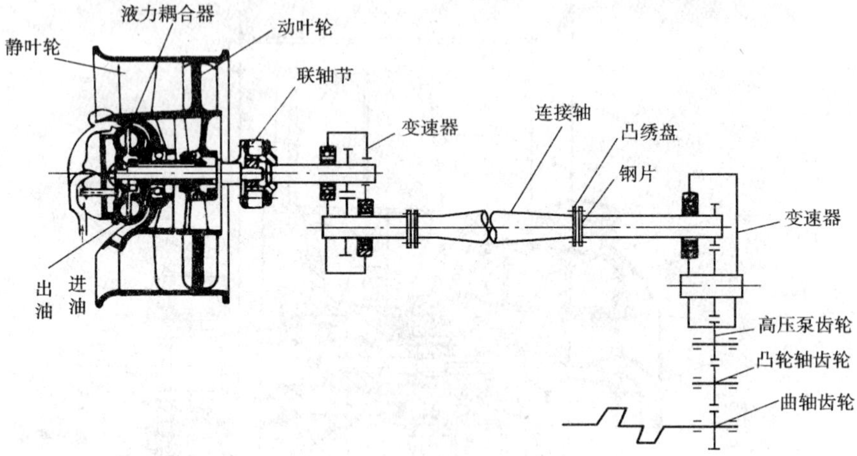

图 7-36　风扇的传动

四、冷却强度的调节

冷却强度调节有机械和自动调节两种方式。

1. 机械方式

B/FL413F 系列风冷柴油机根据不同的机型、用途和所带的附件不同,采用改变驱动风扇的齿轮比(即速比)来调节所需的冷却风量和风压室压力。其速比分别为 1.74∶1、1.86∶1、2.0∶1、2.16∶1、2.33∶1、2.56∶1等多种,风压室压力大致在 15~30kPa 之间。

机械调节冷却风量的方式只能实现风冷柴油机总体上的粗略调节。为保持柴油机在不同工况和使用环境下,既不由于冷却风量不足而出现过热,又不由于冷却风量过大而出现过冷,B/FL413F 系列机型还采用了冷却强度可随负荷而自动调节的方式。

2. 自动调节方式

目前使用的一种冷却强度自动调节系统(图 7-37)由润滑油泵、节温器油阀、液力耦合器、电磁阀等组成。

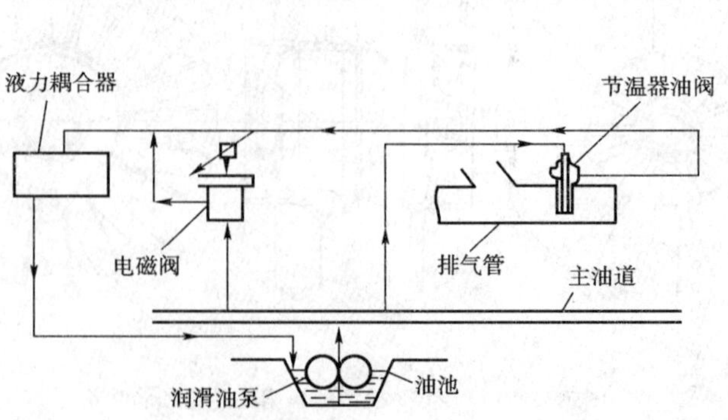

图 7-37　冷却强度自动调节系统

润滑油泵将油底壳油池内的润滑油泵入主油道,通过外接管引入节温器油阀进口,再经节温器油阀出口导入液力耦合器,节温器油阀位于增压器涡轮出口的排气管上。它直接感受柴油机排气温度(即负荷)的大小,利用节温器油阀芯轴热胀冷缩原理控制节温器油阀开度,从而改变主油道内润滑油进入液力耦合器的油量,利用液力耦合器泵轮与涡轮的滑差来改变风扇动叶轮的转速,达到调节风量的目的。油量增加,风扇转速增高,风量增大;油量减少,风扇转速下降,风量减少。

节温器油阀(图7-38)由节温器合件、节温器套合件、油阀体、球阀弹簧、球阀等组成。在工作时,膨胀系数较大的节温器合件(芯轴系纯铜做成)随着排气温度的变化而有不同程度的伸长。

在不同的排气温度下相应地将钢球阀顶到各个不同位置,也就是改变了单向球阀的不同开度。来自主油道的润滑油,进入进油口 B,经过单向球阀,再从出油口 A 流出,到达液力耦合器中。排气温度高,节温器合件就长,将钢球顶得就高,单向球阀的开度就大,从主油道通往液力耦合器去的润滑油就多,传动力矩就大,涡轮转速愈接近泵轮转速,风扇的排风量变大。反之亦然。

节温器油阀上有冷却空气的进风口 C、出风口 D。该冷却空气进风口是用管子与风扇压风室空间相连,在节温器合件的上端部开有轴向槽,使冷却空气从这里流过,用以保证该感温元件灵活、可靠的工作。

为了保证在排温较低,不足以打开单向球阀之前,也有少量的润滑油进入液力耦合器(约在473K以下),维持风扇怠速运转和润滑风扇轴承,在进油口 B 与出油口 A 的通道之间,还钻有直径为 ϕ 0.85mm(增压机型)或 ϕ 0.55mm(非增压机型)的斜孔 E,即怠速油孔。

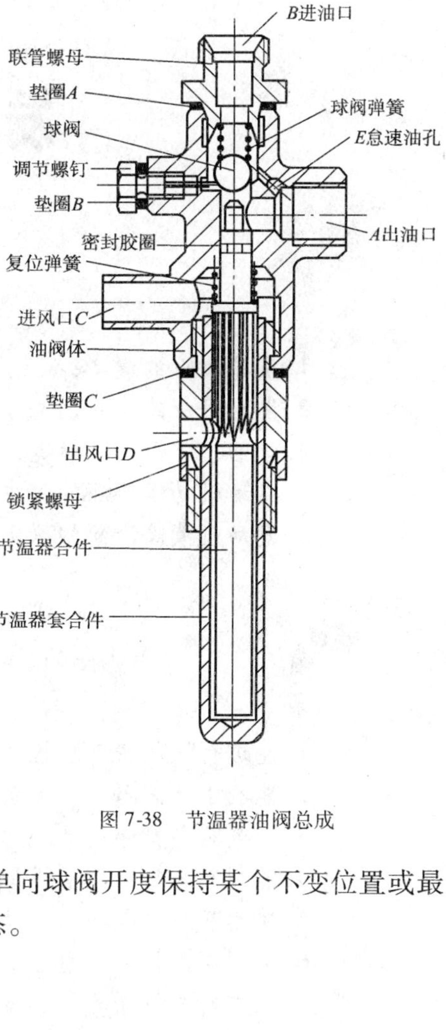

图7-38 节温器油阀总成

当柴油机在稳定工况下运转,或不需要自动调节时,可以减薄垫圈 B 或取消它,拧紧调节螺钉,从而可使单向球阀开度保持某个不变位置或最大的位置,使风扇的冷却风量固定在柴油机的最佳热状态。

思考题

1. 在修理工作中曾发现过发动机的小循环水管被人为堵上,你认为当初的修理者是出于什么目的?对发动机又有什么影响?

2. 为什么冷却水的循环不是从缸盖流向缸体?

3. 有台依维柯车的耗油量较大,经检查未发现什么异常情况,只是水温最高不超过80℃。你认为这是耗油量大的原因吗?为什么?

4. 改变冷却强度的方法有哪些?

5. 冷却系统中的水垢过厚会有什么影响?

6. 电磁风扇离合器的炭刷接触不良对发动机有什么影响?

Danyuanba
单元八

发动机检测与故障诊断

知识点

1. 机械故障的概念；
2. 发动机故障诊断的基本方法；
3. 柴油机常用诊断参数；
4. 发动机功率检测的基本原理；
5. 发动机故障诊断的原则。

技能点

1. 能进行汽缸密封性检测；
2. 能利用示波器对柴油机进行波形观测；
3. 能判断与排除柴油机起动困难故障；
4. 能判断与排除柴油机烟色异常故障；
5. 能判断与排除柴油机功率不足故障；
6. 能判断与排除润滑油压力异常故障；
7. 能判断与排除冷却水温度异常故障；
8. 能进行发动机异响的诊断；
9. 能判断与排除润滑油异常消耗故障。

课题一　机械故障及诊断概论

一、机械故障的定义

所谓机械故障，就是指机械系统（零件、组件、部件或整台机械设备乃至一系列的机械设备组合)因偏离其设计状态而丧失部分或全部功能的现象。

故障是一个相对概念,发生故障是相对于某一个标准而言,所以确定一个故障需要进行相应的定性或定量的估计或测定。如发动机功率下降、油耗增加,都是故障的表现形式,当其超过了规定的指标,即发生了故障。

二、机械故障的分类

对故障进行分类的目的是为了明确故障的物理概念,估计故障的影响深度,以便分门别类地找出解决机械故障的对策。机械故障的分类如表8-1。

机械故障的分类　　表8-1

分类方法	故障类别	说明
按故障的性质	暂时性故障	这类故障带有间断性,一定条件下只在短期内丧失某些功能,通过维护、调试,不需要更换零部件即可恢复系统的正常功能
	永久性故障	这类故障一般由设备中的某些零部件损坏所致,必须通过修复或更换零部件才能消除故障
按故障的影响程度(永久性故障)	完全性故障	完全丧失设备所应具有的功能
	局部性故障	只有局部功能丧失
按故障发生、发展快慢	突发性故障	故障发生前无明显征兆,难以通过早期试验或测试来预测。这类故障发生时间很短暂,发展极快,一般带有破坏性。如转子叶片断裂,误操作导致的设备损毁等
	渐发性故障	设备在使用过程中零部件因疲劳、腐蚀、磨损等而导致设备性能逐渐下降,最终超出允许值而发生的故障,这类故障比例较大,具有一定规律性,并且一般可以通过早期状态监测和故障预报来预防
按故障严重程度	破坏性故障	这类故障既是突发性故障,而且故障发生后往往会危及设备和人身安全
	非破坏性故障	一般属渐发性和局部性故障,故障发生后暂时不会危及设备和人身安全
按故障发生原因	先天性故障	由于没能达到设计或生产制造要求,或设计本身有问题所引起的故障
	耗损性故障	正常磨损造成的故障
	错用性故障	由于使用应力超过规定值而造成的故障
按故障相关性	非相关故障	它也称为间接故障,这种故障是由于设备的其他部件所引起的,如轴承因断油而烧瓦的故障
	相关故障	它也称为直接故障,是因为零部件本身直接因素引起的。对设备进行故障诊断应首先注意这类故障

续上表

分类方法	故障类别	说　明
按故障发生的时期(图 8-1)	早期故障	故障的产生可能是由于设计、加工或材料上的缺陷,在设备投入运行初期的暴露表现
	使用期故障	这类故障在设备的有效寿命内发生,通常是由于载荷和零部件故障等无法预知的偶然因素而引起的
	后期故障	它也称为耗散期故障,这类故障是由于长期使用,甚至超过设备规定的使用寿命后,因设备的零部件逐渐磨损、疲劳、老化等原因,使系统功能退化,最后导致系统发生的突发性、危险性和全局性故障

图 8-1 为使用时期与故障率变化的关系曲线,又称“浴盆曲线”。

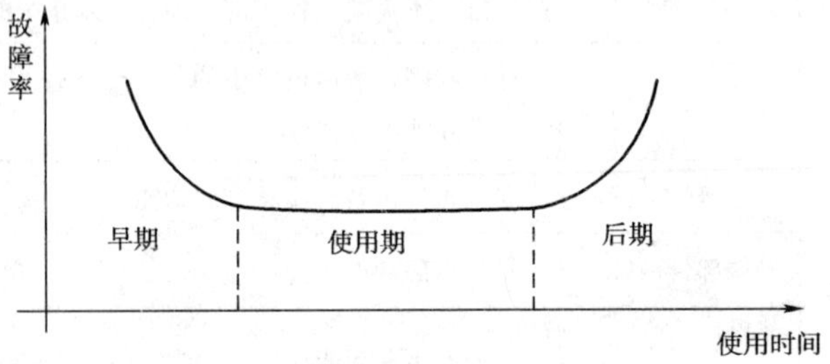

图 8-1　故障率曲线

三、故障诊断的目的和任务

故障诊断的目的是及时、准确地对各种异常状态或故障状态做出诊断,预防或消除故障,最大限度地降低故障损失;提高设备运行的可靠性、安全性和有效性,保证设备发挥最大的设计能力;延长服役期限和使用寿命;降低设备全寿命周期费用,并为设备结构改造、优化设计、合理制造提供数据和信息。

设备故障诊断的任务是监视设备的状态,判断其是否正常;预测和诊断设备的故障并消除故障;指导设备的管理和维修。

四、发动机故障诊断的基本方法

1. 人工经验诊断法

1)耳听法

利用耳朵仔细辨别柴油机是否有金属的敲击声以及其他不正常的声音。

2)摸触法

用手摸触柴油机各部的温度、高压油管的振动情况等。

3)部分停止法/隔断法

在分析判断故障的过程中,为了便于判断故障的具体部位,常常需要断续地停止或隔断某一部分或某个系统的工作,以观察故障现象的变化,或者使故障暴露得更为明显。如柴油机发生排润滑油故障，怀疑是呼吸气管吸油过多引起的，可暂时将呼吸气管拔掉，观察是否还有润滑油排出；若仍有润滑油排出，说明不是呼吸管有故障，而是其他部位有故障。其中停缸法最常用：依次停止某缸供油，观察故障现象变化的情况，以判断某缸是否有故障。如柴油机发生断续冒烟，但在停止某一缸的工作时，此现象即消失，则证明此缸有故障，应对此缸进行分析。

4）比较法

分析故障时，对某一部件有怀疑时，可用标准部件替换，比较换件前后的工作情况是否有变化。如果有变化，说明被替换下来的部件有问题，否则没问题。

5）观察法

用眼睛观察柴油机各运转部件和接合部位有无松动情况，观察排气颜色是否正常，有无漏水、漏气、漏油等现象。

6）试探反证法

当怀疑某部位有问题，但又不能肯定时，可通过改变该部位的工作条件或技术状态，来判断故障。如压缩力不足时，可向汽缸套部注入少许润滑油，以改变压缩性能。如压力增大，说明缸套活塞机构有问题；若压力不增加，说明气门机构有问题。

7）变速法

在升降柴油机转速的瞬时，注意观察故障现象的变化情况，从中选择出适宜的转速，使故障的现象表现得更为突出。一般情况下，多采用低转速运转，因为这时柴油机转得慢，故障现象持续时间长，便于人们观察和检查。如检查配气机构，由于气门间隙过大引起敲击声时，就采用这种方法。在实际工作中，上述几种方法常常是综合采用，以达到相辅相成的效果。

2. 仪器仪表诊断法

1）振动噪声测定法

发动机在动态下会产生振动和噪声。研究表明，振动、噪声的强弱及其包含的主要频率成分和故障的类型、程度、部位及原因等有着密切的联系。利用仪器将振动噪声拾取出来并进行分析，从而诊断发动机的故障。这种故障诊断方法是比较有效的方法，也是目前发展比较成熟的方法。

2）无损检验

无损检验是在不破坏材料表面及内部结构的情况下检验零部件缺陷的方法。它使用的手段包括超声波、红外线、X 射线、γ 射线、声发射、渗透染色等。

3）磨损残余物测定法

发动机的润滑系统的循环油路中携带着大量的磨损残余物（磨粒）。它们的数量、大小、几何形状及成分反映了发动机的磨损部位、程度和性质，根据这些信息可以有效地诊断发动机的磨损状态。

4）发动机性能参数测定法

发动机的性能参数主要包括反映发动机主要功能的一些数据，如发动机的温度、功率、耗油量等。这些数据有些可以直接从发动机自带的仪表上读出，有些需要借助于特定的仪器进行测定，由此可以判定发动机的运行状态是否离开正常范围。

五、柴油机常用诊断参数

诊断参数是柴油机诊断技术的重要组成部分。在柴油机不解体的条件下，直接测量发动机的结构参数变化的诊断对象是极少的。因此，在进行发动机诊断时，需要采用一些能够反映发动机技术状况的间接指标，这些间接指标就叫做“诊断参数”，它是供发动机诊断用的，表征发动机技术状况的参数。在进行技术状况的诊断时，可检测有关的诊断参数，然后与标准值对照，即可确定发动机的技术状况。常用的柴油发动机诊断参数如表8-2。

柴油机常用诊断参数 表8-2

诊断对象	诊断参数
发动机总体	功率，kW 曲轴角加速度，rad/s^2 单缸断油时功率下降率，% 油耗，L/h 曲轴最高转速，r/min 废气成分和浓度，% 或 ppm
汽缸活塞组	曲轴箱窜气量，L/min 曲轴箱气体压力，kPa 汽缸间隙（按振动信号测量），mm 汽缸压力，MPa 汽缸漏气率，% 发动机异响 润滑油消耗量，L/h
曲柄连杆组	主油道润滑油压力，MPa 连杆轴承间隙（按振动信号测量），mm
配气机构	气门热间隙，mm 气门行程，mm 配气相位，(°)
柴油机供油系	喷油提前角（按油管脉动压力测量），(°) 单缸柱塞供油延续时间（按油管脉动压力测量），(°) 各缸供油均匀度，% 每一工作循环供油量，mL/工作循环 高压油管中压力波增长时间，曲轴转角(°) 按喷油脉冲相位测定喷油提前角的不均匀度，曲轴转角(°) 喷油嘴初始喷射压力，MPa 曲轴最小和最大转速，r/min 燃油细滤器出口压力，MPa
供油系及滤清器	燃油泵清洗前的油压，MPa 燃油泵清洗后的油压，MPa 空气滤清器进口压力，MPa 蜗轮压气机的压力，MPa 蜗轮增压器润滑系油压，MPa

续上表

诊断对象	诊断参数
润滑系	润滑系润滑油压力,MPa 曲轴箱润滑油温度,℃ 润滑油含铁(或铜铬铝硅等)量,% 润滑油透光度,% 润滑油介电常数
冷却系	冷却液工作温度,℃ 散热器入口与出口温差,℃ 风扇皮带张力,N/mm 曲轴与发电机轴转速差,%
起动系	在制动状态下起动机电流,A;电压,V 蓄电池在有负荷状态下的电压,V 振动特性,m/s^2

六、发动机故障诊断的原则

为了能迅速、有效地排除故障,要对故障产生的部位和原因进行正确地判断。因此,要求在了解故障的基本征象后,根据该发动机构造和原理上的特点,全面分析产生故障的可能原因,加以排除。即"搞清现象,联系原理,区别情况,周密分析,从简到繁,由表及里,诊断准确,少拆为宜"。

通常故障判断的时候要遵循以下原则:

1. 判断故障要有整体性,排除故障要有全面性

发动机各个系统和机构及其所属的零部件之间是密切相关的,一个系统、机构或零部件有故障,必然要涉及其他系统、机构或零部件。因此,对于各个系统、机构或零部件的故障不能绝对孤立地对待,而必须要考虑其影响的系统、机构或零部件,以及本身又可能受到的影响,从而以整体观念来分析判断故障原因,并进行全面检查并排除。

2. 查找故障时应尽可能减少拆卸

在查找故障时,若盲目地乱拆乱卸,或者由于侥幸心理与思路混乱而轻易拆卸,不仅会延长排除故障的时间,而且可能遭到不应有的损坏或产生新的故障。拆卸只能作为在经过缜密分析后采取的最后手段。在决定采取这一步骤时,一定要以结构和原理等知识作指导,建立在科学分析的基础上,并应在有把握恢复正常状态和确信不会由此而引起不良后果的情况下才能进行。此外,还应避免同时进行几个部位或同一部位几项探索性拆卸和调整,以防互相影响,引起错觉。

3. 切忌存在侥幸心理和盲目蛮干

当遇到较严重的、可能造成破坏性损坏的故障征兆时,切忌存在侥幸心理,盲目蛮干,在没有查找到故障原因,并予以排除时,不能轻易地开动机器,否则会进一步扩大故障损坏程度,甚至造成重大事故。实在需要开机检查时,应切实做好各种防范措施,谨慎地进行。如做好各项安全顺利起动的检查;人力转动发动机(盘车)检查有无影响运转的任何阻碍,哪怕是盘车稍感重一些,也应敏感地注意到,并做出相应地检查,对重要螺栓要检查有无松脱;重要摩擦副有无异常发热等等。柴油机一旦起动后，仔细分辨运转声响，查看润滑油压力是否正常，并根据需要能够做到及时停机。

课题二　发动机功率的检测

发动机输出的有效功率，是发动机的一个综合性评价指标。通过该项指标可定性地确定发动机的技术状况，并定量地获得发动机的动力性参数。测量发动机功率可在水力(或电力)测功机上进行稳态测功，也可用无负荷测功器进行较粗略的动态测功。

一、稳态测功

1. 稳态测功的基本原理

稳态测功是指发动机在供油拉杆(柴油机)或节气门开度(汽油机)一定、转速一定和其他参数保持不变的稳定状态下，在水力测功器或电涡流测功器上给发动机施加一定负荷，测出其转速及相应转矩，从而计算出功率的一种方法。发动机的有效功率 P_e，转矩 T_e 和转速 n 具有下列关系：

$$P_e = \frac{T_e \times n}{9550}(\mathrm{kW}) \tag{8-1}$$

稳态测定发动机最大的有效功率是在供油拉杆处在最大供油位置(或节气门全开)情况下，给发动机施加一定负荷，测出额定转速及相应转矩，即可由上式计算出功率数值。

稳态测功的结果比较准确可靠，在发动机设计、制造及院校和科研部门进行性能试验采用较多，在一些大的机械修理厂也用来检验发动机大修后的动力性能。稳态测功比较费时费力，检测成本较高，需要大型且固定安装的测功器，被检测的发动机需与测功器实现同心度较高的机械连接，不适用在机械或车辆上进行就机检测。稳态测功时必须对发动机施加外部负荷，因而也称为有负荷测功或有外载测功。

2. 稳态测功的仪器

1)水力测功器

水力测功器是一种典型吸收型测功器，它将发动机输出的功率转变为热量消耗掉，同时在此过程中完成转矩的测量。

水力测功器主要由转子和定子(外壳)两部分组成。它的基本原理是利用转子在充满水的定子中旋转所产生的摩擦阻力来吸收发动机功率，同时通过与可摆动的外壳相连的测力机构测出转矩。

2)电力测功器

电力测功器的工作原理和普通发电机或电动机基本相同，可以将发动机的机械功利用发电机变为电能，也可用电动机把电能转变为拖动发动机的机械能。电机的转子和定子以磁通作为媒介，转子和定子之间的作用力和反作用力大小相等，方向相反。所以只要将其定子做成可以自由摆动的浮动方式，便可应用与水力测功器一样的测力机构或拉压传感器测出发动机的转矩。电力测功器有直流电力测功器、交流电力测功器、电涡流测功器 3 种。

二、动态测功

动态测功也叫无负荷测功，它是指发动机在供油拉杆位置（或节气门开度）和转速均为变动的状态下，测定其功率的一种方法。

动态测功的方法是：当发动机在怠速或空载某一低速下运转时突然将供油拉杆放置在最大供油位置，使发动机克服惯性和内部摩擦阻力加速运转，用其加速性能的好坏直接反映最大功率的大小。因此只要测出加速过程中的某一参数，就可得出相应的最大功率。

这种方法操作简单，不需将发动机从车架中拆下来，所用仪器设备也比较轻便，不过精度较低。汽车和工程机械维修厂家较多采用这种方法。

1. 无负荷测功的基本原理

在无外载测功试验过程中，发动机所发出的功率将使发动机加速。理论上可以证明，若在ΔT时间内，发动机的转速从 n_1 上升到 n_2，则发动机在这段时间内所发出的平均功率为：

$$P_{av} = C \cdot \frac{n_2^2 - n_1^2}{T} \qquad (8\text{-}2)$$

式中：P_{av}——发动机所发出的平均功率，kW；

n_1、n_2——发动机的初始和终止转速，r/min；

T——发动机从 n_1 到 n_2 所用时间，s；

C——与发动机当量转动惯量 J 有关的一个常数。

因此，我们可以通过测量发动机某段加速过程所用的时间，来计算发动机所发出的功率。图 8-2 给出了测量过程示意图。

维修厂家平时使用便携式无负荷测功仪或发动机综合分析仪进行无负荷测功试验，都是依据了上述的基本原理，其电路构成原理如图 8-3 所示。

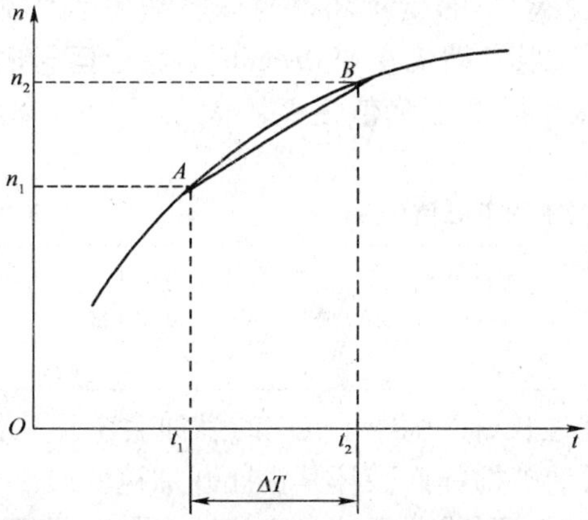

图 8-2　通过速度变化所需时间计算平均值

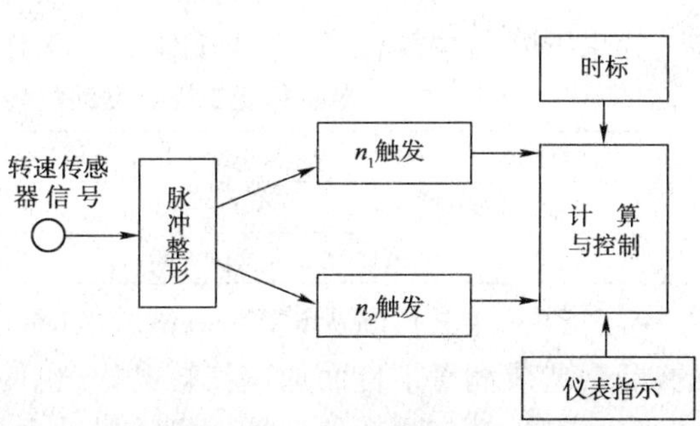

图 8-3　无负荷测功仪电路构成原理

这种试验方法在准确度要求不高的情况下，例如作为同一台发动机维修调整前后的质量判断，或一般的车况分析，常常是十分有效的方法。

2. 无负荷测功的基本方法

在这里以天津产 YT416 型发动机分析仪为例。该仪器是发动机不解体检测的综合测试仪器,能对多种型号的柴油机、汽油机做多项性能检测和故障诊断。发动机以工程机械上使用较多的道依茨 FL413 系列柴油机为检测对象,检测前使发动机运转到正常温度状态。

(1)转速的检测:检测转速可用夹式传感器,也可用串式传感器。若使用串式传感器,把传感器串接在高压油管和喷油器之间,连线接到仪器后面板的转速接头。开启仪器,通过功能键选择机型、缸数和转速界面,起动发动机,即可测得转速,测得的参数可以被读取、存储和打印。

☆通过转速也能估计发动机的技术状况,例如该机的最高转速为 2500 r/min,最低稳定转速为 600 r/min。若达不到最高转速,说明发动机功率不足。

(2)功率的检测:使用串式传感器,把传感器串接在高压油管和喷油器之间,连线接到仪器的油管信号接头。开启仪器,选择功能。然后起动发动机,将供油拉杆由怠速迅速拉到最大,仪器即测出加速时间、转矩、功率等项参数。该仪器中已预存了常用机型的转动惯量。若所测机型仪器中没有,可先用该仪器测出转动惯量,将转动惯量存入仪器,然后再测功率。为保证测量数据准确,一般需多测几次(3 ~4 次)。实测功率一般不应低于额定功率的 75%,若低于此值则需要修理。功率下降的主要原因有:汽缸压力过低,供油量不足,空气滤清器堵塞等。由于不解体检测时发动机带有离合器或液力变矩器,所以实测功率比额定值略低属正常现象。

三、单缸功率的检测

检查各缸动力性能是否一致是发动机检测的一个重要内容。动态测功仪既可以检查发动机的整机功率,又可以测量某汽缸的单缸功率。检查单缸功率的方法是:先测出发动机的整机功率,再测出某缸断油或断火时的功率,两功率值之差即为断油或断火之缸的功率。技术状况良好的发动机,各缸功率是一致的,否则将造成发动机运转不平稳。比较各缸功率,可判断各缸的工作状况。

一种更简单检测各缸功率的方法是测得在某缸断油或断火时的转速降来判断其工作状况。工作正常的发动机在某一转速下稳定运转时,发动机的指示功率与摩擦功率是平衡的。此时取消任何一缸工作,发动机转速会下降相同值。当发动机在 800r/min 下稳定运转时,每停止一缸工作致使转速下降值见表 8-3。要求最高和最低下降值之差不大于平均下降值的 30%,如果下降值偏低,说明停止工作之缸工作不良。

单缸停止工作后发动机转速正常平均下降值(r/min) 表 8-3

发动机缸数	转速正常平均下降值	发动机缸数	转速正常平均下降值
4 缸	80 ~ 100	8 缸	40 ~ 50
6 缸	60 ~ 80		

应当指出,在进行断火试验时,试验的时间不宜过长,因为没有燃烧的燃油会洗掉汽缸壁上的油膜,造成润滑不良而加速汽缸磨损,也使润滑油被稀释而破坏其性能并加速变质。

必须指出,动态测功仪仅能对发动机动力性能进行评价,并不能找出故障部位。要想分析故障原因,需测量一些局部的诊断参数,如汽缸压力、曲轴箱窜气量等,进行深入诊断。

课题三　汽缸密封性的检测

汽缸密封性与汽缸、汽缸盖、汽缸垫、活塞、活塞环和进排气门等包围工作介质的零件有关。它们的技术状况好坏，不但严重影响发动机的动力性和经济性，而且决定发动机的使用寿命。在发动机使用过程中，由于上述零件的磨损、烧蚀、结胶、积炭等原因，引起了汽缸密封性下降。汽缸密封性是表征汽缸组技术状况的重要参数。

汽缸密封性的诊断参数主要有汽缸压缩压力、曲轴箱漏气量、汽缸漏气量或汽缸漏气率等。

一、汽缸压缩压力的检测

检测活塞到达压缩终了上止点时汽缸压缩压力的大小，可以表明汽缸的密封性。检测方法有以下几种。

1. 汽缸压力表检测

汽缸压力表是一种专用的压力表。它由压力表头、导管、单向阀和接头等组成。压力表头多为鲍登管(Bouedon tube)式，其驱动元件是一根扁平的弯曲成圆圈的管子，一端为固定端，另一端为活动端。活动端通过杠杆、齿轮机构与指针相连。当压力进入弯管时弯管伸直，于是通过杠杆、齿轮机构带动指针动作，在表盘上指示出压力的大小。其结构如图 8-4 所示。

汽缸压力表的接头有两种：一种为螺纹管接头，可以拧紧在喷油器的螺纹孔内；另一种锥形或梯形的橡胶接头，可以压紧在喷油器孔上。

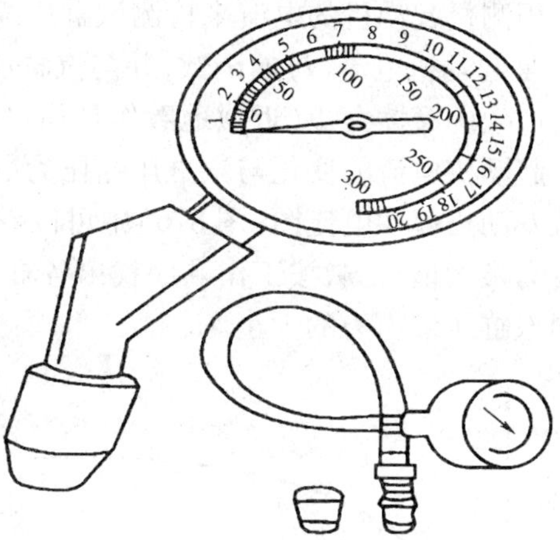

图 8-4　汽缸压力表

1）检测条件

发动机应运转至正常热状态，此时冷却水温度应达到 85～95℃，润滑油温度应达到 70～90℃。

2）检测方法

测量前先将喷油器安装孔周围清洗干净，避免异物落入汽缸。然后拆下全部喷油器，把专用汽缸压力表的锥形橡皮头插入被测缸的喷油器孔内，扶正压紧。将供油拉杆放置在停供的位置，用起动机带动发动机运转 3～5s，其转速应在 100～150r/min之内。待汽缸压力表指针指示并保持最大压力读数后停止转动。取下压力表，记下读数。按下单向阀，使压力表回零。按此法依次测量各缸，每缸测量不少于 2 次。

3）检验标准

汽缸压缩压力标准一般由制造厂提供。也可以根据下述公式进行推算。

$$P=0.15\varepsilon-0.22(\text{MPa}) \tag{8-3}$$

式中：ε——汽缸压缩比。

测量汽缸压缩压力不低于标准的 30%。同一发动机各缸压力差应不大于 0.1MPa。

4）结果分析

测得压力如果超过原厂的规定标准，说明燃烧室内积炭过多，汽缸垫过薄或汽缸体与缸盖接合平面经过多次修磨磨削过多；测得的压力如果低于原厂规定标准，可向该缸喷油器孔内注入 20～30mL 润滑油，然后重新用汽缸压力表测量汽缸压力值，并记录。

(1)如果第二次测得的压力值比第一次高,接近标准压力值,表明汽缸、活塞环、活塞磨损大或活塞环对口、卡死断裂及缸壁拉伤等原因造成汽缸不密封。

(2)如果两次测得的结果相差不大,并且两相邻缸都比较低,说明两邻缸汽缸垫烧损窜气。

(3)第二次测得的压力与第一次略同,即仍比标准压值低,说明进、排气门或汽缸衬垫不密封。

以上仅对汽缸活塞组不密封部位进行分析和推断,并不能十分有把握地确诊。为了准确地判断故障部位,可在测出汽缸压力之后,针对压力低的汽缸,可采用汽缸漏气率的检测方法进行判断。

用普通汽缸压力表测量汽缸压缩压力是常规的测量方法,必须把喷油器拆下,逐缸地测量,费工费时,且存在测量误差大的缺点。研究表明,这种方法的测量结果不仅与汽缸各处的密封性有关,而且还与曲轴的转速有关。图 8-5 表示了某发动机汽缸最大压缩压力与发动机转速的关系。从图中可以看出,只有当曲轴的转速超过1 500r/min以后,汽缸的压缩压力变化才不大,而在低速范围内较小的转速变化会带来较大的汽缸压力值变化。

2. 测起动机电流法

利用测量起动机的电流来检测汽缸压缩压力依据的是:起动机带动发动机曲轴所需的转矩(Te)是起动机电流(I)的函数,并与汽缸压缩压力成正比。发动机起动时的阻力有:曲柄连杆机构产生的摩擦力矩(近似地看作是稳定的常数)、压缩阻力(随压缩的进程而变化)和惯性阻力。起动机电流的变化与汽缸压缩压力的变化间存在着相对应的关系。从示波器直接记录的六缸发动机起动电流图(图 8-6)中可以看出,波动曲线类似一个正弦曲线,其峰值与各缸的压缩压力最大值有关,按工作顺序找出各缸的对应的起动电流峰值,并通过一定的标定,即可表示出该缸压缩压力的大小。

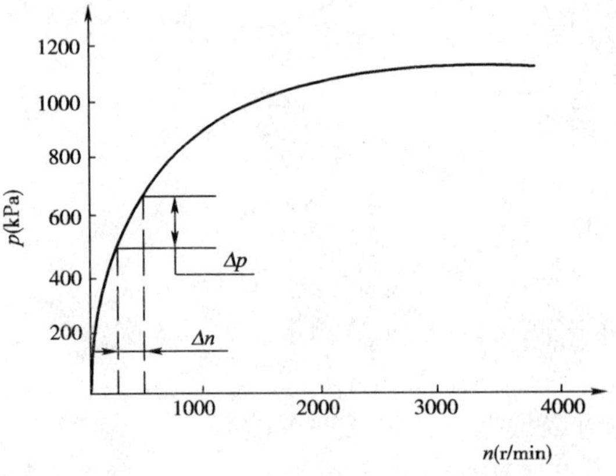

图 8-5　汽缸压缩力与曲轴转速之间的关系

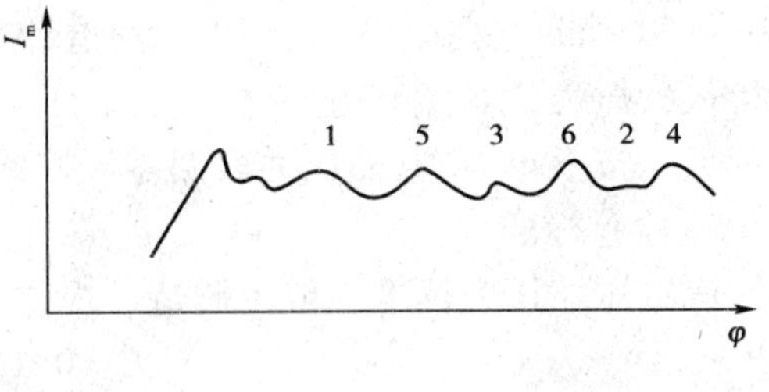

图 8-6　起动电流与曲轴转角关系曲线

用上述原理制作的测试仪,如在检测时显示的电流变化曲线幅度一致,电流峰值在规定范围内,说明各缸压缩压力符合要求且压力均衡;如果起动电流变化曲线幅度不一致,对应某缸的电流峰值低于规定范围,则说明该缸压缩压力不足。

3. 测起动机电压法

通过测起动机电压检测汽缸压缩压力的原理与上述测起动机电流检测汽缸压缩压力相

同。它是通过起动机在发动机起动时遇到的阻力不一样，引起起动机电压变化来反映各缸压缩时汽缸内的实际密封状况。检测仪器测量并显示起动机电压的变化，如果各缸引起的电压变化曲线幅度一致，又处在规定范围内，说明各缸压缩压力符合要求且压力均衡；反之，若某缸对应的电压变化曲线低于规定范围，则说明该缸压缩压力不足。

目前，用测电流法、测电压法来检测汽缸压缩压力的仪器较多，尤其是在一些发动机综合测试仪上，主要采用这两种方法。

二、汽缸漏气率的检测

发动机在不工作、不解体的情况下，用漏气率测试仪测试汽缸漏气率，可以判定汽缸与活塞组件、气门与气门座、缸盖与汽缸垫间的密封情况。

汽缸漏气率检测仪的结构简图如图 8-7 所示。它主要由减压阀，进气压力表、测量表、出气量孔、软管、接头开关和测量塞头等组成，外接气源压力为 0.6 ~ 0.8MPa。

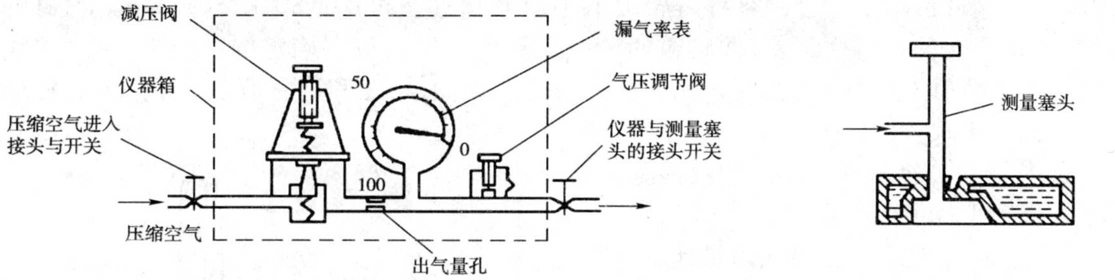

图 8-7　汽缸漏气率检测仪结构示意图

检测时，将发动机预热到正常工作温度后停机，拧下喷油器并清除安装部分周围的脏物，将第一缸活塞处于压缩行程某一位置，采用变速器挂挡或其他防止活塞被压缩空气推动的措施后，将仪器与气源接通，先关闭出气开关（仪器与测量塞头的接头开关），观察漏气量表上的指针是否在"0"点，若不在"0"点上，用调整螺钉进行调整，然后把测量塞头压紧在安装喷油器的孔上，打开出气开关（仪器与测量塞头的接头开关）向汽缸充气，测量表上的读数，即反映一缸的密封情况，其他缸也以此方法进行测量。

汽缸漏气率检测标准见表 8-4。

汽缸漏气率检测标准（单位：%）　　表 8-4

测量条件 下列情况漏气率超过右边数据的必须进行修理	测量时活塞位置	发动机汽缸直径(mm)				
		汽油机			柴油机	
		51 ~ 75	76 ~ 100	101 ~ 130	76 ~ 100	101 ~ 130
经活塞环气门总漏气率	压缩行程开始位置	8	14	23	24	29
经活塞环气门总漏气率	压缩行程开始位置	4	8	14	18	18
经汽缸总漏气率	压缩行程终止位置	16	28	50	45	52
压缩行程终止位置与开始位置两次漏气率之差		12	20	30	30	30

三、汽缸漏气量的检测

汽缸漏气量的检测使用的仪器、检测的方法、判断故障的方法等与汽缸漏气率的检测基本一致，只是汽缸漏气量检验仪的测量表标定单位为 kPa。

在对汽缸充气过程中，若排气管内有漏气声，表明排气门密封不严；若进气管道内有漏气声，表明进气门密封不严；若在加润滑油口处听到漏气声特别明显，则表明汽缸套与活塞组件磨损严重；若在水箱内有漏气声并伴有水泡，表明汽缸垫漏气；若被测汽缸的相邻喷油器安装孔有漏气声，则是汽缸垫在相邻缸间烧穿。

四、曲轴箱窜气量检测

汽缸活塞组配合副的磨损、活塞环弹性下降或黏结均会使汽缸的密封性下降，窜入曲轴箱的气体将会增加。如有的新发动机曲轴箱的窜气量约为 15～20L/min，而工作时间较长，汽缸活塞组配合副零件有较大磨损时其窜气量可高达80～130L/min。汽缸与活塞、活塞环间的密封性越差，曲轴箱的窜气量越大。发动机在确定的工况下工作，单位时间内窜入曲轴箱气体的数量，表示汽缸活塞组的技术状况和磨损程度，可作为其检测密封性的一个尺度。

检测曲轴箱窜气量的测量仪多采用玻璃转子式流量计，如图 8-8 所示。

它实际上是一种压差式流量计。测量时，应将油标尺口、曲轴箱通气口等堵住，使曲轴箱密封，在加油口处将漏窜气体用橡胶软管导出（此连接处不得有泄漏），输入气体流量计，漏窜气体在流量计中如图中箭头所示方向流动时，在流量孔板两侧产生压力差，促使两头分别与流量孔板两侧连通的压力计中的水柱移动，直至气体压力与水柱落差相平衡。压力计通常以流量刻度，这样，从压力计水柱的高度就可确定窜入曲轴箱气体的数量。有不同孔径的多种规格的流量孔板，测量时可根据窜气量的范围适当选择。就机检测时，采用加载，供油拉杆在最大供油位置，柴油发动机在 1000～1600r/min 转速条件下进行。这是因为曲轴箱窜气量与发动机的转速及外负荷有很大关系。各种柴油发动机曲轴箱窜气量的参考值，请查阅相关资料。

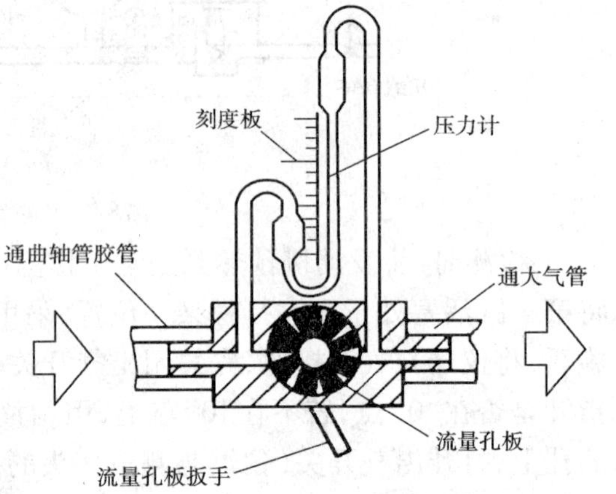

图 8-8　气体流量计示意图

课题四　柴油机燃油供给系的诊断与检测

柴油机的燃油供给系是柴油机的心脏，其性能的好坏直接影响柴油机的动力性和经济性。燃油供给系也是柴油机故障多发的系统，该系统的故障发生率占整个柴油机故障的 60% 以上。因此对该系统的故障诊断和检测尤为重要。

一、柴油机燃油供给系的仪器诊断和检测

柴油机工作性能的好坏,与燃料供给系的工作状况密切相关。喷油泵和喷油器的工作状况,可以通过高压油管中压力的变化情况和针阀升程反映出来,因此,用测量仪器检测高压油管中压力和喷油泵凸轮轴转角之间的变化关系、喷油器针阀升程与喷油泵凸轮之间的变化关系,就可以判断出柴油机燃料供给系的工作是否良好。一些柴油机专用示波器和综合测试仪均能在柴油机不解体情况下,以多种形式观测各缸高压油管中的压力波形和喷油器的针阀升程波形。综合测试仪还能定量地、准确地测出高压油管中的最大压力、残余压力和供油提前角等参数,并能进行异响分析、配气相位测量等项目,为全面分析、判断燃油系技术状况提供波形和数据。

1. 主要检测项目及波型介绍

利用示波器可观测柴油机燃料系的以下主要项目:

1) 观测压力波形

可观测到各缸高压油管中压力变化的波形。这些波形能以多缸平列波、多缸并列波、多缸重叠波、全周期单缸波的形式出现。

(1) 全周期单缸波:即单独将某一缸高压油管中的压力随喷油泵凸轮轴转过 360°时的变化情况显示出来的波形,如图 8-9 所示。波形上有一个人工移动的亮点,指针式表头可以指示出亮点所在位置的瞬态压力。因此,移动亮点可准确测出某缸高压油管中的残余压力(P_r)、针阀开启压力(P_0)、针阀关闭压力(P_b)和最大压力(P_{max})。

(2) 多缸平列波:即以各缸高压油管内的残余压力(P_r)为基线,将各缸波形按着火次序从左向右首尾相连的一种排列形式,如图 8-10 所示。利用该波形可以观测到各缸 P_0、P_b 和 P_{max} 点在高度上是否一致,因而可用于比较各缸上述压力值的一致性。

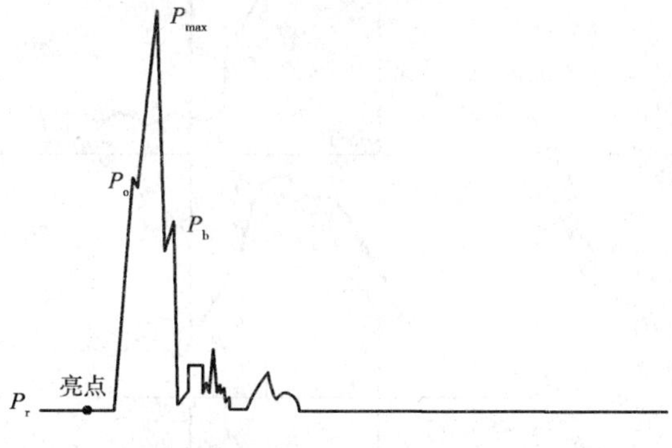

图 8-9 全周期单缸波形

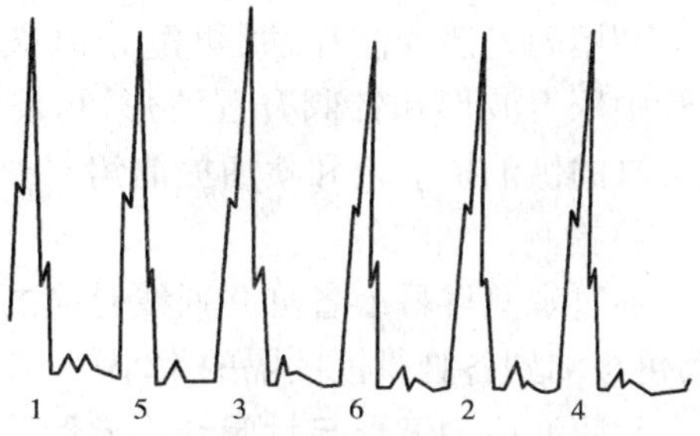

图 8-10 六缸平列波

(3) 多缸并列波:即将各单缸波形按着火次序自下而上单独放置并将其首部对齐的一种排列形式,如图8-11所示。通过观测各缸波形三阶段面积大小,可用于比较各缸供油量、喷油量的一致性。

(4) 多缸重叠波:即将各单缸波形之首对齐并重叠在一起的一种排列形式,如图 8-12 所示。利用该波形可观测到各缸波形在高度、长度和面积的一致程度,可用于比较各缸 P_0、P_b、P_{max}、P_r、供油量和喷油量的一致性。

2)观测针阀升程波形

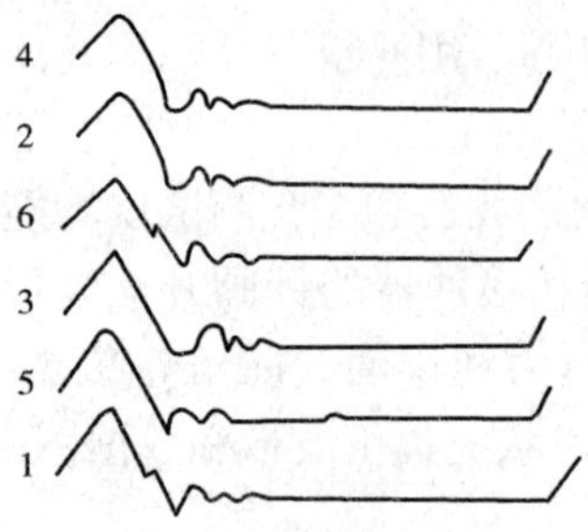

图 8-11　六缸并列波

图 8-12　六缸重叠波

可观测到喷油器针阀升程与喷油泵凸轮轴转角的对应关系和针阀升程与高压油管中压力变化的对应关系。

3)检测瞬态压力

可观测出高压油管内的最高压力和残余压力,有些仪器甚至能测出喷油器针阀开启压力和关闭压力。

4)供油均匀性判断

通过比较各缸高压油管中压力波形的面积,可观测到各缸供油量的一致性,并能找出供油量过大或过小的缸。

5)观测异常喷射

根据针阀升程波形,观测到停喷、间隔喷射、二次喷射、喷前滴漏、针阀开启卡死和喷油泵出油阀关闭不严等现象。

6)检测供油正时和喷油正时

利用闪光法或缸压法,再配合以被测缸高压油管中压力波形和针阀升程波形,可测得第一缸或某缸的供油提前角和喷油提前角。

7)检测供油间隔

通过观测屏幕上各缸并列线对应的凸轮轴角度,可检测到各缸供油间隔的大小。

2. 喷油压力波形与针阀升程波形

图 8-13 是在柴油机有负荷情况下实测的某缸高压油管内压力(P)和针阀升程 s 随高压泵凸轮轴转角 θ 的变化曲线。

图中,P_r 为高压油管中的残余压力,P_0 为针阀开启压力,P_b 为针阀关闭压力,P_{max} 为最高压力。在横坐标方向上,整个曲线分为 3 个阶段:Ⅰ为喷油延迟阶段,调高针阀开启 P_0 压力、高压油

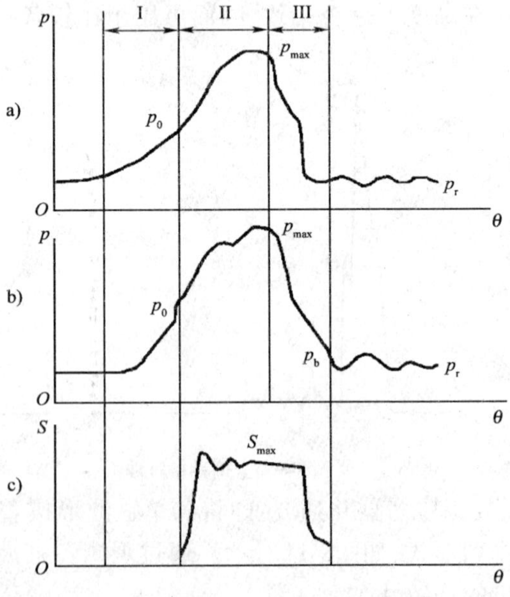

图 8-13　高压油管内的压力曲线和针阀升程曲线
a)喷油泵端压力曲线;b)喷油器端压力曲线;c)针阀升程曲线

管渗漏、出油阀偶件或喷油器针阀偶件不密封造成残余压力 P_r 下降，随意增加高压油管的长度或增加高压油系统的总容积等都会使这个阶段增长；II 为主喷油阶段，该阶段长短主要与柴油机负荷有关，对于柱塞式喷油泵来说即与柱塞的有效供油行程长短有关，有效喷油行程愈大，该阶段愈长；III 为自由膨胀阶段，若高压油管内最高压力不足，可使该阶段缩短，反之使该阶段延长。

从图中可以看出，第 I、II 阶段为喷油泵的实际供油阶段，第 II、III 阶段为喷油器的实际喷油阶段。在循环供油量一定的情况下，若 I 阶段延长和 III 阶段缩短，则喷油器针阀升程所占凸轮轴转角减少，使喷油量减小；反之若 I 阶段缩短，III 阶段延长，则喷油量增多。因此，曲线上 3 个阶段的长短，对该缸工作的好坏是有影响的。多缸发动机各缸对应的 I、II、III 阶段如果不一致，则对发动机工作性能的影响更大。所以，对柴油机喷油压力的检测应根据缸数的多少串接同缸数相等的压力传感器，在同一工况下将各缸的压力波同时取出来，以全周期单缸波、多缸平列波、多缸并列波和多缸重叠波等多种形式进行对比观测。

通过对各种转速下压力波形，针阀升程波形和瞬态压力的观测，可以有效地判断汽缸供油量、喷油量、供油压力、喷油压力和供油间隔的一致性。针阀升程是判断实际喷油状况的重要参数。因此，通过对针阀升程波形的观测，可发现喷油器有无间断喷射、二次喷射和停喷等故障，常见的故障波形如图 8-14 所示。

(1) 喷油泵不供油或喷油器针阀在开启位置“咬死”的故障波形如图 8-14a) 所示。

(2) 喷油器针阀在关闭位置不能开启的故障波形如图 8-14b) 所示。

(3) 喷油器喷前滴油的故障波形如图 8-14c) 所示。

(4) 高压油路密封不严的故障波形如图 8-14d) 所示。

(5) 残余压力(P_r)上下抖动的故障波形如图 8-14e) 所示，说明喷油器有隔次喷射现象。

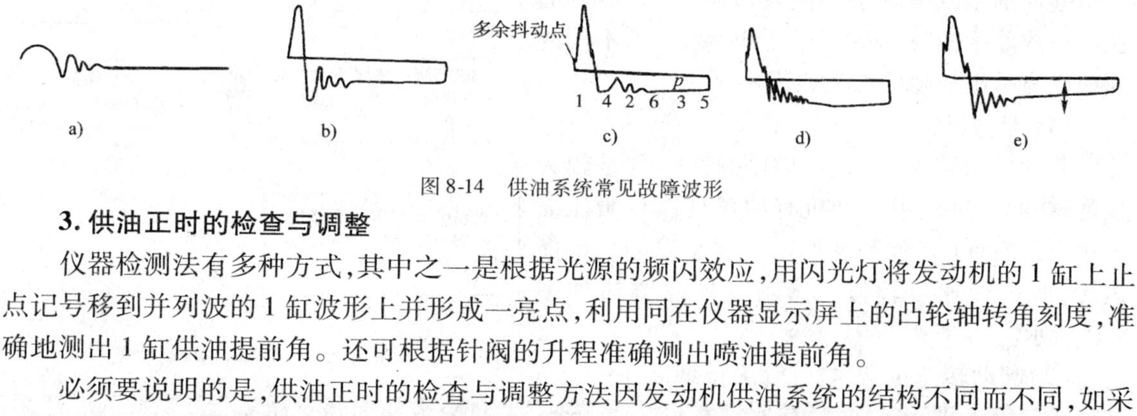

图 8-14 供油系统常见故障波形

3. 供油正时的检查与调整

仪器检测法有多种方式，其中之一是根据光源的频闪效应，用闪光灯将发动机的 1 缸上止点记号移到并列波的 1 缸波形上并形成一亮点，利用同在仪器显示屏上的凸轮轴转角刻度，准确地测出 1 缸供油提前角。还可根据针阀的升程准确测出喷油提前角。

必须要说明的是，供油正时的检查与调整方法因发动机供油系统的结构不同而不同，如采用 PT 燃油系统的发动机，其燃油喷射时间由喷油器所决定，要使用专用工具来进行此发动机喷油正时的检查与调整。其具体方法见第四单元。

二、与柴油机供给系统相关的典型故障的经验诊断

1. 起动困难故障

我国标准规定：不采用特殊的低温起动措施，汽油机在 -10℃、柴油机在 -5℃以下的气温

条件下起动发动机，15s 以内发动机要能自行运转。通常情况下，性能良好的柴油机在环境温度高于 5℃时，5s 应能顺利起动。

1）起动困难的原因

起动困难是柴油机使用过程中最常见的故障，但其原因却是非常复杂的。影响起动性能的主要因数有发动机的结构、油料、起动系统的性能等三大方面。

（1）发动机结构方面

①低压油路不供油、油压过低、油路中有空气。

②高压泵的供油压力、供油时间、供油量不合要求；喷油器喷油压力、喷雾质量、喷油角度不合要求。

③空气滤清器堵塞，进气不足。

④由于配气机构和曲柄连机构的原因造成汽缸压缩力不足。

⑤气门间隙不准或配气相位不准。

（2）油料

油料品质差或油料中有水等杂质造成油料难以与空气形成可燃混合气。

（3）起动系统

一般高速柴油机的起动转速应为 100 ~ 150 r/min。起动转速不够，则发动机难以起动。起动转速不够的原因除了发动机本身结构因素（运转阻力过大）外，主要是起动机力矩不够、蓄电池电力下降及起动电路电阻过大所致。

2）起动困难故障的诊断与排除

起动困难故障现象不同其故障原因也不同，在进行故障诊断时，应首先区别现象，因为不同的现象已显示出故障的大致原因。

（1）起动机转动无力

起动机运转无力的情况有两种，一种是较为显著，在起动过程中发动机有明显难以克服压缩上止点的表现（有暂停现象）；一种是发动机也能运转，但运转速度较慢。诊断与排除方法如图 8-15所示。

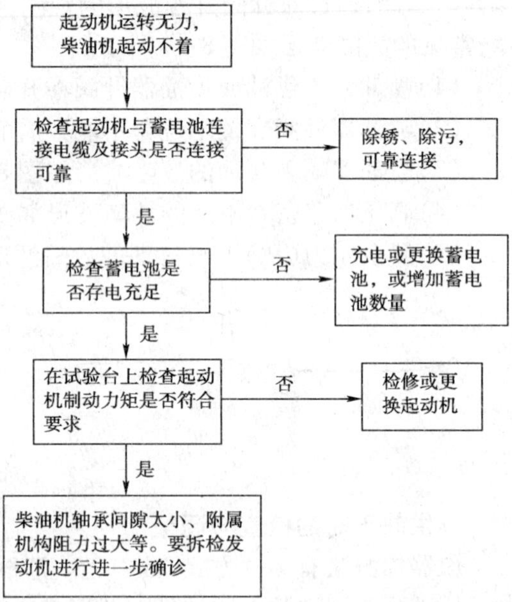

图 8-15　起动无力故障诊断

（2）起动转速正常，排气管无排烟

排气管无排烟，说明没有油料进入汽缸。诊断与排除方法如图 8-16 所示。

☆各种柴油机燃料系统不完全相同，诊断的步骤也因具体的结构、人的工作习惯而有一定的差异。上面的故障诊断是一个示例，在以后的故障诊断中，有的只列出故障原因，不再列出详细诊断与排除步骤。

（3）起动转速正常，并伴随着白烟或灰烟排出

排白烟或灰烟，说明有油进入汽缸，但油只是蒸发成气态，而未能着火燃烧。究其原因主要有：

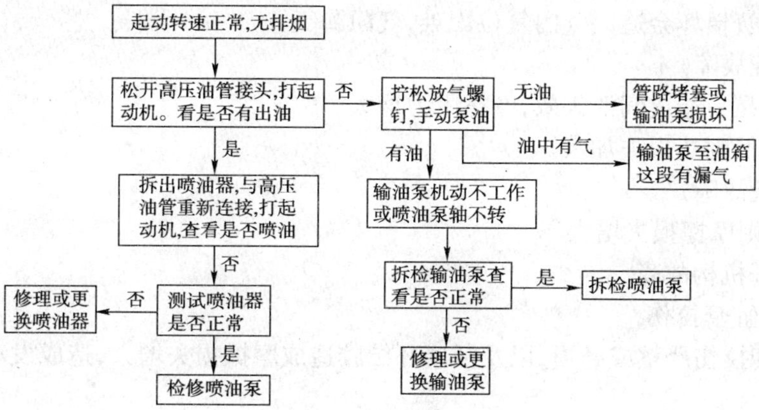

图 8-16　无排烟故障诊断

①柴油品质差或混入水分。

②汽缸压缩力不足。

③供油时间过晚。

④缸垫冲坏。

具体内容参见本单元课题八。

(4)起动转速正常,并伴有黑烟排出

排气冒黑烟,说明发动机有个别缸着火,但不足以维持运转。主要原因有:

①喷油器雾化不良。

②喷油泵供油时间不准。

③进气量不足。

具体内容参见本单元课题八。

2. 柴油机功率不足

柴油机功率不足的外部表现:对于运输车辆来说是加速无力、爬坡吃力;对于工程机械来说是工作装置动作缓慢无力。柴油机功率不足时,耗油量都会增大,还往往伴有异常烟色(参见本单元课题七)。

柴油机功率不足的原因是多方面的,几乎涉到组成柴油机的各个系统。

1)进排气系统故障

(1)空气滤清器不清洁

空气滤清器不清洁会造成进气阻力增加,空气流量减少,充气效率下降,致使发动机动力不足。

(2)排气管阻塞或阻力过大

排气管阻塞会造成排气不畅通,排气终了的压力过大,充气效率下降。残留废气过多,影响下一个循环的燃烧。

2)配气机构故障

(1)气门密封不严漏气,造成汽缸压缩力不足。

(2)气门间隙不准,造成进气不足和排气不净。

(3)配气相位不准,造成充气效率下降。

(4)气门弹簧损坏会造成气门复位困难,气门漏气。

3)冷却系统故障

(1)水温过高易造成润滑失效,摩擦阻力增大。

(2)水温过低则热损失加大。

4)润滑系统故障

润滑不良,则摩擦损失增大。

5)曲柄连杆机构故障

(1)活塞与缸套拉伤

活塞与缸套拉伤严重或磨损,以及活塞环结胶造成摩擦损失增大,造成发动机自身的机械损失增大。

(2)活塞与汽缸间隙过大,活塞环老化或工作不良造成汽缸压缩力不足,压缩终了的温度、压力不足。

(3)汽缸垫损坏或汽缸盖与机体的接合面密封不良,造成汽缸漏气。

(4)喷油器安装孔漏气。

(5)轴瓦与轴颈表面咬毛,摩擦阻力过大。

6)燃料供给系统故障

(1)供油提前角过大或过小

供油提前角过大或过小会造成油泵供油时间过早或过晚,使燃烧过程不是处于最佳状态。

(2)燃油滤清器或管路内进入空气或阻塞,造成油路不畅通,动力不足,甚至着火困难。

(3)喷油偶件损坏造成漏油、咬死或雾化不良。

(4)喷油泵供油不足。

此外,对于增压柴油机,除以上原因会使功率下降外,如果增压器轴承磨损、压气机及涡轮的进气管路被污物阻塞或漏气,也都可使柴油机的功率下降。当增压器出现上述情况时,应分别检修或更换轴承,清洗进气管路、外壳,揩净叶轮,拧紧接合面螺母和卡箍等。

3. 柴油机转速不稳

柴油机转速不稳有两种表现:一是振抖;二是游车。振动有先天性的也有后天性的。游车故障不排除,可能会引起更为严重的故障——飞车。

1)先天性振抖

其主要表现为起动后即有振抖,转速越快,振抖越严重。这种情况多是由于发动机生产和维修中造成,其原因多为惯性力和惯性力矩未能平衡所致,如旋转件动不平衡严重,往复运动件质量差较大等。

2)后天性的振抖

在使用过程中发生的振抖,其主要原因有:

(1)发动机支架松动。

(2)供油时间不准。

(3)各缸供油量不均匀。

(4)各缸供油提前角不一致。

(5)发动机温度过低,使部分缸工作不良。

3)柴油机游车

游车的表现为转速忽快忽慢。主要原因为:

(1)调速器工作不良。

(2)供油拉杆运动阻滞。

4. 柴油机飞车

柴油机飞车的表现为发动机转速不受控制地升高,并伴有浓烟排出。柴油机飞车的故障并不常见,但一旦发生,若得不到及时处置,可能引起非常严重的后果。

1)故障主要原因

(1)喷油泵故障

①喷油泵油量调节拉杆和调速器传动板脱开,调节失控,无法向减油方向运动。

②喷油泵柱塞卡在高速供油位置,使拉杆无法向减油方向运动。

③喷油泵柱塞的油量调整齿圈固定螺钉松动,使柱塞失控。

(2)调速器故障

①调速器润滑性能不好,润滑油太脏,冬季润滑油黏结,调速飞块难以甩开。

②调速器高速调整螺钉或最大供油量调整螺钉调整不当。

③调速器拉杆、销子脱落或飞块销轴断裂,飞块甩脱。

④调速器弹簧折断或弹力下降。

⑤飞块压力轴承损坏,失去调速功能。

⑥全速调速器由于飞球座歪斜或推力盘斜面滑槽磨损,飞球无法甩开。

⑦推力盘与传动轴套配合表面粗糙,不能在轴上灵活运动。

(3)燃烧室进入额外燃料,无法熄火停车

①汽缸窜入润滑油。

②低温起动装置的电磁阀漏油,使多余的柴油进入燃烧室燃烧。

③多次起动不着火,汽缸内积聚过多的柴油,一旦着火,便燃烧不止,转速猛增。

④增压柴油机增压器油封损坏,润滑油被吸入燃烧室燃烧。

2)诊断与排除

(1)紧急措施

①行进中的车辆应加以制动,使发动机强行熄火。

②工程机械作业中可加大机械载荷,使发动机强行熄火。

③未处于运动状态的机械或车辆,应立即松开输油泵的进油管;如手头无工具,则应强力扳断输油泵的进油管或出油管。

④用衣物堵塞空气滤清器或进气道,阻止空气进入汽缸。但要注意的是,对于空气滤清器的环形进气口,要堵住整个环形进气面。

⑤迅速松开各缸高压油管接头,停止供油。

(2)柴油机熄火后确诊飞车原因

发动机熄火后应对照上述原因仔细检查,特别提倡将喷油泵送入专业的油泵维修中心进行检查。在进行再次试车时,要准备好拆松高压油管的扳手,并将输油泵的进油管用塑料管临时套一下,再进行反复加速、减速试验,确认正常后再用正规油管替换下来。

课题五　润滑系统故障诊断

润滑系统出现故障会使摩擦副之间得不到良好的润滑而使摩擦热量增多、摩擦磨损加剧，甚至发生抱瓦、烧瓦等严重机械事故。以下是润滑系常见故障及其原因：

一、润滑油压力异常

润滑油压直接影响润滑部位的油量供给，也影响油膜的承载能力。柴油机主油道的润滑油压力一般应在0.20～0.40MPa之间，当低于0.05MPa时将难以保证各零部件的有效润滑。油压不正常主要表现为油压过高和过低。

1. 油压过高

1)润滑油压力过高的外部表现

(1)润滑油压力表指示压力过高。

(2)润滑系中的油管、滤清器、密封圈容易损坏。

2)油压过高的原因

(1)油道堵塞。

从润滑系统的油流通路可知，润滑油压力检测点都位于主油道上，主油道分向其他各个分支油道发生堵塞，则会引起表指示压力过高，同时被堵塞分支后面的部件将得不到润滑而迅速烧坏。曾有一台发动机的凸轮轴轴承油孔与轴承座上的油孔错位，使通向缸盖的润滑油流通不畅，造成润滑油压力过高(表指示值)，缸盖上的摇臂轴等部件却得不到有效润滑而迅速烧坏。

(2)润滑油黏度过大。

润滑油黏度过大造成流通阻力较大。虽然在主油道上的压力较高，但却不能足量地到达各个分支油道及其后的各个需润滑的部件。在环境温度较低的情况下，起动时的润滑油压力会超过正常值，但在发动机到达正常工作温度后，润滑油压力即恢复到正常范围，这种情况不能认为是压力过高故障。

(3)细滤器脏或旁通阀失效导致旁通油量过小。

(4)调压阀的压力调整不当或堵塞、卡死，导致调压阀失灵。

(5)新装发动机主轴承或轴颈与轴承间隙过小，造成泄漏量过小。

(6)润滑油压力传感器或润滑油压力表指示失灵。

3)油压过高的诊断与排除

油压过高的诊断与排除方法如图8-17所示。

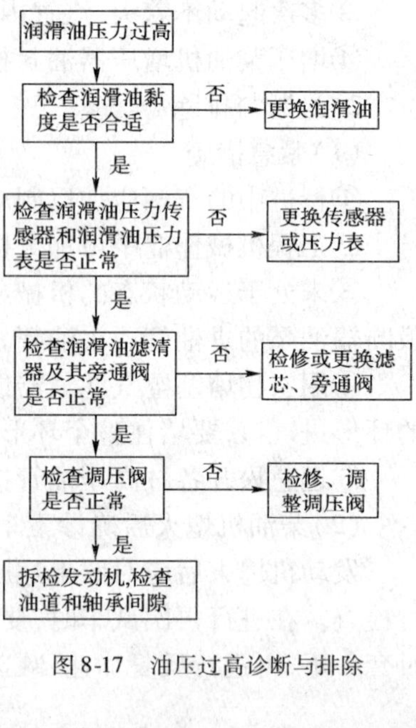

图8-17　油压过高诊断与排除

2. 油压过低

1)油压过低的外部表现

指示压力在全部转速范围内，低于应有正常值。

2)润滑油压力过低的原因

(1)润滑油压力表或压力传感器失灵。

(2)润滑油黏度低,润滑部位的泄漏量大。润滑油黏度变低的原因可能是燃油进入,也可能是新加润滑油黏度过低或发生了变质。

(3)各润滑件的配合间隙过大,润滑油的泄漏量增加。如,曲轴主轴承间隙每增加0.01mm,润滑油压力大致降低约0.01MPa。

(4)调压阀调整不适当,导致回油量过大。

(5)细滤器滤芯的密封圈失效或其他原因导致润滑油旁通量增大。

(6)润滑油冷却器发生故障,润滑油渗入水中。

(7)油底壳中油量少,润滑油泵吸入空气。

(8)管路泄漏。

(9)润滑油泵磨损。

(10)润滑油集滤器堵塞。

(11)主油道到润滑油泵之间有堵塞。

3)润滑油压力过低的诊断与排除

润滑油压力过低的诊断与排除方法如图8-18所示。

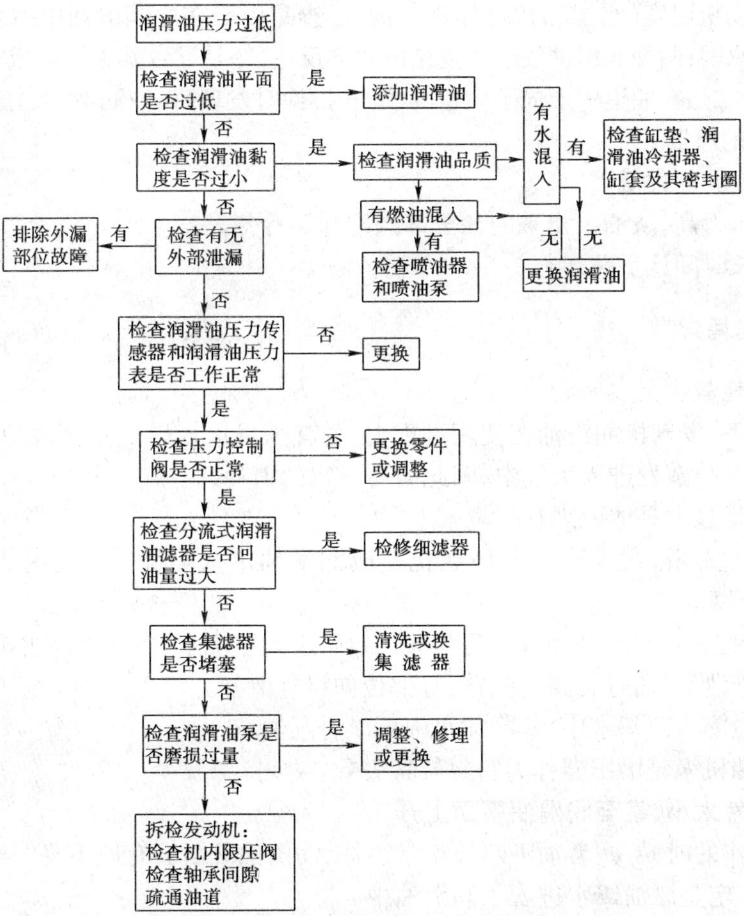

图8-18　润滑油压力过低的诊断与排除

二、润滑油温度异常

各种不同发动机,其正常润滑油温度范围是有差别的。一般水冷却式柴油机的润滑油温度为70~90℃,而有些增压柴油机的润滑油温度则为90~110℃,风冷却柴油机的润滑油温度可达130℃。油温过高使润滑油黏度降低、油压下降,无法形成良好油膜;油温过低则使润滑油黏度增大、流动性差、摩擦阻力增加,使发动机的功率损失加大。

1. 油温过高的原因

(1)温度传感器或温度表失灵造成指示失常。

(2)润滑油量不够。

(3)冷却系温度过高,使润滑油热量不易散发。

(4)恒温阀压力低,润滑油从恒温阀溢出过多,通过冷却器的润滑油量减少。

(5)各润滑部位的配合间隙不当,不能形成合理的油膜,摩擦产生的热量增多。

(6)柴油机长期超负荷运行。

(7)润滑油品质差。

曾有一台发动机温度(水温、油温)异常升高,经查是由于在原润滑油中掺入了不同牌号的润滑油所致。其原因:两种润滑油发生了复杂的化学反应,一是导致其不能形成有效的润滑油膜而使摩擦热增加;二是在油道中形成了大量的油泥(拆检时发现)而使润滑油的流通阻力增大。

2. 油温过低的原因

(1)冷却系统温度过低。

(2)恒温阀压力高,从油泵出来的油全部经冷却器冷却。

(3)柴油机长时间低负荷运行。

三、润滑油消耗异常

1. 润滑油消耗量过大

在正常情况下,发动机润滑油在使用过程中,会有少量进入燃烧室被烧掉,对于自然通风发动机还会有一部分蒸发进入大气中,因此会有一定的消耗,国家有相应的标准。

润滑油消耗量过大具体原因有:

(1)活塞与缸壁间隙过大或活塞环老化造成润滑油窜入燃烧室。这时会伴随排气冒蓝烟,发动机功率下降。

(2)气门油封损坏,润滑油顺着气门与气门导管进入燃烧室,伴随发动机排气冒蓝烟。

(3)润滑油外泄漏,通过管路、滤清器等部位向机外泄漏。

(4)润滑油泄漏入冷却水中,从冷却水中可以看到油花。

(5)增压柴油机涡轮增压器弹力密封装置失效。

2. 润滑油消耗太小,甚至润滑油平面上升

发动机在工作的时候,润滑油不断被正常消耗,润滑油液面会有所下降。润滑油不消耗甚至平面上升,则一定是燃油或水进入了润滑油中。

(1)水进入润滑油中,润滑油的颜色变成灰白色或乳白色,甚至有明显的乳化泡沫。

(2)燃油进入了曲轴箱内,使润滑油的液面升高。

在气温较低或发动机工作状态不良的情况下，燃油混合气及大量的未完全燃烧的气体进入曲轴箱，在汽缸壁或曲轴箱内凝结成液体后和润滑油混合在一起。采用强制润滑的喷油泵或输油泵漏油，燃油进入曲轴箱内，使润滑油的液面升高。检查时会发现润滑油的黏度明显地下降，并且能够嗅到燃油的味道。

四、油水混合

冷却水进入润滑油内，则润滑油变质、呈乳白色、黏度降低，造成润滑效果不良；同时，润滑油也会进入冷却水中与水垢及其他杂质混合，在水箱上部形成黏稠状混合物。

油水混合的原因：

(1)润滑油冷却器内部管子破裂或冷却器芯子两端的密封圈失效，使润滑油、水在冷却器内混合。

(2)缸套外壁封水圈老化变质失去密封作用，缸套周围的冷却水进入油底壳。

(3)汽缸垫上的水封圈或油封圈失效。

(4)缸体或缸盖有裂纹，水漏入油底壳。

五、润滑油变质过快

公路工程机械保修规程规定：新柴油机和大修柴油机运转200～250h更换润滑油；一般柴油机换润滑油时间不得超过600h(多是500h左右换油)。但有时没用多长时间就出现润滑油变稀、杂质增多现象，无法继续使用。除了前述的润滑油中混入燃油和水之外，润滑油变质主要原因有以下几个方面：

(1)润滑油牌号不对、质量达不到要求。

根据国外资料，柴油机用润滑油CC级已淘汰，CD级为用于柴油机的最低等级，一般增压柴油机应选用CE级润滑油，高速大负荷柴油机则应选用CF级润滑油甚至使用CG-4、CI-4润滑油。

(2)柴油机技术状况不好，窜气、窜油、配合间隙过大或油温过高。

(3)柴油机经常在低温、低负荷、低速下运转，燃烧不完全，有柴油沿缸壁进入油底壳使润滑油稀释变质。

(4)废气进入油底壳凝结成水分和酸性物质，使润滑油变质。

(5)润滑油滤芯堵塞，导致旁通阀长期开启，润滑油得不到滤清。

(6)滤芯密封圈破裂而发生内漏，一部分润滑油未经滤芯而直接通过滤清器造成润滑油变质加快。

课题六　冷却系常见故障诊断

冷却系常见故障是冷却液泄漏、发动机温度过高、过低和发动机升温缓慢等。

一、冷却液泄漏

一般发动机的冷却系是全封闭的，在正常情况下，冷却液不需经常添加。如果冷却液液面下降很快，即表明冷却系有泄漏故障。

1. 外部渗漏

外部渗漏容易发现，在停机后、重新开机前，应对停机的地面进行观察，发现痕迹应及时检查。对于加防冻液的机械则更易发现，因为防冻液都着色。外部渗漏的主要原因有：

(1)水泵水封损坏。

(2)散热器渗漏。

(3)软管或软管接头渗漏。

(4)缸盖或缸体破裂。

(5)缸盖翘变形或缸盖螺栓松动。

(6)散热器盖及密封垫损坏。

散热器盖及其密封垫损坏，将破坏冷却系的密封，在发动机工作时，冷却液蒸发逸出或机械摇晃造成冷却液洒出损失。为检验散热器盖是否密封，可进行散热器盖加压检查。

2. 内部渗漏

冷却液内部渗漏多是漏入汽缸内和油底壳内。漏入汽缸内，发动机工作时会有严重白烟排出；漏入油底壳内，则会造成润滑油乳化。内部渗漏的原因有：

(1)缸套封水圈损坏。

(2)缸体、缸盖变形或裂纹。

(3)缸盖螺栓松动。

(4)汽缸垫损坏。

(5)由正时齿轮驱动的水泵水封损坏。

(6)缸套裂纹。

实际工作中发现，缸套在使用中会发生裂纹，导致冷却液经此裂纹进入油底壳。其主要原因多为发动机缸套在压装时受力不均或在工作中热应力影响所致。

二、发动机温度过高

发动机水温过高是发动机上的常见故障，其根本原因：一是散热不良；二是热量过多地产生。散热不良与冷却系统有关，而热量过多地产生则与其他系统有关。

1. 冷却系原因

(1)冷却液量不足。

(2)风扇皮带打滑或断裂，水泵和风扇都不能正常转动。

(3)水泵损坏，不能保证冷却液循环。

(4)下水管冻结或堵塞，散热器内冷却液不能进入发动机。

(5)散热器、缸体内水套结垢多，散热器通风不良。

(6)节温器卡在小循环位置，不能进行大循环。

(7)电磁风扇离合器或其控制电路故障，风扇不能根据温度高低分开和闭合。

(8)硅油风扇离合器故障。

(9)驱动风扇的液力元件故障。

(10)风扇叶片装反。

风扇叶装反在修理工作时常发生,风扇装反后并不影响出风的方向,但出风量却大为减少,导致散热不良。这点往往容易忽略。

2. 非冷却系原因

(1)连续超负荷运转。

(2)供油时间过晚。

供油时间过晚,柴油机的后燃期过长,在此阶段燃烧所放出的热量不能有效地转变为机械能,大部分会用来增加发动机的热负荷,所以柴油机会过热。汽油机的点火过晚引起发动机过热也是同样的道理。

(3)润滑系统工作不良。

润滑系统具有减磨和冷却的作用,当润滑系统工作不良时,也可能引起发动机过热,这点在风冷却发动机上尤为重要。

(4)汽缸压缩比过大。

汽缸压缩比过大导致其压缩终了压力过大,爆发压力过大,从而使发动机过热。在柴油机的使用过程中,引起其压缩比变大的原因主要原因是燃烧室容积被减小:如汽缸垫过薄、缸盖或缸体被磨削过多等。

3. 故障的诊断与排除

发动机温度过高的故障诊断与排除的方法如图8-19所示。

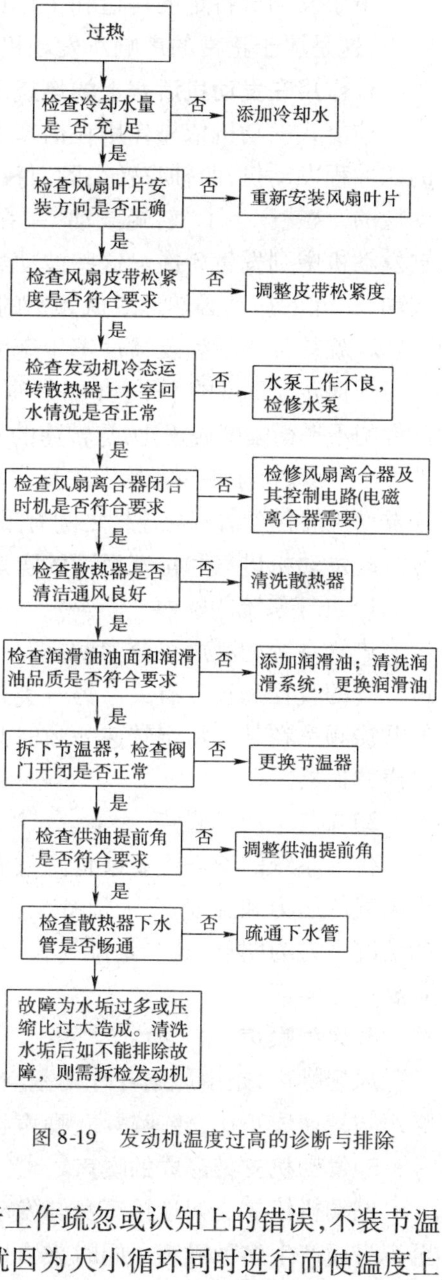

图8-19　发动机温度过高的诊断与排除

三、发动机温度过低

发动机升温缓慢或达不到的正常工作温度,将导致发动机磨损加快,且影响发动机的燃烧。其表现为发动机工作时功率不足、油耗增加,在很长或全部工作时间内,冷却水温度达不到正常工作温度范围(低于85℃)。温度过低故障的主要原因有:

(1)节温器失效,卡在大循环位置。

(2)风扇离合器卡死不能分离或接合太早。

(3)水温表或水温传感器失效。

(4)环境温度太低且逆风行驶。

(5)冬季保温装置不良或百叶窗不能完全关闭。

(6)未装节温器。

在实际修理工作发现,有些修理人员和修理厂家由于工作疏忽或认知上的错误,不装节温器的现象时有发生,这时发动机在寒冷环境下(如冬天)就因为大小循环同时进行而使温度上升缓慢;但到了炎热环境(如夏天)则又发生过热的故障。

课题七 发动机异响及其诊断

所有在运动中的车辆、机械及运转的发动机，都会产生振动和噪声。

一、发动机产生声响的本质

由于发动机特定的构造和工作过程，运转中的发动机会产生各种不同的声响，形成一定的噪声，这是属于正常的声响。发动机正常声响主要来源于以下几个方面：

1. 作用在发动机活塞上的燃烧压力产生周期性的转矩波动形成的噪声

往复式发动机依靠作用在活塞上的燃烧压力转换为发动机的转动力。对于应用最为广泛的四冲程发动机，曲轴每转二圈，每个汽缸只发生一次燃烧，这就是说作用在活塞上压力是脉动性的，这就产生了"转矩波动"。在四缸发动机中，曲轴每转一圈，发生两次转矩波动，在六缸发动机中则发生3次。这些波动经离合器或其他机构向外传递。显然这种发动机的"转矩波动"引起的振动必然形成低频率的噪声。

2. 旋转件不平衡及惯性不平衡引起的噪声

任何转动部件的不平衡（如曲轴、飞轮和皮带轮等）都会引起振动和噪声。这种振动噪声与部件的不平衡幅度成正比，与转速的平方成正比，所以，转速增加时振动噪声会急剧放大。所谓惯性不平衡引起的噪声，是指往复式发动机中活塞和连杆在上、下行程中，交替改变运动方向，如果发动机的各个活塞与连杆之间有重量差，就发生"惯性的不平衡"，同样引起振动和噪声。

3. 发动机进气和排气系统的噪声

1）进气系统的噪声

进气系统的噪声可分为两类：一类是从进气孔听到的高音调声音，与空气滤清器的形状及进气管的直径和长度有关。另一类是沉重低音调的声音，是进气噪声的频率与进气系统装置的共振频率在某一特定转速一致时共振所产生的。为防止这两个频率一致，某些车型安装了消声共振器。

2）排气系统的噪声

排气系统的噪声主要来自两方面：其一是发动机排出废气噪声，虽然安装了消声器降低排出废气的压力和温度，极大地减少了排气声，但排气噪声依然存在，特别是在发动机燃烧不良的情况下尤为明显；其二是排气管道较细长，加之与发动机这个最大的振动源相连，所以振动容易产生噪声。

4. 风扇噪声

风扇噪声，是由风扇叶片切割空气产生的；二是由位于风扇后面部件的空气紊流所产生。噪声与转速成正比，转速越高，噪声越强。

5. 发动机支架形成的噪声

发动机依靠支架连接车身与发动机这个最大的振动源，发动机振动正是通过这些支架传至车身而产生多种噪声。同时来自地面与轮胎间的振动也传至发动机，使发动机与之共振，它易于与整体式车身共鸣产生噪声。

6. 发动机的其他机械噪声

这些噪声主要包括：活塞敲缸噪声、挺杆运动噪声、气门开闭噪声、气门和气门弹簧颤动噪声、齿轮传动噪声、链轮传动噪声等。

二、发动机异响的类型

发动机异响通常是指不同于正常声响以外的特殊噪声，即超过技术文件规定的过响的声音及令人不舒服的尖锐噪声和低频噪声等。发动机异响主要有机械异响、燃烧异响、空气动力异响和电磁异响等。

1. 机械异响

机械异响主要是运动副配合间隙太大或配合面有损伤，运转中引起冲击和振动造成的。如曲轴主轴承响、连杆轴承响、凸轮轴轴承响、活塞敲缸响、活塞销响、气门脚响、正时齿轮响等。

2. 燃烧异响

燃烧异响主要是发动机不正常燃烧造成的。如柴油机工作粗暴时汽缸内均会产生极高的压力波，这些压力波相互撞击，发出了强烈的类似敲击金属的异响。

3. 空气动力异响

空气动力异响主要是发动机进气、排气和运转中的风扇，因气流振动而造成的。

4. 电磁异响

电磁异响主要是在发电机、电动机和某些电磁元件内，由于磁场的交替变化，引起电气元件内的某些机械部件或某一部分空间容积产生振动而造成的。

三、异响的影响因素和诊断条件

异响与发动机的转速、温度、负荷和润滑条件等有关。

1. 转速

一般情况下，转速愈高机械异响愈强烈。但高转速时各种响声混杂一起，听诊某些异响不易辨清。所以，诊断转速不一定是高速最为合适，要具体异响具体对待。如气门响和活塞敲缸响时，在低速下就能听得非常明显；主轴承响、连杆轴承响和活塞销响较为严重时，在低速下也能听到。总之诊断异响应在响声最明显的转速下进行，并尽量在低转速下进行。

2. 温度

有些异响与发动机温度有关。在机械异响诊断中，对于热膨胀系数大的配合副要特别注意发动机的热状况，最典型的例子是活塞敲缸，在发动机冷起动时，该响声非常明显。所以，诊断该响声应在发动机低温下进行。发动机温度也是燃烧异响的影响因素之一，柴油机过冷时，往往产生着火敲击声（工作粗暴）。

3. 负荷

许多异响与发动机的负荷有关。如曲轴主轴承响、连杆轴承响、活塞敲缸响、汽缸漏气响等，均随负荷增大而增强，随负荷减小而减弱；柴油机着火敲击声随负荷增大而减小。但是，也有个别异响与负荷无关，如气门响。

4. 润滑条件

不论什么机械异响，当润滑条件不佳时，异响一般都显得严重。

在发动机上，不同的机件、不同的部位和不同的工况，声源所产生的振动是不同的，因而发出的异响在音调、音高、音频、音强、出现的位置和次数等方面均不相同。我们利用异响的这些特点和规律，在一定的诊断条件下，即可将发动机的异响诊断出来。

四、发动机典型异响的经验诊断法

1. 曲轴主轴承响

1）现象

发动机急加速时会发出沉重而有力的金属敲击声，严重时机体发生很大振动。响声随发动机转速的提高而增大，随负荷的增加而增强，产生响声的部位是在缸体下部的曲轴箱内。单缸断火时响声无明显变化，相邻两缸同时断火时，响声会明显减弱。温度变化时响声不变化。润滑油压力明显降低。

另外，后道轴承发响，一般声音钝重发闷；前道轴承发响，声音较轻、较脆。曲轴轴向窜动出现的响声，在低速下采用微抖加速踏板的方法，可听到较沉重的“咯噔”、“咯噔”的响声，就像铁轮车行走在高低不平的石头路上发出的声音。

2）原因

（1）主轴承盖固定螺钉松动。

（2）主轴承减磨合金烧毁或脱落。

（3）主轴承和轴颈磨损过多、轴向止推装置磨损过多，造成径向和轴向间隙过大。

（4）曲轴弯曲。

（5）润滑油压力太低或润滑油变质。

3）诊断方法

（1）抖动加速踏板试验。使发动机在低速下运转，用手微微抖动加速踏板进行试验，同时仔细倾听。如响声是随着发动机转速的升高而增大，抖动加速踏板的瞬间响声较明显，这一般是主轴承松旷；如发动机在怠速或低速运转时响声较明显，高速时显得杂乱，则可能是曲轴弯曲；如在高速时机体有较大振动，润滑油压力显著降低，则一般是主轴承松旷严重、烧毁或减磨合金脱落。

（2）从加润滑油口处听诊。打开加润滑油口盖，从加油处仔细倾听，同时反复变化发动机转速进行试验。如果是主轴承响，可明显听到沉重有力的金属敲击声。

（3）用听诊器具听诊。将听诊器或自制的简易听诊杆，在加速踏板不断变化的同时，触在机体曲轴箱两侧与曲轴轴线齐平的位置上进行听诊，响声最强的部位即为发响的主轴承。

（4）断火试验。松开高压油管接头（汽油机可以拨出高压线），如 1 缸断火后响声明显减弱，则为第一道主轴承响；如最末缸断火后响声明显减弱，则为最后一道主轴承响；如任意相邻两缸同时断火响声明显减弱，则为两缸之间的主轴承响。曲轴轴向窜动所产生的响声，单缸断火无变化。

（5）踩离合器踏板试验。踩下离合器踏板保持不动，如果响声减弱或消失，则为曲轴轴向窜动产生的响声。

（6）柴油机的降速试验。诊断柴油机主轴承响时，为避开着火敲击声的干扰，可采取加大供油拉杆行程后再迅速收回的方法，趁发动机降速之机，如听到坚实而沉重的金属敲击声，则有可能为主轴承响。同时应打开加润滑油口盖，辅之于听诊法和汽缸断油法，以便于确诊。

2. 连杆轴承响

1）现象

当发动机急加速时，有“当、当”或“咯、咯”连续明显的敲击声，是连杆轴承异响的主要特征。轴承严重松旷时，怠速运转也能听到明显的响声，且润滑油压力降低。发动机温度变化时，响声不变化；发动机负荷变化时，响声随负荷增加而加剧；单缸断火，响声明显减弱或消失，但复火时又能立即出现，即具有所谓响声“上缸”现象。

2）原因

（1）连杆轴承盖的固定螺栓松动或折断。

（2）连杆轴承减磨合金烧毁或脱落。

（3）连杆轴承或轴颈磨损过多，造成径向间隙太大。

（4）润滑油压力太低或润滑油变质。

3）诊断方法

（1）变换转速试验。使发动机怠速运转，然后由怠速向低速，由低速向中速，再由中速向高速加大供油试验，同时结合逐缸断火法和在加润滑油口处听诊等方法反复进行。响声随着转速的升高而增大，抖动加速踏板时，在加油的瞬间异响突出。响声严重时在任何转速下均可听到，甚至在怠速时也可听到清晰、明显的敲击声。

（2）断火试验。在怠速、中速和高速情况下，逐缸反复进行断火试验。如某缸断火后响声明显减弱或消失，在复火的瞬间又能立即出现，则可断定为该缸连杆轴承响。

（3）听诊。如用听诊器或简易听诊杆触在机体上听诊，往往不易听清楚。但在加润滑油口处直接倾听，可清楚地听到连杆轴承敲击声。

（4）检查润滑油压力。诊断中要注意检查润滑油压力。如果响声严重，又伴随有润滑油压力低，这往往成为区别连杆轴承响与活塞销响、活塞敲缸响的重要依据。

（5）柴油机连杆轴承响的诊断。与汽油机相比，柴油机连杆轴承的响声比较钝重，诊断时只有避开着火敲击声的干扰，才能听得清楚。如果随着供油拉杆行程的加大，响声逐渐增强，并在迅速收回供油拉杆，趁发动机降速之际，能明显听到坚实的“哐、哐、哐”的敲击声，即可初步断定为连杆轴承响。此外，也可在中、高速运转时作抖动供油拉杆试验，如这时出现坚实有力的敲击声，说明是连杆轴承响。诊断时可结合从加润滑油口处听诊、检查润滑油压力和做单缸断油试验等方法进行。

3. 活塞销响

1）现象

发动机在怠速、低速和从怠速向低速抖动加速踏板时，可听到明显而又清脆的“嗒、嗒、嗒”好像两个钢球相碰的声音。响声严重时随转速的升高响声增大，但润滑油压力不降低。单缸断火时响声明显减弱或消失，复火瞬间，响声又出现或连续出现两种响声。

2）原因

（1）活塞销与连杆小头衬套配合松旷。

（2）活塞销与活塞上的销孔配合松旷。

3）诊断方法

(1)抖动加速踏板试验。发动机怠速运转,然后由怠速向低速急抖加速踏板,响声能随转速的变化而变化。每抖一次加速踏板,如能听到清脆而连贯的"嗒、嗒、嗒"的响声,则有可能是活塞销响。

(2)断火试验。将发动机稳定在响声较强的转速上,松开高压油管接头进行断火试验。当某缸断火后响声明显减弱或消失,在复火的瞬间又能立即出现或连续出现两种响声,则可断定为此缸活塞销响。如果响声严重,并且转速越高,响声越大,此时在响声较大的转速下进行断火试验,往往响声不消失且变得杂乱,这一般是由于配合间隙增大到了很大程度的缘故。以上两种方法如能配合使用,响声会被听得更清楚。

(3)听诊。在微抖加速踏板使发动机转速不断变化的情况下,用听诊器或简易听诊杆触在发响汽缸的上部或汽缸盖上,可听到清脆的响声。打开加润滑油口,也能清楚地听到这一响声。

4. 活塞敲缸响

1)现象

发动机在怠速或低速运转时,在汽缸的上部发出清晰而明显的"嗒、嗒、嗒"的响声,发动机中速以上运转时,这种异响便会减弱或消失。该响声冷车时明显,热车时减弱或消失;单缸断火,响声减弱或消失;响声严重时,负荷愈大响声也愈大,但润滑油压力不降低。

2)原因

(1)活塞与汽缸壁配合间隙太大。

(2)活塞与汽缸壁间润滑条件太差。

3)诊断方法

(1)在不同水温下诊断。敲缸响的特点是冷车时明显,热车时减弱或消失,因此,应先在冷车时诊断。若冷车时有敲击声,热车响声消失,说明是活塞敲击响,且故障尚轻,车辆可继续运行;若发动机暖机后响声虽有减弱,但仍较明显,特别是大负荷低转速时听得非常清楚,说明故障严重,应停机检修。

(2)断火试验。把发动机置于敲击声最明显的转速下运转,松开高压油管接头进行断火试验。如某缸断火后响声减弱或消失,则为该缸敲缸响。

(3)加润滑油确诊。为了进一步确诊是否是活塞敲缸响,可将发动机熄火,卸下有响声汽缸的喷油器,往汽缸内倒少许润滑油,并用手摇把或起动机转动曲轴数圈,使润滑油布满在汽缸壁与活塞之间。然后装上喷油器,起动发动机,若响声短时间内减弱或消失,过一会儿又重新出现,则可确诊为是活塞敲缸响。

(4)听诊。将听诊器或简易听诊杆触在机体上部的两侧进行听诊。一般在发响汽缸的上部往往响声较弱并稍有振动,再结合断火试验,即可确定出发响的汽缸来。有时听诊还可诊断出发响的原因来,如听到好像用小锤敲水泥地的"嗒、嗒、嗒"声音时,一般是汽缸与活塞间隙太大造成的;如听到用小锤敲钢管的声音时,则有可能是汽缸壁润滑不良造成的。

5. 气门响

1)现象

发动机怠速运转时发出连续不断的、有节奏的"嗒、嗒、嗒"(在气门脚处)或"啪、啪、啪"(在气门座处)的敲击声,转速增高时响声亦随之增高,温度变化和单缸断火时响声不减弱。若有数只气门响,则声音显得杂乱。气门脚响和气门落座响统称为气门响。

2)原因

(1)气门脚响

①气门间隙太大。

②气门间隙调整螺钉松动或该间隙处两接触面不平。

③配气凸轮外形加工不准或磨损过多,造成缓冲段效能下降,加重了挺杆对其余传动零件的冲击。

④气门脚处润滑不良。

(2)气门落座响

①气门杆与其导管配合间隙太大。

②气门头部与其座圈接触不良。

③气门座圈松动。

④气门脚间隙太大。

3)诊断方法

气门脚响和气门落座响很类似,诊断方法也差不多,由于它们不上缸,因而采用单缸断火或单缸断油的方法无效。

(1)听诊。听诊气门响时,不打开加润滑油口盖就能在发动机周围听得很清楚。当发动机怠速运转时,听到如现象中所述的有节奏的响声,可稍踏一下加速踏板。如果此时响声较明显,逐渐加油时响声又随转速的提高节奏加快,可初步断定为气门脚响或气门落座响。

柴油机由于受着火敲击声的影响,其气门响不易听诊。听诊时可采用提高转速后迅速收回供油拉杆的方法,趁发动机降速时,避开着火敲击声的干扰,仔细倾听。

(2)检查气门间隙。打开气门室侧盖或气门室顶盖,用厚薄规检查气门间隙,间隙最大的往往是最响的气门。运转中的发动机,当用厚薄规插入气门脚间隙处致使响声减弱或消失时,即可确定是该气门响,且由间隙太大造成。若需进一步确诊是气门脚响还是气门落座响,可在气门脚间隙处滴入少许润滑油。如响声立即减弱或消失,说明是气门脚响;如响声无变化,说明是气门落座响。气门落座响如系座圈松动造成,其响声不如气门脚响坚实,且带有破碎声。

6. 汽缸的漏气异响

1)现象

发动机运转时可从加润滑油口处听到曲轴箱内发出"嘣、嘣、嘣"的漏气声,负荷、转速愈高时响声愈大。当收回加速踏板或单缸断火时,响声减弱或消失。此外,随着响声的出现,可看到加润滑油口处脉动地向外冒烟,脉动次数与发响次数相同。

2)原因

(1)活塞环与汽缸壁漏光度太大。

(2)活塞环开口间隙太大或各环开口重合。

(3)活塞环弹力太弱或因其侧隙、背隙太小而造成背压建立不起来。

(4)活塞环卡死在环槽内。

(5)汽缸壁拉伤,出现沟槽。

3)诊断方法

(1)断火试验。打开加润滑油口盖,提高发动机转速至响声最明显、冒烟最大处稳住。若某缸断火后响声减弱或消失,且加润滑油口处的冒烟量明显减少,说明漏气异响是该缸发出。

(2)加润滑油法。为了进一步确诊是否是汽缸的漏气响,可将发动机熄火,卸下怀疑有响声汽缸的喷油器,往汽缸内倒少许润滑油,并用手摇把或起动机转动曲轴数圈,使润滑油布满在汽缸壁与活塞之间。然后装上喷油器,起动发动机,若响声短时间内减弱或消失,过一会儿又重新出现,则可确诊为是汽缸的漏气响。

7. 正时齿轮响

1)现象

有的有节奏,有的无节奏。在有节奏的响声中,有的属于间响,有的属于连响。转速越高,响声往往越大。使用单缸断火,响声不减弱。

2)原因

(1)齿轮啮合间隙过大或过小。

(2)曲轴主轴承孔与凸轮轴轴承孔中心距在使用或保修中发生变化。

(3)齿轮的齿形不符合要求或齿面磨损过多。

(4)齿轮转动一周,其啮合间隙松紧不一或发生根切。

(5)齿轮齿面碰伤、脱层或轮齿断裂。

(6)齿轮在曲轴或凸轮轴上松动。

(7)曲轴或凸轮轴轴向间隙过大。

(8)重新装配一对正时齿轮时,改变了原来的啮合位置。

(9)未成对更换齿轮。

3)诊断方法

诊断的方法有两种:一种是变换加速踏板开度法,另一种是听诊法。在配合使用上述两种方法的同时,要结合以下情况分别进行判断。

(1)诊断中若发现响声是无节奏的,且在发动机怠速运转时发出“嘎啦、嘎啦”的响声,中速时响的更为明显,高速时响声变得杂乱并带有破碎声,响声严重时正时齿轮室盖处有振动,这有可能是齿轮啮合间隙太大造成的。

(2)如果出现一种连续不断的响声,发动机转速越高时响声越大,并且经证实该机更换过正时齿轮,则有可能是齿轮啮合过紧的缘故。

(3)如果出现有节奏的“哽、哽、哽”的响声,发动机转速越高时响声越大,则可能是齿轮啮合间隙不均造成。若响声为连响,则故障出在曲轴正时齿轮上;若响声为间响,则故障出在凸轮轴正时齿轮上。

(4)若响声是有节奏的,发动机怠速运转时能听到“嗒啦、嗒啦”的声音,中速以上时又变为紧凑的“嗒、嗒、嗒”的响声,这往往是金属齿轮齿面碰伤以后出现的响声。故障在曲轴正时齿轮上为连响;在凸轮轴正时齿轮上为间响。

(5)若在发动机怠速运转时听到“咯啦、咯啦”的撞击声,加大加速踏板开度时,变为较杂乱的“哇啦啦”的声音,甚至还带点“咯棱、咯棱”的撞击声,正时齿轮室盖处又伴随有振动,通常这是一对金属正时齿轮发生根切造成的。

五、发动机异响的仪器诊断法

所谓发动机异响的仪器诊断法，较常见的是示波器诊断法。利用示波器检测到异响的特征频率，能直接观测到异响产生的波形特征和波形幅度，判断故障发生的部位，实现发动机故障的快速诊断。

1. 示波器诊断异响的原理

任何声音均是由振动形成的，当发动机运动件的配合间隙过大或配合面有损伤时，在运转中要引起机械振动。当把发动机缸体、缸盖、油底壳等机件的外部表面作为声源的测试部位时，这些测试部位实质上是由主声源激发出来的二次声源，它们的振动规律如频率、振幅、相位、持续时间等，既和主声源的振动规律有关，也和该点的固有振动频率有关。

不同类型的发动机各种异响的特征频率（振幅最大的频率）是有所差异的。用拾振器把各种异响对应的振动拾取出来，经过选频放大后送到示波器上显示出波形，就能准确、迅速地判断出异响的种类、部位和严重程度。

2. 发动机异响的波形观测

现在不少发动机综合检测仪和电脑分析仪均带有示波器，从理论上说都能观测发动机异响波形。用示波器观测异响波形时，选择的发动机转速通常比经验诊断法要高，同时观测异响波形前必须对发动机的点火系、供油系进行检查，调试并排除故障后才能进行。

课题八　排烟异常的故障诊断

柴油机在正常工作温度下，其排气烟色应该是无色或淡灰色，所谓无色不是完全无色，而是在无色中伴有淡淡的灰色，这是正常排气烟色。柴油机在怠速时排气烟色可能重一些，在高速、高负荷时也可能重一些。要注意观察正常排气烟色，才能对非正常的排气烟色进行判断和分析。柴油机在工作中，当冒出某种颜色的废气时，说明柴油机有故障。柴油机异常烟色通常有黑烟、蓝烟、白烟和灰色 4 种。

一、柴油机冒黑烟

黑烟也称炭烟，柴油机排气冒黑烟主要是因为混合气过浓、混合气形成不良或燃烧不完全等原因造成的，主要因素有以下几条：

1. 压缩力不足

气门、活塞环、汽缸套磨损后，引起压缩压力不足，压缩终了的压力和温度达不到要求，燃油的燃烧条件变差，容易产生炭烟。

2. 燃烧室形状和容积改变

燃烧室形状因制造质量及长期使用导致技术状况下降，压缩余隙改变也会使燃烧室形状和容积改变，从而影响燃油与空气混合质量，使燃烧条件变坏。活塞位置装反，使喷油器、燃烧室、进气道的配合工作受到影响，不能形成良好的混合气，发生不完全燃烧。

3. 喷油器工作不良

喷油器工作不良主要表现在 3 个方面：一是喷雾质量差；二是喷油压力不足；三是喷油器

滴漏。这3种情况都会使燃料不能充分地与汽缸内的空气混合，从而不能完全燃烧。另外，如果选择的喷油器与原机不匹配同样会造成发动机排烟。

4. 供油量过大

供油量过大，致使混合气偏浓而燃烧不完全。

5. 供油提前角不当

1）供油提前角过大

在直喷式柴油机中，当其他参数不变时，适当加大喷油提前角可以降低排气烟度。因为加大喷油提前角会使滞燃期加长，使着火前喷入汽缸的油量增加，预混合量增加，预混合气增多，加快了燃烧速度，燃烧可较早结束，从而使急燃期形成的炭粒在高温下停留较多的时间，有利于炭粒氧化消失。然而过早的喷油，由于缸内压力和温度较低，不利于燃油的蒸发与混合，所以产生黑烟排放。同时，由于大大增加了预混燃料量，使柴油机工作粗暴，燃烧噪声增大，并引起较大的机械负荷。

2）供油提前角过小

燃油喷入汽缸内过迟，一部分燃料来不及形成可燃混合气就被分离或排出，致使部分在排气管中随废气排出的燃油料受高温分解、燃烧，形成黑烟随废气一同排出。

6. 进排气阻力过大

进排气阻力过大使发动机进气不足，排气不净，从而影响充气效率。

（1）排气背压太高或排气管道阻塞。

（2）空气滤清器或进气管道阻塞。

7. 气门间隙调整不正确

气门间隙过大会使气门最大开度减小和开启时间的缩短，从而引起进气不足；气门间隙过小则气门容易漏气，从而影响汽缸压缩力。两种情况都会使混合气中的空气比例减小，引起燃烧不全。

8. 发动机配气相位变化

发动机配气相位由于零件质量和装配质量的原因发生变化，导致气门开闭时间的变化，从而影响发动机的燃烧过程。严重的配气相位变化将导致气门与活塞相碰的严重事故。

9. 喷油泵工作不良

1）喷油泵柱塞或出油阀严重磨损

喷油泵个别或全部柱塞或出油阀严重磨损将导致喷油泵泵油压力下降，使喷油器（嘴）建压相对滞后，喷油推迟，后燃增多，所以柴油机冒黑烟。

2）喷油泵各分泵缸供油量不均匀和供油提前角不一致

供油量不均匀，有的缸供油大，有的缸供油量小，供油量大的缸燃烧不完全，排气冒烟；供油量小的缸工作无力。供油提前角不一致时则导致有的缸供油早，有的缸供油迟。因为一般在日常调整供油提前角时往往以一缸为基准，所以供油提前角的一致性一般不为人们所重视。

10. 柴油品质差

柴油品质差，其使用性能指标达不到要求，燃烧不良。

二、柴油机冒白烟

白烟是指排气烟色为白色，它与无色不同，白色是水蒸气的白色，表示排烟中含有水分或含未燃烧的燃油成分。柴油机在刚起动或冷机状态时，由于水汽的凝结和燃油的蒸发，形成白色排烟是正常现象。若柴油机温度正常时，仍然排出白色烟雾，则说明柴油机有故障。柴油机冒白烟的主要原因有：

1. 冷却液进入汽缸

冷却水进入汽缸，排气时形成容易形成水雾或水蒸气。

2. 喷油器工作不良

喷油器工作不良主要表现为雾化不良、喷油压力过低、有滴油现象。这种情况下，汽缸中燃油与空气混合气不均匀，燃烧不完全，产生大量的未燃烃，排气形成白烟。

3. 供油提前角过小

过迟的喷油，使大量柴油喷入汽缸时活塞已下行较长的行程，缸内的压力和温度都已下降，不足以形成良好的燃烧条件，大量的柴油未经燃烧，只是蒸发成气态随排气门的打开而排出，从而形成大量的白烟。

4. 燃油中有水

水随着燃油喷射入汽缸，水蒸发形成水气，水气也影响燃油的混合和燃烧，水蒸气和大量的未燃烃排出机外形成白烟。

5. 活塞、汽缸套等磨损严重

活塞、汽缸套等磨损严重引起压缩力不足，造成部分燃油未经燃烧而排出汽缸。

6. 柴油品质差

柴油品质太差，不能快速地蒸发、混合、燃烧。

三、柴油机冒蓝烟

排气冒蓝烟，一般情况下是柴油机使用日久，润滑油窜入燃烧室燃烧引起的，随着蓝色烟雾的加重，烧润滑油越来越多。有时燃油中混有水分，或有水分漏入燃烧室中，引起燃烧的改变，柴油机也会冒浅蓝色烟。冒蓝烟的主要原因有下列几点：

(1)进气不畅。空气滤清器阻塞，进气不畅，使进入汽缸内的气量减少，燃油混合气合理比例改变，造成油多气少燃油燃烧不完全，也会引起排气冒蓝烟。

(2)油浴式空气滤清器的油盆内油面过高，润滑油进入汽缸。

(3)油底壳内润滑油加入过多，柴油机运行中润滑油易窜入燃烧室。

(4)活塞与缸套之间的间隙过大，润滑油容易窜入燃烧室。

(5)活塞环故障。活塞环老化、卡住或磨损过多，弹性不足，安装时活塞环倒角方向装反，使环的刮油作用下降，润滑油进入燃烧室。

(6)气门杆和导管间隙过大。由于磨损，造成两者之间间隙过大，在进气时，摇臂室内润滑油被大量吸入燃烧室燃烧。

(7)在机体通向汽缸盖油道附近的汽缸垫烧毁，致使润滑油进入燃烧室，并与燃油混合气一同燃烧。

四、排气冒灰烟

排气冒淡灰色烟，柴油机工作还算正常，但烟雾颜色加重呈灰色或接近于黑色就说明有故障,与排气黑烟一样是由于不完全燃烧造成,所以故障原因与前述基本相同。

思考题

1. 试分析柴油机自行熄火的故障原因。
2. 如何判断柴油机的某一缸工作不良?
3. 某台柴油机工作时,在晚上看上去排气管很红是正常的吗?为什么?
4. 柴油机烧瓦是什么原因?如何诊断?
5. 某台发动机起动时滤清器经常爆裂是什么原因?

Danyuanjiu

单元九

柴油机的拆卸、装配与试验

知识点

1. 柴油机拆装的原则；
2. 柴油机拆装工艺顺序；
3. 柴油机零件的清洗方法；
4. 柴油机的磨合工艺与方法。

技能点

1. 进行柴油机的解体与装配；
2. 进行柴油机的磨合与试验。

课题一　柴油机的拆卸

一、柴油机拆卸原则

拆卸柴油机的目的，是为了检查、修理或更换损坏的零件。如果拆卸不当，会破坏已磨合配合副的配合关系，甚至损伤零部件，造成维修质量下降，修理成本提高。为此，在拆卸时，必须遵循以下原则：

1. 采用合理的拆卸顺序

柴油机拆卸的顺序，一般是“由表及里，逐个拆卸”，即先拆外部附件，然后拆下各个总成，再由总成分解成部件和零件。

2. 掌握合适的拆卸程度

拆卸程度的基本原则是：能不拆的就不拆，该拆的必须拆。

如果通过不拆卸检查就可以断定零部件是否符合技术要求，那就不必拆。对于不拆难以肯定其技术状态的，或初步检查后认为有故障或有怀疑的部件，那就必须拆开，以便进一步检查与维修。

3. 使用合适的拆卸工具

拆卸时要避免猛打猛敲造成零件损伤或变形。同时，要尽量使拆装工具专用化，以减少零件的损伤，提高生产效率。

4. 拆卸时要为装配做好准备

（1）有特殊要求的零件应作好标记。某些配合要求较高的零件，为保持其良好的配合特性，在拆卸时应在相配合的零件上作好记号，以便修理后安装，避免搞乱次序破坏原有配合。

（2）拆下的零件应分类存放。拆下的零件应分门别类，有秩序地存放起来，分类的原则是：

①按零件的大小和精密程度分别放置。

②需用不同方法清洗零件分别放置。

③同一总成或部件的零件应集中在一起。

④不应混乱或不应分开的零件要放在一起。

⑤易变形或丢失的零件、垫片等单独放置。

⑥对不需修理仍能使用的零件，不应拆散乱放。

二、柴油机拆卸的工序

柴油机的拆卸一般工艺顺序如图9-1所示。

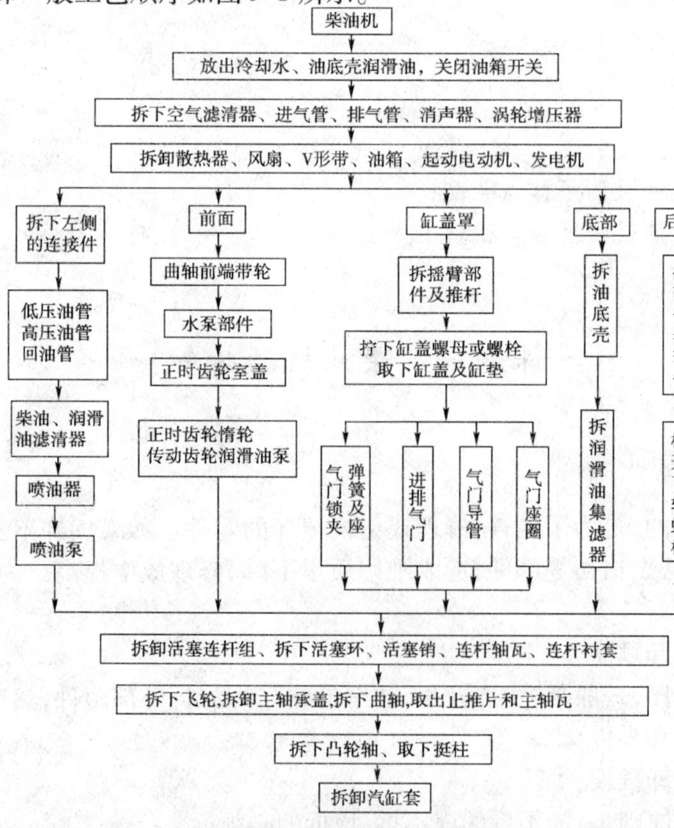

图9-1 柴油机拆卸一般顺序

三、柴油机零件的清洗

从柴油机上拆下来的零部件，表面往往附有油垢、积炭、水垢和锈等。为了便于检验和修理，必须对部件或零件进行清洗。清洗工作是柴油机修理过程中的一项繁重的劳动，也是一个重要的环节。因为清洗质量(尤其是装配前的清洗)会直接影响柴油机的修理质量。

1. 清洗方法

常用的清洗方法主要有以下 3 种：

1)油洗

使用汽油、煤油、柴油清洗零件，清除油污效果很好，使用方便，对金属无腐蚀作用，但在作业中极不安全，尤其是汽油，易燃易爆，且成本高。一般适用于清洗某些精密零件，而最好的还是使用柴油，以保证工作中安全。

2)机械清洗

利用工具(刮刀、刷子和砂布等)清除零件表面的积炭、锈蚀、油垢和水垢。此种方法对软金属零件或有精加工表面的零件清洗时要特别注意，防止将零件表面划伤。

3)金属清洗剂清洗

金属清洗剂去污能力强，无毒、无腐蚀、不燃烧、不易挥发、不发生爆炸，废液呈中性或弱碱性而无公害，同时还有防锈能力，可以反复使用。用金属清洗剂替代燃油或碱液来清洗零件，以节约能源，降低维修成本。

金属清洗剂的有效成分是表面活性剂，具有增溶、湿润和乳化分散作用。还有一些助剂，能提高或增加清洗剂的防锈、防腐、去积炭等综合性能。用清洗剂配成的清洗液先湿润金属零件表面，然后渗入零件与污物接触的界面，使污物、油迹从零件表面脱落、分散或悬浮成细粒，从而使油水两种互不相容的液体混合在一起，形成乳化液，达到清洗油污的目的。

使用金属清洗剂应注意以下问题：

(1)配制浓度：按照使用说明书要求配制适宜浓度的清洗液。

(2)保持温度：选择最佳清洗温度，一般控制温度在 40 ~ 60℃ 范围。加热效果更好，但不应低于 20℃。

(3)浸泡时间：把零件在清洗液中浸泡一定的时间，以便使表面活性剂能与油膜相互作用，便有利于清洗。

2. 油垢的清洗

清洗油垢常采用油洗法，也可采用金属清洗剂进行。对于油垢较多的零件，当设备条件允许时，也可用碱溶液清洗，将零件加热到 70 ~ 90℃，浸煮 10 ~ 15min 后，取出用清水(最好用热水)将碱性溶液洗干净，而后用压缩空气吹干。为了防止有色金属受到腐蚀，有色金属不可用上述方法清洗。

3. 消除积炭

(1)清除积炭可用机械清除法。根据零件材料性质，选择合适的铲刀、刮刀、刷子等工具进行清除。工作时务必注意防止损伤零件表面，因为零件表面的划伤会使积炭容易着附和影响零件的强度。

(2)用专用的清洗剂清洗。方法是将零件浸入溶液中,浸泡2~3h,待积炭软化后,用毛刷或布将积炭擦拭干净,然后再用60~90℃的热水冲洗,并用压缩空气吹干。

(3)为提高清除积炭的效果,可在清洗溶液中引入超声波振动,使溶液中出现大量气泡,并逐渐扩大,然后突然溃灭,产生冲击波和微射流,使零件表面的积炭剥落,从而提高了清洗的能力。

4. 清除水垢

柴油机汽缸套外壁和汽缸盖的冷却水腔内壁,常有灰白色的水垢附在表面。水垢是各种盐类在零件壁上沉积的结果。清除时除用手工铲刮外,还可将零件放在专门的水箱清洗剂中清洗。对闭式冷却系统的柴油机,还可将清洗溶液直接加到系统中,进行清洗。具体方法参见第六单元。

四、柴油机装配注意事项

为了保证柴油机装配质量,必须注意以下事项:

(1)安装的零部件和总成要经过严格检查或试验,必须保证质量合格。凡不符合质量要求的零部件,不允许上机装配。

(2)装配前的零件必须认真清洗孔洞、油道、拐角,接合表面应干净,不应有毛刺、擦伤、积炭和脏物,以免影响装配精度。

(3)在装配时,应尽量采用专用工具,禁止乱敲猛打,以防损坏零件。装较紧配合的零件时,应用压力机和专用夹具。滚动轴承向轴颈上安装时,最好将轴承放到润滑油中煮热到100~120℃后进行。

(4)各相对运动的配合表面,安装时均应涂上清洁的润滑油。

(5)密封部位应严密,无漏油、漏水、漏气现象。

(6)装配螺栓时,螺栓伸出螺母的长度应为1~3牙,螺栓拧入铸铁件内的深度不应小于螺柱直径的1.1倍(一般为6~7牙),拧入钢制件的深度不应小于螺柱直径的0.8倍。紧度要求达到规定的力矩,有些部位该加入防松装置的,必须锁紧,不得遗漏。

(7)保证各连接件达到应有的紧度,如锁销、卡簧及键应紧密坐落在销孔、沟槽及键槽中。

(8)零件间的位置精度和配合要求都应符合规定。对相互位置有记号的零件,必须对准,不能错乱。

(9)对于旋转的零部件如带轮、飞轮、曲轴及叶轮、风扇等,有条件的,应进行静平衡或动平衡试验,防止机件不平衡,造成机器振动。

五、柴油机总装一般步骤

柴油机装配包括柴油机各组件的装配和柴油机总装配两部分。柴油机总装配的步骤随柴油机的类型及结构不同而不同,其总原则是以汽缸体为装配基础件,由它的内部向外逐级装配。一般步骤及顺序如图9-2所示。

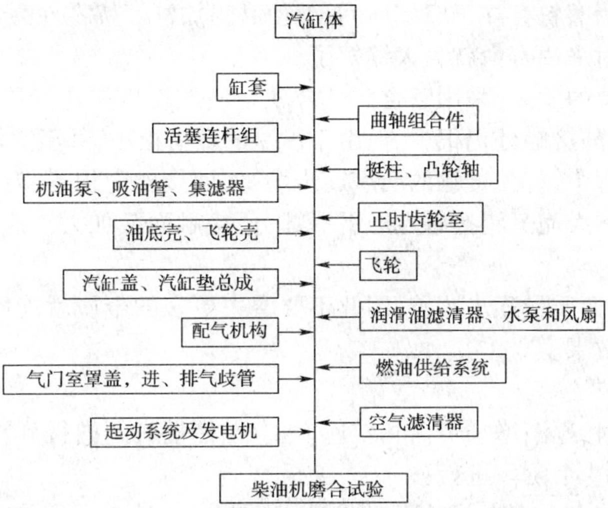

图 9-2　柴油机总装一般顺序

课题二　柴油机的磨合与试验

发动机装配后在正常使用前，应进行磨合及试验，其目的是：

(1)改善配合零件的表面质量使其能承受应有的载荷。

(2)减少初始阶段的磨损量，保证正常的工作间隙，延长发动机的工作寿命。

(3)发现装配中的问题并及时排除，不致造成正常使用中出现事故性的损坏。

(4)调整个别机构，使其协调工作，得到最好的动力性和经济性。

(5)检验修理质量。

所以发动机的磨合与试验是提高修理质量、延长使用寿命的重要步骤。

一、发动机的磨合

1. 零件表面的磨合过程

发动机的主要零件，其摩擦表面，虽然具有较高的加工精度和表面光洁度。但仍不可避免地在零件表面上留有加工的痕迹，如宏观和微观不平度、振痕等。这些形状上的缺陷再加上安装上的误差，造成摩擦表面不能大部分良好的接触，只有少量凸起互相接触和嵌入。由于接触面积小以及发动机的工作载荷，这些局部的接触点上将受到巨大的集中载荷。由于单位面积压力过大，常常破坏了接触点间的油层，使金属直接接触。有些接触部分必然会在巨大的载荷下屈服而出现塑性变形，使嵌入程度加深。在相对摩擦运动中，这些接触点相互挤压、撞击，使部分凸起脱落；嵌入较深的部分互相划伤造成刻痕、刮伤以及深层脱落等。由于剧烈的塑性变形及摩擦过程产生大量的热，使接触点黏结，造成黏结磨损。这时零件的表面质量已远较原来的差。这种恶性循环式的磨损，会很快地发展，波及整个工作表面，严重时会造成烧瓦、抱轴、拉缸、咬缸等事故性损坏。

有些零件虽没有产生黏性磨损，但由于初始就在高速高压下工作，磨损很严重。磨下的铁屑如不及时去除而作为磨料存在于摩擦面间，就使磨损加剧。待零件磨合后，已经磨去了大量金属，间隙增大了，相对来说寿命就大大缩短了。

为了避免上述现象的发生，采用磨合。磨合就是使发动机先在低压低速下运转。开始运转时，虽然零件表面间的接触处仍很少，但由于承受的负荷很小，甚至空转一时期，不致发生黏结性磨损。在磨合过程中，首先接触的凸点逐步磨平，使接触面积逐步扩大，就能承受较大的负荷。这时稍将负荷增大而又将接触点磨平一部分，接触面又加大。这样逐渐增加负荷直到能承受正常负荷为止。

在磨合过程中，表面质量逐步改善，因此不要磨去更多的金属就能使发动机承受全负荷，达到延长使用寿命的效果。

2. 发动机磨合工艺

根据发动机磨合时，逐渐增加负荷和转速，力求在最短时间内得到较好表面质量的原则，发动机的磨合，可分为 3 个阶段进行：

(1)冷磨合：以电动机或其他动力驱动发动机运转。开始为无压缩冷磨合，逐渐改变为部分压缩冷磨合，一直到全压缩冷磨合。

(2)无负荷热磨合：在结束全压缩冷磨合后，就起动发动机不带负荷进行热磨合，从低速开始，逐渐升高转速至正常工作转速而结束无负荷热磨合。

(3)负荷热磨合：当无负荷热磨合阶段结束后，开始加负荷热磨合，负荷逐渐增加至全负荷，结束磨合过程。

1)冷磨合

发动机经过冷磨合后，零件的摩擦表面就基本定型，因此冷磨合对发动机的磨合质量起着很重要的作用，而冷磨合的质量好坏，主要又决定于初始转速。进行冷磨合时，应注意以下几点：

(1)在磨合过程中，要注意润滑油压力表的指示值。要求润滑油压力必须保持在正常值的范围内，配气摇臂部分应有润滑油润滑。

(2)无压缩冷磨合时，水泵不要转动，冷却水亦不得循环。当压缩冷磨合时，再使水泵转动或通以循环水，其冷却水的温度最好控制在 70℃左右。

(3)不允许润滑油和冷却水有渗漏现象，要随时判断与检查摩擦零件的温度，是否有过热的现象，并及时找出原因进行排除。

(4)各运转部位如有不正常的敲击声和碰擦声，要求即时找出原因并进行排除。

2)热磨合

冷磨合结束以后，乘润滑油温度尚高，立即放出润滑油，用柴油清洗油底壳、油道及润滑油滤清器，加入清洁而足量的热磨合润滑油。

在放出的润滑油中，要仔细观察润滑油内是否混有金属屑；如有微量的金属粉末是属于正常的现象，如有大量的金属片或金属粉末，则应找出原因并予排除。在检查时可以根据金属屑的颜色和形状做初步的判断：例如金黄色发亮的是铜合金，白色发亮的是轴承合金，灰黑色的是铸铁。也可以根据形状判断是挤压磨掉的还是敲击碰碎下来的。而且还可以判断是什么地方，以便排除之。

如果放出的润滑油增多了，并且还有水分或水泡出现，则表明汽缸盖或汽缸体有渗漏的地方。如果放出的润滑油很脏，渣质很多，滤清器却不太脏，则表明滤清器的滤清效果不良，应即时检查处理。总之，发动机通过冷磨之后，可以发现并排除在装配中的一些问题。

进行热磨合时应注意如下事项：

(1)发动机各运动部分，不应有过热现象，各连接处不应有漏气、漏水和漏油的现象。

(2)发动机的水温应在80～90℃范围内，润滑油温度应在65～75℃范围内。

(3)仔细诊断发动机的响声，如有不正常的敲击声，应停机检查，并查明原因，排除后方能继续磨合。

(4)发动机的润滑油压力在低温低速和高温低速的运转情况下都应在正常的范围内。

(5)观察排气管的排烟情况。要注意在发动机开始热磨合时，是否有水珠、水气从排气管喷出，如有发现应立即停机检查。

(6)怠速运转不稳定，且容易停机熄火。应当停机后立即扳转曲轴，如有卡滞现象，说明发动机的摩擦表面有"抱住"、"咬死"的症状要出现，此时应找出原因并即时排除。

3)负荷磨合

发动机加负荷磨合就是利用制动装置对发动机逐渐地加负荷。

二、发动机的试验

发动机的试验是在磨合后进行的，是修理质量的全面检查。试验结果所作的结论，就是发动机技术鉴定的一个重要组成部分，通过试验能够确定发动机的动力性和经济性。

试验后的发动机在正常润滑油温度和冷却水温度的条件下应满足以下主要技术指标：

(1)在额定转速下的功率应符合规定。

(2)在额定功率下的油耗率应符合规定。

(3)发动机的最低稳定怠速与最高空转转速应符合规定。

(4)发动机不应有明显的排烟情况。

如没有水力测功器，可将发动机装在机架上，以各种不同的负荷进行试验：如推土、铲土、起重、压路等实际工作试验，以判断功率的大小和其他各项技术指标。

为了进一步确定汽缸、活塞，轴承、曲轴，轴颈、活塞环等基本零件的状态，在经过试验后可在测功器上进行部分的拆卸。这时将汽缸盖连同气门一起拆下并拆下油底壳，检查气门在气门座里的位置和活塞在上止点位置时，活塞顶与汽缸体平面的相对位置。

汽缸、活塞、活塞环、曲轴轴颈的摩擦表面应当是光滑的，没有擦伤、击伤、划痕，在轴承表面上许可有2～3个不深的圆的小条纹。

轴承的接触表面应不少于整个内表面的80%，不允许减磨层有裂纹和脱落。

缸套的表面应当磨合得均匀而没有条纹和擦伤。

从发动机拆下的零部件经检验性观察以后，应当装回原位。

最后全部重新再检查并紧固所有的螺栓与螺母。

三、典型发动机的磨合试验

NH/NT855型柴油机磨合试验。

1. 柴油机的一般试验程序

1)压气机

(1)所有康明斯公司制造的空气压缩机在柴油机上磨合期间,均应泵送空气。

(2)康明斯单缸压气机通过位于通向1035kPa减压阀的下部管路上的一个0.125～0.130in(英寸)直径的孔泵送空气。

(3)两缸压气机应调整到空气罐中保持345～518kPa的压力,不随柴油机转速而变。

(4)柴油机性能的复核应当在压气机不泵送空气的情况下进行。

2)窜气测量

(1)如用水柱气压计测量窜气,可以加水或减水来升降水柱高度使之对准"0"位。为便于读数,可在水中加入颜色。

(2)在磨合期中,每隔1min记录窜气量读数和相应的柴油机转速和负荷。

3)泄漏检查

磨合过程中每完成一步后,都要检查柴油机燃油、润滑油、水和空气或排气的渗漏,必要时予以消除。

4)柴油机停车

柴油机不可在磨合完毕后立即停车,否则会损坏柴油机。磨合完毕后至少让它在低怠速运转3min,然后才可停车。

2. 柴油机磨合试验

1)柴油机在测功器试验台上磨合规范

(1)以1 200r/min和25%额定负荷运转,直到水温达到71℃。

(2)以1 200r/min和40%额定负荷运转2min。

(3)以1 600r/min和60%额定负荷运转5min。

(4)以名义最大转矩转速(比最大转矩转速低100r/min)和全负荷运转4min。

(5)以额定转速和全负荷运转4min。

2)试车磨合工况

(1)大修后最初的80～160km(3h)应低于额定转速。

(2)在最初160km行驶中任何时候,柴油机每次怠速不得超过5min。

3)柴油机磨合中的检查

在柴油机磨合的过程中,应经常地进行下列检查:

(1)润滑油

①柴油机达到正常工作温度以后,在规定的转速和负荷下运转时润滑油压力应无变化。润滑油压力范围见表9-1。

新的或大修后的柴油机润滑油压力 表9-1

柴油机型号	怠速时润滑油压力 kPa(1bf/in²)	额定转速润滑油压力 kPa(1bf/in²)
NH/NT及大凸轮机型	103 (15)	345～483(50～70)
大凸轮II,NTE	69 (10)	241～310(35～45)

②检查油底壳中润滑油温度。如果润滑油温度升高到超过107℃,应停车排除故障;当油

底壳中润滑油温度为93~107℃,测量润滑油压力,检查所有润滑油管或管接头是否漏油。

(2)柴油机冷却液

①柴油机起动后加足冷却液并排除空气。

②柴油机运转时水温不可高于93℃,不可低于71℃。

③柴油机在有负荷下运转后不要立即熄火,如果热柴油机立即熄火,冷却空气和冷却液的循环也就停止,柴油机热的金属会使水套中的冷却液沸腾,因此在停机前应让柴油机怠速运转几分钟。

(3)超速驻车

超速驻车装置是用来在柴油机转速超过额定最大转速的15%左右时切断柴油机燃油。如果柴油机上装有超速驻车装置应检查其工作状况。

(4)燃油压力和额定油量

从柴油机铭牌上可查得额定油量和柴油机出厂年份;从燃油泵的铭牌上可查得燃油泵调整代号,从调整资料中查得有关数据。并用专用仪器测量燃油消耗量。

(5)窜气测量

磨合时允许的窜气量:非增压1.99kPa;增压2.99kPa。

(6)有关气门间隙调整、丁字压板调整和喷油器的调整在前面内容中已讲述,这里不再重复。

思考题

1.为什么柴油机要进行磨合?

2.柴油机磨合时要检查哪些内容?

Danyuanshi

单元十

柴油机零件修复技术

知识点

1. 零件失效的种类及原因；
2. 零件的磨损过程；
3. 零件检验方法；
4. 零件常用修复技术。

技能点

1. 进行零件失效分析；
2. 进行零件的检验。

课题一　零件的失效分析

零件就是由一整体材料制成的机械最基本的组成部分，是机械制造的最小单元。如活塞、活塞环、活塞销、气门、齿轮、半轴、螺钉、弹簧等。机械中的零件分为两类：通用零件和专用零件。通用零件是指在各类机器中经常用到的零件，如螺栓、轴、齿轮等。专用零件是指只出现在某些机械中，如曲轴、活塞、叶轮等。

机械零件的失效是在特定的工作条件下，当其具备的失效抗力指标不能满足工作条件的要求时发生的。导致零件失效的本质原因是材料本身的失效抗力不足，或是零件存在设计或制造等过程有关的缺陷。

机械零件主要的失效形式是磨损、变形、断裂、腐蚀等。

一、零件的磨损

零件磨损的具体表现是机械在运动的过程中，配合零件的摩擦副因其工作表面相互接触而产生摩擦,零件的表面逐渐消耗,其尺寸和几何形状逐渐起变化。

磨损是两个接触表面在作相对运动的过程中表面物质丧失或转移的现象。

磨损是机械零件的基本失效模式和原因。根据有关统计资料,在使用过程中由于磨损而发生的机械故障占50% ~80%。磨损会影响机械的效率,降低工作的可靠性,甚至造成机械提前报废。

1. 零件磨损的形式

零件磨损有3种基本的形式:一是摩擦关系受到破坏;二是接触表面性质发生变化;三是摩擦表面破损。

1)摩擦关系受到破坏

加工后的零件表面不是绝对平整光滑的(图6-1),因此当两个零件的工作面相互接触时,微观凸凹不平的地方必然产生相互啮合(嵌入)的现象。接触较紧密的地方的压强大,接触的距离小,因而产生分子与分子相互吸引的作用。随着摩擦次数的增多,摩擦表面关系逐渐受到破坏。正常接触或啮合的零件间距离增大,正常关系遭到破坏。

2)接触表面性质发生变化

摩擦副工作表面作相对运动时,其相互接触之处,由于压强大、工作温度高(尤其是在高转速和润滑条件不好的情况下),产生一定的弹性变形和塑性变形、金属的相变和软化等,在变化区层形成脆性氧化物,从而使零件接触表面的性质发生变化。

3)摩擦表面破损

摩擦副表面变化过程中,在承受交变荷载或循环荷载的作用下,处于变化区层的金属由于内应力和疲劳的影响,而导致破坏。

磨损的速率与材料的表面质量成反比,而磨损失效的准则与零件的功用有关。如柴油机喷油泵柱塞副要求精密配合,轻微磨损就会发生失效,而一般传动齿轮允许的磨损则较大。

2. 摩擦的种类

当在正压力作用下相互接触的两个物体受切向外力的影响而发生相对滑动,或有相对滑动的趋势时,在接触表面上就会产生抵抗滑动的阻力,这一现象叫做摩擦,这时产生的阻力叫做摩擦力。摩擦是一种不可逆的过程,其必然会导致磨损的产生。

摩擦可分为两大类:一类是内摩擦,另一类是外摩擦。内摩擦是指发生在物质内部,阻碍分子间相对运动的摩擦。外摩擦是指当相互接触的两个物体发生相对滑动或有相对滑动的趋势时,在接触表面上产生的阻碍相对滑动的摩擦。仅有相对滑动趋势的摩擦叫静摩擦;相对滑动进行中的摩擦叫动摩擦。根据位移形式的不同,动摩擦又可分为滑动摩擦与滚动摩擦。根据摩擦面间存在的润滑剂的情况,滑动摩擦又可分为干摩擦、边界摩擦、流体摩擦和混合摩擦,如图10-1所示。这里只介绍滑动摩擦。

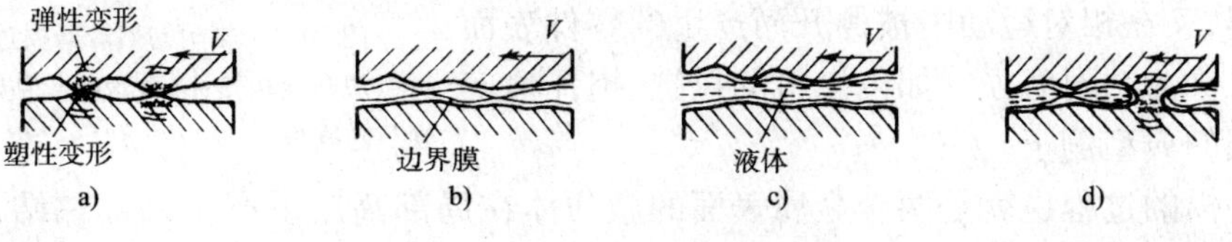

图10-1　摩擦状态

a)干摩擦;b)边界摩擦;c)流体摩擦;d)混合摩擦

1)干摩擦

干摩擦是指零件表面间无任何润滑剂或保护膜的纯金属接触时的摩擦。例如,飞轮与离合器摩擦片、制动鼓与制动蹄片之间的摩擦均属于干摩擦。干摩擦是作为一种特殊的要求存在的。一般情况下,运动的零件表面是不允许存在干摩擦,特别是高速运动的零件,一旦发生干摩擦,就会将大量的机械能量转变为热能,导致机件的损坏。

在工程实际中,并不存在真正的干摩擦,因为任何零件的表面不仅会因氧化而形成氧化膜,而且多少也会被含有润滑剂分子的气体所湿润或受到油液污染。

2)边界摩擦

边界摩擦就是运动副的摩擦表面被吸附在表面的边界膜隔开,摩擦性质取决于边界膜和表面的吸附性能。按照边界膜形成的机理可分为吸附膜和反应膜。吸附膜可分为物理吸附膜和化学吸附膜。当润滑剂中脂肪酸的极性分子牢固吸附在金属表面上,形成的吸附膜就叫物理吸附膜;当润滑剂中分子受化学键力作用而贴附在金属表面上,所形成的吸附膜叫化学吸附膜。吸附膜的吸附能力随温度的升高而下降,达到一定的温度后,吸附膜发生软化、失向和脱吸现象,从而使润滑作用降低,磨损率和摩擦系数都将迅速增加。反应膜具有较低的剪切强度和高熔点,所以它比吸附膜稳定。

3)流体摩擦

摩擦表面之间被润滑油完全隔开,不发生完全接触的摩擦称为流体摩擦。由于摩擦是在润滑油层分子之间进行,摩擦系数极小,摩擦力大大降低,使零件的磨损大大降低,因而是零件的理想摩擦状态。

4)混合摩擦

当零件摩擦表面间处于边界摩擦与流体摩擦的混合状态时,称为混合摩擦。混合摩擦时,润滑油膜的厚度较大,零件表面相互直接接触的范围较小。因此,在一定的条件下,混合摩擦能有效地降低摩擦阻力,其摩擦系数要比边界摩擦时小得多,但因零件表面间的直接接触,所以仍有磨损存在。

3. 磨损的种类

目前对磨损有两种分类方式:一种是根据磨损结果(着重对磨损表面外观的描述)来分类,如点蚀磨损、胶合磨损、擦伤磨损等;另一种是根据磨损机理来分类,如粘附与熔着磨损、磨粒磨损、疲劳磨损、流体磨粒磨损、流体侵蚀磨损、机械化学磨损等。现按磨损的机理进行说明。

1)粘附与熔着磨损

粘附与熔着磨损过程如图10-2所示。

零件发生摩擦时,两摩擦面间的分子由于在高压下极为接近而粘连在一起或由于摩擦产生高温而使局部熔焊在一起,又在相对运动中被撕开而产生的零件表面的破坏现象称为粘附磨损。如内燃机的拉缸、抱瓦均属于粘附磨损的典型例子。

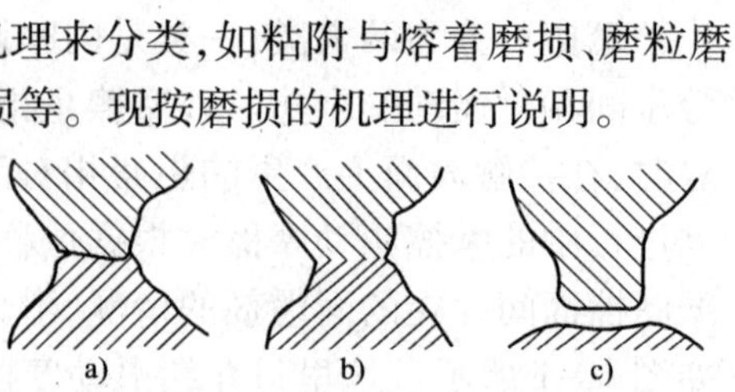

图10-2 粘附与熔着磨损过程示意图

a)微观凸起相接;b)微观凸起粘附或熔接;c)微观凸起撕裂

粘附磨损的过程也就是两个金属表面的微凸体在局部高压下产生局部黏结,随后相互滑动而使黏结处撕裂。被撕下的金属颗粒可能成为磨料,又造成磨粒磨损。严重的粘附磨损会造成运动副的咬死。

粘附磨损有冷胶合和热胶合两种形式。在重载低速齿轮传动中会发生冷胶合，在高速齿轮传动中易发生热胶合。

粘附磨损的产生取决于零件材料的屈服强度、硬度、塑性、工作速度、温度、表面压力、润滑条件及摩擦表面的粗糙度等。粘附磨损一旦发生，必将导致零件的急剧破坏，它是金属摩擦副之间最普遍的一种磨损形式。

熔着磨损主要是由于摩擦表面的熔态金属熔接所引起的。当摩擦表面的相对运动速度较高和接触压强很大时，摩擦表面由于塑性流动，温度急剧增高而引起金属软化、熔化，使耐热性弱的金属表面熔接在耐热性强的金属表面，并将熔接的金属撕裂。

2）磨粒磨损

磨粒磨损又称磨料磨损，是一种机械磨损形式。

外部进入摩擦面间的游离硬颗粒或硬的轮廓峰尖，在较软材料表面上刨出很多沟纹，被刨下的材料，一部分流动到沟纹的两旁，一部分则形成一连串的碎片脱落下来，成为新的游离颗粒，这样的微切削过程叫磨粒磨损。也就是说处于自由或固结状态的硬颗粒对材料表面的切削和刮削的过程，其作用结果会造成材料表面物质损失或转移。

磨粒磨损可以发生在干态或湿态。作为磨料的颗粒由空气、润滑油、燃油等介质带入摩擦表面。硬质颗粒的硬度大于摩擦表面材料的硬度，它们会压破润滑材料层，从而使摩擦表面变形，形成不同深度和宽度的划痕或刮痕，甚至使表层材料产生局部脱落。机械零件受磨粒磨损的现象有很多，常见的有汽缸、活塞环、活塞及轴类零件等。

3）疲劳磨损

疲劳磨损又称为点蚀磨损。它是指由于摩擦表面材料微体积在重复变形时疲劳破坏而引起的机械磨损。例如，当作滚动或滚—滑动的零件受到反复作用的接触应力（如滚动轴承运转或齿轮运动）时，如果应力超过材料相应的接触疲劳极限，就会在零件工作表面或表面下一定深度处形成疲劳裂纹，随着裂纹的扩展与相互连接，造成许多微粒从零件工作表面脱落下来，致使表面上出现许多浅坑，形成疲劳磨损或疲劳点蚀。

按照损伤机理的不同，疲劳磨损可分为表面点蚀疲劳和亚表面剥落疲劳两种类型。

疲劳磨损速度与材料的屈服极限、单位面积接触压力、交变载荷的变化情况等有关。因此，在修理过程中对发生此现象的零件要选择合适的材料，并做热处理或整体热处理以提高零件的疲劳强度。

4）流体颗粒磨损和流体侵蚀磨损（冲蚀磨损）

流体颗粒磨损是指由流动的液体或气体中所夹带的硬质物体（或颗粒）作用而引起的机械磨损。利用高压空气输送型砂或用高压水输送碎矿石时，管道内壁所产生的机械磨损就是很好的例子。

流体侵蚀磨损是指由液流或气流的冲蚀作用引起的机械磨损。

5）机械化学磨损（腐蚀磨损）

机械化学磨损是指由机械作用、材料与环境的化学或电化学作用共同引起的磨损。也就是金属同周围介质发生环境化学或电化学反应而产生表层材料损失或迁移的现象。常见的腐蚀介质有氧、碳、硫、氮的氧化物、水蒸气和有机酸等。腐蚀磨损一般比较缓慢，它与温度、环境湿度、金属的塑性及润滑条件有关。

4. 磨损的过程

一般零件的磨损过程大致可分为3个阶段，即磨合阶段、稳定磨损阶段和剧烈磨损阶段，如图10-3所示。

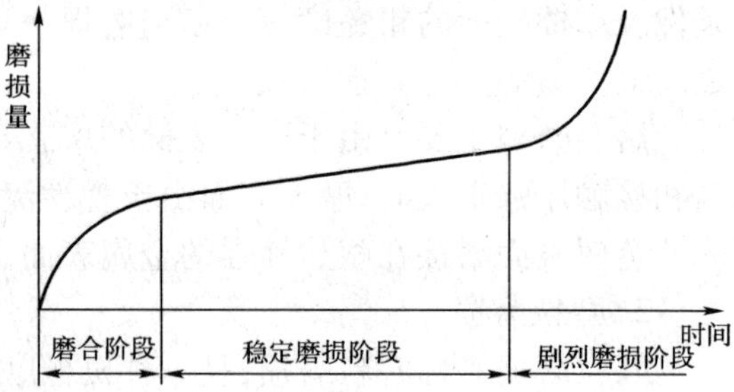

图10-3　机械的磨损曲线

磨合阶段包括摩擦表面轮廓峰的形状变化和表面材料被加工硬化两个过程。由于机件加工后的表面总具有一定的粗糙度，在磨合初期只有很少的轮廓峰接触，因此接触面上真实应力很大，使接触轮廓峰压碎和塑性变形，同时薄的表面被冷硬化，原有的轮廓峰逐渐局部或完全消失，产生出形状和尺寸均不同于原样的新轮廓峰。实践证明，各种摩擦副在不同条件下磨合之后，相应于给定摩擦条件下形成稳定的表面粗糙度，在以后的摩擦过程中，粗糙度不会继续改变。磨合后的粗糙度是给定摩擦条件下的最佳粗糙度，它与原始粗糙度无关，并以磨损量最少为原则。磨合是磨损的不稳定阶段，在整个工作时间内其所占的比率很小。

在稳定磨损阶段内，零件的磨损速度平稳而缓慢，标志着摩擦条件保持相对恒定。此阶段的长短就代表零件使用寿命的长短。

经过稳定磨损阶段后，零件的表面遭到破坏，运动副的间隙增大，引起额外的动荷载，出现噪声和振动。这样运动副的润滑条件不能保证良好的状态，摩擦副的温度急剧升高，磨损速度也急剧增快。

二、零件的变形

零件的变形是指机械零件的尺寸和形状的变化。在机械的修理过程中，零件的磨损和断裂容易发现，而零件的变形却不易发现。因此，零件的变形造成的影响是不可低估的。

金属零件的变形可分为弹性变形和塑性变形。

弹性变形的基本特征是：具有恢复性，当外力撤去后变形完全消失；变形量较小，一般不超过1%；外力的大小与变形量成正比。

塑性变形是指在外力的作用下，金属内部的晶粒发生相对滑移，当外力撤去后，产生不能恢复到原来形状的永久变形。

1）零件变形的原因

零件的变形一般表现为弯曲、扭曲和翘曲等外部形状的变化，也有相关位置的变化。零件的变形主要是由于零件本身的内部应力不平衡和受到外部荷载的影响造成的。

（1）内应力的不平衡

零件在铸造、锻打、热处理和热加工的过程中，残余应力未完全消除，这种残余应力在时间、温度的影响下，会因重新排列而发生变形。零件的形状越复杂、厚薄程度越不均匀，变形就越大。例如，汽缸体、汽缸盖、连杆等。

（2）荷载作用

零件在外荷载的作用下，特别是在超荷载或恶劣环境下，金属的晶格会发生歪斜和滑移而变形。此变形与外荷载的大小成正比,荷载越大,环境越恶劣,零件变形就越大。另外零件的装配、调整不当也会造成其变形。

变形后的零件在使用时会破坏它们原有的相互位置和配合性质,加剧零件的不均匀磨损,同时还会造成相邻的零件不正常损坏。如连杆变形后,不仅使连杆轴承加快磨损,而且还使活塞歪斜,造成活塞、活塞销以及汽缸体等组合件的单面磨损,严重时还会窜润滑油,从而影响发动机的正常工作。

2)减小零件变形的主要措施

(1)正确选用材料。对于重要零件和对变形有要求的零件,应选用弹性极限较高的合金钢、耐热钢,或选用具有良好的铸造性能、锻造性能、切削性能、焊接性能和热处理性能的材料。

(2)改善零件的结构、形状设计。比如避免尖角、棱角、厚薄悬殊等情况,在可能产生应力集中的地方设计成圆角、倒角和圆弧过度等。

(3)消除残余内应力。消除残余内应力的常用方法有自然时效、人工时效、退火、正火和敲击振动等。

(4)预留合理的加工余量,使粗加工零件发生的变形在精加工中消除。

(5)在机械修理中校正变形的同时尽量减少产生的新变形。

三、零件的腐蚀

腐蚀是指当金属零件处于活性介质环境中,与介质之间发生化学和电化学作用时而产生表面损耗的现象。腐蚀会造成零件表面质量变差、磨损加剧、应力集中、强度降低,产生微观裂纹而使零件断裂。

按照金属与介质的使用性质,腐蚀失效分为化学腐蚀失效和电化学腐蚀失效。在干燥气体中或在不导电液体中的腐蚀属于化学腐蚀;在潮湿介质中或电解质溶液中的腐蚀属于电化学腐蚀。

按照腐蚀损伤的范围和形式,腐蚀失效分为均匀腐蚀和局部腐蚀。均匀腐蚀的特点是腐蚀损伤均匀地分布在金属表面。局部腐蚀又可分为点腐蚀、缝隙腐蚀、晶间腐蚀等。

防止腐蚀失效的基本方法包括采用各种表面防护技术,正确选用金属材料,改变介质的腐蚀性,选用合理的防腐结构和表面状态等。

四、零件的断裂

零件的断裂失效也是机械零件的基本失效模式之一。零件的断裂一般表现为脆性材料的折断和高强度钢的疲劳裂纹。

1. 零件产生断裂的原因

(1)零件内部或外表存在先天性的隐伤,特别是铸锻件、焊接件、喷涂层等零件中的气孔、夹渣与缝隙,这些隐伤在工作时会造成应力集中,产生细小的裂纹,并在工作中不断扩展、延伸,当应力超过屈服极限时就会发生断裂。

(2)零件受到超常的外荷载作用下,由于应力大大超过材料的屈服极限,从而出现断裂。

(3)零件在承受交变荷载时会在轴肩、退刀槽等应力部位产生疲劳,从细小裂纹逐渐加深、扩大,当剩余截面无法承受外荷载时就发生断裂。

(4)在加工、装配、运输和修理中,由于操作不当而造成人为的碰擦、敲击和刮伤。

2. 零件断裂的种类

断裂可分为脆性断裂、疲劳断裂、过载断裂、应力腐蚀断裂、蠕变断裂等类型。

1)脆性断裂

金属零件因制造工艺不正确,或因使用过程中遭有害介质的侵蚀,或因环境温度不适,都可能使材料变脆,从而使金属零件发生突然断裂。这种性质的断裂一般称为脆性断裂,也有称为环境断裂的。

引起金属脆化的原因很多,例如氢或氢化物渗入金属材料内部可导致"氢脆";氯离子渗入奥氏体不锈钢中可导致"氯脆";硝酸根离子渗入钢材可出现"硝脆";与碱性接触的钢材可能出现"碱脆";与氨接触的铜质零件可发生"氨脆"。此外,在 10 ~ 15℃以下的环境温度下,中低强度的碳钢易发生"冷脆"(钢中含磷所致)。含铝的合金,如果在热处理时温度控制不严,很容易因温度稍高而过烧,出现严重脆性。

2)疲劳断裂

金属零件在交变载荷作用下所发生的断裂,称为疲劳断裂。疲劳断裂是工程中最常见的零件失效模式,占工程断裂故障的 40% ~90%。

常见的疲劳断裂的类型有高周疲劳、低周疲劳、接触疲劳、腐蚀疲劳和热疲劳。

高周疲劳是指金属材料在低于屈服极限的交变应力作用下,具有较长寿命的疲劳破坏。低周疲劳是指在大应力作用下,材料局部应力超过屈服极限,其断裂时总循环次数不超过 10^4 时的疲劳破坏。接触疲劳是指材料在较高的接触应力作用下,使接触表面的局部区域产生金属剥落,从而导致零件失效的现象。腐蚀疲劳是指金属材料在交变应力和腐蚀介质的共同作用下,使材料表面形成腐蚀坑或微裂纹,从而导致断裂失效的现象。热疲劳是指由于温度波动或热循环效应所产生的疲劳失效。疲劳断口大致可以分为 3 个区域,即疲劳裂纹源区、裂纹扩展区和瞬时断裂区。

3)过载断裂

当外载荷超过机械零件危险端面的极限应力时,所产生的断裂称为过载断裂。当材料塑性较好时,零件断口显示较大的塑性变形,当材料较脆时,零件的断口显示出脆性特征。过载断裂最常见的一种形式是拉伸韧性断裂。

4)应力腐蚀断裂

应力腐蚀断裂是指金属在腐蚀介质中,受拉应力的作用和电化学腐蚀而导致正常延性材料迅速开裂和早期脆性破坏的现象。

应力腐蚀断裂的特点是:应力的大小和方向都直接影响到应力腐蚀开裂的起源和扩展的速度,应力越大,零件断裂的时间越短;产生应力腐蚀的时间比应力和腐蚀单独作用下的失效时间要短;发生应力腐蚀断裂没有明显的预兆,较突然;金属材料在特殊的环境介质中才会发生应力腐蚀断裂;杂质元素对金属材料的应力腐蚀断裂较敏感。

5)蠕变断裂

蠕变断裂是指金属零件在恒定应力的作用下,缓慢连续地发生塑性变形,直至发生断裂的破坏过程。

蠕变断裂的特点是:可在绝对零度到熔点的温度范围内的任何应力状态下发生蠕变,在高温条件下蠕变变形更加突出；不同金属材料的蠕变曲线具有相似的形状；蠕变断口附近有大量变形，并产生许多裂纹；断口处由于高温氧化而形成一层氧化膜。

3. 预防零件断裂的有效措施

几乎所有的零件由于各种原因均有宏观或微观裂纹，只是裂纹的大小、性质不同而已。有裂必断的概念是错误的。有裂纹的零件不一定立即就断，都有一段亚临界扩展时间，在一定条件下，裂纹还可不发展，有裂纹的零件也可不断。但是因断裂事故后果严重，目前在维修中一经发现裂纹都要加以修复或更换，重要零件则予以报废，因裂纹而报废的零件数量相当可观。

影响断裂的因素很多，只有在深入研究断裂的机理，充分认识断裂的规律之后，才能提出减轻断裂危害的有效措施。预防零件断裂的措施主要有以下几条：

(1)减少局部应力集中。

(2)减少残余应力影响。

(3)控制载荷，防止超载。

(4)正确选择材料。

(5)正确安装，防止产生附加应力与振动。

(6)防止腐蚀。

(7)维修时避免产生对零件断裂的影响因素。

(8)注意早期发现裂纹，定期进行无损探伤和检测。

五、影响零件失效的因素

分析零件或产品失效影响因素的方法有两个方面，一方面是按照内外部因素进行分析，另一方面是按照寿命周期进行分析。

1. 影响零件失效的内外部因素

影响零件失效的各种客观因素可分为内部因素和外部因素。内部因素是指零件的材质因素、状态、表面状况、几何因素等。外部因素是指环境因素和载荷因素。

材质因素包括材料的成分、机械特性、物理化学特性等，它是决定零件抵抗失效能力的基本因素。状态是指零件长期工作后发生磨损、疲劳、老化的现象。这些现象将加快零件的失效过程。表面状况指零件工作表面有无划痕、损伤、表层质量及表面粗糙度等。几何因素指零件的形状特征、倒角、圆弧尺寸等。这些因素都将对零件的失效产生影响。

环境因素是指零件工作的周围介质、温度和湿度状况。零件所处的气体和液体介质状况将直接影响零件的磨损和腐蚀。高温和热辐射将会破坏零件的冷却条件，使零件整体或局部过热，导致材料内应力重新分布，造成变形不均，使零件的工作状态发生变化。温度变化的速度越快，对零件的工作状态就越显著。湿度是影响零件失效的重要因素。在较高的湿度条件下，金属易腐蚀，零件失效就愈加速。

载荷因素是指零件所受外载荷的大小、波动性质等。载荷因素是影响零件失效的基本因素。降低零件的载荷和改善零件的承载条件将提高零件的工作寿命和工作可靠性。

2. 影响零件失效的寿命周期因素

寿命周期的各个阶段对零件的可靠性都有重要影响。寿命周期因素可分为设计因素、制造因素和使用因素 3 个方面。

设计水平是决定产品可靠性的基础。就零件的失效来说，在设计阶段的影响因素有：材料选择不当、载荷计算错误、应力集中、摩擦表面防护不当、润滑方式和润滑油选择不适、结构设计错误等。

生产制造的各个环节对零件的失效有着重要的影响。在制造因素中影响零件失效的因素有很多，比如材料方面、焊接方面、铸造方面、机械加工方面、热处理方面、装配方面等。

使用过程是检验产品可靠性的过程，如果使用不当就会造成零件的失效。使用不当包括经常超载运行，不按规定维护，燃润材料及液压油选择错误，备件不合格，操作人员技术水平低等。

课题二　零件的检验

对零件进行检验是保证零件正常发挥其性能的重要手段。

零件的检验包括零件磨损的检验、零件变形的检验、零件隐伤的检验、零件平衡的检验。

一、零件磨损的检验

对磨损零件进行检验主要是对正常磨损的检验，对于非正常磨损零件可以用肉眼进行。对于正常磨损的检验需用量具进行。

1. 零件轴形部位的磨损检验

零件轴形部位的磨损主要是指轴径的磨损，如曲轴轴径的磨损。检验时可用游标卡尺、外径分厘卡测得的实际尺寸和基本尺寸的误差即为磨损量。在实际测量中，经常利用磨损的不均匀性或与未磨损处的差值来确定磨损量。对轴径来说，其形位误差就是轴径磨损后的圆度和圆柱度，典型的测量方法如图 2-81 所示。

2. 零件孔形部位的磨损检验

孔的磨损测量可采用游标卡尺、内径分厘卡和量缸表等量具进行。孔的部位磨损后，原中心较难确定，只能用零件的其他基准与孔轴线的关系间接确定。

零件孔形部位磨损检验的原理与轴形部位相同。孔的磨损不仅在圆周上不均匀，而且在沿轴线长度的磨损也是不均匀的。在具体零件的检验时，对长度较短的孔只需测量孔的圆度，对长度较长的孔类零件或者对孔轴线有特殊要求的孔，则需要测量圆度和圆柱度。如汽缸的磨损测量，见图 2-15。

3. 零件齿形部位的检验

齿轮的内外齿、键轴与键孔的花键齿、螺纹连接中的螺纹都可以看作是齿形部位。齿形部位磨损检验一般用样板、卡板放在磨损的齿形面上，观看它的贴合度。螺纹用螺纹卡规，花键套与轴可在标准的花键孔与轴上截取一片即可成为样板。

4. 其他形状部位的检验

对于复杂形状部位的检验，一般应设法用样板、靠模来检查复杂形状轮廓。比如凸轮轴的凸轮尖顶磨损，可利用样板来检查；润滑油泵间隙的检查则可用厚薄规来进行，如图 6-14、图 6-15所示。

二、零件变形的检验

零件和组合件发生弯曲、扭曲、翘曲等的外部形状变化检验，一般采取测量径向、轴向跳动、平面度和对称度等形位公差的方法来确定零件的变形程度。

1. 测量径向跳动

轴类零件弯曲检验可采取测量轴的径向跳动量的方法。当轴零件有中心顶针孔时，可用两顶针支承。当无顶针孔时可用V形铁支承两端轴颈上，检验时转动一圈以上，用百分表的触头接触轴颈表面，百分表指针所指示的最大读数和最小读数的差值的一半就是零件的弯曲值，也叫直线度的误差。典型零件——气门杆的弯曲变形检验方法如图3-34所示。

2. 测量端面跳动

有些旋转零件的外径较大或端面要求高，除检查径向跳动外，还需要检查端面跳动，以此来表明变形程度。检验时可按零件设计的要求在规定的半径上检测跳动。在没有规定的测量区时，可以全部测量，也可以结合实际在最大磨损处测量。

3. 测量平面度

零件的工作平面变形后，在其平面上产生凸凹或者翘曲。这时可用平板或钢尺做基准，放置在工作面上，然后用厚薄规测量被测件与基准之间的空隙（见图2-12）。检查时应从纵向、横向、斜线等各方向测量，以确定变形量。

4. 测量对称度

对于机械的车厢、车架等的变形检查可采用拉线法来测量它们的对称度，判断是否符合零件的技术要求。

5. 壳体类零件的检查

壳体类零件变形后，产生的形位误差直接影响安装在壳体上零件的相对位置。对于壳体形位公差的检查，一般是先找出主要装配面，以此为基准，然后再测量其他各面、部位与基准的关系，如平行关系、垂直关系等。

三、零件隐伤检验

零件的隐伤是比较隐蔽的，如果不能及时发现必然会发生事故。

检查零件隐伤的方法有很多，一般有水压实验、敲击探伤、着色探伤、磁力探伤、超声波及荧光探伤等。

1. 水压试验

对于发动机的汽缸体、汽缸套、进排气歧管等容腔、管道类零件，可采用水压试验。汽缸体的水压试验如图2-13所示。

2. 敲击探伤

敲击有两种，一种是用手锤直接敲击被检查零件的非工作表面，辨别零件发出敲击声响的异常来判断是否存在裂纹。另一种是将零件浸入煤油或柴油中片刻，取出后将表面擦干，撒上一层白垩粉，然后用手锤敲击零件，一面察听响声的异常，另一方面检查零件的表面，如果有裂纹，则会出现油痕迹。

3. 着色探伤

首先清洁被检查的零件表面,并擦干净。在被检查零件表面喷涂一层红色溶液,红色溶液的渗透性极强,如果表面有裂纹,红色溶液就会很快地渗透到裂纹中。然后再将零件表面的红色溶液擦干净。最后,将白色溶液喷涂到零件表面,白色溶液是显影剂。如果零件有裂纹,原先渗透到裂纹中的红色溶液会迅速与白色溶液显影而还原成粉红色的痕迹。可根据红色痕迹的大小、颜色深浅来判断裂纹的区域、部位和深浅。如果喷涂白色溶剂后,零件无颜色变化,则零件无裂纹,擦干净后可继续使用。

4. 磁力探伤

当钢铁零件充磁后,零件的端面有磁力线通过,磁力探伤就是根据单位面积上通过磁力线的多少和偏散程度来检查零件是否探伤的一种物理方法。

这种方法能够在不破坏和损伤各种钢质(强磁质)的零件的情况下对零件进行质量检验,可以发现零件表面和埋藏在表面下(1.5~2mm)的缺陷。

磁力探伤是用磁力探伤仪来进行工作的。

零件磁化检验后,还会留下一部分剩磁,必须彻底退去,否则在使用中将会吸附铁屑,从而加剧零件的磨损。退去剩磁的方法是采用电流电磁化的零件,将电流方向改变并逐渐减弱到零即可。

当然,这种方法对不受磁化的有色金属制成的零件不适用。

5. 超声波探伤

超声波探伤器是利用超声波通过两个介质的接触面,产生反射或折射的物理现象来检查零件损伤的一种物理方法。被检零件的隐伤在超声波通过时反射到测试仪器上显示隐伤的部位和区域。

四、零件的平衡检验

零件的平衡检验包括静平衡检验和动平衡检验。静平衡检验适用于转速较高、回转半径较大的零件,如飞轮、离合器压盘、皮带盘等;动平衡检验适用于高速旋转的长轴类零件和质量较大的零件。零件的平衡检验是旋转类零件检验不可缺少的一项,如曲轴、传动轴等零件都必须进行平衡检验。

课题三　零件常用修复技术

机械零件在使用中会产生磨损、裂纹、折断、变形等形式的损坏,这些现象统称为零件的损伤。当零件的损伤达到一定程度时,零件丧失正常工作能力,机械的技术性能将显著降低。因此,当零件的损伤在允许的范围内时,可通过调整恢复机械的正常技术状况,零件仍可正常使用。当零件的损伤超过允许的范围时,就需要更换零件或是将这些零件进行修复后使用。机械零件的修复是一项重要的工作,它具有极其重要的现实意义。

(1)可恢复零件原有的性能。

(2)节约材料,减少零件更新的数量。

(3)减少停修待料现象,缩短停机日。

(4)降低整机的修理成本。

(5)减少配件供应的需求量。

机械零件的常用修复方法有以下几种。

一、零件的修理尺寸法

零件修复时，在零件结构允许的范围内，对磨损的轴或孔进行机械加工，使其通过尺寸的改变，恢复正确的几何形状和配合性质的方法叫修理尺寸法。加工后的尺寸叫修理尺寸。

很多的零配件都可以采用修理尺寸法进行修复。配合件中，需要加以修复的零件大多为不便于加工的基础件(如汽缸体、曲轴等)，而容易更换的配合件(如活塞、轴瓦、衬套等)则以配件的形式更换。机械各类的主要零件都规定了它们的各级修理尺寸，而各级修理尺寸的分级有统一要求。因此，在修理中，轴径和孔的加工都要按规定好的修理尺寸进行，以便与配件制造厂按修理尺寸生产的配件相配合，提高机械配件的互换性。

机械出厂时所用的尺寸是标准尺寸。机械被使用后，当零件磨损到不能使用时，需拆下后修理，并加工到最接近的一级修理尺寸，才能继续使用。零件在进行第二次修理时，其加工尺寸又可以加工到另一个最接近的修理尺寸，零件可继续使用。这样，零件可加工到最后一级修理尺寸。当超过最后一级修理尺寸时，因为要受到零件材料的强度和结构合理程度的限制，所以不能再采用修理尺寸的方法继续修复，只能采用其他的修理方法进行修复。

在用修理尺寸法对零件进行修复时，为了防止因更换零件使各种修理尺寸混淆，应在零件的非工作表面刻上分级尺寸的记号。在修理时应先检查核对分级记号，如果没有记号或记号模糊不清，应查阅零件的标准尺寸和测出其实际尺寸，得出两者的差值。在得到修理尺寸后在进行修理，这样可防止出现浪费材料的现象。当零件修理后，应将新件的修理尺寸填写在资料卡上，以备后查。轴和孔修理尺寸的确定如图 10-4 所示。

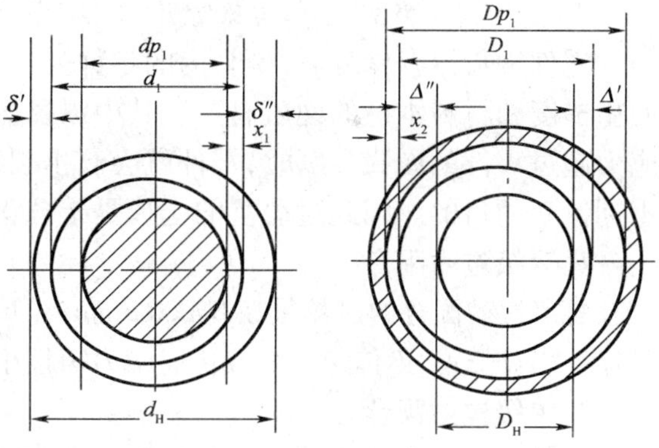

图 10-4　轴和孔修理尺寸的确定

零件的修理尺寸可按下式确定：

$$d_x = 2(p\delta + c) \tag{10-1}$$

式中：d_x——新的一级修理尺寸；

p——磨损中的不均匀系数，根据经验在 0.6～0.9 之间；

δ——在实际零件中测得的作大磨损量；

c——加工余量。它的大小取决于机床和操作者，一般在 0.1～0.2mm 之间。

计算出的修理尺寸 d_x 不在分级上时，应圆整到下一级分级上，如果零件有几组相同部件组成时，则修理后各组部件的尺寸应在同级修理尺寸上，修理尺寸应根据其中最大磨损部件来确定。

二、零件的镶套修复法

镶套修复法就是在零件的磨损部位作圆整加工，用过盈配合方式镶上新的金属套，使零件恢复到原来的尺寸。

只要零件修复后的强度和结构在允许的范围内，普通磨损零件均可采用镶套法修复。采用镶套法修复有以下优点：

(1)能恢复较多的磨损量。

(2)修复过程中不需要高温加热。

(3)工艺简单，恢复成本低。

为了保证两镶套件在镶合后不松动、不胀裂，镶套采用过盈配合时要求两镶套件有精确的过盈量，镶合表面也必须有较高的加工精度，如图 10-5、图 10-6 所示。

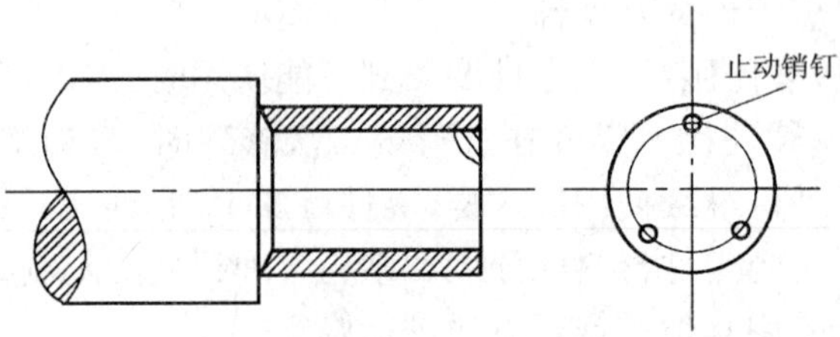

图 10-5　用镶套法修复轴径

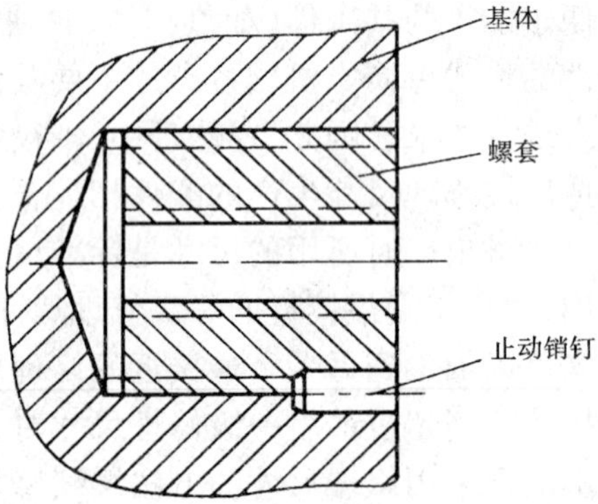

图 10-6　镶螺纹套

零件进行镶套修复后，镶套内的零件受到压应力的作用，其应力的大小与相对过盈量、表面粗糙度和材料本身的性质有关。其中以过盈量为主要因素，过盈量越大，应力也就越大，当应力超过零件的屈服强度时，零件就会产生裂缝。过盈量过小，应力就小，零件就容易松动，达不到镶套的目的。因此过盈量的选择是十分重要的。

1. 轻级过盈配合

轻级过盈配合的过盈量在 0.000 5mm 以下，比如 H6/r5、H7/r6。这种过盈配合在镶套件中只保持相对位置，不传递力矩或传递的力矩很小。在安装时只需用手锤轻敲就可以安装到位。

2. 中级过盈配合

中级过盈配合的过盈量在 0.000 5 ~ 0.001mm 之间，比如 H7/s6、H7/r6、H8/s7。这种过盈配合的镶套件之间的应力为 100 ~ 200N/cm^2。应力适中，能传递较大的力矩和承受一般性的冲击。在镶套过程中用压力机或台钳压入。这种过盈配合是常用的配合方式。

3. 重级过盈配合

重级过盈配合的过盈量在 0.001 ~ 0.01mm 之间，比如 H8/s7、H7/v6。这种镶套件能承受很大的力矩和冲击负荷，但镶套时较困难。

另外，过盈量的选择还与零件的表面粗糙度、直径大小、工作面长度、壁厚、表面硬度有关。一般而言，表面粗糙度越小，直径越大、壁厚越厚，长度越长，材料的硬度越高，过盈量可相对降低一些。

三、零件局部更换法

当零件仅局部磨损或损伤时，只要零件的结构和强度允许则可进行局部更换修复。

局部更换就是指先将零件需要修理的地方进行切除，重新制作，再用焊接等方法与零件的主体连接，然后进行加工，最后恢复零件原有的性能和技术要求。

采用局部更换法进行修复可简化修复工艺，扩大零件的修复范围，节约成本。但这种修复方法已逐渐被淘汰。

四、零件翻转和转向修复法

因使用的特点，有些零件的单面被磨损较大，而另一面磨损较小。此时，如果零件的结构允许的条件下可将零件磨损较小的那一面调整到磨损较大的那一边。这种方法叫翻转和转向修复法（也称换位修理法）。

采用这种方法可充分发挥零件的使用价值，零件换位修理方法如图 10-7 所示。

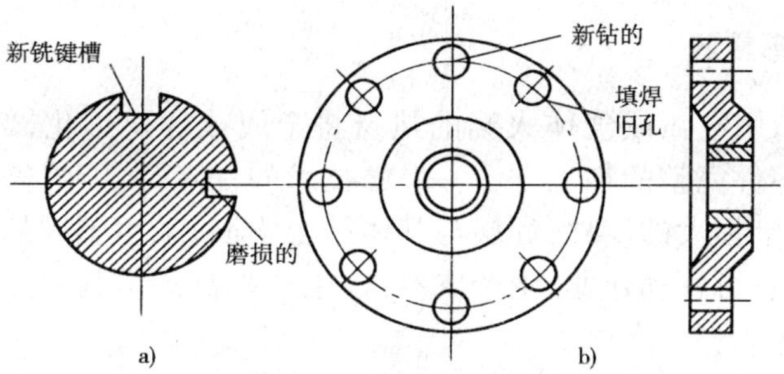

图 10-7　零件的换位修理法

a）磨损键槽的修理；b）磨损螺栓孔或螺孔的修理

五、零件的校正修复法

在机械零件使用过程中，由于受到残余应力、温度、外载荷等因素的影响而发生扭曲、弯曲、翘曲等变形。如果对这些零件在条件允许的情况下进行校正，消除残余应力等的影响，恢复零件的正确形状，零件将可继续使用。

1. 压力校正

压力校正是指利用外加的静载荷使零件产生变形的校正的方法。这种方法对一般金属零件都适用，如连杆的弯曲、扭曲，气门杆的弯曲等。根据金属的可塑性的不同，压力校正可以在常温或热态下进行。

压力校正的方法有两端校正法和三点校正法。

1）两端校正法

两端校正法就是将零件的一端固定，另一端施加一个反弯矩或反力矩使零件校正，如连杆的扭曲等。但这种方法不宜多用。

2）三点校正法

三点校正就是将零件的两端支承在 V 形垫块上，并使其弯曲方向向上，下放一个百分表测量。当压力机施加压力在中央时，压力与零件的弯曲方向相反，零件受压后的变形量可从百分表上读取。典型的轴类零件——曲轴的压力校正如图 7-79 所示。

这种校正方法一般用来校正弯曲变形，特别是轴类零件的弯曲变形。其工艺简单，可获得较大的变形量。但也可将轴类零件的疲劳强度降低，因此，在进行校正后可采用一些辅助措施进行处理，如加温与时效处理。

2. 火焰校正

火焰校正就是用氧气—乙炔火焰对变形零件进行快速局部加热,并浇注冷却水快速冷却,依靠加热部位的冷缩应力来校正零件。

这种校正方法适用于轴类、管形、平板和某些不规则的零件的校正,其效率较高。

在火焰校正中,金属加热冷缩而产生变形的大小取决于加热温度、加热部位和材料的刚度。加热的温度和校正的能力成正比;一般情况,加热的范围越大,其效果越好,但不能超出一定的范围,否则会因其范围的增大而使效果降低。

3. 敲击校正

敲击校正适用于曲轴弯曲变形。敲击校正就是采用专用的球锤轻敲曲轴臂,使曲轴臂的被敲击面发生变形,带动曲轴轴心线产生位移,达到校直的目的。

六、零件的焊修修复法

零件的焊修是指用电弧或气体火焰的热量将金属或焊丝熔化,熔焊在零件上,达到填补零件磨损和恢复零件完整的加工方法。焊修技术的优点是:能焊修用不同金属材料制成的零件;适用于修补磨损大的零件;焊层与基体结合牢固;采用不同的材料和工艺可得到不同强度和硬度的焊层;可移动作业;生产成本低、生产率高。但其缺点是:易产生变形、裂纹和应力集中。

焊修主要应用的范围是:重接断裂的零件,并增强裂口处的强度;焊补裂纹、穿孔;消除漏气、漏油、漏水现象;堆焊磨损表面,恢复尺寸,增加耐磨、耐腐蚀、耐高温的表层。常见的方法主要有气焊、电弧焊埋弧堆焊等。

七、金属零件的喷涂修复法

金属喷涂就是把熔化的金属用高速气流雾化并喷向预先准备好的待修零件表面而形成金属覆盖层的一种零件修复方法。这种方法经常用于曲轴和凸轮轴轴颈磨损的修复。根据熔化金属的热源不同可分为电喷涂、气喷涂、高频电流喷涂和等离子喷涂等几种。常用的有气喷涂和电喷涂。

气喷涂是利用可燃气(氧—乙炔混合气体)的燃烧熔化金属丝的喷涂方法。如图 10-8 所示,金属丝由送丝机构滚轮送进,其熔化过程与一般气焊相同。压缩空气从环形槽喷出,使熔化的金属雾化并喷向工件表面。

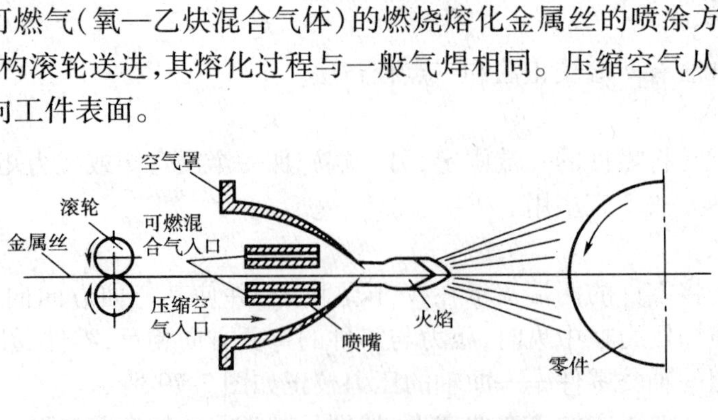

图 10-8 金属气喷涂

电喷涂是利用两对相互绝缘的送丝轮使两根金属丝等速移动,当两金属丝间距很小时,两极间产生电弧使金属丝熔化。熔化的金属被从喷嘴喷出的高压气流吹散成雾状,并以高速喷

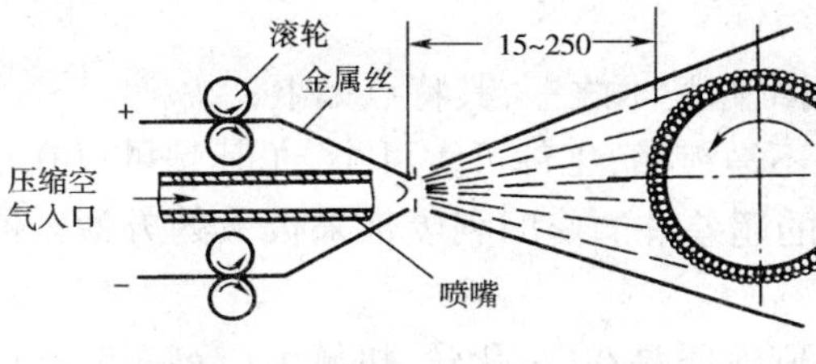

图 10-9　金属电喷涂

射到工件表面上形成涂层，如图 10-9 所示。

喷涂修复的特点是：

（1）喷涂层厚度范围为 0.2 ~ 10mm。

（2）喷涂时，被喷工件的温度一般不超过 80℃，以防止零件变形和基体金属组织的改变。

（3）喷涂层耐磨性好、喷涂层的硬度较高，且有较多的小孔，可吸收和储存润滑油。

（4）喷涂层堆积速度快，生产率较高。

（5）适用范围广，几乎可适用于任何材料制成的任何形状的零件。

（6）喷涂时，喷涂层与基体的结合力差。

八、零件的电刷镀修复

电刷镀，又称涂镀、快速电镀、快速笔涂电镀、擦镀、选择性电镀等，它是一种特殊的电镀，也是一种新的表面处理技术和修复工艺。

1. 电刷镀原理

图 10-10 为电刷镀示意图。零件作为阴极（一般将零件装在机床的卡盘上，使零件转动），阳极用仿形的不溶解的材料（如铅、石墨、不锈钢、铂等）制成，外包有一层吸收电解液（镀液）的材料（如棉纱、毛毡或玻璃丝布等）。刷镀时工件与阳极有相对的转动，一边转动一边由贮液箱不断的滴下浓电解液（也可用阳极刷镀笔在盛有浓电解液（镀液）的容器里使包套吸满镀液后刷镀，过一会再重复吸一次）。这时镀液中的金属离子在电场力的作用下沉积在被镀工件的接触部位，形成镀层。镀笔刷到哪里，哪里就形成镀层，随着刷镀时间的增加，镀层逐渐加厚，直至所需的厚度，达到保护、修复和改善零件表面理化性能的目的。

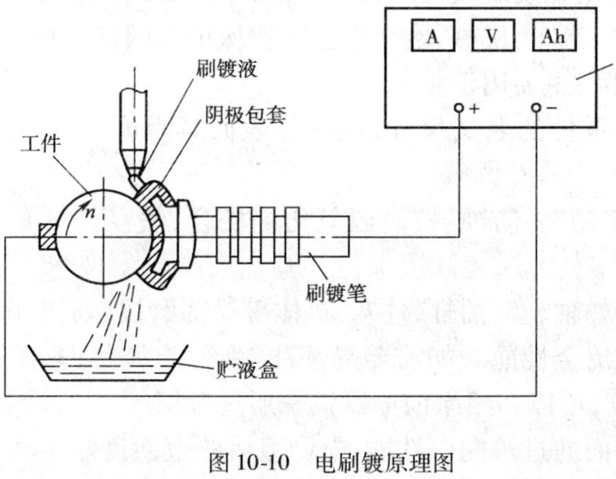

图 10-10　电刷镀原理图

2. 电刷镀的特点

电刷镀技术是基本的金属维修技术之一，其特点如下：

(1)设备简单、工艺灵便，不需镀槽，工件可大可小，尤其是可以在现场不解体而进行电刷镀修复，给机械维修或机加工的超差件的修旧利废带来极大的方便。同时一台设备可镀多种金属和合金。

(2)结合强度高。由于电刷镀层是在电、化学、机械力(涂笔与工件的摩擦)的作用下沉积的，因而结合强度比槽镀的高，比喷涂更高。喷涂层结合强度约为15～50MPa，电刷镀层结合强度大于70MPa。

(3)沉积速度快。因电刷镀的刷镀液金属离子浓度较高，故比槽镀速度快5倍以上，辅助时间少、效率高。

(4)工件加热温度低，通常小于70℃，不会引起变形和金相变化。

(5)镀层厚度基本可以精确控制，镀后一般不必加工，表面粗糙度低，可以直接使用，即使进行机械加工，留的加工余量小，可大大减去不必要的浪费。

(6)污染小、成本低。刷镀液无有毒成分，不像镀铬那样有氰化物，故公害小、耗油耗水少，比较经济。

(7)适应材料广，常用金属材料基本都可刷镀修复，如低碳钢、中碳钢、高碳钢、合金钢、铸铁、铝和铜及其合金、淬火钢、氮化钢等。焊接层、喷涂层、镀铬层等的返修或局部返修也可应用电刷镀技术；淬火层、氮化层不必进行软化处理，不必破坏原工件表面，可直接电刷镀修复；同一金属零件又可获得不同性能的镀层。

(8)修复磨损件时，电刷镀层可根据工况的耐磨、耐蚀、耐热、防渗碳、防氮化等需要来选择合适刷镀液，从而改变原摩擦副，大大延长使用寿命。

(9)配制好的镀液不易变质，一般不需调整和化验，保管容易。

(10)镀层的孔隙率小，比等厚度的槽镀层小75%，比喷涂层小90%。

(11)电刷镀只适宜局部修复，只能单件修复，对大面积和大批量零件的修复，其技术经济指标不如槽镀。

3. 应用范围

电刷镀技术在国外应用和发展较快。我国1980年开发，近年来推广速度较快，在航空、船舶、机车、电子、化工、石油、汽车、机械、冶金以至文物保护部门都获得广泛应用，已取得明显经济效益。工程机械维修部门主要用于：

(1)恢复磨损或超差零件的名义尺寸，使零件表面具有耐磨性，尤其适用于精密零件的修复。

(2)新件防护层，用于防磨、防蚀、抗高温氧化等场合，使零件具有工况需要的特殊性能，节约贵重金属。

(3)大型及精密零件如轴、套、油缸、柱塞、机体等局部磨损、划伤、凹坑、腐蚀的修复。

(4)改善零件表面的冶金性能。如需要局部防渗碳、防氮化，只需刷镀一层碱铜即可；如想提高喷涂层的结合强度，可以在喷涂前电刷镀一层过渡层等。

(5)改善轴承和配合面的过盈配合性能，电刷镀后顺应性良好。

(6)通常槽镀难于完成的作业，如盲孔、深孔、超大件、难拆难运件、铬层的修补等，都可用电刷镀来进行。

(7)电气触点、接头、开关的保护及维修,修复印刷电路板。

(8)做其他工艺的过渡层以提高结合强度,减少零件表面的摩擦系数等。

九、零件的胶粘修复

胶粘修复是利用化学黏结剂与零件间的物理化学作用来粘接零件的裂纹、孔洞等缺陷的工艺。主要用于裂纹的修补、摩擦片和制动带的黏结、密封件的黏结及堵漏、受力部件的镶接和套接等。

采用零件的胶粘修复的特点是:工艺简单、设备少、成本低、对工件不需加热,无变形。

零件常用的胶粘剂有有机黏结剂(如氧化铜、环氧树脂和厌氧胶等)和无机黏结剂两类。使用有机黏结剂的零件一般只能工作在150℃以下的环境中,其抗冲击性差、耐老化性差;而使用无机黏结剂的零件一般能耐600℃的高温,但脆性大,不耐冲击。

氧化铜是无机黏结剂,其优点是耐温性能较高。发动机燃烧室附近的裂纹、凹陷和镶补大多采用无机黏结剂。

氧环树脂胶是高分子有机化合物,能够产生很大的黏结力。其特点是粘附力强,固化收缩小,耐腐蚀、油,电绝缘性好,使用方便。但固化后较脆,韧性差,耐温性差。

无论采用哪种方法对零件进行修复,都要考虑技术条件的可行性,质量的可靠性和经济的合理性。

思考题

1. 哪些因素会引起发动机的磨料磨损?
2. 分析发动机烧瓦抱轴的机理。
3. 为什么在稳定磨损阶段磨损速度会降低?
4. 为什么新发动机初期超载运行会缩短发动机使用寿命?
5. 发动机曲轴磨损通常可用什么方法修复?

参考文献

[1] 中国机械工程学会设备与维修工程分会. 工程机械维修问答. 北京：机械工业出版社,2006.
[2] 宋飞舟. 实用柴油机使用维修技术. 太原：山西科学技术出版社,2006.
[3] 谭影航. 柴油机使用维修实用技术问答. 北京：机械工业出版,2006.
[4] 许安,崔崇学. 工程机械维修. 北京：人民交通出版社,2004.
[5] 曾建谋. 康明斯车用柴油机构造与检查. 广州：广东科技出版社,1999.
[6] 高秀华,郭建华. 内燃机. 北京：化学工业出版社,2006.
[7] 徐家龙. 柴油机电控喷油技术. 北京：人民交通出版社,2005.
[8] 姚国忱. 康明斯柴油机构造与维修. 沈阳：辽宁科学技术出版社,1997.

[9] J. F. Dagel, R. N. Brady 著,司增利译. 柴油机燃油系统结构与维修. 北京：电子工业出版社,2005.
[10] 王尚勇,杨青. 柴油机电子控制技术. 北京：机械工业出版社,2005.
[11] 李晶华. 汽车构造. 北京：机械工业出版社,2006 .
[12] 曹汉龙. 柴油机智能化故障诊断技术. 北京：国防工业出版社,2005.
[13] James D. Halderman, Chass D. Mitchell, Jr. 著,李克等译. 汽车发动机理论与维修. 北京：中国劳动社会保障出版社,2006.
[14] 张庆荣,李太杰. 工程机械修理学. 北京：人民交通出版社,1981 .
[15] 杜仕武,简晓春. 现代柴油机喷油泵喷油器维修与调试. 北京：人民交通出版社,2004.
[16] 蔡兴旺. 汽车构造与原理. 北京：机械工业出版社,2004 .
[17] 王定祥,刘兴国. 现代工程机械柴油机. 北京：机械工业出版社,2005.
[18] 陈家瑞. 汽车构造. 北京：机械工业出版社,2005.
[19] 魏春源,何长贵. 风冷柴油机. 北京：机械工业出版社 ,1999.
[20] 金志铨. 车用柴油机修理大全. 浙江：浙江科学技术出版社,1997.
[21] 马智勇,汪贵行. 汽车检测技师培训教材. 北京：人民交通出版社,2003.
[22] 张琳,陈勇等. 公路工程机械柴油机及底盘. 山东：石油大学出版社,2004.
[23] 陈家瑞. 汽车构造. 北京：人民交通出版,2006 .
[24] 宋福昌. 新型柴油机汽车易发故障诊断与排除. 北京：中国电力出版社,2006.
[25] 江剑波,杨庆彪. 汽车检测. 北京：中国劳动社会保障出版社,2006.
[26] 周保龙. 内燃机学. 北京：机械工业出版社,2006 .
[27] 陈新轩,展朝勇,郑忠敏. 现代工程机械发动机与底盘. 北京：人民交通出版社,2004.

[28] 陈新轩,许安. 工程机械状态检测与故障诊断. 北京:人民交通出版社,2004.
[29] 张立新,董然平. 现代车用柴油机维修手册. 北京:人民交通出版社,2004 .
[30] 常键. 汽车使用性能与仪器设备. 上海:上海科学技术出版社,2007 .
[31] 吴克刚,曹建明. 发动机测试技术. 北京:人民交通出版社,2002 .
[32] 丁加军. 设备故障诊断与维修. 北京:机械工业出版社,2006 .